복합 대전환기
새로운 한일 파트너십을 찾아서

2021년 12월 25일 초판 1쇄

발행처	재단법인 한반도평화만들기 / 한일비전포럼
주소	서울시 중구 서소문로 100
전화	02-3676-6002
제작처	늘품플러스
출판등록	2004년 3월 18일, 제2-4350호
주소	서울시 중구 퇴계로 243 평광빌딩 10층
전화	02-2275-5326
ISBN	979-11-88024-57-5 03340
정가	19,000원

복합 대전환기
새로운 한일 파트너십을 찾아서

신각수 엮음 · 한일비전포럼 지음

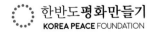
한반도평화만들기
KOREA PEACE FOUNDATION

목차

서문

지금 한일관계는 중증 복합골절 상태입니다. 일본군 위안부, 강제징용이라는 과거사의 장벽에 갇혀 있습니다. 여기에 코로나19 팬데믹까지 겹쳐서 최악의 냉각기를 맞고 있습니다.

하지만 위기는 두 나라가 서로에게 얼마나 필요한 존재인지를 되돌아보는 좋은 기회입니다. 기존과는 다른 독창적out-of-box이고, 전방위적 차원의 역발상이 필요한 시점입니다.

모든 일은 사람이 하지만 역시 가장 중요한 것은 지도자의 결단입니다. 프랑스의 드골, 독일의 아데나워 같은 대범하고 열린 사고가 필요합니다. 드골은 1차 세계대전에 참전해 독일군의 포로가 됐고, 2차 세계대전 때 나치 침략에 맞섰습니다. 그러나 전쟁이 끝난 뒤에는 미국·소련에 굽히지 않고 프랑스의 이익을 지키기 위해 놀랍게도 적이었던 독일과 손을 잡았습니다.

드골은 아데나워와 정상회담을 4년간 15회를 가졌고, 40여 차례 편지를 주고받았습니다. 독일의 여러 도시를 방문해 유창한 독일어로 "독일 만세! 프랑스-독일 우정 만세!"를 외쳤습니다. 그 결과 1963년 독일과 프랑스는 영구적 화해 협력을 약속한 '엘리제 조약'을 맺었습니다. 고대 로마 시대부터 사사건건 대립했고, 두 차례 세계대전에서 피 흘리며 싸웠던 두 나라는 언제 그랬냐는 듯이 가까운 친구가 됐고, 유럽연합EU 탄생의

원동력을 만들어냈습니다.

　1998년의 김대중-오부치 선언은 두 나라의 오랜 적대와 갈등을 일거에 해소한 아시아판 '엘리제 선언'이었습니다. 선언의 바탕에는 상대의 존재가 나의 생존을 위해 없어서는 안 될 존재가 됐다는 상호존중의 정신이 깔려 있었습니다. 그러나 극단적 반일, 혐한 정서가 압도하는 지금은 "일본 없는 한국, 한국 없는 일본이 더 편하다."는 위험한 착각과 환상이 두 나라를 지배하고 있습니다.

　시간이 없습니다. 협력의 효과를 확인할 수 있는 단 하나의 이슈라도 바로 실행해야 합니다. 지금은 현상유지status-quo보다는 '보트를 흔들어야 할Rock the boat' 시기입니다. 그러기 위해서는 국내 정치가 국경선에서 멈춰서야 합니다. 한일관계가 급전직하한 전환점은 2012년 8월 이명박 대통령의 독도 방문이었습니다. 대통령 지지율이 떨어지자 외교부 장관과 외교안보수석을 마지막 결정 과정에서 배제하고 결정한 것이 화근이 됐습니다.

　이제 볼은 우리 코트에 있습니다. 내년에 선출되는 새 대통령은 한일관계의 미래 비전을 제시하면서 일본을 견인해야 합니다. 우리가 이니셔티브를 취하면 일본도 두 손 놓고 있을 수 없습니다. 지도자 간에 소통이 시작되면 디테일은 실무자들의 협상을 통해서 풀어 가면 됩니다.

그렇다고 집권 초기에 전 세계가 당선인, 새 대통령을 중심으로 돌아간다고 착각하는 것은 금물입니다. 상대국의 입장과 국제 사회의 흐름을 놓치면 일을 그르칠 수 있습니다. 로마의 초대 황제 아우구스투스가 말한 "천천히 서둘러라!Festina Lente!"의 지혜를 되새겨야 합니다.

일본이 보상금을 거부한다면 돈은 우리가 내고 일본 지도자로부터 진정성 있는 사과를 받아내면 됩니다. 우리는 미래의 큰 비전을 공유하면서 앞으로 나아가야 합니다. 1993년 4월 김영삼 대통령의 해법이 양국과 국제사회에서 높은 평가를 받았던 사실을 기억해야 합니다.

지금 한국과 일본은 협력해야 할 일이 너무도 많습니다. 미중 경쟁의 격화, 중국의 부상은 양국이 외면할 수 없는 엄중한 현실입니다. 일본에서는 '소사이어티 5.0'으로 부르는 4차 산업혁명 시대에 양국은 첨단 기술 분야에서 협력할 수 있습니다.

전 세계 5대 기술 강국은 미국·중국·한국·일본·독일입니다. 양대 축은 미국과 중국입니다. 동북아의 강자인 한국과 일본이 손잡고 유럽의 강자 독일을 끌어들이면 기술의 제3축을 실현할 수 있습니다. 두 나라가 기술 로드맵 작성, 국제 표준, 발명 특허와 지적 재산권 분야에서 폭넓게 협력할 수 있습니다.

일본 기업은 막강한 정보력과 그물망 같이 치밀한 금융을 바탕으로 전략을 수립합니다. 그러나 위험을 무릅쓰는 과감한 투자는 오너십이 있는 한국 기업이 더 잘 합니다. 마케팅 분야도 한국에 강점이 있습니다. 따라서 중국에 대한 과도한 의존성을 떨어뜨리기 위한 한일 협력은 빠를수록 좋습니다.

한일 두 나라는 모두 위협적인 인구 절벽에 직면해 있습니다. 고령화, 저출산, 부동산, 교육, 복지, 노동의 문제가 비슷한 양상으로 전개되고 있습니다. 가속화되는 인구 감소로 두 나라와 동남아를 합친 규모의 경제권을 만들지 않으면 미국과 중국에 종속되고 말 것입니다. 한일 FTA가 가장 빠른 길이지만 일본이 가입하고 있는 CPTPP에 한국도 가입할 필요가 있습니다.

이대로 가면 한일관계가 '잃어버린 10년 one lost decade'을 맞게 될 것입니다. 한반도에만 매몰돼 세상이 어떻게 돌아가는지를 보지 않는 것이 우리의 고질적 문제입니다. 조금 더 높은 곳에서 조망하고, 실용적으로 접근해야 합니다.

두 나라 모두 반일과 혐한의 감정을 극복하고 양국 관계의 잠재력을 극대화하겠다는 자세가 필요합니다. 미중 경쟁의 구도 속에서 두 나라가 외교 안보의 연대와 협력을 위한 지정학地政學, 글로벌 생산 및 공급 네트워크의 지경학地經學, 국제적 첨단 기술 경쟁구도의 지기학地技學을 종합적으로 고려해야 한일관계가 제대로 풀릴 것입니다.

중국의 부상으로 아시아에서는 중국과, 중국을 제외한 나머지 나라로 양분되는 시대가 올 것이라고 합니다. 나머지 나라들의 힘이 부치니 미국과 힘을 모으는 것은 기본입니다. 민주주의와 시장경제의 가치를 공유하는 한국과 일본의 협력은 운명적 과제입니다.

미국은 일본에 있는 유엔사 후방기지가 한국 방위를 위해서 중요하다고 생각합니다. 한국전쟁 때 공산군의 침략을 낙동강에서 저지하고 적화통일을 좌절시킬 수 있었던 것도 일본에 있는 미군기지가 병참기지 역할을 했기 때문이었습니다. 미국의 강력한 중재로 양국의 국교가 정상화됐던 것은 우연이 아닙니다. 핵무기를 보유한 북한을 상대해야 하는 한국으로선 일본과의 군사적 협력이 절실하다는 사실을 잊지 말아야 할 것입니다.

기성세대를 능가하는 20대, 30대 젊은이들의 역할을 기대합니다. 이들은 기성세대의 낡은 유산인 복잡하고 갈등적인 한일관계에서 비교적 자유롭습니다. 한류韓流와, 일류日流를 아무 저항감 없이 즐기고, 공동의 기억과 경험을 통해서 서로에 대한 호감을 키워 가고 있습니다. 기성세대는 양국 젊은이들이 한일관계의 미래를 마음껏 설계할 수 있는 기회를 주어야 할 것입니다. 미래 세대의 협력을 가속화할 수 있는 다층적 네트워크가 절실합니다.

2020년대는 대전환 시대의 가장 핵심적인 시기입니다. 미중 격돌, 4차 산업혁명, 인구 절벽의 가시화, 북한의 핵무장, 한 세기만의 팬데믹에 제대로 대처하기 위해서는 한일관계가 현실적, 협력적으로 전환되어야 할 것입니다.

이제는 양국의 지도자들이 말이 아닌 구체적인 행동에 돌입할 때입니다. 기적은 기적처럼 오지 않는 법입니다. 먼저 움직이는 자가 미래의 주인공이 됩니다. 더 이상 과거가 미래의 발목을 잡지 않도록 우리 모두가 노력해야 할 것입니다.

2021년 12월
재단법인 한반도평화만들기 이사장 **홍 석 현**

복합 대전환기 미로에 빠진 한일관계 구하기

신 각 수

한일비전포럼 위원장

1 ___ 들어가며

(1) 한일관계의 현상現狀 분석

한일관계는 1965년 수교 이래 반세기 이상 흘렀다. 그 사이 6-7차례 관계가 악화된 적이 있었지만, 대부분이 과거사와 관련되었고 단기간에 회복되어 전체적으로는 착실히 관계가 발전하였다고 평가할 수 있다. 그런데 2012년 내리막길을 걷기 시작하여 최근 가장 최악의 상태로 후퇴한 한일관계는 여러 원인이 있고 관련분야가 복잡한 다중복합골절 상태에 빠졌다. 2021년에도 특별한 계기가 없이는 개선 전망이 희박하기 때문에 2022년이면 한일관계는 '잃어버린 10년'이라는 미증유의 장기 악화를 경험하게 된다. 물론 수교 50주년이었던 2015년 관계가 잠시 해빙되어 12월 말에 일본군 위안부 문제에 관한 한일 합의를 타결함으로써 반전의 계기를 마련하였다. 그러나 이행을 둘러싼 양국의 엇박자로 인해 합의에 대한 국내 여론이 나빠지면서 양국 관계는 다시 미궁에 빠졌고 2017년 문재인 정부에 들어 더욱 퇴행하였다. 악화상태가 장기간 지속되면서 양국의 국민감정은 최저수준으로 떨어졌고 수교 이래 착실히 쌓아온 신뢰 자산을 거의 탕진하였다.

지난 10년간 한일 상호 간의 인식·감정·이해·기대·신뢰의 갭은 크게 확대되었다. 이런 갭의 확대는 양국의 상대방에 대한 호감도와 신뢰도를 크게 감소시켰다. 2021년 6월 발표된 한국일보-요미우리신문 공동 한일 여론조사에 따르면 한국인의 대일對日호감도는 20.2%, 신뢰도는 18.6%, 일본인의 대한對韓 호감도는 38.0%, 신뢰도는 28.0%로 매우 낮은 수준이다. 이에 따라 한일 양국 간에는 외교정책 상에서 상대방을 별로 안중에 두지 않는 상호경원 현상이 심화되고 있다. 전체적으로 한국은 북한과 중국을 중시하면서 일본은 경시하고, 일본은 미국을 중시하고 중국과 관계를 관리하면서 한국을 무시하고 있다. 이러한 한일 간의 엇박자는 한미일 3각 협조체제의 약화를 초래하고 있다. 이 틈을 타고 북한, 중국, 러시아의 관계가 긴밀해지고 있으며, 한미일 3각 협조체제의 약한 고리인 한일관계에 쐐기를 박으려 하고 있다. 2019년 중국-러시아 합동군사훈련에서 러시아 군용기가 독도 영공을 침범하고 한일 양국의 방공식별구역을 침범한 사태도 이런 맥락의 일환이다.

이번 한일관계의 악화에는 과거사 문제가 한일관계 전면에 나와 다른 분야를 지배하는 특징이 있다. 과거에 양국 관계가 악화된 사례의 대부분이 과거사에 기인하였지만 이번처럼 한일관계 전반을 속박하지는 않았다. 그런데 2015년 일본군 위안부 문제에 관한 한일 합의의 무력화와 2018년 강제 동원 문제에 관한 대법원 판결은 한일관계의 전면에 나서 근간을 흔들고 있다. 문재인 정부가 취임 초부터 내세웠던 과거사와 한일 협력을 분리하여 접근하는 투 트랙 전략이 전혀 작동하지 못하고 있다. 일본 정부가 두 문제의 진전 없이는 다른 문제에 협력하지 않겠다는 원 트랙 전략을 고수하고 있기 때문이다. 이와 함께 종래 한국이 피해자 입장에서 가해자인 일본에 대해 가졌던 '도덕적 우위moral high ground'도 사라지고, 일본이 한국에 대해 합의 위반, 국제법 위반을 주장하게 되면서 공수가 역전되는 사태로 발전하였다.

한편 2021년 1월 서울지방법원은 일본군 위안부 문제에 관한 일본 정부의 법적 책임을 인정하였으나, 같은 서울지방법원에서 4월에는 이와 상반되게 주권면제를 이유로 원고의 청구를 기각한 판결이 나왔다. 강제동원 문제에 관해서도 2018년 대법원 판결을 뒤집는 서울지방법원 판결이 2021년 6월 나옴으로써 과거사를 둘러싼 사법부 내의 혼란이 가중되고 있다. 지방법원의 판결은 장차 대법원의 최종 판결을 통해 혼란이 수습되겠지만, 2010년대 중반부터 현저해진 사법 적극주의judicial activism가 기존의 한일 합의들을 뒤엎는 판결을 양산하고 있는 데 따른 진통이라 보인다. 한국 법원이 외교적 타협의 산물인 1965년 청구권협정과 2015년 한일 일본군 위안부 합의를 무력화시킨 데 따른 갈등이 한일관계에 깊은 그림자를 드리고 있다. 여기에는 과거사 문제의 정치화도 작용하고 있다. 과거사 문제를 정치적 목적으로 한국 내에서는 반일 의제, 일본에서는 혐한 의제로 이용하면서 정작 문제해결의 핵심인 피해자 중심주의가 변질되고 해결은 더욱 어려워지는 구조를 낳고 있다.

한일관계가 오래 악화되면서 양국 간에 정상적 관계라면 쉽게 해결될 사안도 감정적 대응으로 더욱 꼬이게 되어 외교문제·분쟁으로 비화하는 악순환이 일어나고 있다. 한국 내 반일 감정과 일본 내 혐한 감정이 상호 증폭 작용을 함으로써 양국 문제에 있어서 합리적 접근이 힘을 잃고 있는 양상이다. 거기에다 양국 정치권은 국내정치적 목적으로 반일·혐한 감정을 이용함으로써 이를 더욱 부채질하고 있다. 한국에서는 반일 여론을 집권여당에 대한 지지층 결속과 야당에 대한 정통성 공박에 이용하고 있으며, 일본에서는 혐한 여론을 무당층의 지지를 끌어내기 위한 수단으로 활용하고 있다. 한국이나 일본이나 반일과 혐한이 디폴트 모드가 되어 있다보니, 양국에서 양국 관계를 소중히 하는 인사들이 의견을 밝히지 못하는 상황이고, 정치권도 여론을 올바른 방향으로 이끄는 것이 아니라 여론에 추수하고 이를 조장하고 있다.

이에 따라 한일관계는 악순환 구조가 정착되어 가고 있다. 관계 악화의 장기화로 인한 폐해와 불투명한 회복 전망으로 인해 더욱 악화가 가속화되는 악순환을 되풀이 할 위험이 커졌다. 미래가 아닌 과거사가 한일관계를 지배하는 데 따른 상호경원 현상으로 양국 레이더에서 상대방의 존재는 희미해지고 있다. 양국의 전략 환경이 불안정한 데 따라 상호협력의 필요성은 증대하는데, 현실은 정반대로 가면서 상호손실은 불어나고 있다. 이러한 '악순환의 함정'에서 빠져나올 동력도 찾기 힘든 국면이 지속되고 있다.

종래의 한일관계 악화는 주로 정치 분야에 국한되었으나, 이제는 비정치 분야로 확산하여 전방위적 피해가 나타나고 있다. 과거에는 관계가 악화되어도 영향이 주로 정치 분야에 국한되었으나, 이번에는 경제·안보·문화·관광 등 거의 모든 분야로 파급됨으로써 그 손실이 훨씬 커졌다. 2019년 7월 일본 정부가 한국을 전략물자 백색 리스트에서 삭제하고 반도체 일부 소재에 관한 수출 허가 절차를 강화한 조치는 그동안 불문율로 여겨졌던 한일 간 정경분리의 벽을 허물었고, 세계공급망 상에서의 상호의존을 무기화한 나쁜 선례를 만들었다. 한편 한국 정부가 이에 대한 대응조치로 취한 한일군사정보보호협정GSOMIA의 종료 결정도 어렵게 진전되어온 한일 안보협력의 기반을 흔들었다. 결국 미국 정부가 막후에서 개입하여 통상규제에 관한 한일 협의를 개시하고 한국은 GSOMIA의 종료 조치를 유예하는 잠정 합의를 통해 가까스로 수습되었다. 한일관계가 정상이라면 넘지 않았을 선들을 양국 모두 쉽게 넘어버리는 사정에 이르렀고, 이는 현재 한일관계의 엄중한 상태를 적나라하게 보여주고 있다.

(2) 성장통과 근위축증의 갈림길

향후 한일관계 전망은 성장통과 근위축증의 기로에 서 있다고 할 수 있다. 한일관계는 현재 수교 이래 최악의 상황이지만, 그 배경에는 구조적 변화의 과정을 겪는 데 따른 후유증이라고 볼 수도 있다. 한일관계의 변화 동인에는 양국 자체에 기인하는 요소들이 다수 있지만 그밖에 양국이 위치한 동아시아 지역 환경의 변화도 크게 영향을 미치고 있다. 한일 간에는 크게 세 가지 구조적 동인이 작용하고 있다.

첫째, 한일 간의 격차 축소로 과거의 비대칭적 관계에서 대칭적 관계로 전환하고 있는 점이다. 이미 1인당 실질 국민소득에서는 한국과 일본이 비슷한 수준에 도달하였다. 아직 한국은 국부의 관점stock에서 근대화가 1세기 정도 앞선 일본과의 격차가 크지만, 인구 대비 생산력 면에서는 대등한 수준에 도달하였고 이런 변화가 한일관계에도 투영되고 있는 것이다. 한국의 대외무역에서 일본의 비중이 3위에서 5위로 떨어진 사실도 한국에서 일본의 비중이 상대적으로 저하된 점을 말해 준다.

둘째, 양국 사회가 과거사의 직접 경험이 없는 전후세대로 교체된 사실이다. 한국에서는 근대 정체성과도 연관이 되어 과거사에 관한 교육이 철저히 이루어져 젊은 세대도 과거사에 관한 인식이 높다. 그러나 일본의 경우 전후세대는 역사교육이 부족하고, 특히 아베 정부 들어 후세들에게 역사의 짐을 물려주지 않겠다는 의식이 강화되면서 교과서 왜곡도 늘어나고 젊은 세대의 역사 인식도 더욱 희박해졌다. 한일 간에 과거사를 둘러싼 인식의 갭이 확대되면서 이를 줄이는 일이 한일관계를 안정적으로 관리하는 데 중요한 변수가 되고 있다.

셋째, '잃어버린 20년'을 경험한 일본의 상대적 쇠락과 대조적으로 급속히 부상하는 중국과의 격차 확대가 중국의 공세적 외교안보정책과 맞

물려 한일관계에도 많은 영향을 미치고 있다. 일본의 외교안보 정책은 2010년대 초 일중 간에 경제가 역전되고 중국이 센가쿠열도댜오위다오 분쟁으로 두 차례에 걸쳐 강압적 대일對日외교를 구사하면서 중국 억지에 초점을 맞추고 있다. 그러한 배경에서 일본은 한일관계가 나빠지는 가운데 한국이 중국에 경사 하는 것이 아닌지 상당한 의구심을 가지고 있다. 한일 간에 대중對中관계에 있어서 이해와 입장의 차이가 있지만, 일본 내에 퍼져있는 한국의 대중對中경사론은 과장된 것으로 한일 간의 관계를 악화시키는 또 다른 요인이 되고 있다.

이러한 구조적 동인과 한일관계의 내재적 요인들이 결합하면서 한일관계는 어느 때보다 어려운 상황에 직면하고 있다. 현재의 장기간 위기 상태가 양국의 노력으로 잘 극복되어 안정적 관계로 전환될 경우 '성장통'으로 끝나겠지만, 구조적 악순환이 새로운 상태로 정착하게 되면 소원한 관계가 지속되는 '근위축증'으로 고착화될 위험이 도사리고 있다. 한일 양국은 세계 전략경쟁의 핵으로 부상한 동아시아의 중심 국가들이다. 미국이 아프가니스탄 철수에 따른 부담에도 불구하고 이를 강행한 것은 미국의 전략적 중심을 중국 견제에 두고 이에 필요한 전략적 재조정이라는 큰 그림을 그리고 있음을 의미한다. 한일 양국은 이러한 미국의 전략적 변화에 부응하는 것은 물론 양국이 위치한 동북아의 변화 소용돌이를 잘 넘기기 위해서도 동아시아의 평화와 번영을 위한 지역구조regional architecture를 구축해 가야 한다. 양국은 관계 악화로 9년이라는 소중한 시간을 허비하고 있다는 점을 자각하고 조속히 방향 전환을 모색하여야 한다. 복합 대전환기에 상생 발전과 함께 상호 협력을 통해 다양한 역내 위협에 공동 대처해야 한다.

2 ___ 한일관계를 둘러싼 복합대전환의 양상

(1) 국제사회의 다양한 전환현상

한일 양국은 국제사회의 패러다임이 여러 분야에서 크게 변화하는 가운데 이에 대처해야 할 상황에 놓여있다. 세계는 현재 팬데믹, 기후 위기, 에너지 전환, 4차 산업혁명, 인구절벽 등 국제사회에 심대한 경제·사회적 변화를 가져올 요인들이 중첩되어 격변과 혼돈의 복합대전환의 시대를 맞이하였다.

2020년 초 세계를 강타한 코로나19 팬데믹은 변이종의 출현과 함께 인류 대 바이러스의 끝없는 전쟁으로 이어졌다. 2021년 11월 말까지 세계적으로 약 2.6억 명의 환자가 발생하여 522만 명이 사망하였고, 백신의 개발과 접종의 확대에도 불구하고 전쟁은 여전히 진행 중이다. 2020년 세계 경제는 중국을 제외하고는 모두 역성장을 기록하였고, 회복 중인 2021년에도 인플레, 채무 위기, 원자재 가격 앙등, 물류대란 등 불확실성이 매우 높다. 이렇듯이 코로나19는 세계 정치·경제·군사·문화·사회·교육·과학기술에 걸쳐 광범위한 영향을 미치고 있다. 포스트 코로나 시대의 국제질서에 관한 논쟁이 활발한 가운데, 100년 전 팬데믹으로 약 5천만의 생명을 앗아간 스페인 독감이 국제질서에 미친 영향에 비추어 볼 때 코로나19의 영향도 매우 넓고 깊을 것이다. 21세기에 들어 다양한 감염병 유행의 발생빈도가 짧아지고 그 전파력과 피해가 커지고 있다는 점에서, 코로나19가 수습되어도 다른 팬데믹에 대비하는 일이 중요해졌다. 특히 기후 위기로 인해 다양한 바이러스가 인간 환경에 노출됨에 따라 팬데믹도 증가할 개연성이 높기 때문에 기후 위기와의 연계 대처가 불가피한 상황이다.

기후 변화는 이미 단순한 지구환경 문제를 넘어 인류의 생존을 위협하는 국제 안보 위기의 수준으로 심화되었다. 지구온난화로 인해 혹서·혹한, 홍수·한발, 태풍·사이클론·허리케인 등 극한 기후의 빈도와 규모가 크게 증가하였고, 산불, 산사태, 해수면 상승, 빙하 소멸 등 지구환경에도 막대한 피해를 야기하고 있다. 미국의 국립해양기후청NAOO 주도로 66개국 530명의 과학자가 참여하여 금년 8월 발간한 2020년 기후상태보고서에 따르면 러시아 북극 지역에서 섭씨 38도, 남극에서 섭씨 18.3도, 미국 죽음의 계곡에서 섭씨 54.4도의 역대 최고기온을 기록하였다. 중동·남미·북미에서 극심한 한발이 발생하고 서남아·중국에서 대형 홍수가 발생하였다. 또한 102개의 태풍·사이클론·허리케인이 발생하여 과거 30년 평균 85개를 훨씬 웃돌았다. 특히 이산화탄소보다 86배 온난화 효과가 큰 메탄가스 배출이 크게 늘어난 것도 우려 요소이다. 이에 따른 지구촌 대응도 빨라지면서 한국을 포함한 선진국이 2050년, 중국이 2060년, 인도가 2070년 각각 탄소중립 목표 달성을 약속하였다. 하지만 코로나19에 의해 경제활동이 축소되었는데도 불구하고 이산화탄소 배출량은 계속 증가하였다는 점에서 아직 갈 길이 멀다.

기후 위기의 심각성에 비추어 국제사회가 이에 대처하기 위하여 온실가스 배출이 적은 에너지로의 전환도 빠른 속도로 진행되고 있다. 석탄·석유 의존도가 급격히 축소되는 가운데 신재생에너지 비율이 높아지고 있으며 이에 따른 에너지 지정학도 상당한 변화가 일어나고 있다. 탈탄소화에 따른 에너지 전환은 기존 에너지 시장의 창조적 파괴를 필요로 한다. 중동을 중심으로 산유국들의 재정수입 감소와 전략적 비중 저하가 예상되고, 에너지 전환에 필요한 기술, 산업, 희귀금속 등에서 높은 중국 의존도가 미국을 비롯한 서방 국가들에게 공급망의 탄력성 확보를 과제로 던지고 있다. 이를 뒷받침할 기술이 전기차 보급, 수소·암모니아 경제, 탄소 저배출 산업공정, 에너지절감 주택, 에너지·탄소 저장 기술 등의 방면에서 매우 광범위하게 발전하면서 4차 산업혁명의 중요한 추동력을 제공하고 있다.

4차 산업혁명은 인공지능, 사물인터넷, 로봇, 드론, 양자컴퓨터, 5G, 블록체인 등을 통해 기존의 생산양식 패러다임을 혁명적으로 변화시키고 있다. 향후 국가들의 경제력을 좌우할 요소라는 점에서 관련 기술을 둘러싼 경쟁이 더욱 가속화되고 있다. 나아가 4차 산업혁명 관련 기술들이 군사기술 혁명과 직결되기 때문에 각국의 군사력 경쟁에도 결정적인 영향을 미친다. 미중 대결이 심화되고 있는 가운데 가장 핵심 경쟁 분야가 바로 기술이다. 미중 간 높은 경제 상호의존도에도 불구하고 미국이 동맹국·협력국과 함께 중국에 대한 분리decoupling를 꾀하려는 시도도 이러한 맥락 때문이다. 따라서 세계공급망과 과학기술에서 유력한 지위에 있는 한일 양국도 직접적인 영향을 받고 있다.

국제사회의 장기 전망에 큰 영향을 미칠 또 다른 변수는 인구문제다. 세계 인구는 꾸준히 증가해 왔지만, 세계 경제의 발전과 함께 소득이 증가하면서 출산율이 감소하고 의학의 발전으로 고령화가 진행되고 있다. 미국 워싱턴대 건강측정평가연구소IHME가 2020년 7월 발표한 연구에 따르면, 세계출산율은 2017년 2.37에서 2100년 1.66으로 떨어지고, 세계 인구증가율도 1960년대 말 2.09%에서 2023년 1% 밑으로 떨어져 세계 인구가 2064년 97억 명을 최고로 하락하기 시작할 것으로 전망하였다.

특히 한일 양국을 포함한 23개국에서 2100년 인구가 현재의 절반으로 줄어들며, 195개국 가운데 183개국이 인구 유지가 가능한 출산율 2.1 밑으로 떨어져 인구가 줄어들 것으로 예측하였다. 세계 1/4의 국가에서 생산가능인구가 줄기 시작하였고 세계 고령인구가 증가하면서 연금·사회보장제도의 부담증가에 의한 개혁이 불가피해졌다. 출산율은 개인의 선택에 의해 누적된 결과로 쉽게 역전시키기 어렵다는 점에서 인구절벽 현상은 중장기적으로 국제질서에 큰 영향을 줄 것이다.

(2) 국제관계의 대전환

한일 양국을 둘러싼 국제관계에도 커다란 전환이 일어나고 있다. 우선 북한의 핵 위협 증대다. 북한은 6차례의 핵실험을 통해 핵탄두의 소형화·경량화·다종화를 꾀하고, 화성 14호와 15호 실험에 성공하여 미국 본토 공격 능력을 갖춘 대륙간탄도미사일과 함께 잠수함발사미사일을 포함 다양한 단거리·중거리 미사일을 보유하고 있다. 현재 60여 개의 핵탄두를 가지고 있으며 매년 6개 정도의 핵탄두를 제조할 핵분열물질을 생산하고 있는 것으로 추정된다. 사실상의 핵무장 국가로 대우받고 있는 인도·파키스탄·이스라엘이 100여 개의 핵탄두와 잠재 적국을 공격할 미사일을 보유하고 있다는 점에서, 북한도 핵무장국가의 요건인 2차 공격 능력과 미국 본토 공격용 대륙간탄도미사일의 실전배치에 필요한 일부 미진한 부분을 보완하게 된다면 사실상 핵무장국가 대열에 합류하게 된다. 2019년 2월 미북 하노이 정상회담이 결렬된 이래 북핵 교섭은 답보 상태에 있다. 바이든 정부가 대북정책의 재검토 이후 '잘 조정된 실용적인 접근'의 새로운 대북 정책을 발표하였지만, 그 구체적 내용은 밝혀지지 않은 채 중간단계를 거치는 접근으로만 알려지고 있다. 그러나 북핵 문제는 미국 외교안보 정책 상에서 우선순위가 낮고, 북한도 8차 노동당 대회에서 핵 보유를 지속하겠다는 의지를 확인하고 교섭 재개에 앞서 미국의 대북 적대시 정책 철회를 요구하고 있는 만큼, 교섭의 재개와 해결 가능성은 그리 높지 않다. 해결 가능성은 낮아지는데도 북한의 핵·미사일 능력만 늘어 가는 것은 북핵의 위협을 직접 받는 한일 양국에게는 심각한 안보 위협이다.

둘째로는 동아시아에서 미국에 대한 중국의 도전이 본격화하면서 미중 갈등이 심해지고 있다. 현재의 추세가 계속되면 명목 GDP 면에서 중국이 미국을 2027년경 추월하고 2035년경에는 중국과 홍콩의 GDP가 미국과 일본의 합계를 넘어설 것으로 전망된다. 중국의 공세적 외교안보 정책은 동아시아에서 미국의 영향력을 배제하려는 방향으로 전개되고 있으며, 미국도 이에 맞서 한국·미국·일본 3각 협조체제, 미국·일본·호주·인도 쿼드Quad, 미국·영국·호주 동맹AUKUS을 주축으로 한 중층 네트워크 중심의 인도태평양 정책을 펼쳐가고 있다. 바이든 정부는 동맹 중시, 가치 외교, 다자외교를 혼합한 복합정책으로 중국의 도전에 대항하는 연합전선을 구축하려 하고 있다. 2021년 8월 말 탈리반의 아프간 장악이라는 수모를 겪으면서도 20년에 걸친 미국 역사상 가장 긴 전쟁이었던 아프간에서 철수를 감행한 것도, 또한 프랑스·유럽과의 관계가 소원해질 우려에도 불구하고 영국과 함께 호주에 핵추진잠수함을 공급하고 다른 경제안보분야에서도 공동 대응하는 새로운 동맹 AUKUS를 만든 것도 미국 대외정책의 핵심을 중국에 놓겠다는 강한 의지의 표현이다. 중국도 미중 대결의 장기화를 염두에 두고 중국 내부역량의 강화를 위한 쌍순환 경제와 자주창신自主創新, 그리고 '중국제조 2025'의 과학기술 발전전략을 추진하면서, 러시아, 이란, 북한 등 권위주의 국가들과의 연계를 강화하고 일대일로一帶一路 정책을 통한 우회로 개척을 서두르고 있다. 따라서 한일 양국은 미국의 동맹국이자 중국 시장 의존도가 높은 국가들로서 미중 격돌의 혼돈을 헤쳐 나가야 하는 엄중한 상황에 놓여 있다.

셋째, 한일 양국이 당면한 또 하나의 어려운 상황은 양국의 평화와 번영의 기초였던 자유주의 국제질서가 흔들리고 있다는 사실이다. 전후 자유주의 국제질서를 구축한 미국이 최근에는 고립주의, 일방주의, 미국 우선주의 성향을 보이면서 특히 트럼프 정부 4년간 기존의 국제질서를 크게 흔들었다. 바이든 정부로 정권이 교체되면서 이를 회복하려고 노력 중에 있지만, 미국 자체의 국내 회복에 우선순위를 둔다는 점에서 '세련된 트럼프 주의'의 위험이 도사리고 있다. 또한 트럼프 전 대통령의 장악력이 공화당 내에 여전히 유지되고 있고 재출마 가능성이 남아 있다는 점에서, 2022년 중간선거와 2024년 대통령선거에서 역전될 위험이 있다. 또한 동 질서를 뒷받침하는 양대 축의 하나인 유럽도 포퓰리즘, 극단주의, 배외주의의 기운이 강하고, 유럽연합EU이 미국과 중국에 필적할 외교력과 군사력을 발휘하기 어려운 상황이다. 또 다른 축인 일본도 '잃어버린 20년'을 만회하기 위한 아베노믹스가 절반의 성공으로 끝나 일본경제의 미래가 여전히 불투명한 가운데 갈라파고스 현상으로 아시아에서 지도력을 발휘하기 어려운 상황이다. 이와 같이 자유주의 국제질서의 견인 역할을 맡아야 할 국가들이 부진한 가운데, 세계적으로 민주주의, 자유, 인권은 후퇴 경향을 보이고 있다. 권위주의의 부상과 강한 지도자들의 등장으로 인해 탈냉전 이래 꾸준히 상승되어 오던 세계 민주주의 지수Democracy Index가 2010년대 중반부터 내리막길을 걷고 있으며, 세계 자유지수Freedom in the World도 2000년대 중반 이래 하강국면을 벗어나지 못하고 있다.

이렇듯이 한일 양국은 앞으로 상당 기간 초불확실성과 유동성이 지배하는 복합대전환 시대의 격변과 혼돈을 경험하게 될 것이다. 양국은 현재 최악의 관계로 여러 분야에서 대립과 갈등에 따른 손실을 보고 있으며, 함께 협력을 통해 창출할 막대한 과실을 잃어버리는 기회비용도 지불함으로써 상호손실의 악순환을 겪고 있다. 이는 복합대전환의 시대적 협력 요청을 저버리는 것으로, 선진국이고 미국의 동맹국이자 가치를 공유하는 인접국인 양국 정부와 국민들은 하루빨리 대립상태를 종식시키고 공존공영의 길을 찾아야 한다. 안정된 한일관계야말로 양국을 넘어 동북아, 동아시아, 인도태평양, 세계의 차원에서 평화와 번영의 핵심축 역할을 담당하게 될 것이다.

3 ___ 한일관계는 무엇이 문제인가?

(1) 한일관계에서의 결락요소

한일 간에는 한일관계의 안정적 발전을 저해하는 여러 가지 결락된 요소들이 있다. 첫째, 양자관계를 넘어서는 폭넓은 시야가 결여되어 있다. 한국이나 일본 모두 양자관계에 초점이 고정되어 이를 넘어서는 한일관계의 잠재력을 실현시키려는 노력이 부족하다. 한일 양국이 세계 10위권 내에 들어가는 경제력을 가지고 있고 아시아에서 단 2개국밖에 없는 OECD 회원국이자 선진국이라는 점에서, 현재보다 넓은 시야에서 양국 관계를 바라볼 필요가 있다. 양국은 동아시아 내 대규모 미군이 주둔하는 단 2개의 미국 동맹국이라는 사실도 간과해서는 안 된다. 한일 양국은 세계전략의 핵심지역으로 부상하고 있는 동아시아의 평화와 번영을 담보하는 요충이다. 이 점을 자각하여 협력의 틀을 양국을 넘어서 확대해가야 한다.

둘째, 역사 화해의 노력이 크게 부족하다. 한일 양국은 수교 이래 반세기 동안 과거사 문제를 해결하기 위한 노력을 기울여 어느 정도 성과를 거두었지만, 지난 10년간 장기 관계 악화의 주된 사유가 과거사 현안이었다는 사실은 피해자인 한국이나 가해자인 일본이나 과거를 뛰어넘기 위한 역사 화해의 과정에 충실하지 못했다는 증거다. 한일 모두 어렵게 쌓은 진전을 바탕으로 현재와 미래를 개척하는 것이 아니라 거꾸로 어렵게 쌓은 것을 허물며 상호불신을 가중시켰다. 한국은 사법적 적극주의, 일본은 역사수정주의로 인해 이런 후진後進 현상이 벌어졌다. 가해자의 진정한 사과와 반성이 피해자의 관용과 어우러져 불행했던 과거로 인한 마음의 응어리를 풀어내겠다는 의지가 박약하였기 때문이다. 그러다 보니 불행한 역사를 뛰어넘어 마음이 서로 통하는 선린관계善隣關係와는 거리가 먼 상황이다. 양국 사회가 모두 과거를 잊어도 안 되지만 과거에만 머물러서도 안 된다는 역사의 교훈을 살려 역사화해를 위한 과정에 적극 협력하여야 한다.

셋째, 한일 양국 모두 균형 감각이 모자란다. 한국은 중국을 과대평가하고 일본을 과소평가하는 경향이 있다. 한국 내에서 40년이라는 짧은 시간에 세계 2위의 경제 대국으로 성장한 중국에 대해서는 후한 평가를 하는 반면, 아시아에서 가장 먼저 근대화에 성공하고 42년간 세계 2위의 경제 대국 자리를 차지하였던 일본에 대해서는 낮은 평가를 하고 있다. 한국은 중국과 일본 모두에 대해 균형 있는 시각으로 바라보아야 할 것이다. 한편 일본도 미국 일변도에 아시아를 경시하는 21세기 판 탈아입구脫亞入歐의 인식이 여전히 남아 있다. 일본이 외교안보 정책상 일미 동맹을 가장 중시하는 것은 불가피하겠지만, 동아시아 내 지도국으로서 아시아에 대한 인식과 책임을 보다 높일 필요가 있다. 한일관계도 이런 연장선상에서 접근한다면 현재의 불편한 관계를 풀기에 좋은 여건을 만들 수 있을 것이다.

넷째, 한일관계 악화가 장기화되면서 양국의 상호 중요성에 대한 올바른 인식이 희박해지고 있다. 제3국이 보기에 가장 자연스런 전략적 동반자 관계에 설 수 있는 양국인데 현실은 정반대다. 한국은 일본을 경시하고 일본은 한국을 무시하는 성향이 최근 강해졌다. 양국 관계의 회복과 발전을 위해서는 양국 국민과 사회가 감성적 접근에서 벗어나 상대방의 중요성을 제대로 평가하고 이에 기초해 현실적 협력방안을 모색해야 한다.

다섯째, 양국 간에는 건전한 관계의 출발점이라 할 수 있는 상호 이해·배려가 거의 자취를 감추었다. 장기간 관계 악화로 양국 국민 간에 상호 이해·기대·인식·신뢰 갭이 현저히 벌어졌다. 지리적 근접성과 문화적 유사성 때문에 한일 양국은 상대방의 행동을 자신의 기준에 따라 해석하거나 마치 잘 알고 있는 것으로 쉽게 생각하는 성향이 강하다. 실제로는 서로 상당히 다르다는 점을 인식하지 못함에 따라, 상대방이 다른 관점을 가지고 있다는 점을 염두에 두고 사안을 보려는 노력을 게을리하게 된다. 이런 상황에서는 오해와 편견이 쉽게 형성되게 되므로 접촉을 통해 이를 해소하기 위한 인적교류와 문화교류가 매우 중요하다.

여섯째, 양국 국민은 한일관계의 상호의존도·밀접성에 대한 자각이 부족하다. 한일 경제 관계는 세계 공급망의 필수 요소를 구성하고 있다. 한일 간의 구조적 무역 불균형도 이런 세계 공급망 때문에 발생한다. 한국 수출품의 상당 부분이 일본의 부품·소재·장치를 수입하여 만든 중간재다. 시장과 분업의 원리에 의해 작동되는 상호의존의 관계다. 통상국가인 한일 양국이 관계가 나빠져도 정치적 이유로 경제 간섭을 자제하던 암묵의 정경분리 규칙이 2019년 7월 일본의 대한對韓 통상규제 조치로 허물어진 것은 한일관계의 장래에 매우 좋지 않은 선례를 남겼고 조기에 원상회복되어야 한다. 또한 한반도와 일본의 안보는 주한·주일 미군을 매개로 매우 밀접하게 연동되어 있다. 한반도에서 군사 충돌이 벌어지게 되면 주일미군은 물론 미국 본토에서 한국으로 전개되는 미군도 일본을 거치게 된다. 한편 일본의 안보 위협의 상당 부분은 북한에서 온다는 점에서 한국과의 안보 협력이 중요한 의미를 가진다. 동북아와 동아시아의 안보환경을 유지하기 위해서는 한일 간 협력의 틀이 확대되어야 하는데 현실은 거꾸로 가고 있다.

(2) 한국의 일본에 관한 오해

한국 정부가 대일관계의 회복과 발전을 위해서는 냉철한 현실분석에 입각한 실용적 정책을 추구해야 한다. 과거사로 인해 현재·미래의 일본에 관한 객관적 시각을 놓쳐서는 곤란하며 차분하고 균형 잡힌 일본관도 중요하다. 그런 관점에서 한국 내에 퍼져 있는 일본과 한일관계에 관한 오해를 바로잡는 일이 중요하다.

1) 일본의 과거사에 대한 반성·사죄 부족

한일 간 과거사 문제의 근원은 14년에 걸친 수교 교섭에서도 양국의 식민지배에 관한 입장이 평행선을 긋게 되자 절충을 통해 서로 달리 자국 입장에 맞추어 해석하기로 한 외교적 해결에 있다. 한국은 식민지배가 불법·부당하다는 입장이었고 일본은 합법·정당하다는 입장이었다. 1965년 한일 기본조약 제2조나 한일 청구권 협정은 이런 타협의 결과물이다. 1965년 국교 수립 당시 일본의 과거사에 대한 반성과 사죄는 시이나 에츠사부로 외무대신이 유감을 표명한 공항 도착 성명뿐이었다. 일본의 과거사 인식 문제는 1980년대 초 교과서 왜곡 문제로 본격화하였으며, 일본 정부는 한중 등 주변국가의 반발에 따라 근린국가들의 우려를 배려한다는 근린제국조항을 통해 해결하였다. 1980년대 후지오 마사유키 문무대신, 오쿠노 세이스케 국토청장관 등 일본 정치인들이 여러 차례에 걸쳐 과거사를 미화하는 망언을 하였으며, 한국과 중국의 반발로 파면·해임되기도 하였다.

자민당 장기정권이 끝나고 비자민 연립정권이 시작된 1990년대는 과거사 인식에 있어서 진전이 이루어진 시기였다. 제2차 세계대전 종전 50주년을 계기로 1995년 자민당·사회당 연립 정권의 무라야마 도미이치 총리가 아시아를 대상으로 한 담화에서 침략과 식민지배에 관한 반성·사죄를 표명하였다. 당초 국회 결의를 채택할 예정이었지만 자민당 우파 의원들의 반발로 내용이 불충분한 결의가 채택되었고 반대 의원이 상당수 나오게 되자, 무라야마 총리 결단으로 내각 결의에 따른 총리 담화를 내게 되었다. 2012년 아베 정부 이전까지 역대 정부들은 무라야마 결의를 계승하였으며 종전 60년에 발표된 고이즈미 담화도 같은 맥락이었다. 1998년 김대중-오부치 게이조 한일 파트너십 선언도 이를 그대로 담아 양국 합의 차원으로 승격되었다. 과거사 인식 문제에서 가장 진전된 내용의 사죄와 반성은 강제 병합 100년인 2010년에 민주당 정권의 칸 나오토 총리가 한반도만을 특정하여 구체적으로 발표한 담화이다. 민주당 정권의 단명으로 한일 양국에서 잊힌 존재가 되었지만 무라야마 담화보다 발전된 내용이다. 일본군 위안부 문제는 1993년 고노 요헤이 관방장관 담화가 일본의 책임과 함께 반성·사죄를 표명하였고, 이는 일본 정부의 기본입장으로 유지되었다. 피해자 입장에서 보면 충분하지 않겠지만, 1950년대 이래 조금씩 진전한 결과 최소한 식민지배가 부당했다는 인식이 2010년대 전반까지는 일본 사회에 어느 정도 정착되었다고 볼 수 있다.

그러나 2012년 2차 아베 정부가 출범하면서 고노 담화 검증을 통한 물타기 시도, 무라야마·칸 담화보다 후퇴한 내용의 아베 담화 발표 등 역사 인식 면에서 후퇴하는 현상이 벌어지고 있다. 일본 사회가 '잃어버린 20년'으로 보수화하면서 애국주의 경향과 함께 역사수정주의로 발전하였기 때문이다. 올바른 역사 인식이 양국 관계의 기초라는 점에서 지난 반세기 동안 이루어온 진전을 흔드는 행위에 대해서는 확고한 대응이 필요하다. 다만 일본에 대해 더 이상 반성·사죄를 요구하기보다는 일본 정부나 정치인들이 이를 어기는 발언·행동·조치를 방지하고 역사 교육을 강화하는 데 주안점을 두는 것이 현실적 접근이라 생각된다.

2) 일본의 군국주의 부활

한국 사회에는 국권을 강탈당한 식민지배 경험으로 인하여 일본의 군국주의 부활에 대한 우려가 크다. 일본이 평화헌법 하에서도 자위대를 통해 꾸준히 군사력을 배양해 온 것은 사실이다. 아베 정부에 들어 보수 우경화 현상으로 '강한 일본'을 지향하면서, 중국의 군사력 강화에 대한 대응 차원에서 일미방위협력 지침 개정, 제한적 집단적 자위권 행사를 용인하는 해석개헌, 안보법제 제정, 무기 수출 3원칙 철폐 등 전수방위의 틀을 허무는 조치가 취해졌고 적기지 공격 능력 보유 문제에 관한 논의가 활발히 이루어지고 있다. 그러나 이러한 일본의 군사력 강화 조치는 북한의 핵 위협, 중국의 공세적 외교안보 정책과 군사력 증강이라는 안보 환경의 변화에 따른 대응으로 정상 국가로 가는 길이라 보는 것이 타당한 해석이라 할 것이다.

일본 사회에는 전후 70여 년간 평화헌법 하에서 길러진 국민들의 평화 의식과 민주주의가 작동하고 있으며, 헌법 제9조의 개정에 대한 국민의 반대 여론이 여전히 과반수를 넘는다. 물론 일본의 집단주의적 성향에 유의해야 하겠지만, 막대한 재정적자, 인구감소, 모병제, 평화헌법 등 군사력을 강화하는데 여러 가지 실질적 제약이 존재하고 있다는 점을 고려해야 한다. 일본은 미국이 NATO 회원국에 대해 요구하는 방위비 GDP 2% 확보 요건에 미달하는 1%대 초반의 방위비를 쓰고 있으며, 2022년에는 한국 국방예산이 일본 방위비를 넘어설 공산이 크다. 또한 미국이 미일 동맹에 따라 우리가 우려하는 일본의 이탈을 막는 역할도 하고 있음을 간과해서는 안 된다.

3) 일본의 국력 평가

한국은 일본 경제력이 세계 3위로 떨어지면서 일본의 국력을 과소평가하는 경향이 있다. 일본이 장기간에 걸친 디플레이션으로 '잃어버린 20년'을 경험하면서 1980년대의 미국을 위협할 정도의 경제력을 상실하고 3위로 전락하였다. 최근 자민당 우월정치 체제의 동맥경화 현상과 일본 사회의 갈라파고스 현상으로 다양한 정치 스캔들, 코로나19 대응 실패, 혼란스런 동경올림픽 개최 등 변화에 뒤쳐진 모습도 보이고 있다. 그렇지만 국부와 소프트파워의 관점에서 볼 때 일본은 아시아에서 근대화에 제일 먼저 성공하고 1968년 이후 2010년까지 42년간 세계 2위의 경제로 축적한 유형·무형의 자산이 많다. 일본은 세계에서 호감도가 가장 높은 국가군에 속하며, 종래 개발원조 1위국으로서 상당한 높은 평가를 받았다. 엔화가 여전히 국제통화로 남아 있는 것은 일본이 GDP 약 2.7배에 달하는 막대한 국가채무에도 불구하고 약 3조 달러에 이르는 최대 해외 순자산 보유국이기 때문이다. 중국의 부상으로 가려졌지만 일본은 여전히 동아시아의 주요 행위자이며 아시아에서 미국의 가장 가까운 동맹국이다.

최근 절반의 성공에 그친 아베노믹스를 통한 경제회복을 배경으로 미국+α 전략을 통해 아시아 지역 강국을 지향하고 있다. 일본은 인도태평양 지역에서 일미 동맹, 쿼드, 포괄적·점진적 환태평양경제동반자협정 CPTPP, 민주주의 10개국D10, 경제번영네트워크, 블루닷 네트워크, 클린 네트워크, 개발 협력 관련 일·미·호 협력 등 다양한 소다자·다자의 틀을 지렛대로 중국과 세력균형을 꾀하면서 인도태평양 질서를 이끌고 있다.

4) 일본 정치인과 일본 사회의 동일시 경향

한국에서는 아베·스가 총리 등 일본 정치인들을 일본 사회와 동일시하는 경향이 있다. 그러나 일본 사회는 아베 총리로 대표되는 이미지보다 훨씬 복합적인 사회라는 점을 잊어서는 안 된다. 트럼프 대통령이 미국 사회를 대변하지 않듯이 일본 정치인들도 마찬가지다. 아베 총리가 7년 8개월에 걸친 장기 집권을 할 수 있었던 것은 매년 정권의 잦은 교체로 인한 정치적 불안정의 해소, 장기 침체에 빠진 일본 경제의 아베노믹스에 의한 회복 기대, 민주당 정권 3년 실정에 따른 야당에 대한 낮은 지지율 등이 작용한 결과다. 그런 관점에서 볼 때 일본 국민의 아베·스가 정권에 대한 지지가 바로 보수 우경화 정책에 대한 지지를 의미하는 것은 아니다. 예컨대, 2017년 중의원 선거에서 자민당은 총유권자 지지율은 25% 정도에 불과했지만, 투표율이 53.7%로 상당히 낮은 상태에서 소선구제의 사표로 인해 지지율보다 훨씬 높은 2/3에 가까운 의석을 얻었다. 따라서 우리의 대일정책도 일본 사회 전체의 흐름을 객관적으로 보면서 긴 안목으로 일본 국민 전체를 대상으로 냉정하게 전개할 필요가 있다. 장기적으로 일본 국민들이 한국에 대한 올바른 인식을 가지도록 차분하게 접근한다면, 이런 개선 결과가 역으로 일본 정치에 반영되어 한일관계에 선순환의 효과를 가져올 수 있을 것이다.

5) 한일 양국의 미국과의 관계

동아시아 전략 지형에서 가장 중요한 행위자인 미국의 동아시아 정책은 한일관계에 많은 영향을 미친다. 역대 미국 행정부의 대일정책에는 부침이 있었지만, 미국이 일본의 지정학적 위치와 국력에 비추어 일본이라는 프리즘을 통해 동아시아 정책을 보는 경향이 있음을 부인하기 어렵다. 미국에게 있어서 경제·외교·군사적으로 일본이 한국보다 더 중요한 것은 현실이다.

일본은 떠 있는 불침항모와 같이, 미국 군사력의 동아시아 전개에 핵심적이다. 미중 대결이 심화되는 상황에서 일본열도는 전략경쟁 관계에 있는 중국을 봉쇄하는 최적의 지정학적 위치이기 때문이다. 동시에 일본은 북미·유럽과 함께 세계 경제의 3대 축으로 아시아에서 유일한 G7 회원국이다. 그리고 최근 경제 안보가 강화되면서 일본은 미국의 대중 경제 안보의 핵심 동반자로 부상하고 있다. 일본의 강한 경제와 기술력이 안보적 차원으로 격상되고 있다.

따라서 미국은 인도태평양 지역에서 일미 관계를 '주춧돌cornerstone', 한미관계를 '비녀장linchpin'으로 비유하는데, 어느 양국 관계가 미국에 더 중요한지에 관해 논쟁하는 것은 별 의미가 없다. 오히려 우리는 이런 동아시아 전략 환경의 전체적 구도를 전제로 대미對美 관계에서 원칙·가치·정당성·이익을 통해 일본과 다른 독자적 입지를 구축함으로써 한미동맹의 가치를 높이고 이를 강화해 가는 노력이 중요할 것이다.

6) 한일관계 악화 시 피해 정도

한일관계가 악화될 경우 양국 모두 피해를 입게 되지만, 전체적으로 볼 때 한국이 더 불리한 게 현실이다. 우리는 분단국으로서 한반도 평화 정착과 북한 비핵화라는 매우 어려운 외교안보 과제를 안고 있다. 일본은 미국의 동아시아 정책에 상당한 영향을 미치고 있으며 한일 간의 국력 차이는 그간 많이 줄었지만 여전히 큰 게 사실이다. 일본보다 우리가 대외 의존도가 높아 국제사회의 변화에 더 민감하지 않을 수 없다.

이런 맥락에서 한일관계가 나빠지는 데 따른 부담은 우리가 일본보다 더 큰 것으로 평가된다. 물론 우리가 대일정책을 수행함에 있어서 관계 악화의 손실만을 우려하여 우리 국익을 희생하면서까지 관계 악화를 피하려 해서는 안 된다. 오히려 우리의 정당한 입장과 국익을 확보하기 위해서라면 관계 악화도 불사해야 한다. 그러나 대일관계를 감정적으로 다룸으로써 불필요한 국익 손실을 가져오기보다는, 관계악화로 인한 국익

차원에서의 손익계산은 명확히 하면서 냉정하게 거시적으로 한일관계를 관리하는 지혜가 필요하다.

(3) 일본의 한국에 관한 오해

한국과 한일관계에 관한 오해들은 일본에도 있다. 한일관계의 회복과 발전을 위해서는 일본도 이런 오해들을 불식하고, 있는 그대로 한일관계의 현상과 미래 잠재력을 평가하고 그것을 바탕으로 한일관계의 장래를 모색하여야 한다. 탱고를 추기 위해서는 둘이 필요한 것처럼 한일 양국 모두 올바른 이해를 기반으로 헝클어진 실타래를 풀지 않으면 안 된다.

1) 한국이 끊임없이 과거사를 들고나온다는 주장(골대 이동론)

일본 내에는 한국이 과거사 문제를 끊임없이 들고나온다는 의미에서 과거사 관련 골대를 이동하고 있다는 의견이 강하다. 다양한 과거사 관련 사안이 한일관계에 부정적으로 영향을 미쳐왔고 여전히 미완이라는 점에서 일본 사회가 그런 견해에 경도되는 것이라 본다. 근본적으로 한국인들의 과거사 관련 일본에 대한 부정적 인식은 불충분한 사죄·반성에 대한 불만에서 비롯되지만, 전체적으로 일본 사회에서 우파 정치인들을 중심으로 망언이 계속되고, 사죄·반성을 표명한 담화들에 어긋나는 조치·행위가 끊이지 않는 것에 대한 반발이라는 점에서 일본의 책임이 존재한다. 특히 아베 정부 출범 이후 역사수정주의를 통해 어렵게 얻은 과거사 관련 진전을 후퇴시킨 것은 한일 역사화해에 큰 그림자를 드리웠으며 빨리 시정되어야 한다. 그리고 교과서에서 과거사 관련 인식과 기술이 지속적으로 후퇴의 길을 밟고 있는 것도 일조를 하고 있다. 일본 정부와 사회는 과거사 인식에 있어서 종래 일본 정부가 쌓아온 것들을 후퇴시키는 일을 자제하여야 하며 가해자의 입장에서 역사의 교훈을 살려가는 노력을 다하여야 한다.

한편, 한국에서 2018년 10월 강제 동원에 관한 대법원 판결 이후 과거사 현안에 관한 사법적 적극주의로 기존의 외교적 합의와 충돌하는 판결이 양산되면서 일본 사회 내 과거사 피로증이 심해지게 된 동기를 제공한 것도 사실이다. 하루빨리 현안의 외교적 해결을 통해 이런 여지를 없애야 할 것이다.

2) 한국의 중국 경사론

2013년 이래 일본에서는 한국의 '중국 경사론'이 상당히 강해졌고 일본을 통해 미국으로까지 전파되었다. 한국의 대일관계가 과거사 문제로 악화되는 가운데 대중관계는 역으로 경제적·외교적 동기에서 강화되는 데 따른 반작용에 기인한다. 일본은 2010년 중국과의 경제력이 역전되고, 민주당 정부 시절인 2010년과 2012년 두 차례에 걸쳐 센가쿠 영토분쟁으로 중국의 강압적 공세를 경험하면서 외교정책의 중점을 부상하는 중국에 대한 대응으로 전환하였다. 반면에 한국은 북핵 문제를 포함한 북한 문제의 해결에 중국의 영향력을 기대하고 미국과 일본 시장의 합을 넘어서는 큰 중국 시장의 현실로 인해 대중 접근을 가속하였다. 이러한 양국 간의 전략적 접근의 차이가 마치 한국이 중국의 궤도에 진입한 것으로 오해하는 발단이 되었고, 한일관계 악화로 전략 대화를 통한 소통이 중단되어 더욱 상황을 꼬이게 한 결과라 할 것이다. 이에 따라 한국의 대중 접근이 실제 이상으로 과장되어 인식되었으며 한국의 전략 환경에 부정적인 영향을 초래하게 되었다. 물론 문재인 정부가 과거 정권들보다 적극적 대중 접근을 꾀함으로써 이런 인식을 증폭시킨 면은 있지만, 2021년 5월 한미 정상회담 공동선언에서 보듯이 대중 경사로 해석하는 것은 과잉이라 할 수 있다.

한일 양국이 양국의 전략적 입장과 이해가 상이한 것은 피할 수 없으므로, 그런 전제를 바탕으로 전략 소통을 강화하고 이해가 합치되는 범위에서 전략적 협력을 모색하는 것이 바람직하다. 그리고 일본은 한국이 한미동맹을 외교안보 정책의 기축으로 삼고 있고 자유민주주의와 시장경제를 기본가치로 한다는 점에서 중국과의 접근에는 일정한 한계가 있다는 점도 인식해야 한다. 한국인의 대중對中 호감도가 북한과 일본보다 더 낮아졌다는 최근 여론조사 결과는 향후 한중관계의 폭과 심도를 제약하는 요소로 작용할 것이다.

3) 일본에게 있어서 한국의 전략적 가치

일본 사회가 한국의 끝없는 과거사 문제 제기에 과거사 피로감을 호소하게 되면서 대한對韓 관계는 아무리 노력해도 힘들다는 인식이 굳어지고, 일본 내에서 한국의 전략적 가치에 관한 객관적 평가도 사라진 상황이다. 이는 한반도의 평화와 안정이 일본의 안보에 직결된다는 사실을 무시하는 것이다. 일본이 북방으로부터의 안보 위협에 대처하는 데 있어서 한국의 중요성은 냉전 이후에도 크게 변하지 않았다. 북한과 중국이 한미일 협력체제의 약한 고리인 한일관계에 쐐기를 박으려는 노력을 지속하는 것 자체가 이를 뒷받침한다. 또한 아시아에서 일본 외에 유일한 선진국인 한국과의 안정된 관계가 일본의 전략적 이해에 미칠 긍정적 효과에 대해서도 관심을 돌리지 않고 있다.

한일관계가 악화되면 일본의 안보에 위협적인 북한과 중국에 유리한 상황이 조성되어, 결과적으로 일본의 전략 환경에 부정적 영향을 초래한다는 점을 인정해야 한다. 한국이나 일본이나 상대방의 전략적 가치를 가슴이 아닌 머리로 평가하고 이에 입각한 상호협력의 관계를 모색해야 한다.

4) 한국의 위상에 대한 인식

한일관계가 악화되면서 일본 정부는 일본의 외교안보 인식을 반영하는 외교청서와 방위백서에서 한국의 위상을 의도적으로 격하시켰다. 2015년 판 외교청서에서부터 한국이 기본적 가치와 이익을 공유하는 국가이며 안정된 한일관계가 동북아의 평화와 안정에 중요하며 양국이 미국의 동맹국이라는 사실을 삭제하였다. 2013년 말 일본 정부가 발표한 국가안전보장전략에서도 호주, 동남아, 인도는 동반자관계를 명시하였지만 한국에 대해서는 이러한 언급이 없다. 그리고 2019년 방위백서부터 안보협력 대상의 기술을 종래의 한국, 호주, 동남아, 서남아의 순에서 호주, 인도, 동남아, 한국의 순으로 바꾸었다. 이러한 일련의 변화는 일본이 추진하는 인도태평양전략과 쿼드에 우선순위를 부여하려는 의도와 함께 한일관계의 악화가 가져온 것이라 생각되지만, 정확한 객관적 실상을 반영한 것인지는 의문이다. 이런 일본 정부의 한국에 대한 소극적 인식은 한국이 세계 경제력 10위, 교역 9위, 수출 7위인 중견국가이자 자유민주주의 국가로서 현재의 악화된 관계가 회복되면 일본의 중요한 파트너로서의 잠재력이 있다는 점을 무시하고 있기 때문이다.

5) 한국의 대등한 파트너 인식

일본에는 아직도 한국을 대등한 파트너로 보는 인식이 부족한 경향이 있다. 식민지 지배 경험을 그대로 가지고 있는 전전戰前 세대들은 거의 퇴장하였지만, 보수 우경화의 영향으로 그런 편린이 아직 남아있다. 특히 양국 관계가 나빠지면서 이를 악용하는 네트 우익들의 목소리가 혐한을 부추기는 가운데 그 저변에 한국을 대등한 파트너로 보지 않는 인식이 똬리를 트고 있다. 하지만 일본도 한국과 마찬가지로 젊은 층으로 갈수록 이런 왜곡과 편견으로부터 자유로운 성향이 있기 때문에 양국 정부의 지속적 노력과 함께 어느 정도 시간이 흐르면 해소될 것으로 본다.

한일 양국 모두 이제는 상대방을 대등한 동반자로 인식하여 건전하고 안정된 양국 관계를 구축하고자 하는 자세가 필요하다. 한국은 과거사의 벽을 뛰어넘어 보통 국가 일본과 정상적인 관계를 구축한다는 자세를 가지고, 일본도 한국을 대등한 이웃 국가로 인식하여 함께 동아시아 질서를 유지해 간다는 인식을 가져야 한다. 이런 동반자 의식의 양성이야말로 21세기 격변과 혼돈의 복합 대전환기를 헤쳐 나가는 확실한 나침반이 될 것이다.

4 ____ 한일관계의
새판 짜기

전대미문의 장기 복합골절상태인 한일관계는 여전히 바닥을 헤아리기 어려운 깊은 늪에 빠져있다. 거기에다 그대로 방치하면 한일관계를 파탄으로 몰고 갈 수 있는 일본기업 재산의 현금화 시계가 거의 자정을 가르키려 하고 있다. 9월 27일 대전지방법원은 미쓰비시중공업의 한국 내 상표권과 특허권을 매각할 것을 명령하였다. 피해자인 채권자가 요청하면 바로 매각 절차를 밟을 단계에 와 있어 감정평가와 가격산정 후 공매 등 매각에 들어갈 수 있는 최종 단계에 와 있다. 따라서 한일관계의 회복을 위한 첫 단추는 이런 비상 상황이 발생하는 것을 막는 데 있다. 양국이 2022년 전반기까지는 정치의 계절에 들어가 복잡한 과거사 현안을 해결할 정치적 의지를 기대하기 어려운 상황이다. 따라서 양국 정부는 더 이상의 악화를 막을 조치를 취하면서 관계를 잘 관리하고, 2022년 양국의 새로운 정부 간에 관계 회복을 모색할 환경조성에 힘써야 한다.

한일관계는 잃어버린 10년으로 후퇴를 거듭하였다. 그 사이에 한일관계를 둘러싼 대내외 환경은 구조적 전환이라 할 정도로 커다란 변화가 있었고 앞으로도 지속될 전망이다. 그리고 양국 간 장기 불화로 인한 감정의 앙금도 많이 쌓인 가운데 악순환의 구조가 정착되어 있는 것도 사실이다. 이렇듯이 어려운 상황들이 겹치면서 양국 관계를 회복하고 고착된 악순환구조의 덫에서 탈피하여 선순환 구조로 바꾸는 일은 간단하지 않다.

그러나 위기에는 늘 기회가 있다. 내년에 출범할 한국의 새 정부와 올해 10월 스가 내각의 뒤를 이은 일본의 기시다 정부가 한일관계의 새 판을 짠다는 강한 정치적 의지로 진지하게 임한다면 회복을 통한 재도약의 발판을 마련할 기회가 생길 것이다. 중요한 것은 한일 양국 모두 기본으로 돌아가 서로 상대의 중요성을 인정하고 풍부한 협력의 잠재력 실현을 극대화하는 데 있다. 2022년 전반기 한일 양국에 새 정부가 들어서는 리셋의 소중한 기회를 놓쳐서는 안 된다. 2012년 말과 2013년 초 한일 양국에서 아베 정권과 박근혜 정권이 들어서는 변화의 시기에 한일관계를 제대로 재설정하는 데 실패함으로써 더욱 악화시킨 전철을 되풀이해서는 안 된다. 새 술을 새 부대에 담는 자세로 한일관계의 새 판을 담대하게 짜나가야 한다.

새 판은 기본적으로 한일관계의 퇴행을 가져왔던 옛 판의 기본 틀을 바꾸는 역발상으로 접근해야 한다. 한일관계의 장기 악화를 가져온 요인은 역사문제에 붙잡혀 미래가 아닌 과거에서 벗어나지 못하고, 국내정치적 필요에 의해 대외정책을 결정하는 정치 위주의 접근이 우선시 되고, 인접국관계로 문제가 끊임없이 발생하기 마련인 양자관계에 지나치게 치중하고, 세대교체의 흐름을 무시한 채 기성세대의 시각으로만 한일관계를 보기 때문이다. 그러므로 내년에 찾아올 새 판 짜기의 기회는 기존의 해묵은 과거·국내 정치·양국 관계·기성세대의 틀을 허물어, 미래의 관점에서 현재를 설계하고, 국내정치적 유혹에 휘말리지 않는 가운데 협력의 틀을 경제·문화·인적교류 등으로 확대하며, 대한해협을 넘어 동북아·동아시아·지구 차원의 다원적 협력을 추구하며, 기성세대뿐만 아니라 미래를 걸머질 젊은 세대들의 목소리에도 힘을 싣는 역발상의 접근을 모색하여야 한다.

한일 역사 현안의 극복과
역사 화해의 실현

정 재 정

서울시립대학교 명예교수

1 ___ 머리말.
논의의 구도와 시각

한일관계가 다중多重 복합골절 상태에 빠졌다. 이명박 정부에서 지병이 도져2011년 헌법재판소의 위안부 부작위 판결, 박근혜 정부에서 응급 처치했으나2015년 위안부 문제 해결 합의, 문재인 정부에서 낙상해2018년 대법원 징용 배상 판결, 2019년 화해·치유재단 해산, 합병증을 동반한 골병으로 깊어졌다. 한일관계는 최근 10년 동안 부침이 있었으나 기본적으로는 이렇게 악화일로惡化一路를 걸었다.

한일관계의 악화 원인과 개선 방안 등에 관해서는 이미 많은 논문·논설이 나와 있다. 그런데도 한일관계는 왜 나아질 기미가 보이지 않는가? 여러 이유를 댈 수 있지만, 한마디로 말하면, 두 나라의 최고 정책결정자가 굳이 지지 세력의 비판을 받으면서까지 다중 복합골절 상태의 한일관계를 치료하고 싶지는 않기 때문이다. 그러니 처방전處方箋에 아무리 좋은 치료법이 적혀 있더라도 효과를 볼 수 없다. 백약百藥이 써보지도 않은 채 무효無效가 된 상황인 셈이다.

이런 판국에 비법祕法도 아닌 처방을 한두 마디 덧붙이는 일은 정말 부질없는 짓이다. 이에 필자는 전혀 새로운 처방전을 제시하기보다는 지난 40여 년 동안 일본을 비롯한 여러 나라와 역사 대화를 해오면서 체득한 지론持論을 조심스럽게 피력하겠다.

먼저 이 논고의 구도를 언급하겠다. 제2장에서는 지금 한일의 최대 쟁점인 일본군 위안부 문제와 전시 징용 문제의 경위를 살펴, 왜 다시 역사 현안으로 부상했는가를 따져보고, 타개 방안은 무엇인가를 대승적 차원에서 제언하겠다. 제3장에서는 한국과 일본이 역사 화해의 방편으로 활용해온 역사 인식과 과거사過去事 처리 문제를 훑어, 그 공과功過를 따져보고, 화해 방안을 대국적 차원에서 궁리하겠다.

다음에, 이 글에서 사용하는 주요 용어의 개념을 간단히 설명해두겠다. 역사 현안이란, 현재 한일 대결의 핵심 사안으로 부상한 일본군 위안부, 전시 징용노무 동원 등의 역사문제를 말한다. 역사문제는 일본의 한국 지배1910~45년에서 기인한 문제 곧 일본 정부의 역사 인식, 일본군 위안부, 전시 노무 동원징용·징병·군속, 역사교과서 기술, 독도 영유권 주장, 일본 주요 정치가의 야스쿠니신사 참배, 한국 거주 원자폭탄 피해자의 치료, 사할린 잔류 한국인의 귀국, 일본 소재 한국 문화재의 반환 등을 둘러싸고 한일 간에 빚은 갈등과 대립, 교섭과 타협, 소송과 운동 등을 포괄적으로 의미한다.

역사문제 중에서 피해자에 대한 배상·보상·지원 등에 관련된 역사문제를 따로 과거사 문제로 호칭한다. 과거사 문제에는 일본군 위안부, 전시 징용 문제뿐만 아니라, 한국 거주 원자폭탄 피해자의 치료, 사할린 잔류 한국인의 귀국 문제 등도 있는데, 앞 두 문제는 사안의 화급성火急性을 고려하여 역사 현안을 주로 논의하는 제2장에서, 뒤 두 문제는 긴 호흡으로 역사 화해를 논의하는 제3장에서 다루겠다.

역사 화해란 한국과 일본이 역사문제를 둘러싼 갈등과 분쟁을 종식하고 우호적 관계를 수립하는 과정을 말한다. 역사 화해의 최상 목표는 정부끼리뿐만 아니라 국민 상호 간에 적대와 불신을 불식하고 존중과 신뢰를 쌓아 강력한 일체감을 형성하는 데 있다.

끝으로 이 글을 쓰는 시각을 밝혀두겠다. 역사 현안의 극복과 역사 화해의 실현은 한두 번의 합의·재판 등과 같이 단번에 완전하게 또는 영원히 달성되는 것이 아니다. 끊임없이 성실하게 논의하고 실천하는 과정에서 서서히 이루어진다. 따라서 한국과 일본은, 역사 화해를 추진하는 데 싫증 나고 짜증 나더라도 용기와 의지를 다지며, 공동의 미래를 향해 서로 대화·타협하면서 이해·신뢰를 두터이 축적해 나가야 한다. 역사 화해는 평화 공영의 미래비전을 공유하고, 다양한 협력사업을 광범하고 부단하게 추진하는 속에서 달성할 수 있다. 이런 뜻에서, 필자는 이 글에서 '해결'이라는 단정적 의미의 용어보다는 '타개', '극복', '모색', '실현' 등과 같은 유보적 의미의 용어를 자주 사용하겠다.

또 하나, 필자는 한국과 일본이 국교 정상화1965년 이후 역사문제와 씨름해온 내력을 중시하고 평가하는 자세를 취하겠다. 한국과 일본이 지금 역사 현안을 둘러싸고 싸우는 근저에는 공동의 경험과 성취를 무시하고 폄하하는 역사관이 깔려있다. 필자는 그런 부정적 역사관을 적폐사관積弊史觀이라 부른다. 적폐사관과 반대로 한일관계의 긍정적 측면을 부각하고 호평하는 역사관을 성취사관成就史觀이라고 부를 수 있다.

필자는 한국과 일본이 역사문제를 포괄적·근원적으로 극복하기 위해서는 적폐사관積弊史觀이나 성취사관成就史觀처럼 어느 한쪽에 치우쳐서는 안 된다고 생각한다. 양국이 역사문제를 다뤄온 경위를 정확하게 정리하여, 무엇을 이룩하고 어떤 과제를 남겼는가를 공평하게 평가한다. 그리고 그 속에서 역사 현안을 극복하고 역사 화해를 실현하는 지혜와 교훈을 찾아야 한다.

한국과 일본이 함께 역사문제를 다뤄온 지도 70년 이상 지났으므로, 그 자체가 이제 하나의 '역사'가 되었다. 따라서 그 '역사'를 시시비비是是非非의 관점에서 엄격하고 공정하게 총괄한 위에서 공동 번영의 미래를 구축하는 비전을 만드는 게 정도正道다. 필자는 이처럼 미래를 지향하며 과거를 반추하는 복안적複眼的 역사관을 성찰사관省察史觀이라 부른다.

필자는 지난 40여 년 동안 일본 등 여러 나라와 역사 대화를 나누면서 나름대로 성찰사관省察史觀을 체득할 수 있었다. 이 글에서는 그 경험을 바탕으로, 양국의 정부·국민이 역사문제를 어떻게 다뤄왔고, 그 성과는 무엇이며, 어떤 과제를 남겼는가를 살펴보겠다. 그리고 그 위에 서서 역사 현안을 극복하고 역사 화해를 실현하는 데 도움이 되는 방안을 찾아보겠다.

2 ____ 역사 현안의 경위와 극복 방안

(1) 일본군 위안부 문제

1) 한일의 대응

한국과 일본은 지난 30년 동안 일본군 위안부 문제를 해결하기 위해 고심해왔다. 한국 정부는 기본적으로 이 문제가 여성 인권 그중에서도 전시 성폭력과 관련된 문제로 보고, 사안이 불거질 때마다 일본에게 책임을 지고 적절히 해결하라고 촉구한다. 그리고 국내 조처로서, 한국 정부는 일본군 위안부 피해자에게 생활·의료 등 여러 지원을 해왔다. 그런 중에 노무현 정부는 한일회담 문서를 전면 공개하면서, 위안부 문제가 '대한민국과 일본국 간의 재산 및 청구권에 관한 문제의 해결과 경제협력에 관한 협정'1965년, 약칭 '청구권 협정'으로 해결되지 않았으므로, 일본의 법적 책임이 남아 있다는 견해를 발표했다2005년 8월.

이에 반발하여 일본 정부는 일본군 위안부 문제가 '청구권 협정'으로 이미 해결된 문제라고 주장하고, 이를 강고하게 견지해 나갔다. 그러면서도 도의적·인도적 차원에서 일본군 위안부라고 인정한 사람에게 사죄와 더불어 위로·치유 등의 명목으로 금전적 보상도 실행했다. 여기서 위안부 문제에 대한 일본 정부의 이중적 또는 유화적 태도를 엿볼 수 있다. 물론 여기에는 한국 정부의 강한 요구도 작용했다.

한국과 일본이 일본군 위안부 문제와 씨름해온 경위를 요점만 뽑아 기술하면 다음과 같다. 위안부 피해자 김학순 할머니 등은 1991년 12월 도쿄지방법원에 일본 정부를 상대로 사죄와 배상을 요구하는 소송을 제기했다. 그 후 지루한 소송전을 벌인 끝에 일본 최고재판소는 최종적으로 2004년 11월 원고 패소 판결을 내렸다.

한국정신대문제대책협의회약칭 '정대협'는 김학순 할머니 등의 소송 제기를 계기로 서울 일본대사관 앞에서 일본 정부의 결단을 촉구하는 수요집회를 열기 시작했다. 정대협은추후 '정의기억연대'로 개편 이후 민간뿐만 아니라 정부 또는 국제 차원에서 일본군 위안부 문제를 뜨거운 이슈로 만드는 데 지대한 역할을 한다.

김영삼 정부는 일본군 위안부 문제가 국제법상 인도에 반反하는 불법 행위로 일본 정부에 법적 책임이 있다고 보고, 진상규명과 책임인정을 촉구했다. 다만 금전적 배상 요구는 소모적 논쟁을 불러올 가능성이 크다고 판단해 이를 자제했다1993년 3~6월. 그 대신 국내 조처로서, '일제하 일본군 위안부 피해자에 대한 보호·지원 및 기념사업 등에 관한 법률'을 제정하여 시행했다. 이 법률은 사안이 불거질 때마다 개정·보완되어 지원 규모가 늘어나2002년, 2014년, 2018년, 지금도 매달 300만 원 전후를 지급한다. 여성가족부의 자료에 따르면, 2001~2015년 동안만도 생활·의료 등의 명목으로 일본군 위안부 피해자 1인당 2~3억 원가량을 지원했다. 김대중 정부 때는 일시금 4천 500만 원 정도를 지급했다.

일본군 위안부 문제의 심각성을 간파한 일본 정부는 도의적 책임을 통감하고 진상조사와 함께 사죄 및 보상 등을 실행하겠다는 방침을 천명했다. 그리고 1993년 8월 '위안부 관계 조사 결과 발표에 관한 내각관방장관 담화'를 발표했다약칭 '고노 담화'. 골자는 위안소의 설치·관리와 위안부의 이송에 일본군이 직접·간접으로 관여했다, 위안부의 모집에서 감언·

강압 등으로 본인 의사에 반ឃ한 사례가 많다, 게다가 일본 관헌官憲이 여기에 직접 가담한 적도 있다 등의 사실을 일본 정부가 인정하고, 피해자에게 사죄 표명과 더불어 필요한 조처를 실행한다. 나아가 역사의 교훈으로 삼기 위해 역사연구·역사교육을 통해 영원히 기억하고, 같은 잘못을 되풀이하지 않겠다는 결의를 천명한다 등이었다.

일본 정부는 필요한 조처의 한 방법으로, 민간에 위탁하여 '여성을 위한 아시아 평화국민기금' 사업을 시행했다약칭 '여성 기금'. '여성 기금'은 1995년 6월 출범해 활동한 후 2007년 3월 해산했다. '여성 기금'은 한국인 피해자 61명에게 1인당 500만 엔과 일본 총리 명의의 사죄 편지를 전달했다. 그중 200만 엔은 보상금 명목의 민간인 기부금, 300만 엔은 생활·의료 지원 명목으로 정부 출연금으로 충당했다.

2010년대에 들어서 10여 년 동안 잠복해 있던 일본군 위안부 문제가 다시 수면 위로 떠올랐다. 2011년 8월, 한국 헌법재판소가 시민단체가 제기한 헌법소원에 대해, 한국 정부와 일본 정부 사이에 위안부 문제의 법적 해석을 둘러싸고 의견 차이가 있음에도 불구하고, '청구권 협정'에 규정된 절차에 따라 해결하려고 노력하지 않은 것은 헌법위반이라는 판결을 내린 것이다약칭 '부작위 판결'. 헌법재판소는 한일 양국 정부가 위안부 문제와 씨름하며 그때까지 거둔 성과를 크게 평가하지 않고, '청구권 협정'의 조항에 매달려 규정된 절차를 밟으라고 판결하였다. 이에 따라 일본군 위안부 문제는 삽시간에 외교에 사법司法이 관여하는 특이한 현안으로 떠올랐다.

'부작위 판결'을 배경으로, 각각 2012년과 2013년에 들어선 아베 신조 정부와 박근혜 정부는 위안부 문제에 관해 서로 강경한 태도를 보였다. 모두 자국의 위신과 존엄을 중시하는 정부였다. 박근혜 정부는 일본군 위안부 문제 해결을 대일 외교의 최우선 과제로 설정하였고, 아베 정부는 '고노 담화'의 내용조차 수정하려는 움직임을 보였다. 하지만 국제사회는 아베 정부의 수정주의적 역사관을 비판하였고, 미국 오바마 정부도 위안부 문제에 우려를 표명하면서 한일의 타협을 권유했다. 한일 정부는 집중적으로 막후교섭을 하고, 양국 외교부 장관은 2015년 12월 위안부 문제 해결 합의를 발표했다약칭 '위안부 합의'. 골자는, 당시 군의 관여 아래 다수 여성의 명예와 존엄에 깊은 상처를 입힌 점에 일본 정부가 책임을 통감하고, 아베 총리가 관련된 모든 분께 사죄와 반성을 표명한다. 일본 정부는 한국 정부가 설립하는 재단에 10억 엔의 자금을 출연해, 전 위안부 여러분의 명예와 존엄 회복 및 마음의 상처 치유 사업을 실행한다 등이다.

합의문 발표 당시 절반 이상의 국내 여론은 이를 긍정적으로 평가했다. '정대협'도 이해하는 듯한 반응을 보였다. 그러나 '정대협' 등 시민단체는 곧 태도를 바꿔 이에 반대하고, 2016년 6월 '일본군 성노예 문제 해결을 위한 정의기억재단'을 만들어 모금 활동에 들어갔다. 박근혜 정부를 격렬하게 비판하는 야권 세력도 반대운동을 선도했다. 서울시는 남산 기슭 옛 통감·총독 관저 터에 일본군 위안부 피해자 추모공원 '기억의 터'를 기공했다. 이로써 '위안부 합의'는 정권의 향방을 좌우하는 첨예한 정치 문제로 비화했다.

한편, 박근혜 정부는 2016년 7월 화해·치유재단을 설립하고, 아베 정부는 곧바로 이 재단에 10억 엔을 송금했다. 화해·치유재단은 사업을 개시해, 위안부 피해자로 인정한 47명 중 36명에게 1인당 1억 원을 지급했다. 유가족 58명에게도 2천만 원씩을 지급했다.

그런데 탄핵이라는 미증유의 정변을 겪으며 박근혜 정부가 문재인 정부로 바뀌자 일본군 위안부 문제는 또 한 차례 큰 변화를 맞았다. '위안부 합의'가 '피해자 중심주의'에 반反한다고 맹렬히 비난하며 집권한 문재인 정부는 검증위원회를 설치해 6개월가량 활동 끝에 피해자의 동의를 받지 못한 '위안부 합의'는 정당성이 없고 합당한 해결책이 아니라는 결론을 발표하였다. 그러면서도 일본에 재협상은 요구하지 않는 이중적 태도를 보였다. 2019년 1월 화해·치유재단을 일방적으로 해산한 문재인 정부는 아베 정부가 출연한 기금의 처리를 유보하고, 그에 상당하는 금액약 103억 원을 예비비로 편성했으나, 명확한 해결 방법이나 대안을 제시하지는 않았다. 아베 정부는 한일 정부 간 약속을 위반한 것이라고 강력히 항의하고 '위안부 합의'의 이행을 계속 촉구했다. 이에 일본군 위안부 문제는 한국과 일본이 해결은커녕 서로 국민감정을 자극하는 내셔널리즘 충돌의 상징으로 확대되었다.

또한, 2020년 5월 이른바 '윤미향 사건'이 터져 일본군 위안부 문제의 향방에 큰 충격을 주었다. 전 일본군 위안부로 알려진 이용수 할머니는 '정대협'·정의기억연대의 대표를 역임하고 여당 국회의원이 된 윤미향이 일본군 위안부 피해자를 내세워 모금하거나 정부 지원금을 받아 유용·착복했다고 성토했다. 윤미향은 '위안부 합의' 반대 여론 조성에 크게 공헌했는데, 횡령 등 8개 혐의로 피소被訴되어 2021년 9월 현재 재판을 받고 있다. '윤미향 사건'은 일본군 위안부 문제의 여론화·정치화·국제화를 이끌어온 한국 시민운동의 성실성·도덕성·진정성을 근본에서 무너트렸다는 점에서 특기할 만하다. 이를 계기로 국내외에서는 '피해자 중심주의'를 '피해자 이용주의'로 악용했다고 비꼬는 여론이 들끓었다. 이로써 신성불가침한 권위를 자랑하던 '위안부 운동'은 광장廣場으로 끌려 나와 검증의 역풍을 맞게 되었다.

일본군 위안부 문제에서 또 하나 놀랄만한 일이 벌어졌다. 서울중앙 지방법원은 2021년 1월, 위안부 문제 소송에서 일본 정부가 원고에게 1억 원씩 배상함과 더불어 소송비용도 부담하라고 판결한 것이다. 이에 대해 일본 정부는 즉각 국제법상의 '국가주권 면제' 원칙 위반이라고 강력히 항의했다. '주권 면제'란 어느 한 나라가 다른 나라에서 재판의 대상이될 수 없다는 원칙이다. 그런데도 서울중앙지방법원은 국가가 저지른 인도상의 범죄는 그 대상이 아니라고 판시한 것이다. 이로써 일본 정부를피고로 한 일본군 위안부 문제 재판이 국제법상 성립할 수 있느냐 없느냐가 또 다른 쟁점으로 떠올랐다. 한국과 일본은 지금도 국장급 협의를 계속하고 있지만 별다른 성과를 내지 못하는 상황이다.

2) 쟁점과 해법

이상에서 살펴보았듯이, 위안부 문제에 대한 한국 정부와 일본 정부의 자세는 분명히 다르다. 일본 정부는 일관되게 위안부 문제가 '청구권협정'에 따라 완전히 해결되었다고 주장한다. 그러면서도 도의적·인도적관점에서 책임을 통감하고 사죄하며, 관련자에게 생활·의료 등을 지원했다. '고노 담화', '여성기금', '위안부 합의' 등이 그 사례다. 일본 정부가원칙을 존중하면서도 상황에 따라 부족하거나 미진한 부분을 보완하는융통성을 발휘했다는 점을 확인할 수 있다.

반면에 한국 정부는 정권에 따라 입장이 조금 또는 많이 변해 왔다. 한국 정부는 기본적으로 일본군 위안부 문제가 '청구권 협정'으로 해결되지않았다고 주장한다. 다만 구체적으로 들여다보면, 일본 정부의 조처를 수용하다가 반대한다거나, '위안부 합의'를 존중하다가 무시하는 등, 일관성이 부족하다. 시민단체의 압력이나 일반여론의 추세에도 민감하게 반응한다. 게다가 사법부까지 위안부 문제에 가담하자, 한국 정부의 운신運身 폭은 더욱 좁아졌다.

이런 상황에서 일본군 위안부 문제를 해결하는 가장 쉽고도 어려운방법은 한국 법원의 판결대로 집행하는 것이다. 아니면 한일협정의 규정에 따라 제3국 중재 또는 국제사법재판소의 판결대로 처리하는 게 좋겠다. 일본군 위안부 문제 소송 원고인 이용수 할머니도 2021년 4월 한일 양국 정부에 위안부 문제를 국제사법재판소에 제소해 달라고 요구했다

그렇지만 위 방식은 한일 양국이 모두 동의하여야 가능한데, 합의할 여지는 거의 없다는 게 중론이다. 더구나 이런 방법은 해결은커녕 대결을 증폭시켜 한일관계를 파탄으로 몰아갈지 모른다는 우려도 있다. 다만 한국 정부가 그런 위험이나 손해를 감수하더라도 일본군 위안부 문제를 법적으로 해결하겠다는 의지와 배포가 있다면 시도해 볼 만하다. 이때 관련자나 일반 국민은 감정에 휩쓸리지 말고 냉정하게 진행 과정을 지켜보고 결과를 받아들여야 한다.

그렇지 않다면, 한일 양국 정부가 함께 위안부 문제를 다뤄온 내력을 성찰하고, 성과는 성과대로 과제는 과제대로 평가하여 부족한 부분을 보완하는 쪽으로 돌아가는 게 좋겠다. 실제로 한일 양국은 일본군 위안부 문제의 진상조사, 책임인정, 사죄, 반성, 보상생활·의료 지원 등 등에서 상당한 진척을 이루었다. 특별히 부족한 부분이 있다면, 일본군 위안부 문제와 관련한 연구·교육·기념 등의 사업일 것이다. 한국과 일본은 공동 또는 독자로 연구소·기념관 등을 설립해 이런 사업을 수행할 수 있다. '위안부 합의'에는 이런 사업이 빠져있지만 '고노 담화'에는 들어 있다. 아베 정부조차도 '고노 담화'를 계승한다고 공언했으므로, 양국이 합의하면 못 할 일도 아니다. 이런 사업은 양국의 신뢰를 받는 민간기구가 수행하는 게 바람직하다. 이럴 때는 '윤미향 사건'의 교훈을 반드시 그리고 충분히 살려야 한다. 필자는 이런 방식이 법적 해결보다 오히려 실질적 해결이 될 수 있다고 생각한다.

위안부 문제를 법적 차원이 아니라 실질적 차원에서 해결하기 위해서는 재판 결과를 잘 수습할 필요가 있다. 그 방안은 이미 많이 나와 있으므

로 그중에서 적절한 방법을 선택해 실행하면 될 것이다. 이른바 대위변제代位辨濟나 '문희상 법안' 등을 원용한다. 연구·교육·기념 등은 일본 정부의 출연금 잔여분과 한국 정부의 예비비 편성분을 활용하면 쉽게 시작할 수 있다.

그렇지만 무엇보다 중요한 점은 2021년 10월 현재 양국 정부 사이에 강고하게 자리 잡은 불신과 혐오를 제거하는 일이다. 양국 정부가 합심·합의하여 사업을 함께 추진·실행하지 않는 한, 필자의 제안은 몽상으로 끝날 것이다. 양국이 진정으로 신뢰와 존중을 구축하여 일본군 위안부 문제를 극복하고 공영의 미래로 나아가기 위해서는 두 나라가 함께 이룩한 업적을 정확·공정하게 평가하고 그것을 계승·발전해가겠다는 역사관의 전환이 필요하다. 곧 적폐사관·성취사관 일변도에서 벗어나 성찰사관을 수립하는 게 중요하다.

(2) 전시 징용 문제

1) 한일의 대응

문재인 정부의 출현 이전2017년 5월까지 한국과 일본 정부는 전시 징용 문제에 대해 '청구권 협정'으로 해결되었다는 자세를 함께 취해왔다. 박정희 정부는 1974년 '대일 민간청구권 보상에 관한 법률'을 제정해 징용 등 전시 노무 동원으로 사망한 사람에게 보상금으로 30만 원을 지급했다. 그런데 1980년대 이후 피해자나 유족이 단체를 결성해 연이어 보상 요구 또는 소송 운동을 전개하자, 노무현·이명박·문재인 정부 등은 '태평양전쟁 전후 강제동원 희생자 등 지원에 관한 법률'을 제정·개정해2007년, 2010년, 2018년, 추가 보상을 실행했다.

노무현 정부는 2005년 8월, 한일회담 문서를 전면 공개하면서, 한일 간에 전시 징용 문제는 '청구권 협정'으로 해결되었다는 견해를 새삼스럽게 확인했다. 그리고 위의 법률을 제정해2007년, 피해자로 판명한 72,631명에게 6,184억 원이라는 방대한 보상비를 지급했다. 사망자 1인에 2천만 원, 부상자 1인에 등급에 따라 수백만 원이었다. 이때까지 일본 정부는 일련의 행위가 어디까지나 한국 국내 사안이라며 지켜보고 있었다.

그런데 한국 대법원이 2012년 5월 '한국병합'1910년의 불법성不法性과 징용 피해자의 개인 청구권을 인정하고, 고등법원이 일본 기업에 일정 금액을 배상하라는 판결을 내렸다. 더 나아가, 문재인 정부 아래 대법원은 2018년 10월 일본 기업 신일철주금에 징용 피해자에게 1억 원씩 '강제동원 위자료'를 지급하라고 선고했다. 11월에는 미쓰비시중공업에 대해서도 유사한 판결을 내렸다. 이로써 '청구권 협정'으로 징용 문제가 해결되었다는 한국 정부의 견해는 심각한 도전에 직면했다.

2005년 8월 당시 노무현 정부의 민정수석비서관으로서, 징용 문제가 '청구권 협정'으로 해결되었다는 견해를 만드는 데 참여한 바 있는 문재인 대통령은 태도를 바꿔 대법원 판결을 존중하겠다는 의사를 밝혔다. 이로써 한국 정부의 일관성은 일거에 무너졌다. 아베 정부는 문재인 정부가 '위안부 합의'를 무력화無力化한 데 이어 '청구권 협정'까지 형해화形骸化했다고 받아들이고, 곧바로 한국은 '약속을 지키지 않는 나라'이자 '국제법을 위반하는 나라'라고 맹렬히 비난했다.

문재인 대통령은 2019년 1월 신년 기자회견에서, '한국 정부는 사법부 판결에 관여할 수 없다. 정부는 사법부 판결을 존중해야 하며, 일본도 마찬가지다'라고 말했다. 또 전시 징용 문제가 불행한 역사의 산물임을 상기하고, 피해자 고통의 치유를 강조하는 한편, 정부가 민사소송 사건에 끼어들 수 없다는 원칙을 천명하고 고수했다.

아베 정부뿐만 아니라 일본 언론은 문재인 정부의 처사에 더욱 강하게 반발했다. 이에 따라 일본 국민 사이에도 혐한嫌韓·반한反韓 감정이 들불처럼 번졌다. 한국 대법원이 일본 기업에 배상 판결을 내리고, 이어서 그 명령을 집행하는 절차를 밟기 시작하자 너무 지나치다고 반발한 것이다. 아베 정부는 이런 지지를 배경으로 2019년 7월 한국에 대한 수출관리 강화를 선언했다. 안보상 유통경로를 철저히 관리하겠다는 명목으로, 반도체 생산에 필수 불가결한 3품목불화수소, 포토레지스트, 플루오린 폴리이미드의 수출심사를 엄격히 하겠다는 것이다. 그렇지만 지난 2년 동안, 실제로 수출을 규제한 사례는 거의 없었다.

일본 정부의 공세에 맞서 한국에서는 일본 제품 불매와 관광 거부 움직임이 불을 뿜었다. 엎친 데 덮친 격으로, 일본 정부는 2019년 8월 한국을 전략물자 수출에 대한 포괄적 승인이른바 화이트 리스트에서 제외하는 조처를 단행했다. 문재인 정부는 격앙하여 2016년 체결한 한일 군사정보보호협정GSOMIA의 연장을 거부하겠다는 의사를 일본에 전달했다. 미국은 막장으로 치달은 한일관계를 우려하고 두 나라에 냉정한 대응을 촉구했다. 이에 한국 정부는 2019년 11월 GSOMIA 종료 통보 효력 정지를 결정했다. 한·미·일 안보 협력에서 생기는 균열을 일단 봉합한 셈이다.

한일 간의 갈등은 이제 역사문제에 그치지 않고 외교, 사법, 경제, 안보, 사회, 교육 등 전방위적으로 확대되고, 바닥을 모를 정도의 깊은 수렁으로 곤두박질쳤다. 양국 정부는 최악이라고 일컬어지는 한일관계를 개선하기 위해 총리·국회의원 회담이나 외교 국장급 회의를 열어왔지만, 서로 원론적 주장을 되풀이하여 별다른 진척을 보지 못했다. 그런데다 2021년 9월 한국 법원이 미쓰비시중공업의 재산매각 명령을 내렸다. 이 절차가 정말 실행되면 일본 정부는 공언한 대로 반드시 보복할 것이고, 한국 정부 또한 대항 조처에 나설 것이다. 보복에 보복이 꼬리를 무는 악순환이 한일관계를 감쌀지도 모르겠다.

2) 쟁점과 해법

지금 전시 징용 문제를 둘러싼 한국 정부와 일본 정부의 쟁점은 분명하다. 일본 정부는 '청구권 협정'으로 완전히 끝났다고 일관되고 강경하게 주장한다. 여기에는 일본군 위안부 문제와 달리 도덕적·인도적 배려라는 '성의'조차 껴들 여지도 없다. 따라서 일본 정부는 어떤 보완 조치도 해오지 않았다. 오히려 국제사법재판소 등에서 따져보자는 태세다. 일본의 정권이 아베 정부에서 스가 정부를 거쳐 기시다 후미오 정부로 바뀌었어도 그런 주의 주장에는 변함이 없다.

반면에 문재인 정부는 전시 징용 문제가 '청구권 협정'으로 해결되지 않았다고 주장한다. 개인 청구권이 살아 있고, 재판을 통해 구제할 수 있다는 입장이다. 한국 대법원은 일본의 '한국병합'식민지 지배 자체가 불법이기 때문에, 그로 인해 야기된 징용으로 입은 피해에 대해서 '위자료'를 지급하라고 판결했다. 문재인 정부는 이 판결을 존중하고 따르겠다고 천명했다.

한일 양국 정부의 기본자세가 정면에서 충돌하고, 양국 국민의 여론이 이를 지지하고 있으니, 어느 쪽이 먼저 자신의 입지를 무너트리며까지 해결에 나설 가능성은 거의 없다. 따라서 전시 징용 문제를 가장 쉬우면서도 어렵게 해결하는 방법은, 위안부 문제와 마찬가지로, 한국의 대법원 판결대로 집행하거나, 제3국 중재 또는 국제사법재판소에 맡겨 판단을 구하는 것이다. 이런 방법을 택한다면, 그에 따른 비용·위험·손해 등은 마땅히 양국 정부가 짊어져야 한다. 양국 국민은 냉철하게 진행 과정을 지켜보고 결과에 승복하는 게 도리다.

한국의 사법부에는 특히 겸허한 자세로 자신의 판결을 돌아보라고 권하고 싶다. 2021년에 들어 서울중앙지방법원은 대법원 판결과 정면으로 배치되는 판결을 잇달아 내렸다. 4월, 징용 피해자 20명이 일본 정부를 상대로 낸 소송이 패소했다. 이유는, 현시점에서 유효한 '국가 면제'에 관한 국제 관습법 등에 따르면, 일본 정부를 상대로 주권적 행위에 대해 손해 배상을 청구하는 것은 허용될 수 없다고 보았기 때문이다. 같은 해 6월과 9월에도 비슷한 손해 배상 소송 각하 판결이 나왔다. 물론 서울중앙지방법원의 판결이 대법원까지 가서도 유지될지는 아직 모른다. 그렇다 하더라도 한일관계를 파탄에 몰아넣을 수 있는 외교 사안을 재판하는데, 불과 몇 년 사이에 이렇게 상반된 판결을 내리면 어떻게 정당성을 확보할 것이며, 누가 그 결정에 흔쾌히 승복할 것인가? 또 이런 상황을 지켜보는 납세자 주권자 국민은 어느 쪽을 믿고 따라야 하는가? 사법부의 자질을 의심하는 여론이 이는 것도 이상하다고만은 볼 수 없다.

문재인 대통령은 2021년 1월 신년 기자회견에서 전시 징용 문제 판결에 대해 언급했다. 취지는, 판결을 이행하기 위한 일본 기업 자산의 강제 집행현금화보다 외교적 해결을 우선하고, 원고가 동의하는 방법을 일본 정부와 협의하여 마련하면서, 한국 정부가 그 방법으로 원고를 설득하겠다는 것이다. 이 발언은 문재인 대통령의 종래 언설言說과 배치되기 때문에, 그 진의가 무엇인지, 또 믿고 따라도 좋은지 판단하기 어렵다.

그렇지만 만약 한일 양국이 외교 교섭으로 전시 징용 문제 해결을 논의한다면, 고려해 볼 만한 방안은 이미 여럿 나와 있다. 여러 제안 중 입에 많이 오르내리는 구상은 기금이나 재단을 설립하여 피해자를 구제하는 안이다. 한일의 정부와 기업이 참여하는 2+2 안, 한국 정부와 한일 기업이 참여하는 2+1 안 등이다. 한국 정부는 2019년 6월, 한일 기업이 참여하는 1+1 안을 제시했다. 2+2 안은 양국 법조계인 대한변호사협회·일본변호사연합회와 정치권 일각에서 2010년에 제안한 바 있다. 곧 '대일 청구권자금' 관련자인 한국 정부와 기업, 일본 정부와 기업 등 4자가 공동으로 책임을 분담하는 형식이다.

일본 정부는 일본 기업이 보상에 참여하는 어떤 해법도 수용할 수 없다고 강경하게 반응했다. 한국 정부는, 이낙연 총리의 방일2019.10.23을 앞두고, 한국 정부가 먼저 피해자에게 배상하고 한일 기업의 모금으로 나중에 변상하자고 제안했지만, 일본 정부는 이마저 받아들이지 않았다.

한국 국회 문희상 의장은 '전시 노무동원' 문제의 '포괄적 해결'을 목표로 국회의원 13명과 함께 2개 법안을 제출했다2019.12.18.. 이른바 '문희상 법안'은 한일 기업의 자발적 기부금1+1과 양국 국민의 자발적 성금α을 더해 '기억·화해·미래재단'을 만들어 피해자에게 위자료를 지급하는 것이다. 일본 총리실과 국회가 일단 관심을 보였으나, 한국 청와대가 소극적 반응을 보여 입법에 이르지 못했다.

'전시 노무동원' 피해자와 원고단, 정의기억연대와 관련 시민단체는 '문희상 법안'에 강하게 반발했다. 그들은 일본의 사죄·보상 없이 한일의 국민·기업 기금으로 전쟁범죄를 사면하는 꼴과 마찬가지라고 주장했다. '전시 노무동원' 피해자 지원단체는 2020년 1월 '강제동원 한일공동협의체'를 설치하여 중지를 모으고, 한일 기업이 출연한 재단을 설립하여 피해자를 구제하자고 제안했다. 한국 정부는 관심을 보였지만, 일본 정부는 일본 기업의 참여는 받아들일 수 없다며 거부했다.

결국, 한국 정부가 전시 징용 문제를 외교 교섭으로 해결하려고 한다면, 위 제안 중에서 적절한 안을 고르거나 수정·보완해서 일본 정부와 협의하는 게 좋겠다. 그때는 국민의 공감을 얻고 부담을 줄이기 위해 피해자를 최소한으로 한정한다. 전시 징용 피해자에 대해서 한국 정부는 이미 약 8만 명에 8천억 원가량을 보상금·위로금으로 지급했다. 이들이 재판을 통해 또다시 이중삼중의 보상금·위로금을 받는 일은 공평하지도 정당하지도 않다. 대다수 국민은 세금을 그렇게 쓰는 것을 바라지 않는다. 오히려, 일제하에서 다양한 사정으로 수난을 겪고도 구제 대상에서 제외된 수많은 국민에게 위화감違和感을 주는 화근이 될 수도 있다고 걱정한다.

이에 필자는 현재 소송 중이거나 판결을 받은 당사자에 한정하여 구제 방안을 마련하는 게 좋다고 생각한다. 2019년 8월 당시 대법원 승소 판결 3건 28명, 대법원 계류 중 9건 118명, 지방법원 계류 중 4건 869명, 합계 1,015명이다. 그 후 2년 동안 변동이 있었겠지만 크지는 않을 것이다. 또 '일제강점기 국외 강제동원 피해자' 가운데 의료지원금을 받는 생존자는 4,034명이다. 이들을 대상으로 보상 방안을 엄정하게 심사하되, 보상 범위를 후손까지 확대하지는 말아야 한다. 무한대로 확대하면 형평성에 어긋나고, 일반 국민의 공감을 얻기 어렵다. 이들을 상대로 피해 사실, 승소 여하 등을 엄정히 조사해 보상 인원을 확정하면 1~3천 명가량 되지 않을까 추측한다.

역사 현안이 종래의 역사문제와 다른 점은 일본과 경제 마찰, 안보 갈등, 국민 혐오 등을 촉발해, 한일관계 전반을 심각하게 훼손·악화시키는 데 있다. 게다가 한국 사법부가 판결을 통해 해결 방법을 엄격히 규정·제시했기 때문에, 일본과 외교를 통해 융통성 있게 교섭·타협할 수 있는 여지를 거의 막아버렸다. 더욱이 사법부 판결은 한국과 일본이 지난 수십 년 동안 역사문제 특히 과거사 처리를 둘러싸고 씨름하며 이룩한 성과를 무시했다는 점에서 심각한 결함을 안고 있다. 그 판결을 존중하고 따르겠다는 정부의 자세도 마찬가지다. 오랜 세월 여러 악조건 속에서 과거사 처리와 고투苦鬪해온 내력來歷에 대한 무지·오해·편견·오만 속에서 어떻게 역사 현안을 해결할 수 있는 지혜가 생겨나겠는가?

한일 양국 정부는 역사 현안에 대한 견해·태도가 근본적으로 다르다. 다만, 한일관계 악화가 장기간 지속되면 서로 국익에 손상을 입는다는 점은 함께 걱정하는 것처럼 보인다. 그게 진의眞意라면, 양국 정부는 원론적·근원적根源的 명분 싸움에서 한발 물러나 외교 교섭으로 풀어가는 게 좋겠다. 재단·기금 설립 이전에라도 한국 정부는 대위변제代位辨濟 후 일본 측에 구상을 요청하거나, 일본 정부는 역사 현안이 민사사건임을 참작하여 기업이 원고와 타협·합의·화해할 수 있는 숨통을 터 준다. 필요하다면, 한국 국회는 이를 뒷받침하는 법을 만들고, 소송 당사자·지원자는 대국적·대승적 견지에서 이를 수용한다.

역사 현안의 성격상, 한국 정부가 비상한 각오와 의지로 해결을 선도할 수밖에 없다. 정부가 전면에 나서는 게 부담스럽다면, 각계 의견을 대변할 수 있는 '전문가 협의체'를 구성해 해결의 수준·방법·절차 등을 마련하도록 우회하는 것도 좋겠다. 한국 정부는 그렇게 마련한 방안을 바탕으로 최종안을 만들어 실행에 옮긴다. 그 과정에서 한일 양국 정부, 소송자·지원자, 양국민 사이에 수시로 의사 소통하고 양해를 넓힌다. 이때도 '전문가 협의체'를 활용한다. 일본 정부가 유사한 기구를 만들어 함께 활용하면 더욱 좋겠다.

한일의 정부·국민은 역사 현안의 해결 과정에서, 그동안 서로 잃어버린 자제自制·겸손謙遜·관용寬容·신뢰信賴·존중尊重의 미덕美德을 되살리기 바란다. 비 온 뒤 땅이 더 굳어지듯이, 한바탕 싸움을 벌인 뒤에는 정부·국가·국민의 품격도 더 높아져야 하지 않겠는가. 이렇게 된다면, 후세後世로부터 한일관계의 악화를 전화위복轉禍爲福의 기회로 활용했다는 평가를 받을 수 있을지도 모르겠다.

3 ___ 역사 화해의 모색과
   실현 방안

(1) 역사 화해의 모색 사례

1) 식민지 지배에 대한 사죄와 반성

한국과 일본이 역사 인식을 둘러싸고 부딪치는 주요 사안은 식민지 지배에 대한 사죄와 반성이다. 대다수 한국인은 일본이 사죄·반성을 하지 않았다고 비난하고, 대다수 일본인은 여러 번 사죄·반성했는데 한국이 알아주지 않는다고 불평한다. 양쪽 다 잘못 알고 있는 것이다. 한국은 일본이 사죄·반성한 사실을 잊어버리고, 일본은 가끔 사죄·반성을 의심하게 만드는 짓을 한다.

여기서는 일본 정부의 공식적 총리 담화 몇 개를 예로 들어, 식민지 지배에 대한 일본의 역사 인식이 어떻게 변해 왔는지를 살펴보겠다. 한국과 일본은 식민지 지배에 대한 사죄·반성을 둘러싸고 한일회담1951~65년에서 15년 동안 입씨름을 벌였지만 타결을 보지 못한 채 국교 정상화 조약을 맺었다. 그렇지만 1990년대 이후 일본 정부는 국내외 사정의 변화에 맞춰 식민지 지배에 대한 사죄와 반성을 명확히 표명했다. 무라야마 토미이치 총리는 1995년 전후 50주년 특별담화에서 다음과 같이 말했다.

우리나라는 머지않은 과거의 한 시기에 국책을 그르쳐 전쟁의 길을 걸어 국민을 존망의 위기에 빠뜨리고, 식민지 지배와 침략으로 많은 나라, 특히 아시아 여러 나라의 사람들에 대하여 다대多大한 손해와 고통을 주었습니다. 저는 미래에 잘못이 다시 없도록 하기 위해서는 의심할 여지 없는 이 역사의 사실을 겸허하게 받아들여 여기에 다시 한번 통절痛切한 반성의 뜻을 표하며, 마음에서 우러나오는 사죄의 심정을 표명합니다. 또한 이러한 역사가 가져온 내외의 모든 희생자에 대하여 깊은 애도의 뜻을 바칩니다.

무라야마 총리 담화는 일본의 한국 지배를 따로 지칭하지는 않고 아시아 여러 나라를 묶어 사죄와 반성을 표명했다. 그 후 일본 정부는 김대중 대통령과 오부치 게이조 총리가 함께 발표한 1998년 한일 파트너십 공동선언에서, 다음과 같이 한국을 특정하여 사죄와 반성을 표명하게 된다.

오부치 총리대신은 금세기의 한·일 양국관계를 돌이켜 보고, 일본이 과거 한때 식민지 지배로 인하여 한국 국민에게 다대한 손해와 고통을 안겨 주었다는 역사적 사실을 겸허히 받아들이면서, 이에 대하여 통절한 반성과 마음으로부터의 사죄를 하였다. 김대중 대통령은 이러한 오부치 총리대신의 역사인식 표명을 진지하게 받아들이고, 이를 평가하는 동시에, 양국이 과거의 불행한 역사를 극복하고 화해와 선린우호협력에 입각한 미래지향적인 관계를 발전시키기 위하여 서로 노력하는 것이 시대적 요청이라는 뜻을 표명하였다.

이 공동선언은 일본이 한국에 대해 직접 사죄와 반성을, 그것도 양국 정상이 서명한 문서로써 표명했다는 점에서 큰 의미가 있다. 또 과거의 불행한 역사를 극복하고 선린 우호 협력 관계를 함께 개척하기로 합의했다. 이를 위해서는 과거를 직시하고, 젊은 세대의 역사 인식을 심화하는 게 중요하다고 천명한 점도 평가할 만하다. 여기서 한국과 일본이 역사 인식을 공유할 수 있다는 희망을 볼 수 있다.

2010년은 일본이 한국을 강제 병합한 지 100주년이 되는 해였다. 이에 간 나오토 총리는 '일한병합' 100년 담화를 다음과 같이 발표했다.

금년은 한·일관계에서 커다란 전환점이 되는 해입니다. 정확히 100년 전 8월 한·일병합조약이 체결되어 이후 36년에 걸친 식민지 지배가 시작되었습니다. 3·1 독립운동 등의 격렬한 저항에서도 나타났듯이, 정치·군사적 배경 아래 당시 한국인들은 그 뜻에 반反하여 이루어진 식민지 지배로 국가와 문화를 빼앗기고, 민족의 자긍심에 깊은 상처를 입었습니다.

저는 역사에 대해 성실하게 임하고자 생각합니다. 역사의 사실을 직시하는 용기와 이를 인정하는 겸허함을 갖고, 스스로 과오를 되돌아보는 것에 솔직하게 임하고자 생각합니다. 또한, 아픔을 준 쪽은 잊기 쉽고, 받은 쪽은 이를 쉽게 잊지 못하는 법입니다. 이러한 식민지 지배가 초래한 다대한 손해와 아픔에 대해, 여기에 재차 통절한 반성과 마음에서 우러나오는 사죄의 심정을 표명합니다.

이러한 인식 아래 향후 100년을 바라보면서, 미래지향적인 한·일관계를 구축해나갈 것입니다. 또한 지금까지 실시해온 이른바 사할린 한국인 지원, 한반도 출신자의 유골봉환 지원이라는 인도적 협력을 금후에도 성실히 실시해갈 것입니다. 또한 일본이 통치하던 기간에 조선총독부를 경유하여 반출되어 일본 정부가 보관하고 있는 조선왕조의궤 등 한반도에서 유래한 귀중한 도서에 대해, 한국민의 기대에 부응하여 가까운 시일에 이를 반환하고자 합니다.

간 담화는 일본 정부가 식민지 지배의 강제성을 인정한 점에서 주목을 받았다. 곧 식민지 지배가 "정치·군사적 배경 아래 당시 한국인의 뜻에 반反하여 이루어졌다"고 명백히 밝혔다. 1965년 한일협정 체결 당시, 한국과 일본은 식민지 지배의 불법不法·부당不當·무효無效 대 합법合法·정당正當·유효有效를 둘러싸고 정면 대결했다. 그 후 45년이 지나는 동안 일본 정부의 역사 인식은, 제한적이기는 하지만, 불법·부당을 인정하고 사죄·반성하는 쪽으로 바뀌었다. 간 담화는, 우여곡절을 거치면서도 기본 방향에서는, 일본의 역사 인식이 한국의 역사 인식 쪽으로 접근했다는 사실을 보여준다. 여기서 한일의 역사 화해 가능성을 엿볼 수 있다.

일본의 우파 세력은 이러한 역사 인식 변화에 위기감을 느끼고 대대적으로 역사 수정 캠페인을 벌였다. 그 중심인물이 아베 신조 총리였다. 그는 2015년 전후 70년 담화에서 아래와 같은 역사관을 피력했다.

구미 국가들에 의한 식민지 확대에 대응하여 근대 일본은 메이지유신을 통해 아시아 최초의 입헌정치체제를 건설하고, 독립을 지켜가면서 근대화를 달성했다. 그리고 그 연장선상에서 러시아와의 전쟁에서 승리를 거두면서 아시아와 아프리카의 인민들에게 용기를 주었다.

1930년대 세계 경제공황 이후 일본은 세계의 대세에서 이탈해 국제적 고립 속에서 만주사변을 일으키고 국제연맹에서 이탈하여 세계질서에의 도전자가 되었고, 급기야는 전쟁의 길을 선택했다. 세계대전이 발발하면서 3백만에 달하는 일본 국민만이 아니라, 다수의 아시아인들이 희생되었고, 여성들도 명예와 존엄을 상실했다.

전후 70년 담화는 한국에 대한 식민지 지배나 사죄·반성을 다루지 않았다. 다만, '전쟁 기간 중 많은 여성이 명예와 존엄에 깊은 상처를 입은 역사를 헤아려, 일본인은 지난 역사를 가슴에 새기며 미래로 나아가겠다'는 식으로 언급했을 뿐이다. 그는 때때로 일본군 위안부 모집에 관헌의 강압이나 관여가 없었다고 주장하고, '고노 담화'를 훼손하기 위해 검증 작업도 벌였다. 그러면서도 국회 등에서 공식적으로는 '고노 담화'와 역대 정부의 역사 인식을 계승하겠다고 천명했다.

아베 정부의 역사 인식은 무라야마·오부치·간 정부의 역사 인식과 비교하면 대단히 후퇴했다. 그렇다고 해서 일본의 역대 정부가 식민지 지배에 대해 사죄·반성한 사실까지 부정하거나 잊어서는 안 된다. 각의閣議에서 결정한 엄연한 공식 문서이자 선언이기 때문이다. 역사 수정주의를 표방한 아베 정부조차도 국회 등에서 이를 계승하겠다고 공언했다. 따라서 극우 정권이 출현하지 않는 한, 앞으로도 일본 정부의 역사 인식은 식민지 지배에 대한 사죄·반성을 유지하거나 보완하는 쪽으로 나갈 것으로 예상한다.

한국 정부는 일본 정부의 역사 인식이 한국 쪽에 접근하는 방향으로 변화한 측면을 긍정적으로 평가할 필요가 있다. 그 위에서, 일본 정부가 역대 정부의 역사 인식에서 어긋나거나 후퇴하면 주의를 환기하고, 식민지 지배의 불법·부당·무효 쪽으로 더 다가가도록 유도하는 게 좋겠다. 더디더라도 이렇게 함으로써 역사 화해의 기반을 구축할 수 있기 때문이다. 한국과 일본의 역사 인식은 좋든 나쁘든 서로 울림을 주고받는 성질을 가지고 있다. 따라서 양국 정부가 과거를 직시하고 미래를 지향하는 쪽으로 서로 이끌어가는 것이 정도正道다.

2) 한국 거주 원자폭탄 피해자의 치료

1945년 8월, 히로시마와 나가사키에서 직접 간접으로 원자폭탄을 맞은 사람 수는 대략 70만 명히로시마 42만여 명, 나가사키 28만여 명, 그중 10%인 7만여 명히로시마 5만여 명, 나가사키 2만여 명이 한국인이었다. 한국인 피폭자 가운데 사망자는 4만여 명히로시마 3만여 명, 나가사키 1만여 명이었고, 살아남은 자는 3만여 명이었다. 이들 중에서 2만 3천여 명히로시마 1만 5천여 명, 나가사키 8천여 명이 1946년을 전후하여 한국으로 귀환했다. 북한으로 간 피폭자는 2천여 명이었다. 일본에 잔류한 피폭자는 7천여 명히로시마 5천여 명, 나가사키 2천여 명이었다.

한국으로 돌아온 피폭자들은 온전하지 못한 육체를 이끌고 남북분단과 6.25전쟁 등을 겪으며 생활고生活苦에 시달렸다. 그들은 한국이나 일본 정부로부터 의료·경제·정신 등의 면에서 아무런 지원도 받지 못한 채 오랜 세월을 질병과 가난의 대물림 속에서 살아왔다. 그리하여 1991년 6월 현재 재한 피폭자 수는 9,241명으로 대폭 감소하였다한국 정부 등록자 수. 40여 년 만에 60% 이상이 사망한 셈이다. 재한在韓 피폭자 수는 그 후 20여 년 동안 4분의 3이 더 사망하여 2013년 5월에는 2천 645명에 불과한 것으로 집계되었다. 피폭의 후유증이 그만큼 심각했다는 것을 웅변하는 증거라고 볼 수 있다.

일본 정부는 수많은 한국인이 원폭 후유증으로 고생하고 있는 것을 가슴 아프게 여기지만, 법적으로는 1965년 한일조약에 따라 모두 해결했다는 자세였다. 그리고 원폭 피해자가 한국에 재주하고 있으므로 한국 정부가 처리해야 할 사안이라는 뜻을 밝혔다. 다만 원폭 피해자 문제는 인간의 도리와도 관련된 것이므로, 가능한 분야부터 협력하겠다는 태도를 유지했다. 한편, 일본 정부는 국내에서 1957년 '원자폭탄 피폭자 의료 등에 관한 법률', 1968년 '원자폭탄 피폭자에 대한 특별조치법', 1994년 '원자폭탄 피폭자의 원호에 관한 법률'을 제정하여 일본인 원폭 피해자 1세

35만여 명에게 각종 복지 혜택을 제공하였다. 원폭전문병원을 세워 '원폭 치료 전문 시스템'을 구축하고, '피폭자 건강수첩'을 발급하여 전국 어느 병원에서나 저렴한 비용으로 정밀 검사와 치료를 받도록 했다. 입원·치료비와 생활비도 지원했는데, 1998년 한 해만도 피폭자를 위해 1,600억 엔을 집행했다. 매년 국제사회의 지원도 받았다. 그렇지만 일본인 피폭자가 누리는 두꺼운 혜택은 한국인 피폭자에게 그저 그림의 떡일 뿐이었다.

한국의 원폭 피해자들은 1967년 사단법인 한국원폭피해자원호협회를 결성하고1971년 한국원폭피해자협회로 개칭, 일본정부를 상대로 각종 지원을 요구하는 진정과 소송 활동을 전개했다. 그들은 히로시마시와 나가사키시의 원폭 희생자 위령제에 참가하여 한국인 원폭 피해자의 실정을 호소하고, 주한 일본대사관과 미국대사관 앞에서 시위를 감행했다1971. 또 한국 외무부와 주한 일본대사관을 방문하여 한국인 원폭 피해자 문제를 한일 각료회의의 정식 의제로 삼아줄 것을 요망했다1973~74년.

한국원폭피해자협회의 곽귀훈 회장 등은 일본 정부를 상대로 일본 법원에서 소송을 제기하였다. 재외 피폭자에게도 피폭자 원호법을 평등하게 적용하고, 일본의 원폭전문병원에서 무료 진찰을 받도록 하며, 피폭자 원호 수당을 지급할 것 등을 요구했다. 그리고 일련의 소송은 2002년 12월 5일 오사카고등재판소에서 원고의 승리로 끝났다. 일본 정부는 국가보상을 인정할 수 없다는 태도를 견지했지만, 일본인 피폭자와의 형평성 등을 고려하여 인도적 관점에서 상고를 포기했다. 이로써 35년에 걸친 한국 피폭자들의 투쟁은 일정한 성과를 거두었다.

그런데 일본인 원폭 피해자뿐만 아니라 한국인 원폭 피해자에게 원호의 손길을 뻗치는 데는 이른바 손진두 수첩 재판이 중요한 계기가 되었다. 부산에 거주한 원폭 피해자 손진두 씨는 원폭 후유증을 치료하기 위해 1970년 12월 일본 사가현으로 밀입국하다가 붙잡혔다. 그는 출입국

관리령 위반으로 징역 10개월을 선고받고 후쿠오카형무소에서 복역하던 중 일본 시민단체의 도움을 받아 후쿠오카현 지사에게 피폭자 건강수첩 교부를 신청했다가 기각당했다1972.7.

손진두 씨의 딱한 사정이 일본 사회에 알려지자, 이것을 자신의 문제라고 여기는 일본인들이 나타났다. 그들은 후쿠오카, 히로시마, 오사카, 도쿄에서 '손진두의 일본 체류와 치료를 요구하는 전국 시민 모임'을 결성했다. 손진두 씨는 이들의 도움을 받아 후쿠오카현 지사를 상대로 피폭자 건강수첩 교부 각하처분 취소 소송이른바 '수첩 재판'을 제기했다. 그리고 몇 번의 재판 투쟁을 거쳐 일본 최고재판소에서 마침내 승소 판결을 받기에 이르렀다1978.3.30.. 구 식민지 출신의 원폭 피해자를 구제하는 일도 일본의 국가적 도의라는 취지였다.

'수첩 재판'을 계기로 재한 원폭 피해자이더라도 증거자료를 제시하거나 증인을 내세우면 일본이 교부하는 피폭자 건강수첩을 받고 일본에서 치료할 수 있는 길이 열렸다. 이후에도 한국인 원폭 피해자들은 10여 건의 소송을 제기하여 일정한 범위에서나마 치료와 수당을 받는 기회를 넓혀나갔다. 손진두 씨 재판은 일본 국내에서 일본인 원폭 피해자에 대한 원호 체제를 정비해 나가는 데도 큰 자극과 지혜를 주었다. 일본 정부가 과거사 문제를 조금이라도 제대로 처리하면 일본인에게도 이익이 된다는 사실을 상징하는 좋은 사례였다.

한국과 일본 정부는 재한 원폭 피해자들의 요구와 소송 등에 촉발되어 1970년대 후반부터 이들의 구제 문제를 협의했다. 양국은 '재한 피폭자 의료원호 3개 항목'에 합의하여, 한국 의사의 일본 파견, 일본 의사의 한국 파견, 재한 원폭 피해자의 도일 치료 등을 실시하겠다고 밝혔다1979.6. 또 '재한 피폭자 도일 치료 실시에 관한 협의서'를 체결하여, 1981년부터 5년 동안 원폭 피해자가 도일 치료를 받게 했다1981.12. 골자는, 일본 정부는 피폭자가 도일하는 즉시 건강수첩을 교부한다, 치료를 위한 입원 기간은 2~6개월이다, 피폭자의 왕복 여비는 한국 측이 부담한다, 입원 중인자의 의료급부와 특별수당은 일본 측이 부담한다, 이 합의는 5년 동안 유효하다 등이다. 이 합의에 따라 재한 피폭자 중 349명이 히로시마와 나가사키의 원폭병원에서 치료를 받았다.

협의서 체결으로부터 5년이 지난 1986년, 한국 정부는 이제 도일 치료가 필요 없다는 뜻을 밝혔다. 이유는 도일 치료가 필요한 피폭자는 거의 치료를 받았고, 한국의 의료수준도 향상되어 국내에서도 치료할 수 있게 되었기 때문이다. 그 후 한국 정부의 지원 아래 대한적십자병원이 피폭자를 위탁 진료했다.

그런데 한국원폭피해자협회 등은 도일 치료 기간이 만료되자 주한 일본대사관을 통해 일본 정부에 보상과 사죄를 요구했다[1987년]. 일본 정부는 1965년의 한일조약으로 끝난 문제라고 일축하면서도, 한일 외무장관회의에서 실무 차원의 조사단 파견에 합의했다[1988.3]. 한국에 온 4명의 조사단은 동 협회 회원들과 의견을 교환하고 대책을 협의했다. 그 결과를 참조하여 일본 정부는 1988년과 1989년에 각각 4,200만 엔의 의료비를 대한적십자사에 위탁·지원했다. 동 협의 간부들은 이에 만족하지 않고 일본에 가서 일본 정부를 상대로 보상 요구 시위를 벌였다[1990년].

위와 같은 경위도 있어서, 재한 원폭 피해자 문제는 1990년 5월 노태우 대통령이 방일했을 때 중요한 의제 중 하나였다. 한일 정상회담에서 가이후 도시키 총리는 재한 원폭 피해자의 의료 지원을 위해 총액 40억 엔 정도를 제공하기로 약속했다. 이에 따라 일본 정부는 대한적십자사에 설치된 '재한 원폭 피해자 복지기금'에 17억 엔[1991.11]과 23억 엔[1993.2]을 각각 출연했다.

한국 정부는 1993년 6월 대한적십자사 산하에 '원폭 복지사업소'를 신설하고, 일본이 발행한 '피폭자 건강수첩'을 소지한 사람에게 한 달에 10만 원의 진료비, 사망자 유가족에게 장례비 70만 원을 지급했다. 1996년에는 원폭 피해자가 가장 많았던 경상남도 합천에 작은 원폭피해자복지회관을 설립·운영하기 시작했다.

일본 정부는 2003년 '원호법 확대적용에 관한 기본계획'을 발표했다. 이에 따라 그해 9월부터 대한적십자사를 통해 재한 피폭자에게도 원호수당을 지급하고 있다. 일본 정부가 재외 피폭자임을 증명하는 건강수첩을 교부한 사람이 대상이다. 그 밖에 '재외 피폭자 도일 지원'건강진단과 치료, 의사 연수와 파견 등 사업도 진행 중이다.

그런데 위에서 살펴본 여러 지원은 피폭 1세에 한정한다. 한국에는 2015년 현재 7,500~20,000명으로 추정되는 피폭 2세가 있다. 이들 중 많은 이들이 암 등의 질환이나 정신적 트라우마로 고통을 겪어왔다. 그러나 한일 양국 정부는 방사능과 유전의 관련성을 입증할 수 없다며 국내외 피폭 2세에 아무런 대책도 마련하지 않았다.

일본은 세계에서 유일하게 핵폭탄을 맞은 나라로, 원폭 피해자 문제에 나름대로 적극적으로 대응해왔다. 사실, 의료지원은 역사 인식 등과 직접 얽힌 문제라기보다는, 피해 상황을 눈으로 확인하고 치료할 수 있는 인도적 성격의 문제이기 때문에, 다루기 쉬운 측면도 있다. 그렇다 하더라도 일본 정부가 1980년대 이후 원폭 피해자의 고통을 완화하기 위하여 한국 정부와 협력하여 노력해 왔다는 점은 좋게 평가할 만하다. 한국 정부도 '원폭 피해자 기금 관리 치침'에 따라 병원 진료비 등을 지급하고 있다. 한국 거주 원자폭탄 피해자 문제는 한일 양국이 협의·합력하여 불충분하게나마 과거사 문제를 극복하려고 애쓴 좋은 사례라고 볼 수 있다.

3) 사할린 잔류 한국인의 귀국

일제 말기 사할린에는 약 4만 3천 명의 한반도 출신자가 재주하고 있었다. 러일전쟁에서 승리한 일본은 포츠머스조약에 따라 북위 50도 이남의 사할린을 빼앗았다. 사할린은 기후와 자연이 거칠어도 광물·어물 등 자원이 풍부했고, 반면에 개발을 담당할 만한 노동력과 인프라가 부족했다. 한국인들은 초기에 자발적으로 이곳에 이주했다. 그런데 일제가 중일전쟁과 미일전쟁을 도발하여 전선이 아시아·태평양 지역으로 확대되자, 사할린에 이주하는 한국인은 강제 노무 동원의 성격을 띠게 되었다. 1939년부터 사업자의 모집, 1941년부터 관의 알선, 1944년 9월부터 국민징용령에 따른 징용 등의 방법으로 노동자를 데려갔다. 동원된 한국인 노동자의 수는 약 1만 6천여 명이었다. 그들 대다수는 탄광에서 일했는데, 하루 10~12시간의 중노동이었다. 음식과 주거 등은 대단히 열악했다.

2004년 통계에 의하면, 사할린 거주 한국인은 약 3만 6천여 명이다. 러시아 국적자가 31,500명, 북한 국적자가 500명, 무국적자가 4,000명 가량이다. 한국 국적을 가진 자는 없지만, 북한 국적을 가진 자를 제외하고 모두 한국으로 귀국을 희망하고 있었다. 실제로 일제강점기에 이곳에 끌려간 노무자의 대부분은 한반도 남부 출신이었다.

일본 정부는 패전 직후 1946년 12월부터 1949년 7월까지 사할린 거주 일본인 중 30만여 명을 데려왔다. 1956년 10월 '일소 공동선언'을 발표해 국교회복을 합의한 이후에는 나머지 일본인도 모두 귀국했다. 그러나 한국인은 해방 이후 국적이 달라졌다는 핑계로 귀국에서 제외해버렸다. 소련은 남북분단 상황에서 북한의 눈치를 보는 흉내를 내며, 전쟁에서 상실한 노동력을 보충하기 위해 한국인의 송환을 꺼렸다. 연합국군총사령부도, 일본·중국 등에서 150여만 명이 이미 귀국하여 혼란을 겪던 남한의 사정을 고려하여, 이들의 송환에 적극적으로 나서지 않았다. 그

후 냉전체제가 굳어지자 사할린 잔류 한국인 문제는 한반도를 둘러싼 국제관계에서 잊혀지거나 감춰졌다.

한국 정부는 일본과 국교를 재개한 직후인 1966년 일본 정부에 대해 사할린 잔류 한국인 귀환의 1차적 책임은 일본에 있다고 말하고 조사단 파견을 요청했다. 일본 정부는 한국인의 귀환에 협조는 하지만, 일본은 단순한 통과지점에 불과하므로, 한국이 전원 인수하라고 못 박고, 일소 교섭 때 안건에 올리겠다고 답변했다.

그 후 다나카 가쿠에이 수상은 일소 정상회담에서 사할린 잔류 한국인의 송환을 요구했다1973.10. 이에 대해 소련은 북한의 반응을 우려하며 한국으로 귀환을 신청한 사람이 없다고 답변했다. 게다가 북한은 『노동신문』 사설을 통해 사할린 잔류 한국인 문제는 북한과 관련된 사안으로, 일본이 관여할 자격이 없다고 반발했다1973.10.11.. 그리하여 사할린 잔류 한국인 문제는 해결의 기미가 보이지 않은 채 세월만 흘렀다.

그런데 1980년대 이후 동서 냉전이 풀리고, 일본에서 침략 전쟁과 식민지 지배에 대한 반성·사죄 분위기가 퍼짐에 따라, 사할린 거주 한인 문제는 점차 한국과 일본, 일본과 소련, 한국과 소련 사이에서 논의의 대상으로 떠올랐다. 일본 시민들은 '아시아에서 전후 책임을 생각하는 모임'을 결성하고1983.4, 사할린 잔류 한국인 문제를 유엔 인권위원회에 제기했다. 대한적십자사도 민간외교 차원에서 이 문제에 개입했다. 일본 정부는 패전 직후 한국인을 버려둔 약점도 있어서, 소련 정부에 인도적 관점에서 사할린 잔류 한국인의 귀환과 친족 재회에 호의적 배려를 해달라고 요청했다. 소련 정부는 국내의 개혁·개방을 추진하려는 움직임과 함께 한국으로 출국을 희망하는 사람이 있으면 국내법에 따라 심사한 후 허가하겠다는 뜻을 밝혔다1985.11~12.

한국 국회는 한국 정부와 소련 정부 및 국제기구에 사할린 잔류 한국인의 귀환을 촉구하는 결의문을 채택하였다1987.3. 한일 양국 적십자사는 마침내 '재사할린 한국인 지원 공동사업체'를 발족했다1989.7.14.

1990년 9월 한국과 소련이 국교를 수립하자, 사할린 거주 한국인 문제는 해결의 실마리를 찾게 되었다. 한국과 일본도 발 빠르게 대응했다. 김영삼 대통령과의 정상회담에서 호소카와 모리히로 총리는, 식민지 지배에 대한 반성과 사죄를 행동으로 보이는 의미로, 사할린 잔류 한국인의 영주 귀국 문제에 대해 적극적으로 대처하겠다고 말했다.

일본 정부는 이미 인도적 견지에서 1988년부터 사할린 거주 한국인에 관련한 예산을 편성하고 있었다. 양국 적십자사는 공동사업을 통해 사할린 거주 한국인의 일시귀국과 영주귀국을 지원했다. 일시 귀국자에게는 왕복 도항비 및 체재비를 지원했다. 자격은 1945년 8월 15일 이전에 사할린에 이주하여 계속 거주하고 있는 사람으로 한정했다. 60세 이상인 사람은 동행 1명을 붙였다.

김영삼 대통령과 호소카와 수상은 그 후의 정상회담에서도 사할린 거주 한인 문제를 논의했다1994.3.7. 이에 따라 영주 귀국자를 위한 아파트를 건립했다. 일본 정부가 건축비 32억 3천만 엔을 내고, 한국 정부가 요양원 및 아파트 부지를 제공했다. 영주귀국자에게는 도항비 및 이전비, 주택시설인천 요양원 및 안산 아파트 건설비, 도우미 및 광열비, 복지회관 운영비 등을 지원했다. 1999년 3월 인천 요양원수용 능력 100명, 입주 96명, 2000년 2월 안산의 아파트 형식 집단주택수용 능력 489세대, 1세대는 2명 이하, 입주 927명을 개설했다. 영주귀국 시범사업을 통해 2001년 6월까지 1,512명이 한국에 영주 귀국했다.

사할린에 계속 거주하는 한국인에 대한 지원도 이루어졌다. 한일 각료간담회는 일본의 지원으로 사할린에 한인문화센터 건립 등을 합의했다1998.11. 한국에 영주 귀국한 사람에게는 가족 재회를 위한 사할린 왕복 도항비를 지원했다. 2001년 6~8월 영주 귀국자 1,120명이 지원을 받았다. 한국과 일본이 반반씩 부담하여 안산시에 요양병원도 건설했다.

사할린 거주 한인 문제는 일본의 전후 보상 등 과거사 처리에서 빠진 사안 중 하나였다. 뒤늦게나마 일본 정부가 인도적 차원이라는 명목으로 피해를 위로하고 상처를 치유하기 위해 나섰으니 다행이다. 한국 정부도 아파트 부지 이외에 20억 원가량 지출하여 일본 정부와 협력하는 자세를 보였다. 한일이 합의·협력하여 함께 과거사를 처리한 좋은 본보기라고 할 수 있다.

그렇지만 일본은 사할린 거주 한국인의 월급에서 강제 적립한 우편저금, 전시보국채권 등을 아직 돌려주지 않았다. 또 사할린에서 1만 5천여 명의 한국인 노무자를 다시 징용하여 일본 본토로 끌고 가 재배치한 문제 등도 해결되지 않았다. 역사 화해를 실현하는 과정에서 극복해야 할 과제 중 하나다.

(2) 역사 화해의 실현 방법

1) 역사 갈등의 관리

한국과 일본은 역사문제에 관한 한 서로 공명共鳴하는 관계다. 한국이 역사문제를 진지하게 제기하면 일본도 진지하게 대응한다. 반면에 한국이 역사문제를 거칠게 제기하면 일본도 거칠게 대응한다. 따라서 한국과 일본은 끈질긴 대화를 통해 역사문제를 성심성의誠心誠意로 풀어가는 규범을 만들 필요가 있다.

한국과 일본이 역사문제를 지혜롭게 다루는 규범을 확립하기 위해서는 양국이 역사문제가 정쟁政爭의 도구로 활용되거나, 증오憎惡의 수단으로 이용되지 않도록 일상日常에서 잘 관리하는 것이 필요하다. 필자는 역사문제의 관리 방법을 질병 치료에 빗대어, 대증요법對症療法, 병인요법病因療法, 면역요법免疫療法으로 나눠 쓰는 방안을 고안했다. 사안의 경중輕重이나 완급緩急에 맞춰 적절히 섞어 쓰면 효과를 볼 수 있다고 믿는다. 각 요법에서 소개하는 사례는 필자가 직접 참여하여 성과를 거둔 처방이다.

① 대증요법

한일 간에 역사문제가 현안으로 부상해, 국민끼리 분노와 증오로 부딪칠 때, 이를 완화하는 방법으로 활용한다. 역사문제의 진상이나 그 연원을 정확하고 공정하게 파악하여 국민에게 알림으로써 갈등과 대립을 일단 진정시킨다. 병명을 확실히 알 수 없지만, 40도까지 오른 체온을 일단 내리기 위해 해열제를 먹는 조처와 같다. 역사 연구자와 교육자, 매스컴, 여론 주도층 등의 활약이 중요하다.

2005년 일본과 한국·중국이 심각한 역사분쟁을 겪을 때, 아사히신문이 '역사 화해를 위해' 기획·연재한 「역사는 살아있다 – 동아시아의 150년」 시리즈2007.6~2008.3가 좋은 본보기이다. 한국에서는 동아 닷컴이 이 시리즈를 번역·연재했다. 그 결과는 일본과 한국에서 단행본으로 출간되었다.

② 병인요법

역사문제의 근본 원인을 찾아 해결하는 방법이다. 한국과 일본이 공동으로 논쟁의 소지가 있는 주제를 선정해 자료를 수집하고 연구하여, 그 성과를 국민에게 널리 전파함으로써 인식의 일치와 차이를 알게 한다. 국민이 역사문제를 냉정히 바라볼 수 있도록 도울 수 있다. 역사 연구자와 대중매체의 역할이 크다.

2001년과 2005년 한일의 역사 대결을 계기로, 양국 정부가 지원하여 진행한 '한일역사공동연구위원회'의 활동2002~2010년이 좋은 사례다. 동북아역사재단이 후원한 '역사화해를 위한 한일 대화'2018~2019년도 이에 속한다. 두 공동 작업의 성과는 책이나 웹으로 일반 대중에게 공개되어 널리 활용되고 있다.

③ 면역요법

학교와 사회가 평소 건전한 역사교육을 함으로써 국민이 공정한 역사인식을 체득한다. 역사문제에 관해 특정 집단의 선동·선전에 휘둘리지 않는 줏대 있는 역사의식을 기르는 데 도움을 준다. 역사 교육자, 매스컴, 사회교육기관박물관, 기념관, 유적·유물 전시관 등의 활약을 기대할 수 있다.

서울시립대학교와 도쿄가쿠게이대학이 10년 동안 공동작업을 통해 출판한 『한일 역사공통교재 한일교류의 역사 – 선사부터 현대까지』2007, 일본 '佐賀縣立名護屋城博物館'1993년 개관 등이 좋은 사례다. 한국과 일본에서는 2007년을 전후해 5종류의 공통 역사교재가 출판되어 호평을 받았다.

2) 역사 대화의 활성화

한국과 일본은 역사문제를 둘러싸고 민간과 정부 차원에서 다양한 역사 대화를 이어가야 한다. 실제로 2010년까지 한국과 일본은 여러 채널의 역사 대화를 가동해왔다. 필자가 참여한 역사 대화만도 10개가 넘는다. 민간 레벨에서는 서울시립대학교와 도쿄가쿠게이대학의 공동작업, 정부 레벨에서는 한일역사공동연구가 그 대표라고 할 수 있다. 국제적으로는 스탠포드대학 아시아태평양연구센터, 독일 에케르트국제교과서연구소, 일본 비교사·비교역사교육연구회 등이 주관한 한중일 역사 대화를 들 수 있다. 각 역사 대화의 모습과 성과는 서적이나 언론신문, 방송 등을 통해 한일뿐만 아니라 세계 여러 나라에 널리 알려졌다.

역사문제에 별로 관여하지 않은 사람은 위와 같은 역사 대화가 무슨 효과가 있는가, 물을 때가 있다. 눈에 보이지는 않지만 큰 성과를 거뒀다. 실제로 한일 역사 대화에 교과서 집필자가 다수 참가했기 때문에 양국의 역사 교과서 기술이 상호 이해 쪽으로 많이 개선되었다.

그 밖에도 한일의 역사 대화는 정부 간 정면 대결할 때 완충 역할을 할 수 있다. 한일 정부 간 역사적 사실이나 해석을 둘러싸고 소모적 논쟁을 벌이기보다는 역사 대화를 통해 상황을 안정시키는 것이 도움이 된다. 격앙된 국민 여론을 잠재우면서, 동시에 국제사회에 한일의 화해 노력을 어필하는 데도 유용하다.

그러므로 필자는 한일 간에 민간·정부 레벨의 역사 대화를 재개·확대하라고 제안한다. 화제話題에 정치·경제·외교·문화 등을 덧붙여도 좋다. 예를 들면, 한국과 일본이 '한일역사미래공동연구위원회'가칭를 구성하여 국교 정상화 이후 한일관계를 공정하게 총괄하고 그 성과를 양국 국민에게 널리 전파한다. 이때, 앞에서 언급한 성찰사관省察史觀으로 한일의 복합적複合的·중층적重層的 상호관계를 구명究明하고 교육하면 상호 이해를 심화할 수 있다. 정부 레벨의 역사 대화로는, 한일 정상 간 합의로 설치한 '한일역사공동연구위원회'와 '한일 신시대 공동연구위원회'의 경험을 참고할 수 있다. 민간 레벨의 성과로는, 동북아역사재단이 기회·출간한 『한일관계사 1965-2015』정치, 경제, 사회·문화, 3권, 2015년 등이 이에 어느 정도 부합한다. 역사 현안의 해결을 급선무의 과제로 안고 있는 이번에는 '역사문제 처리의 역사'에 초점을 맞춰 한일의 목표·교섭·도달점·쟁점·반향·과제 등을 정밀하게 비교 분석하여 공표하는 작업도 바람직하다.

3) 교류 협력의 확대

한일의 역사 화해는 평화 공영의 미래를 함께 만드는 과정에서 실현할 수 있다. 그러므로 한국과 일본은 과거의 사슬에서 벗어나 미래를 함께 창조한다는 각오를 다지며 대형 프로젝트나 수백만 명 규모의 청소년 교류를 추진하라고 제언한다. 한일이 공동으로 추진할 만한 프로젝트 목록은 이미 '한일 신시대 공동연구 위원회'가 출간한 『「한일 신시대」를 위한 제언』도서출판 한울, 2011에 잘 정리되어 있다. 새로 '회의체'를 발족해 마스터플랜을 수정·보완해도 좋다.

역사 화해는 역사문제에만 집착해서는 오히려 이뤄지기 어렵다. 정치·경제·안보·외교·문화 등 전반에 걸쳐 양국이 교류·협력을 강화하는 가운데 실현되는 과제다. 역사 화해가 다른 부분의 교류·협력보다 더 중요하거나, 역사 화해를 먼저 이룩한 후에 다른 분야의 교류·협력이 가능한 것도 아니다. 역사 화해는 한일관계의 전반적 개선과 병행하여 이루어질 수 있다. 따라서 이 책에서 각 분야의 전문가가 제안하는 교류·협력 방안에서도 역사 화해의 영감과 지혜를 얻어야 한다.

필자는 한일이 미래를 함께 만들면서 과거를 정리하는 기관으로서 '한일우호재단' 또는 '한일미래재단'의 설립과 운용을 제안한다. 앞서 역사 현안일본군 위안부 문제의 해법에서 설립을 제안한 연구소·기념관 등을 확대·개편하여 활용하는 것도 하나의 방법이 될 수 있다. 일본 정부는 문재인 정부가 '화해·치유재단'을 해산한 처사에 분노하여, 새 재단을 만들자는 제안에 고개를 설레설레 흔들겠지만, 이것은 어차피 한일 양국의 다음 정부가 할 일이다. 다음 정부 간 신뢰를 회복하고 역사문제를 극복하기 위해서는 시도해 볼 만한 사업이다.

4) 역사 화해의 선언

필자가 앞에서 제시한 역사 현안의 해법이 주효奏效하여 최악에 빠진 한일관계가 개선되면 좋겠지만, 그렇게 안되더라도 양국이 호흡을 가다듬고 생각을 바꿔, 역사문제를 '법적'으로 해결하기보다는 '역사적'으로 극복하는 방향으로 전환하는 게 바람직하다. 앞에서 소개한 전후 50주년 특별담화무라야마 총리, 1995년, 21세기의 새로운 한·일 파트너십 공동선언김대중 대통령·오부치 총리, 1998년과 '일한병합' 100년 수상담화간 총리, 2010년, 전후 70년 담화아베 총리, 2015년의 취지를 역사 화해에 맞게 수정·보완하면 능히 할 수 있다고 생각한다.

한일 양국 정상이 역사 화해를 선언하는 시점은 한일 국교 정상화 60주년이 되는 2025년 6월이나 12월이 좋겠다. 이와 동시에 한국과 일본은 서로 협력하여 자유롭고 평화로운 동아시아 건설의 견인차가 되겠다고 세계에 천명한다.

한국과 일본의 역사 화해는 제국주의의 식민지 지배로 야기된 역사문제를 극복한 위대한 성취 사례로 세계의 주목과 평가를 받게 된다. 자유와 인권, 민주주의와 시장경제를 공유하면서도 치열하게 역사 대결을 벌여온 한국과 일본이 역사 화해를 이룩한다면, 각 나라의 위상과 국민의 품격은 한층 더 높아진다. 그리고 역사 화해를 선도한 양국 지도자는 노벨평화상을 수상할 가능성도 있다. 양국의 정치인·연구자·언론인·기업가·시민운동가·청소년 등의 분발을 촉구한다.

4 ___ 맺음말.
적폐사관積弊史觀에서 성찰사관省察史觀으로,
'법적 해결'에서 '역사 화해'로

　한일 사이에 역사문제가 중요하기는 하지만 이것이 양국관계의 모든 부문을 좌지우지하는 유일무이唯一無二한 사안은 아니다. 다른 현안과 함께 풀어가야 할 과제일 따름이다. 한국과 일본은 잦은 마찰과 갈등에도 불구하고 세계 수준에서 본다면, 해방과 패전 이래 75년 또는 국교 정상화 이래 55년 동안 서로 경쟁·협력하면서 꽤 양호한 관계를 맺어 왔다. 또 두 나라는 민주주의, 시장경제, 법치주의, 인권옹호 등 보편적 가치를 공유하는 동질의 국가로 성장하였다. 아울러 미국의 주요 동맹국으로서 동아시아의 안전과 평화를 유지하는 데 중요한 역할을 해왔다. 한국과 일본은 국민의 생활과 문화에서도 선진성과 탁월성을 발휘하고 있다. 최근 양국에서 유행하고 있는 한류韓流와 일류日流가 그 상징이다.

　제삼국의 눈으로 보면 한국과 일본처럼 닮은 나라도 드물다. 한국과 일본이 서로 이 사실을 깨닫고 문명 발전에 함께 노력한다면 이전과는 다른 차원의 한일관계를 형성할 수 있다. 이제 한국과 일본은 지금까지 교류하며 이룩한 성취를 긍정적으로 평가할 필요가 있다. 그리고 그 바탕에 서서 적극적으로 협력 방법을 모색하는 게 좋겠다.

　지금껏 한국과 일본은 식민지 지배로 야기된 역사문제를 서로 받아들일 만한 수준에서 해결하지는 못했다. 그렇지만 일정 분야에서는 서로 논쟁과 타협을 되풀이하며 어느 정도 성과를 거두었다. 1965년 국교 정상화 당시만 하더라도 일본은 한국을 침략하고 지배한 행위에 대해 사죄하고 반성하는 역사 인식을 갖지 못하였다. 당연히 보상조치 등도 따르지 않았다. '청구권 협정'으로 모든 게 끝났다는 자세를 고수했다. 그렇지만 1990년대 이후 일본은 역사 인식과 과거사 처리에 대해서 괄목할 만한 진전을 보였다. 일본은 침략과 지배에 대해 사죄와 반성의 뜻을 명확히 표시하고, 인도적 명목으로 일본군 위안부 피해자, 한국 거주 원자폭탄 피해자, 사할린에 버려둔 한국인 피해자에게 여러 가지 보상과 지원을 했다. 한국 정부는 전시 징용을 비롯한 노무 동원 피해자에 대해 막대한 보상금·위로금을 지급했다.

일본의 역사 인식과 과거사 처리에 대한 태도 변화는 피해자와 그 지원자支援者 등의 끈질긴 요구에 부응副應한 것이지만, 양국 정부가 외교 현안으로 수용하여 해결을 도모한 노력도 평가할 만하다. 또 역사문제의 본질을 구명究明하고 해결의 방향으로 여론을 환기해 온 연구자, 교육자, 언론인 등의 역할도 적지 않았다. 따라서 지난 반세기 동안 한국과 일본이 함께 역사문제 해결을 위해 씨름해 온 여정을 무시하거나 폄하貶下해서는 결코 안 된다. 한일관계가 최악에 빠진 지금이야말로 선인先人의 노력과 성취에서 개선의 노하우knowhow를 찾아야 한다.

한국과 일본은 서로 경쟁하고 협력함으로써 둘 다 이익을 확장할 수 있는 이웃이다. 밉고 싫다고 해서 이사 갈 수 있는 처지가 아니다. 그러므로 두 나라는 역사 대결을 극복하고 역사 화해를 이룩하지 않으면 안 된다. 이를 위해서는 대승적 차원에서 역사 현안일본군 위안부, 전시 징용 문제을 슬기롭게 해결하는 것이 급선무다. 재판을 통한 '법적 해결'은 지금 막다른 골목에 이르렀다. 한국 법원의 판결 이후 한국과 일본의 대결은 오히려 더욱 날카로워졌다. 따라서 이제는 '법적 해결'을 넘어 '역사적 해결'을 모색할 필요가 있다. 이를 위해서는 지금까지 한일 양국이 역사 현안과 씨름해온 내력을 성찰하고, 그 성취를 수정·보완하여 해결방안을 마련하는 것이 필요하다. 양국의 선인先人들도 지금 사람 못지않게 역사 현안을 심각하게 여기고, 고심하여 해결방안을 마련해 실행했다. 그 역사 속에서 현안을 극복하는 지혜와 교훈을 얻어야 한다.

인류 역사상 제국주의 침략 국가와 식민지 피지배 국가 사이에 역사 화해를 이룩한 선례는 거의 없다. 독일과 프랑스는 번갈아 가며 침공과 점령을 주고받은 사이이기 때문에, 한일의 사정과는 다르다. 따라서 한국과 일본이 함께 노력하여 역사 화해를 이룩한다면 인류 역사에 새로운 비전을 제시하는 위대한 업적을 남기게 될 것이다. 역사 화해에 이르는 과정은 서로 성찰과 양보를 수반하는 험난한 여정이다. 그렇지만 한국과 일본이 뜻을 같이한다면 이루지 못할 난제難題도 아니다. 지난 55년 또는 75년 동안 한국과 일본의 성취가 그 가능성을 웅변雄辯한다.

한일 양국은 과거와 싸우기보다는 미래를 함께 만들어 간다는 신념을 가지고 역사 화해를 위한 공동 프로젝트를 개발하고 실행하는 것이 상책上策이다. '한일미래재단' 또는 '한일우호재단'을 설립하여 역사문제를 포괄적으로 해결하고 역사 인식을 개선하는 사업을 함께 추진하면 좋겠다. 그러다 보면 한국과 일본은 반드시 미래가 과거를 정리한 현실을 목도目睹하게 될 것이다. 일단 국교 정상화 60주년이 되는 2025년이나, 70주년이 되는 2035년을 목표로 삼으라고 제안한다. 그때 역사 화해를 이루면, 세계는 한국과 일본이 새로운 역사를 창조했다고 상찬賞讚할 것이다. 그리고 그 지도자는 노벨평화상을 수상할지도 모른다.

북일관계와 한일협력

진 창 수

세종연구소 일본연구센터장

1 ____ 북일관계와 대일정책

　북핵 문제를 해결하고 새로운 평화체제를 정착시키기 위해서는 중국이 북한을 이용해 미국을 견제하려는 것도 경계해야 하지만 일본이 미국을 통해 냉전논리를 확대하는 것도 금물이다. 지금 한국의 외교는 미중갈등에 대해서는 많이 우려하며 대응 방법을 고민하고 있지만 북한 비핵화와 관련해서는 일본을 경시하는 경향이 있다. 또 문재인 정부는 대일정책에서 투트랙 정책을 내세우고 있지만 대일정책의 비전과 내용은 채우지 못하고 있다.

　외교정책의 전략적인 큰 그림에서 일본과의 관계를 어떻게 발전시킬 것인지에 대한 관심이 커지고 있다. 물론 일본이라는 상대방이 있기 때문에 전략을 노출하기 어렵고 현재의 국내 정치 환경에서는 정부가 대일정책의 방향을 명확히 하는 것 자체가 '뜨거운 감자'가 될 수는 있다. 그러나 우리 정부가 대일관계의 중요성을 이 이상 방치하게 되면 결국 더 큰 비용을 치를 수밖에 없다. 벌써 시민단체는 불만의 목소리를 높이고 있으며 일본은 한국의 결정을 지켜보면서 국제사회에서 '외교전쟁'을 할 태세를 갖추고 있다. 따라서 한일관계의 미래를 위해서 한국 정부는 대일정책을 재점검 해야 하다.

　일본의 북·일 교섭도 대일 전략외교의 관점에서 재조명해 볼 필요가 있다. 일본의 대한반도정책을 고려하면 북일관계의 개선은 한국과 다른 전략적인 이익을 가질 수 있다. 아베 전 총리는 '전후 체제의 탈각'을 주장하는 대표적인 우파 정치가다. 역설적으로 그가 택한 현실적인 대안은 미·일 동맹을 적극적으로 강화하는 것이다. 그러나 아베는 항상 미·중 관계의 타협을 우려해 일본 외교의 선택지를 넓혀가는 정책을 취했다. 그 예로 중국의 부상에 대응하기 위해 인도, 러시아, 호주와의 관계를 긴밀화하는 것이다. 또한 북한의 일본인 납치문제도 미국이 핵문제나 미사일 문제와는 달리 관심을 보이지 않는다고 보고 일본이 독자 외교를 개척하려 했다. 북·일 교섭은 한반도에 대한 '두 개의 한국'Two Korea 정책을 실현하면서 한국에 대한 영향력을 견지하려는 전략적인 의도도 포함돼 있다. 한·일관계의 악화에 대해 북한 카드를 들고 나옴으로써 한국에 대한 견제로 작용할 수 있다. 그리고 장기적으로는 한반도 유사상태에서 일본의 한반도에 대한 개입 근거를 확보하려는 것이다.

따라서 북·일 교섭이 진전되면 우리에게 일본과의 관계에서 더욱더 복잡한 방정식을 풀어야 하는 과제가 안겨질 것이다. 지금까지 북한 문제에 대한 한·일의 공통 대응이 당연시되었다면 이제는 북한 문제에 대해 한·일이 전략적인 인식을 함께할 수 있도록 노력해야 할 것이다.

그런데 현재 북한 비핵화 문제를 둘러싼 한일 간 협력도 적극성을 보이지 않는 상황에서 한일 양국 간의 강제징용문제는 폭발 직전에 있다. 앞으로 한일 관계의 정책 우선순위는 양국 고유의 문제보다 북한의 비핵화, 나아가 동북아 질서에 대한 고려가 차지해야 하지만 현실은 반대로 가고 있다.

이 점에서 한일 양국은 갈등을 관리하는 시스템을 하루빨리 만들어야 한다. 더욱이 대일정책이 북한 비핵화 문제, 나아가 동북아 문제와 깊은 연관성이 있는 상황에서는 대일정책의 방향 설정이 매우 중요하다. 따라서 한국이 북한 비핵화의 촉진자 역할을 하고 나아가 동북아의 새로운 질서를 만들기 위해서는 대일정책의 비전을 명확히 정립할 필요가 있다.

2 ___ 북일관계의 전개

앞으로 북일 관계가 어떻게 전개할 것인가는 대체로 네 가지 가능성이 있다고 볼 수 있다.

		북미관계	
		타협	대립
북일 간의 쟁점의 차이	무	단기적(1)	중(장)기적(2)
	유	중기적(3)	장기적(4)

(1) 북일 간이나 북미 간에 쟁점상의 차이가 크지 않아 쟁점에 대한 입장 차이가 좁혀져 타결되는 시나리오이다. 현실에서는 불가능하지만, 이 시나리오가 성립되면 단시일 내에 북일 관계가 호전될 가능성이 높다. 특히 북일 간에는 납치자 문제가 해결되는 것을 의미한다. 즉 납치자에 대한 사인 규명과 객관적인 조사가 진행되면 북일 간의 쟁점은 적어질 수 있다. 북미 간에는 북핵문제에 대한 전격적인 타협이 이루어지는 것을 가정할 수 있다. 이렇게 되면 북핵문제는 해결의 실마리를 찾으면서 북일 경제협력은 적극화될 수 있다.

(2) 북일 간의 쟁점은 크지 않지만, 북미 간의 이견이 커서 북일관계의 호전은 어렵게 된다. 이것은 일본의 정권이 적극적으로 납치문제를 해결하면서 북한과 국교정상화를 이루는 상황을 상정할 수 있다. 중기적으로

보면 일본은 현재의 북핵문제에 대한 소극성에서 탈피하여 납치문제를 해결하면 북일 관계는 호전될 가능성이 존재한다. 납치문제에 북한이 전향적인 태도로 나오는 이유는 경제협력이 필요하기 때문이다. 북미 간의 의견 차가 있더라도 정치적인 여론의 동향에 따라서는 북일 관계의 진전이 이루어질 수 있다. 그렇지만 현실에서는 이루어지기 힘든 시나리오라고 보아야 할 것이다.

(3) 북미 간의 북핵문제에 대한 타협이 이루어지면 북일 간의 입장차이가 있더라도 북핵문제는 점차 해결의 방향으로 나아갈 것이다. 이렇게 되면 북일관계의 지연은 국제적으로도 쟁점이 될 가능성이 높아져 일본에 대한 압박은 커질 수밖에 없다. 일본도 결국 중기적으로는 북한을 지원할 수밖에 없다. 따라서 일본에게 북한이 납치문제와 관련하여 약간의 타협을 요구하면서 북일 국교정상화는 진전될 가능성이 높다. 그 결과 북일관계는 새로운 국면을 맞이할 수 있다.

(4) 북일 간 및 북미 간의 쟁점상의 차이가 여전히 현저해서 대립적인 구도가 지속되어 북일관계의 호전은 장기간에 걸쳐 지연될 가능성이다. 현재의 구도 속에서는 이 시나리오가 가장 현실적일 수 있다.

여기서 언급하는 단기적, 중기적, 그리고 장기적이라는 시간은 1년 이내, 3년 이내, 5년 이상을 고려하고 있다. 그리고 현재에서 예상되는 시나리오는 (3), (4)를 생각할 수 있다.

이러한 북일관계를 고려하면 한국이 할 수 있는 최선의 정책은 북일관계 개선을 이끌어 낼 수 있는 견인차로서 역할을 하는 것이다. 북일관계가 진전되면 미국의 입장에도 영향을 줄 것이며, 북핵문제의 경색은 완화될 수 있다.

미국이 전면적인 완화를 거부한 상황에서 남북경협 카드를 꺼내는 것에는 신중해야 한다. 남북관계의 활성화를 통해 북한 비핵화를 이끌어내고자 하는 문재인 정부의 철학이 강하게 표출된 측면도 있다. 그러나 일의 순서와 상황을 잘 살펴야 한다. 미국 조야가 한 목소리가 되어 제재 해제에 반대하는 상황에서 한국이 민감한 현안인 개성공단 가동, 금강산관광 재개를 내비친 것은 너무 성급했다. 문 대통령이 바이든 대통령과 만나 한·미 간의 정책 혼선을 해소하는 것이 먼저 해야 할 일이다. 그와 병행하여 미국의 대북 정책에 영향력이 있는 일본과의 대북 공조도 강화해야 한다. 한·일 관계의 악화는 북·미 타협의 큰 걸림돌로 작용할 수 있기 때문이다.

한국은 미·일의 북한문제에 대한 협력 강화를 부정적으로만 봐선 안된다. 일본의 납치문제 해결에 대해 한국이 측면에서 지원함으로써 한국의 대북정책 신뢰도를 높이는 기회로 삼아야 한다. 또 한·미·일 간 북한 정보나 상황에 대한 협력을 통해 한·일이 역할분담을 할 수 있게 조정 메커니즘을 형성하는 계기로 삼아야 한다.

앞으로 한국 정부의 노력에 따라 남북대화가 정례화되고 일부 가시적 성과를 도출하더라도 남북관계의 진전만으로는 북핵 문제를 풀기엔 역부족이다. 그런데 북한은 최대 현안인 비핵화 의제는 외면한 채 인도주의적 지원, 국제제재 해소 등을 요구할 가능성이 높아 남북대화마저 한계에 부딪칠 가능성이 있다. 특히 북한이 대남 평화공세를 하면서 핵보유국으로서 북·미 간 핵군축협상을 주장한다면 한국의 입지와 역할공간은 더욱 위축될 수밖에 없다. 따라서 한국이 주도적으로 한반도 문제의 해법을 찾기 위해서라도 비핵화 문제에 대한 북·미 대화를 성사시킬 수 있도록 노력하면서 북일관계 개선에도 힘을 써야 한다. 다만 문제는 탐색적인 남북

대화를 성공시켜야 하는 시점에 실질적인 북·미 대화마저 이끌어내는 데는 너무나 많은 난관이 존재한다.

우선 현재 북한은 남북관계를 무시하면서 핵무장 국가를 인정받기 위해 상당한 노력을 할 것이다. 이는 소위 '대북제재 무용론'이 국제사회에 확산되게 하려는 의도다. 동시에 북한은 위협적인 자세를 견지할 공산도 다분하다. 김정은 위원장 스스로 대북 제재·압박이 지속될 경우 핵과 대륙간탄도미사일ICBM 대량 생산 가능성을 시사하며 미 본토에 대한 '2차 핵공격'까지 언급한 바 있다. 즉 북한은 국제적 대북제재를 완화시키는 수단으로 중국을 이용하면서 다른 한편에서는 미국에게 ICBM 대량 생산 및 핵확산을 지렛대 삼아 핵보유국 지위 인정을 요구하는 투트랙 접근을 시도할 것으로 예상된다.

반면 미국의 움직임 역시 우리 정부의 고민을 가중시키고 있다. 바이든 정부는 아직 북한에 대해 유보적인 분위기를 가지고 있지만, 미국 내에는 강경 분위기가 점차 감지된다. 향후 한국이 비핵화를 우선해 한미동맹을 강화하면 남북관계가 악화될 수 있고, 반대로 평화·안정 유지를 위해 남북관계를 강조할 경우에는 한미동맹의 이완 현상이 나타날 수 있는 딜레마에 빠질 수 있다. 이때 우군이 될 수 있는 것은 일본이다. 지금처럼 일본을 방해자로 생각하지 말고 일본이 미국을 설득하는 조력자 역할을 하면 한국 정부의 미국 설득에도 많은 도움이 될 것이다.

분명한 사실은 한국은 한반도 정세의 불확실성에 맞서 보다 선제적으로 대응해야 한다는 점이다. 남북관계와 더불어 북·미 관계의 선순환 구조를 만드는 것이 우리 정부가 수행해야 할 역할이자 최우선적 과제다. 이를 위해서 정부는 대북특사를 파견해 남북은 물론 미국과 주변국들이 관심을 가질 만한 새로운 어젠다를 제의하고 논의를 재점화시킬 필요가 있다. 이때 관계 회복에 나서야 하는 주요한 국가는 일본이다. 한·미·일이 함께 북핵 문제를 생각할 때 한국의 입장은 더욱더 강화될 수 있다. 따라서 한국정부는 국제사회 모두가 즉각 수용 가능한 것은 아닐지라도 엄중한 정세를 벗어나 대화·협상의 국면으로 전환할 수 있는 창의적인 대안을 모색해야 할 것이다.

이를 위해서는 북미의 신뢰관계를 회복할 수 있는 한국의 역할을 재고해야 한다. 한국은 북한에게 국제적인 정세와 북한의 위치를 설명하면서도 국제관계에서 신뢰받을 수 있는 국가로서 역할을 해야 한다. 그리고 북한의 안전을 보장하는 6자 회담이 의미를 가지고 있다는 것을 설득하여 핵 폐기를 할 수 있도록 각국과의 물밑접촉을 해야 할 것이다.

둘째, 일본과의 안보 대화를 적극적으로 할 필요가 있다. 기존의 정부 간 대화 채널에는 한계가 있다. 현재의 정치권의 변화와 동향을 반영할 수 있는 대화의 채널이 필요하다. 양국 간의 오해의 소지를 없애고, 양국 내 정치 변화에 민첩하게 작동할 수 있는 논의구조를 형성하기 위해서는 문제 해결에 도움이 되는 실질적인 전략적 대화 채널이 필요하다.

3 ___ 북일관계에서
   한일 양국의 역할

　　김정은 정권은 일본과의 관계 개선을 통해 추구하려는 목표가 있다.
북일관계의 추동요인은 크게 세 가지로 요약될 수 있는데, 첫째, 일본과
의 국교 정상화, 둘째, 일본의 대북 제재조치 해제, 셋째, 한국-미국-일본
3국 공조 체제의 와해 등이다. 이러한 세 가지 요인은 개별적인 사안이 아
니라 서로 밀접하게 연동되어 있고 현재 북한이 처해 있는 외교적 고립
과 경제적 어려움을 해소하는 데 도움이 될 수 있다. 또한 김정은 정권은
2013년 제3차 핵실험 이후 미국을 중심으로 한 국제사회의 대북 제재조
치를 일본과의 관계 개선을 통해 무력화시키려는 의도도 있었다. 이 때문
에 2014년 5월 스톡홀름 합의의 이면에는 일본인 납치 문제의 해결을 통
해 동북아 지역에서 정치적 영향력을 확대하려는 아베 총리의 정치적 의
도도 중요하게 작용했지만, 외교적 고립 탈피를 통해 체제 생존을 모색하
려는 북한의 절박함이 깊게 깔려 있었다고 하겠다.

　　일본의 북한정책에 대한 기본 방침은 북한에게는 납치자 문제, 핵, 미
사일이 동시 해결해야 한다는 입장을 취하고 있다. 납치자 문제가 해결되
기 전까지는 일본과 북한의 국교정상화는 없다는 방침을 강조하며 강경
한 입장을 보였다. 이에 따라 일본은 계속해서 북한에 대한 제재를 강력
하게 추진해 왔지만 2018년 한반도 정세가 급변하면서, 일본은 당황할
수밖에 없었다. 4.27 남북한 정상회담, 6.12 북미 정상회담 이후 아베 정

부는 대북 강경정책 노선을 변경하여 한국의 대화 노선을 지지하는 것으로 선회하였지만, 여전히 대북 강경노선을 포기한 것은 아니다. 따라서 미국에게 핵 문제 해결 없이는 제재를 풀어서는 안 된다는 입장을 고수하고 있다. 그리고 대북 문제에서의 재팬 패싱을 우려한 아베 총리는 납치자 문제 해결을 서두르면서 북한과의 대화 가능성을 열어놓고 북한과 다각적인 접촉을 시도하려고 한다.

북일관계의 쟁점은 서로 복합적인 요인으로 영향을 주고 있다. 일본은 납치 문제를 우선으로 고려하고 있으며, 북한은 국교정상화를 통한 경제협력을 우선시하고 있다. 그러나 한반도 전체로 본다면 북일의 국교정상화가 이루어지는 과정에서 과거사 청산은 또 하나의 쟁점으로 남아있을 가능성이 높다. 한국의 징용공문제가 한일관계의 쟁점으로 있는 상황에서 징용공문제와 더불어 위안부 문제 등은 여전히 쟁점으로 남아 있을 수밖에 없다.

북일관계의 진전 상황에 따라 대일정책도 종합적인 고려를 하지 않으면 안된다. 우선 한국에게 일본의 전략적 가치가 무엇인지, 한국의 대일정책에서 우선적 가치는 무엇인지에 대한 냉철한 판단이 필요하다. 이를 기반으로 동북아의 틀을 짜기 위한 그랜드 디자인을 제시해야 한다. 앞으로의 대일정책은 양국 간 프레임에서 탈피해 북한의 비핵화 과정을 고려한 동북아 질서 변화의 관점에서 새롭게 정립돼야 할 것이다. 즉 일본이 진영논리에 빠지지 않고 탈냉전의 새로운 동북아 질서를 만드는 동반자로서 역할을 할 수 있도록 해야 할 것이다. 이를 위해서는 안보 분야에서 일본과의 정보교류와 협력이 더욱더 활발해져야 한다. 특히 발등에 떨어진 북한 문제에 대해 한·일 양국이 협력하는 자세를 명확히 보여줘야 한다. 김 위원장의 '새로운 길'에 대해 공동 대응하면서 한·일 양국이 동북아의 질서에 건설적인 제안까지 하면 금상첨화일 것이다. 그리고 강제징용문제에서는 서로 협의를 해 가자는 인내를 보여야 한다. 더 나아가 한·일 정상이 원원 할 수 있는 자세를 보인다면 한·일의 미래에 서광이 비칠 수 있다. 예를 들면, 일본은 한국의 강제징용문제 해법에 힘을 보태고, 한국도 일본의 수출규제 완화를 위한 제도를 정비해야 한다.

현재의 북일관계를 고려하면 한국이 할 수 있는 최선의 정책은 북일관계 개선을 위해 노력하는 것이다. 북일관계가 진전되면 미국의 입장에도 영향을 줄 것이며, 북핵 문제의 경색은 완화될 수 있기 때문이다. 북일관계를 진전시키기 위한 한일협력은 다음과 같다.[1]

(1) 개발협력 초기 정책대화

북한 핵 문제 해결 수준에 따라 남북관계 개선 및 북미, 북일 간 관계 정상화 논의가 시작될 것이며, 국제금융기구법이나 해외원조법 등 미국의 국내법이 규정한 대북제재 완화와 해제 조치가 따를 것이다. 이와 함께 일본의 국교정상화 과정이 순조롭게 진행되면 북한당국과 일본정부 간의 정책대화가 개시될 것으로 예상된다. 그와 더불어 국제금융기구 이사회를 통해 북한의 국제금융기구 가입에 대한 논의가 시작될 것이다.

우선 가정해 볼 수 있는 북한과 일본과의 '정책대화'의 주요 안건은 거시경제통계 공개, 사회경제실태조사, 지원 가능한 기술지원과 금융지원의 내용과 이행조건, 인적자원 양성과 재교육을 위한 기술지원 프로그램, 공공부문 개혁 실행 계획에 대한 협의 및 제출 등이 될 것으로 예상된다.

일본과의 정책대화의 진행과 함께 북한은 국제금융기구와의 협상도

---

1   이하의 논의는 한국수출입은행 북한개발연구센터의 『북한 개발과 국제협력』을 참조
     하였음.

진행할 가능성이 높다. 국제금융기구는 북한 핵문제의 해결의 과정에 따라 단기적으로 경제회생 및 안정화 방안 수립에 초점을 맞추면서 중장기적으로 경제구조 개혁 프로그램과 경제 개발전략 수립을 위한 기술지원이 제공될 것이다. 특히 개발전략 수립 시 체제전환으로 인해 확대될 사회 부문에 대한 정책 수요와 이에 대한 재원 마련방안이 중요한 협의 사안이 될 것이며, 거시경제와 관련해서는 인플레이션 관리와 취약 계층 보호를 위한 사회 정책을 위해 재정 지출 계획이 필요할 것이다. 한편 제도 및 행정 역량 강화와 중장기 종합 경제개발전략 수립PRSP/TRM 형식을 위한 정책대화 및 기술지원을 위한 협상이 시작될 것이나, 이 과정에서 국방비 축소, 국영기업 구조조정 등 북한 핵심 부문에 대한 구조개혁을 요구할 경우 북한당국과 국제금융기구 간 갈등의 가능성도 있고 이는 정책대화의 최대 걸림돌이 될 수도 있을 것이다. 즉 북한 핵 문제 해결에 대한 이해당사자의 기대수준과 요구사항이 다를 수 있기 때문에 정책대화와 별개로 후속 협상도 계속될 것이다.

따라서 북일 경제협력은 북핵문제에 대한 국제사회와 북한의 정치적 합의에 따라 협상 범위와 협상력에 제약이 따를 것이다. 한편으로는 일본의 경제지원 프로그램과 별개로 북한의 수용능력 부족에 따른 경제협력의 지연이 예상될 수도 있다. 따라서 일본이 초기 여러 가지 지원을 약속한다고 하더라도 최소 2~4년의 북한과의 '정책대화' 및 '조정' 기간을 필요로 할 것이다. 여기에 더해 북한경제지원의 전제조건으로서 일본은 비핵화와 함께 개혁개방에 대한 북한 당국의 정치적 의사 표명을 요구할 수 있을 것이다. 문제는 설령 북한이 선언적으로 개혁을 천명하더라도 일본은 경제협력의 전제조건으로서 구체적인 이행 프로그램을 요구할 가능성이 높기 때문에 북한과 일본 간 지원의 속도와 폭에 대한 인식차이가 발생할 수 있다.

일본은 초기에 국교정상화에 대한 경제지원을 할 것으로 예상되기 때문에 인도적 지원과 이행 초기 사회부문에 대한 지원을 일차적 협의대상으로 제한할 가능성이 높다. 북한과 일본과의 경제협력이 진행되면 북한 핵문제도 해결의 단계에 이른다고 보아야 한다. 그 단계에 이르면 국제사회는 경제의 개방과 개혁에 대한 청사진을 요구할 가능성이 높다. 특히 국제금융기구의 경우 기술 지원과 금융지원을 이유로 북한 당국에 중장기 경제개혁 프로그램 제출을 요구할 것이다. 그 경우 일본을 포함한 국제기구의 급격한 요구에 대해 북한은 반대 의사를 표시하기도 하여 경제협력은 진행과 후퇴를 반복할 가능성이 높다.

이럴 경우를 대비하여 한국은 우선 인도적 지원을 재개하면서 신뢰를 구축하는 한편 기술 지원을 비롯한 비교적 단기간 성과 창출이 가능한 농업부문과 도로, 통신망 등 인프라 개선을 위해 북한과의 정책대화의 창구 역할을 할 필요가 있다. 특히 초기 단계 기술 지원은 지원 주체들과의 관계 설정에서 중요한 출발점이 된다. 기술협력의 주요 부문은 일차적으로 북한의 재정 안정성과 공공지출에 대한 투명성을 증진시키는 것을 목표로 할 것으로 예상된다. 외부로부터 지원 특히 금융지원이 북한당국의 예산으로는 직접 투입되지 않더라도 일본은 대북 지원이 북한 당국의 자구책과 어떤 상승효과를 가져오는지를 모니터링하고 평가하고자 할 것이다. 이 과정에서 북한당국과 일본은 경제 및 사회 부문의 주요 현안과 경제 정책 방향에 대한 시각 차이를 노출할 수도 있다. 이 점에서 한국은 일본과 국제사회의 북한 경제에 대한 상호이해를 확대하기 위해 각국이 참여하는 합동정책대화를 조직하고 이해의 폭을 확대시키는 데에 역할을 해야 할 것이다. 따라서 한국정부는 북일 경제협력 및 대북 개발 협력이 현실화 될 때를 대비하여 국제개발협력 분야에 대한 경험과 역량을 지속적으로 축적해 나가야 할 것이다.

(2) 북한의 국제금융기구 가입

　북일 경제협력이 성공적인 결과를 가져오기 위해서는 일본 민간 자본의 북한으로의 투자 유치가 필수적이다. 이를 위해서는 북한의 국제사회 편입이 매우 중요하다. 북한의 국제사회 편입 첫 단계는 북한이 국제금융기구에 가입하는 것이다. 북한이 국제금융기구에서 배제되면 현재의 국제 경제 질서 하에서는 거의 모든 것에서 배제되는 상황이 될 수밖에 없다. 일본의 국교정상화 및 경제협력은 북한의 국제금융기구 가입과 불가분의 관계에 있다. 북일 경제협력을 촉진시키기 위해서라도 북한이 국제금융기구에 최대한 빨리 가입하여야 한다. 국제금융기구에 가입을 하기 위해서는 한국 정부의 지원이 필수적이다. 또한 북한 개발에 필요한 장기적이고 저리의 양허성 차관을 도입하고 국제민간부문의 투자를 유치하는 데도 북한은 한국정부의 지원이 필요하다. 북핵문제 해결과정의 초기단계에 북한이 IMF, 세계은행, 아시아개발은행 등 북한에 대한 개발지원을 할 국제금융기구에 가입하는 것이 바람직하다. 북한은 국제금융기구에 가입하더라도 통계 자료의 불투명성과 행정 시스템의 부재로 인해 지원을 받기 위해서는 상당한 준비과정이 필요하다.

　따라서 북일 경제협력이 본격화되더라도 북한같은 투자위험지역에 일본 금융이나 기업이 투자하기는 많은 한계가 있을 것이다. 특히 북한에 투자하여 국유화, 과실송금제한 조치 등으로 피해를 입을 경우가 있을 수 있다. 일본 기업 또는 금융기관과의 프로젝트에 관련하여 국제금융기구가 보증을 제공하면 그 프로젝트는 성공 가능성이 높아질 수 있다. 국제금융기구가 보증을 선다면 사업이 진행될 국가에 대한 투자 위험을 현저히 낮추어 주며 동시에 그 사업에 참여하는 민간 부문의 재무적 타당성도 높여준다. 물론 북한의 민간부문이 충분히 성장해야 그 혜택을 받을 수 있지만, 일본의 민간기업과의 프로젝트를 성사시키기 위해서라도 국제금융기구에 북한이 가입할 수 있도록 한국이 도와야 할 것이다.

북한이 국제금융기구에 가입하기 위해 한국은 우선 북한의 체계적인 행정시스템을 재구축하고 투명한 절차를 만드는 데 도움을 주어야 한다. 일본과의 개발지원과 관련된 프로젝트를 발굴하고 추진하기 위해서라도 행정의 투명성과 효율성은 필수적인 요소이다. 또한 북한이 국제금융기구에서 지원을 받기 위해서라도 정확한 심사를 통해 사업 타당성을 설명할 필요가 있다. 북한이 일본과의 경제협력 프로젝트 추진을 위해서는 반부패 조치를 취해야 하고, 거버넌스 이슈를 해결해야 한다. 북한의 경제적 빈곤은 행정 제도 및 정책의 비효율성과 깊은 관련성을 갖고 있기 때문에 행정 시스템의 재정비는 반드시 필요하다. 북한의 행정 시스템 개혁에는 일본과 국제사회는 소극적일 수밖에 없기 때문에 한국이 나서야 할 부분임에는 틀림없다.

또한 국제사회와의 연관을 높이기 위해서라도 북한 경제의 윤곽을 보여줄 수 있는 정확한 경제 통계체제를 확립하는 데 한국의 경험과 지식을 북한에게 제공할 필요가 있다. 정확한 경제 통계는 북한에 대한 국제기구의 지원이나 ODA를 위해서라도 절대적으로 필요한 요소이다. 국제사회가 요구하는 수준의 통계 자료를 제공하지 않는다면 북한 경제 실태에 대한 평가와 대응 방안이 일관성을 가지지 못하게 된다. 그렇게 되면 일본과의 경제협력뿐만 아니라 국제사회의 지원에도 차질을 가져올 수밖에 없다. 북한의 계획경제체제하에서는 스스로가 경제 통계를 생산하기가 매우 어렵기 때문에 한국이 기초적인 통계 작업을 지원해 줄 수 있다. 한국이 북한의 통계 작업에 도움을 주는 것은 남북한 경제협력의 명분으로도 작용할 수 있다.

(3) 북일경제협력을 촉진시키는 역할

북한이 일본과의 경제협력을 발전시켜 가는 데는 내부적 합의와 안정의 유지라는 중요한 과제가 남는다. 특히 북한 내부에서 국제협력에 소극적인 일부 집단의 반발을 최소화하는 것이 쉽지 않은 과제가 될 것이다. 북한이 일본과의 국제협력에 따른 내부적 동의를 확고히 하는 데에는 북한 당국의 노력 외에도 한국을 포함한 국제사회의 적극적 지원이 필요하다.

북한이 일본과의 협력에 거부감을 가지지 않으면서도 협력의 효율성을 제고시키기 위해서는 인적 자원의 개발과 관련한 사업을 우선적으로 추진할 가능성이 높다. 이러한 측면에서 볼 때 일본이 인프라 투자협력사업을 추진하기 이전에 관련 인력의 교육을 위한 협력 사업을 우선적으로 추진할 것이다. 일본은 단순한 물자 지원 수준의 수혜성 협력보다는 장기적으로 호혜성 협력을 추진하는 데에 기반이 될 수 있는 기술 및 인적 자원 개발과 관련한 수혜성 협력을 초기에 적극적으로 추진할 것이다. 또한 북한이 국제협력의 장에 나올 수 있도록 북한과의 우호적인 관계를 유지하고 있는 중국, 러시아 등이 중심이 된 국제협력도 중요한 과제임에는 틀림없다.

북한과 일본의 경제협력 확대는 한국에게도 긍정적인 영향을 미칠 것으로 예상된다. 한반도의 긴장완화에 기여함으로써 외국인 투자 유치에도 긍정적인 영향을 미치게 되고 남북경협도 더욱 탄력을 받게 될 것으로 기대된다. 북한의 개발 계획은 한국만으로는 부담능력을 초과하는 상황이므로 한국은 북일 경제협력을 계기로 국제협력의 틀을 촉진시킬 수 있는 방안을 모색해야 한다.

첫째, 수혜성 협력의 추진과정에서 한국은 인재 양성이나 교육을 지원할 필요가 있다. 호혜성 협력에 비해 상대적으로 국제적 참여가 소극적일 가능성이 높은 수혜성 협력인재 양성과 교육 및 인프라의 건설에서는 한국정부와 국제개발기구의 선도적 역할이 필요하다. 또한 북한이 국제사회와의 협력을 확대하기 위해서 북한에 대한 시장경제교육지원도 중요한 과제이다. 북한과 국제사회와의 관계가 더욱 진전되면 국제기구를 통한 북한 정부 인원과 경제관리 인력에 대한 교육을 활성화할 필요가 있다.

둘째, 호혜성 협력사업의 경우에는 우리 기업들의 역할이 중요하다. 현재에도 외국기업들은 북한과의 호혜성 사업추진에 소극적인 경우가 많다. 그리고 한국기업의 동향에 대해 예의주시하고 있다. 일단 소규모 사업에서부터 우리기업들이 북한 측 기업들과 수익성 있는 성과를 거둘 경우 일본 기업뿐만 아니라 외국기업들의 참여를 활성화하는 계기를 마련할 수 있다. 북한으로서도 일본기업과의 본격적인 협력을 위해서는 우리 기업들과의 성공적인 협력 사업 추진을 고려할 수 있도록 한국정부가 설득하는 것이 필요하다. 한국의 북한지역 개발 사업 참여는 일본과 국제사회 투자확대 여부를 좌우할 시험대가 될 가능성이 높다. 일본의 기업은 한국 기업이 분명한 협력성과를 거두기 이전에는 적극적인 투자를 유보할 가능성이 높기 때문이다. 따라서 북한이 일본과의 협력을 통해 지역개발을 성공적으로 추진하기 위해서는 한국과의 협력에 보다 적극성을 보여야 한다.

(4) 북한의 경제개발 로드맵의 제시

북일의 경제협력이 진행되면 될수록 북한이 감당해야 하는 책임과 역할은 더욱더 커져가기 마련이다. 자원, 인력, 지식과 경험이 부족한 북한이 일본의 경제지원을 통해 경제성장을 이루기 위해서는 북한 스스로 변화를 창출하고 실천하는 모습을 보여야 하기 때문이다. 이것은 북한으로서는 도전이자 충격일 수가 있다. 김정은 위원장을 비롯한 북한의 기득권자들은 시장경제 요소를 체제안정의 위험요인으로 인식하기 때문에 시장제도의 확대와 국제사회와의 연관을 거부하는 상황이 발생할 수도 있다. 따라서 북한 기득권의 개혁과 개방에 대한 인식의 변화가 이루어지지 않으면 라틴아메리카의 독재자들과 같이 개혁을 거부할 수 있다. 그러면 북일수교를 통한 한반도 긴장완화의 효과는 반감될 수밖에 없다. 설사 일본이 경제지원을 추진한다고 하더라도 김정은이 정권 유지에만 몰두한다면 북일 경제협력은 성공적으로 추진하기 어려울 것이다. 즉 일본의 경제지원 자금이 김정은의 통치자금으로 전락하면서 인민들의 생활과는 무관하게 정권에 기생하는 기득권만이 경제적 이익을 향유하는 최악의 상황이 만들어질 수 있다.

따라서 한국은 북한 정부가 최우선 순위로 강조하는 체제안정과 관련된 딜레마를 극복할 수 있도록 지원하면서 북한이 국제규범에 부합하는 경제개발전략을 수립하도록 설득하고 지원하는 구체적인 방안을 마련해야 한다. 북한의 경제난을 극복하는 방법은 경제행위자들에게 인센티브를 제공하는 시장 경제 요소를 도입하여 생산성을 향상하는 것이다. 게다가 일본의 대북 지원이 본격화되면 국제규범 준수가 중요한 이슈로 대두될 수 있다. 일본과의 경제협력은 북일 양자관계뿐만 아니라 국제기구와 연계도 필수적이기 때문이다. 이때 한국 정부와 민간이 북한의 동반자로서 북한이 어려움을 헤쳐나갈 수 있도록 도와주는 역할을 해야 한다.

우선 북한이 한국의 성장 모델을 답습하지는 못한다고 하더라도 북한이 1만불 시대의 경제성장으로 나아갈 수 있는 경제성장 모델을 한국이 직간접적으로 북한에 제공하면서 설득할 필요가 있다. 북한에 대한 개발 프로그램도 투명한 국제규범에 맞춰 수립되도록 해야 하며, 지원국가나 기구들 간에 일관된 정책협조에 대한 밑그림을 북한에 제언할 필요가 있다. 특히 북한의 경제개발과정에서의 중복 투자와 비효율적인 낭비를 줄이기 위해서라도 북한의 경제개발에 대한 로드맵을 한일과 국제사회가 공유할 필요가 있다. 지금부터라도 일본의 국교정상화 교섭이 본격화될 것을 대비하여 한국과 일본이 협력할 부분에 대한 공동연구를 진행해야 한다.

그리고 중국식 모델이나 베트남 모델, 그리고 한국 모델에 대한 남북 간 공동연구를 통해 북한이 경제개발의 과정을 이해할 수 있도록 해야 한다. 북한 경제개발에 대한 로드맵의 제공은 한국 정부가 적극적으로 나서서 할 것이 아니라, 민간 부문이 북한과의 교류를 통해 자연스럽게 전파하도록 해야 한다. 그 예로 중국의 연변대학, 길림대학 등을 통하여 북한 개발 로드맵을 전파하는 작업을 추진해야 한다.

(5) 신탁기금의 추진

북한의 경제지원과 개발은 그 규모나 성격에 있어 일본과 북한의 양자 간 경제협력만으로 추진하기는 어렵다. 한국을 포함한 관련국과 국제기구들은 다자간 신탁기금을 조성하여 북한의 복합적 경제문제에 대응한 전략, 대북 지원에 대한 정책조정, 공동 지원 사업의 개발 등에 대해 논의할 필요가 있다. 북일 간의 본격적인 지원이 이루어지기 전에 가능한 지원은 인도적 지원과 기술적 지원이 될 것이다. 그러나 인도적 지원이나 기술적 지원은 단기적이고 임시 처방적인 지원이 될 수 있으므로 북한에게 근본적인 경제적 활로를 제공하기는 어렵다. 대안으로 생각할 수 있는 제도는 국제기구의 신탁기금을 활용하는 방법이다. 여기서 북한 특별 신탁기금을 설립하는 방안이 제안될 수 있다.

다자간 신탁기금을 통한 국제사회의 개발지원 추진은 북한의 적극적인 대화 유도와 국제협력 틀에서의 이탈을 방지하는 효과가 있다. 국제사회가 신탁기금을 활용하여 통합된 경로를 통해 장기간 제공하는 원조에 대해서는 북한이 대규모 외부 자금을 안정적으로 확보하기 위해 적극적으로 호응할 가능성이 높다. 일본의 입장에서는 정부와 민간들이 산발적으로 진행하는 단일 프로젝트 위주의 원조는 그 효율성과 파급효과가 적을 수 있다. 북한의 경우에도 일본을 포함한 다양한 원조기관들과 개별적으로 상대하면 사업 협약과 모니터링, 평가를 진행할 때 행정부담이 커질 수밖에 없다. 또한 국제기구와 각국의 개별 기관들이 요구하는 절차와 조건이 상이하여 내부적 어려움을 겪을 가능성도 있다.

따라서 한국은 일본의 북일 경제협력 추진과 함께 국제사회의 대북 개발지원 프로그램인 다자간 신탁기금을 만들 필요가 있다. 북한 지원을 위한 다자간 신탁기금은 통합된 단일 기금 형태보다는 유엔조직이 관리하는 기금을 우선적으로 조성한다. 북한의 대외 관계 개선 상황에 따라 세계은행이 주관하는 기금을 설립하여 운영하는 복수 신탁기금 형태를 운영한다. 신탁기금은 특정 목적과 분야, 국가, 지역을 대상으로 조성된 기금으로서 많은 신탁기금들이 다양한 지원 방식과 관리절차, 조직구조로 개도국 지원을 위해 운영되고 있다.

북한 개발을 위한 다국적 신탁기금의 조성으로 한국과 일본은 정책협의를 강화할 수 있고 대북 경제지원의 성과 관리에 도움을 줄 것이다. 신탁기금을 통해 북한은 농업, 운송, 에너지, 산업 인프라에 대한 각국의 투자를 유도할 수 있다. 대북 개발 지원을 위한 신탁기금은 초기에는 전문가 육성, 정책개발, 사회경제분야의 기술 협력, 조사사업에 대한 지원에서 점차적으로 제도정비, 사회 설비 복구, 산업 인프라 개발에 대한 지원으로 확대할 수 있을 것이다. 따라서 일본은 북일 경제협력을 진행함과 동시에 신탁기금을 통해 프로젝트의 조정과 북한 내부적 정치상황의 변화에 대한 경제적 불투명성을 줄이는 데 도움이 될 것이다.

(6) 독일 통일의 교훈

독일의 구 동독지역 인프라 재건 사례로부터 교훈을 얻을 수 있다. 주택과 인프라의 과잉공급문제, 지역 간 개발격차의 문제 등을 반면교사로 하여 효율적인 통일 대비 계획을 수립하고 한국의 여건에 맞는 현실적인 재원조달 방안을 마련할 필요가 있다.

우선 동독과 서독은 통일이전에 사회문화, 인프라 분야에서 꾸준히 교류협력을 지속해 왔다는 것을 주목할 필요가 있다. 이것은 '미처 의도하지 못했던' 통일비용 절감효과를 가져왔다. 동독과 서독은 분단시기인 1971년부터 1989년까지 서독이 동독에 지원한 약 7조 1500억원 가운데 80% 이상이 고속도로와 철도 등 교통부문 개선에 투입되었다는 것은 우리에게 시사하는 바가 크다.

통일 이후 북한 국토개발의 우선순위를 미리 검토함으로써 남북 협력 단계에서 무엇을 추진할 것인지는 명확하다. 이 점에서 보면 북일 경제협력에서 도로, 철도 등 주요교통망의 연결사업은 통일을 대비한 중요 투자사업이라고 할 수 있다. 도로, 철도 등에 대한 북일 경제협력의 진전은 남북협력에서도 투자의 효율성을 증가시킬 뿐만 아니라 남북협력에서도 직접적인 경제효과와 북한 개방 효과를 가져올 수 있다.

따라서 일본이 인프라 분야에서 신속한 투자와 개발이 가능하도록 남북한이 제도적인 장치를 마련할 필요가 있다. 1965년 한일 조약을 통하여 한국의 경제발전에 일본이 상당한 역할을 한 것은 부인할 수가 없다. 한국의 경험을 살려서 북한이 할 수 있는 작업에 대한 리스트를 만들어야 한다. 또한 한일 양국이 북한을 개방시키고 개발하기 위해서는 독일통일의 사례에 대한 공동의 합의를 도출할 필요가 있다. 즉 남북한 균형발전과 동북아 차원의 경제성장을 이끌어내는 장기적 구도 하에서 북일 경제 협력이 선순환 구조가 될 수 있도록 만들어야 한다. 나아가 북일의 경제 협력이 진행되면 북한의 개발에 각국이 역할 분담을 할 수 있도록 사전에 공동 사업과 계획을 진행할 필요가 있다.

한일 정책네트워크의
재구축

최 희 식

국민대학교 교수

1 ___ 한일 정책네트워크의 역사와 기능

(1) 왜 한일 정책커뮤니티가 중요한가?

　1965년 국교정상화 이후 한일관계는 갈등과 협력을 주기적으로 반복해 왔다. 50년대 이승만 대통령의 평화선 선포와 이에 따른 일본어선 나포, 재일조선인 북한 귀국문제, 식민지배를 정당화한 구보타 망언 등으로 한국과 일본은 심각한 갈등을 빚었다. 70년대 초반의 김대중 납치사건과 문세광 대통령 저격미수사건으로 한일관계는 단교 직전까지 내몰렸다. 80년대 초반은 '안보경협' 문제와 역사 교과서 문제로 갈등을 빚었다. 한일 국교정상화 30주년이던 1995년, 무라야마 수상이 일본 국회에서 "일한합방조약은 합법적이었다"고 발언하자 축제 분위기는 사라지고, 김영삼 대통령이 "일본의 버르장머리를 고쳐주겠다"고 맞받아치자 한일관계는 험악 그 자체로 변질되었고, 96년과 97년에는 독도 및 한일어업협정 개정을 둘러싸고 한일관계가 더욱 악화되어 나락을 경험했다. 2005년 시마네현島根縣의 '다케시마 날 조례'로 홍역을 앓았던 한일관계는 식민지 관련 배상 판결 문제로 시작된 역사 갈등이 경제영역한일 통화스왑협정 중단, 일본의 대한국 무역규제 등, 안보영역초계기 사건, 지소미아 연장 문제, 교류영역지자체 교류의 중단, 반일과 혐한의 대립 등으로 확대되며 복합골절 상황에 빠져있다. 65년 국교정상화 이후만 놓고 보자면 '10년 주기설'처럼 보이는 갈등의 반복이었다.

하지만 좀 더 주의 깊게 살펴보면, 한일관계 악화는 그 시대의 구조적 변동기에 발생했다는 점을 알 수 있다. 50년대 한일관계의 악화는 동아시아에 냉전의 파도가 밀려오면서 기존의 식민-피식민 관계를 벗어나 한일 양국이 탈식민화와 냉전체제 하에 어떻게 양자 관계를 설정할 것인지에 대한 시행착오의 결과로 해석될 수 있다. 70년대 초반의 한일관계 악화는 데탕트라는 새로운 국제 질서 하에 한일관계를 어떻게 재조정할지에 대한 시행착오였다. 80년대 초반의 한일관계 악화는 신냉전과 전두환 체제의 등장으로 박정희 체제와는 다른 새로운 한일관계를 구축하기 위한 시행착오였다. 90년대 중반은 탈냉전과 한국의 민주화 및 일본의 정치변동, 2010년대는 중국의 급부상과 이로 인한 동아시아 세력균형의 변화라는 구조적 변동기에 발생한 시행착오이다. 이러한 구조적 변동으로 인해 전前시대에 구축한 한일관계 시스템구체제이 새로운 현실을 컨트롤하는 능력을 상실했고, 한일관계의 재조정은 불가피하였던 것이다. 그리고 한일관계를 재조정하기 위한 시행착오가 역사·영토 문제와 연동되며 그동안 쌓아 올린 한일관계의 성과를 일거에 무너트리는 양상을 보여 왔다. 한일관계의 '취약성'을 단면적으로 보여준다 하겠다.

　　하지만 이러한 시련 혹은 시행착오는 한일 양국의 노력에 의해 새로운 한일관계의 재구축으로 이어졌다. 50년대의 시행착오는 1965년 한일 국교정상화, 이른바 '65년 체제'의 구축을 통해 냉전형 한일관계로 귀착되었다. 70년대의 시행착오는 미일 공동성명의 '신 한국조항'한국의 안전이 한반도 평화 유지에 긴요하며, 한반도의 평화유지는 일본을 포함한 동아시아의 평화와 안전에 필요하다을 매개로 하는 새로운 한일관계 재구축으로 귀결되었다. 80년대 초반의 시행착오는 '근린제국조항'과 '안보경협'의 타결 등 신냉전형 한일협력으로 귀착되었다. 90년대 중반의 시행착오는 98년 한일 파트너십 공동선언으로 수습되어 신시대 한일관계의 초석을 쌓았다. 그런 의미에서 2010년대의 시행착오도 수습되어 새로운 한일관계로 발전할 것이다. 지금의 갈등은 잠시 지나가는 태풍일지도 모른다.

이러한 갈등과 협력의 관점을 보다 거시적인 눈으로 보면, 전후 한일관계는 크게 세 시기로 구분이 가능할 것이다. 한일관계 1.0은 해방탈식민화와 냉전이라는 구조적 변화, 그리고 그 변화에 수반되는 시행착오 끝에 성립된 '65년 체제'이다. 이 체제는 70년대 데탕트와 80년대 신냉전이라는 구조적 변동에도 크게 변함없이 한일관계의 갈등을 관리하는 데 작지 않은 영향을 미쳤다. 그러나 탈냉전, 한국의 민주화, 일본의 정치변동이라는 국내외적 구조 변혁 과정에서 한일관계 2.0은 불가피하게 되었다. 이른바 '98년 체제'가 이러한 시행착오의 마침표였다. 이후 한일관계는 월드컵 공동개최, 한류 등을 통해 역사상 최고 정점을 찍었던 것이 사실이다.

그러나 중국과 일본의 세력 역전, 미중 전략경쟁이라는 또 다른 거대한 구조 변혁이 시작되었고, 한국과 일본은 새로운 구조에 적응하며 새로운 한일관계를 구축하기 위해 시행착오를 거듭하고 있다. 현재, 중국이 급격히 대두한 상황에서, 한일관계의 전략적 가치는 냉전시기와 탈냉전시기의 그것으로 정의 내리기 힘든 상황이 되었고, 새로운 구조에 맞는 한일관계를 구축하는 것, 즉 한일관계 3.0을 구축해야 하는 시대적 사명에 직면해 있는 것이다.

지속 가능한 한일관계 3.0를 구축하기 위해서는 전후 한일관계에서 수많은 갈등에도 불구하고 이를 극복했던 '복원력'이 어디에 있는지 살펴볼 필요가 있다. 많은 이들은 한국과 일본의 핵심적 국가이익이 상호 일치하기 때문에 갈등을 수습할 수 있었다고 보고 있다. 또한 다른 이들은 최고 지도자의 정치적 리더십을 주요한 원인으로 보고 있다. 한일 갈등의 중재자로서 미국의 역할에 주목하는 연구도 많다. 모두 일면 타당한 설명이다. 하지만 정치적 리더십만으로 이러한 현상을 설명하기 힘들다. 왜냐하면, 한일관계가 악화되었을 때 오히려 정치적 리더십은 국민 여론의 눈치를 보며 한일관계 타개에 소극적이고 때로는 그에 역행하는 행동을 보일 때도 많았기 때문이다. 동시에 미국의 중재 노력 또한 일면적인 해석에 불과하다. 한일관계의 특수성으로 인해 정치가 여론에 발목을 잡히는 경우가 많았는데, 미국의 중재 노력이 있더라도 내부적인 갈등 해결 매커니즘이 없다면 한일관계 개선에 그렇게 큰 도움을 주지 못하기 때문이다.

여기에서는 한일 간의 정책네트워크[1]에 주목하고자 한다. 전후 한일관계를 보면, 여러 갈등으로 한일 정부 간 공식 외교라인이 교착 관계에 빠지는 경우가 많았다. 이러한 교착상태는 비정부 영역에서 활동하는 정책커뮤니티에 활동 공간을 부여했고, 한일 정부 또한 교착상태를 해소하기 위해 이들의 힘을 빌리고자 했던 것이 사실이다. 다른 양자 관계에 비해 한일관계에 나타나는 두드러진 특징 중 하나가 바로 이러한 정책커뮤니티가 발달되어 있다는 점이다.

어찌 보면 한일관계 1.0과 2.0은 정치리더십에 많이 의존하는 구조였다. 반면, 여론은 정치리더십의 반대편에 서는 경향이 강했다. 한일관계의 전략적 가치를 정확히 인지한 정치리더십이 여론의 반대에도 불구하고 한일관계를 발전시켜온 형태이다. 그러기에 여론의 주목을 받지 못하는 정책커뮤니티가 한일관계의 교착상태에 정치리더십으로부터 권한을 부여받고 다양한 활동을 할 수 있었던 것이다.

그러나 2010년대의 시행착오를 끝내고 구축될 한일관계 3.0은 여론과 정치리더십의 중간영역에 존재하며 가교역할을 하는 정책커뮤니티의 역할이 더욱 커져야 할 것이다. 여론과 정치리더십이라는 불안정하고 가

---

[1]   필자는 인적 유대를 강조하기 위해, 정책네트워크를 정책커뮤니티로 부르고자 한다.

변적인 변수에 의존하는 한일관계로부터 벗어날 때 '지속 가능한' 한일관계가 구축될 것이며, 그것이 양국 국익에 도움이 될 것은 명약관화明若觀火하기 때문이다. 이미 살펴본 대로, 정치리더십은 국민 여론에 민감해져서 한일관계가 악화될 때 오히려 문제를 더욱 악화시키는 경향을 가지고 있다. 반면 국민 여론은 일본의 보수 우경화, 한국의 원론적 역사 문제 제기 등으로 상호 불신을 키워가고 있다. 이 상황에서 정치리더십과 여론에 의존하는 한일관계는 갈등을 더욱 키울 수밖에 없는 구조가 된 것이다. 따라서 정치리더십과 여론 사이에 존재하며, 양자를 견인할 수 있는 정책커뮤니티의 역할은 한일관계 3.0 구축에 필수 불가결한 것이다.

(2) 한일 정책커뮤니티의 제도와 기능[2]

한일 정책커뮤니티는 한일 정책네트워크, 정치네트워크, 한일 인맥, 지한파와 지일파 등으로 불리기도 했다. 하지만 여기에서는 한일관계의 전략적 가치를 공유하고 한일관계의 발전에 기여하기 위해 정책 결정 과정에 영향력을 행사하려는 상호 인적 유대를 지닌 공동체라는 측면에서 정책커뮤니티라는 개념을 사용하고자 한다. 정책커뮤니티는 공식적 정책 결정 과정에 참여하는 정부 행위자와는 달리, 한일 비정부 교류단체에 참여하는 개인전·현직 정치인, 경제인, 전직 관료, 학자, 언론인, 시민운동가 등들의 인적 유대를 일컫는 말이다.

그러나 정책커뮤니티는 단순한 민간인 차원의 지적 교류를 의미하지 않는다. 어디까지나 정부영역에 영향력을 행사하고자 하며, 정부 영역의 지원

---

2   최희식 "전후 한일 정책커뮤니티의 생성과 변화" 『한국과 국제정치』(37-1호) 2015. 이에 기반을 두고 본 보고서의 취지에 맞게 재구성한 것임.

을 받는 지적 교류와 그로 인한 인적 유대를 의미한다. 따라서 트랙 1과 트랙 2의 중간지점인 트랙 1.5에 더 가깝다고 하겠다. 다만 트랙 1.5와 정책커뮤니티의 차이점은 트랙 1.5가 단순한 지적 교류 및 정책 논의의 장에 불과하다면, 정책커뮤니티는 이를 넘어 이들 참가자 사이의 인적 유대를 의미하는 것이다. 따라서 트랙 1.5에 비해 오랜 역사를 통해 참여자 사이에 인적 유대가 형성되어 특정 제도를 벗어나도 기능할 수 있는 장점이 존재한다.

1945년 해방과 더불어 전개된 한일 국교정상화 교섭은 여러 난관에 봉착했다. 하지만 식민지배의 기억으로 한국에서는 대일對日 불신이 상존했고, 이에 따라 안이한 타협에 민감했다. 일본은 혁신 세력과 자민당 친중파가 북한을 의식하며 한일 국교정상화에 소극적이거나 비판적이었다. 이렇듯 한일 교섭은 한국과 일본 모두에 있어 국내적 갈등을 유발하는 구도를 가지고 있었다.

따라서 공식 외교라인은 종종 국내적 사정으로 교착 관계에 빠지게 되었다. 이러한 현상을 타파하기 위해 한일 인맥이 동원되었다. 한일회담에 의해 구축된 한일 인맥은 한국의 경우, 정부 실세 및 그와 연계된 대일 외교관이 주축이었고, 반면 일본의 경우, 처음에는 기시파를 중심으로 하는 자민당 우파, 이후에는 고노파와 오노파 등 자민당 당인파와 그와 연계된 민간인으로 확대되는 경향을 보였다. 이렇게 한일회담에서 형성된 인맥은 〈표 1〉처럼 국교정상화 이후 비정부 교류단체로 '제도화'되어 가면서 한일 정책커뮤니티로 발전되어 갔다.

한일의원연맹, 한일친선협회, 한일협력위원회, 한일경제협회는 한일 관계에 전략적 이해관계를 지닌 행위자들이 정책적 유대관계를 형성할 수 있는 공간을 확보해주었다. 특히 한일의원연맹의 경우, 의원내각제 및 파벌정치를 특징으로 하는 일본정치 구조상, 거기에 참여하는 일본 정치인은 향후 수상 혹은 대신 등 내각의 주요 행위자가 될 수 있었기에, 거기에서 구축된 인적 유대는 한일 간 여러 현안을 해결하는 데 큰 도움이 되었다. 이러한 인적 유대는 한일의원연맹, 한일친선협회 등의 구체적 제도 속에서 뿐만 아니라, 비공식 행위자 등 다양한 방식으로 한일관계의 발전에 정책적 영향력을 행사하는 밑거름이 되었다.

일본의 한반도 식민지배라는 역사적 앙금, 그리고 이 역사문제를 해결하지 못해 한국 내 대일 감정은 악화된 상태로 방치되어 있었다. 일본 또한 혁신그룹을 중심으로 권위주의 한국에 대한 불신, 한국과 일본의 협력이 미국의 대소 봉쇄정책에 연루되어 일본을 냉전에 휘말리게 할지 모른다는 우려 때문에 한국에 대한 감정이 좋지 않았다. 따라서 한일 양국 정부는 국민 여론의 반대에 직면해 다양한 인적 네트워크, 즉 정책커뮤니티를 통해 한일관계의 발전과 관리를 도모하였던 것이다.

표 1 — 권위주의 시기 형성된 정책커뮤니티

한일의원연맹/ 일한의원연맹 (1975년 설립)	합동총회, 간사회		
한일친선협회 (1977년설립) 일한친선협회 (1976년 설립)	합동총회		
	청소년교류(1987년-현재)		
한일협력위원회/ 일한협력위원회 (1969년 설립)	합동총회		
	한일 차세대 지도자 교류사업(2007년-현재)		
한일경제협회 (1981년설립) 일한경제협회 (1960년설립)	한일합동경제간담회 (1966년-1968년)	한일 민간 합동 경제위원회 (1969년-1997년)	한일경제인회의 (1998년-현재)
	한일경제인포럼(1992년-1993년)		
	한일산업기술협력재단(1992년-현재)		
	무역확대균형위원회(무역투자위원회) (1976년-1998년)		한일산업무역회의 (1999-현재)
	산업일반위원회(1991년-1998년)		
	한일경제심포지엄(2007-현재)		

실제 이러한 정책커뮤니티는 권위주의 시기 한일 갈등을 관리하는 데 중요한 역할을 하였다. 먼저 확인할 수 있는 것은 권위주의 시기, 한일 정책커뮤니티의 핵심 인사가 매우 민감한 외교 현안에 비공식 행위자로 참여하는 것을 확인할 수 있다. 이는 한일 간의 심각한 갈등이 발생했을 때, 국민 여론과 언론에 노출되기 쉬운 정부 간 교섭보다는 비공식 행위자에 의한 이면 교섭이 갈등을 해결하기 쉽다는 판단이 작용했기 때문일 것이다. 이원 외교, 밀실 타협 등 불명예스러운 평가도 있지만, 체제 마찰이 상존했던 한일 양국의 문제를 해결하기 위한 '불가피한 선택'의 측면도 강했다. 동시에 정책커뮤니티는 한일 양국 정부의 메신저 기능을 수행했다는 점도 확인할 수 있다. 상호 마찰이 일어났을 때, 상대국의 의사를 정확하게 전달함으로써 상호 불신과 오해를 해소하는 데 기여했다. 동시에 갈등 과정에서 합의점을 찾기 힘든 양국 정부에 절충안과 타협안을 제시하여 교섭의 돌파구를 제공하며 갈등을 해소하는 데 기여했다는 점도 확인할 수 있다. 마지막으로 한일 간 협력 의제를 창출하고 이를 양국 정부에 제안하는 기능도 수행했음을 알 수 있다. 이렇듯 정책커뮤니티의 인적 유대는 구체적 제도를 넘어 다양한 방식으로 한일관계의 관리 및 발전에 기여할 수 있었다.

냉전의 붕괴, 한국의 민주화 등 거대한 체제 변혁이 일어나면서, 새로운 시대에 걸맞은 한일관계의 재구축이 시대적 사명으로 다가왔다. 노태우 정부 이후 한국 외교의 핵심의제 중 하나는 '신시대 한일관계의 구축'이었으며, 이러한 거대한 흐름이 90년대 한일관계를 규정하는 것이었다. 이러한 흐름은 문민정부를 수립하여 진정한 의미의 민주화를 달성했다고 자부하는 김영삼 정부 이후 두드러졌다. 때마침, 일본에서도 비자민 연립 내각이 수립되면서, 자민당 집권 시기와는 다른 새로운 한일관계를 구축하고자 하는 흐름이 대두되었다. 그런 의미에서 1993년은 '권위주의 한국과 자민당의 유착관계'를 갈음하고 새로운 형태의 한일관계를 미래지향적 관점에서 구축하고자 하는 노력이 본격화되는 해였다.

표 2 — 민주주의 시기 형성된 정책커뮤니티

한일 21세기 위원회	(1988년-1991년)	
한일포럼	한일포럼 (1993년-현재)	〈2002년, 2005년, 2012년 공동성명〉 (국제교류기금 실시)
문화교류	한일 청소년 교류 포럼 (1997년-현재)	
	한일문화교류회의 1기(1999년-2002년) 2기(2004년-2007년) 3기(2010년-현재)	(한일문화교류기금 실시)
역사	한일역사포럼 (한일역사연구촉진공동위원회) (1997년-1999년)	(한일문화교류기금 주최)
	한일역사가회의 (2001년-현재)	(한일문화교류기금 주최)
	한일역사공동연구 1기(2002년-2005년) 2기(2007년-2010년)	(한일문화교류기금 주최)
공동연구	한일공동연구포럼 (1995년-2008년)	21권 출간 (고려대 아연, 게이오대 출판부) (한일문화교류기금 실시)
	한일신시대공동연구프로젝트 1기(2009년-2010년) 2기(2011년-2012)	(한일문화교류기금 실시)

이러한 배경하에, 90년대 이후 한일 양국 정부는 〈표 2〉에서 알 수 있듯이, 한일 간 여러 이슈에 대해 정부 간 해결방안을 마련하기 위해 한일 양국의 전문가 회합을 조직하여 이들로 하여금 해결방안을 강구케 하는 방식을 취했다. 여기에서 나타나는 특징은 권위주의 시기에는 민간인의 참여가 매우 제한적이었던 것에 비해 전문가를 중심으로 민간인의 광범위한 참여를 보장하는 제도적 틀을 제공하였다는 점이다. 특히 학계, 언

론계, 경제계, NGO의 광범위한 참여를 유도하여, 〈자민당과 권위주의 한국〉의 인적 유대와 달리, 양국 시민사회를 대표하는 다양한 인사가 참여할 수 있는 장을 제공하였다. 이는 한국의 민주화, 일본의 정치변동에 의해 한일관계에 대한 여론의 영향력이 강화되자, 한국과 일본 사회를 다양하게 대변하는 시민사회 행위자를 정책커뮤니티로 조직하여, 이들의 제언에 바탕을 두고 미래지향적 한일관계를 구축하고자 했던 노력의 산물이었다.

이러한 제도의 '민주화'는 정책커뮤니티에 새로운 역할을 부여하였다. 민주주의 시기 한일 정책커뮤니티의 가장 중요한 변화는 포괄적 협력의제를 창출하고 이를 정부에 제언하는 역할이 두드러지게 나타났다는 점이다. 이 과정에서 국민이 한일관계의 전략적 가치를 인식하도록 국민여론을 환기하는 역할을 수행했다. 그리고 양국 정부는 이러한 비정부 영역의 지혜를 존중하는 '상향식' 결정 방식을 취하며, 한일 정책커뮤니티가 제안한 포괄적 협력 의제를 채택해 왔다. 어찌 보면, 탈냉전과 한국의 민주화 및 일본의 정치변동이라는 구조적 변화 속에서 '한일관계의 민주화'를 가장 전형적으로 보여준 것이라 하겠다.

2 ___ 한일관계 3.0 시대
한일 정책커뮤니티의 문제점

(1) 한일 정책커뮤니티의 주변화

위와 같이 한일 정책커뮤니티는 한일관계의 안정적 관리에 많은 기여를 해왔다. 하지만 민주주의 시기, 한일 정책커뮤니티의 현안 문제 해결자 기능은 매우 약화될 수밖에 없었다. 민주주의의 발전에 따라 한일 관계에 대한 언론의 감시가 상시화됨에 따라, 한일 간 교섭은 투명성의 확보라는 측면에서 외교부·외무성과 이를 정치적으로 컨트롤하는 청와대·관저로 일원화될 수밖에 없다. 따라서 한일 정책커뮤니티가 권위주의 시기처럼 타협안과 절충안을 제시하고 양국 정부를 설득하거나 비공식행위자로서 참여하는 것이 불가능해졌다. 외교의 '민주화'는 이면 교섭에 대한 비판으로 나타났고, 그에 따라 정책커뮤니티의 핵심적 인사가 밀사 역할을 하거나, 양국의 밀실 외교를 담당하는 것을 불가능하게 만든 것이다.

또한, 한국의 민주화와 일본의 양당제로의 수렴 현상으로 한일 양국 정부가 여론에 민감하게 반응하면서, 국민 여론이나 대일/대한 감정이 대외정책을 좌우하는 중요한 변수로 작용하게 되었다. 이로써 한일 양국 정부의 최고 지도자는 한일 정책커뮤니티의 조언보다는 국민 여론에 더 신경을 쓰게 되면서, 권위주의 시기와 같은 메신저 역할은 취약해져 갔다. 정치가의 재선은 여론에 달려있다는 점에서 정치적 리더십이 여론의 덫에 빠지는 경우가 많아진 것이다. 따라서 각국 지도자는 미래를 내다보며 한일관계를 개선하기보다는 상대국에 대한 불신을 높여가고 있는 국민 여론을 어떻게 만족시킬 것인지에 몰두했다. 특히 90년대 후반 이후 한국과 일본에서 양당제가 정착함에 따라, 정치는 더욱 여론에 민감하게 되어 이러한 사정은 더욱 강화되었다.

이러한 정책커뮤니티의 '주변화'에 따라, 정책커뮤니티의 활동은 현안 문제를 직접 해결하기보다는 정부 간 교섭을 측면 지원하는 역할로 축소되고 있다. 또한, 한일 정책커뮤니티는 갈등 상황에서 양국에 한일관계 개선을 요구하는 '압력단체' 이상의 기능을 수행하기 힘든 상황이 되었다.

특히 이러한 환경 변화에 수반해서, 한일 정책커뮤니티에 대한 정부의 관심이 하락하면서 업저버로 참가하던 정부 관계자들이 줄거나, 영향력 있는 정부 관계자가 참여하지 않게 되면서 정부와 정책커뮤니티의 연계성이 약화되었다. 이에 따라, 정책커뮤니티 내의 논의는 정책 공간에 거의 반영되지 않고, 단순한 지식인 교류의 의미가 강해졌다.

(2) 정책커뮤니티의 지속 가능성 저하

또한 주목해야 할 점은 정책커뮤니티 내에 기능 약화를 가져오는 다양한 문제가 발생했다는 점이다. 가장 현저한 것은 각 정책커뮤니티가 세대교체에 실패하여 참여자의 고령화 현상이 나타나고 있다. 40~50대 신진·중진 세대가 참여할 수 있는 공간을 확보하는 데 실패하여 윗세대의 경험과 전문성이 후속세대에 전수되지 못하고 있다.

또한 정책커뮤니티 참여자의 외연을 확대하는 것에 실패하여 한일 오피니언 리더를 포괄적으로 참가시키지 못하고 특수 집단이 정책커뮤니티에 중복적으로 활동함에 따라 조직의 폐쇄성exclusiveness이 나타나고

있다.[3]

즉 몇몇 인사들이 중복적으로 여러 조직에 활동함에 따라 정책커뮤니티가 지니는 본연의 역할, 즉 시민사회의 다양한 목소리를 반영하는 데 어려움을 겪게 되었다. 이러한 정책커뮤니티 조직상 문제가 전술한 문제들과 연동하며 그 역할을 약화시키고 있는 것이다.

변화된 환경에 맞게 한일관계의 새로운 접근법이 요구되는 상황에서, 새로운 문제의식을 정책커뮤니티가 흡수하지 못해서 역동성을 확보하지 못하게 되었다. 특히, 한국과 일본이 공통적으로 직면하는 저출산·고령화, 문화, 재난재해 등 미래지향적 과제보다는 갈등 현안에 집중하는 경향이 있다. 갈등 현안을 주로 의제로 다루는 것은 정책커뮤니티가 대리전쟁의 공간으로 전락할 가능성을 높이고 있을 뿐만 아니라, 정책커뮤니티의 외연 확장에도 걸림돌이 되고 있다.

최근 한일관계 갈등의 양상이 국제사법재판소ICJ 제소 문제, 무역 규제 문제, 지소미아 연장 문제, 오염수 방류 문제 등 다방면에 걸쳐 나타남에 따라, 국제법 전문가, 국제무역 전문가, 안보 전문가, 핵 전문가 등 다양한 분야의 전문가가 한일관계에 관여하게 되었다. 이른바, 한일관계의 〈전문화〉 경향이라고 하겠다. 하지만, 기존의 정책커뮤니티에서 발표나 토론 등 일회성 참가에 머물고 있는 실정이며, 이는 기존의 정책커뮤니티가 이를 흡수하지 못하고 있는 사정을 여실히 보여준다고 하겠다.

기실 한일관계의 전문화 현상은 정책커뮤니티의 외연을 확장할 수 있는 좋은 기회가 될 수 있다. 하지만 정책커뮤니티의 '손님'으로 머무르게 되고, 정책커뮤니티 '외연'에 존재하게 되어 정책커뮤니티를 약화시키는 요인 중 하나가 되고 있다. 한일 정책커뮤니티는 이들의 적극적 참여를

---

3   박철희(2015). "정치네트워크의 부침으로 본 한일협력과 갈등"『일본비평』(12호)

독려하여 한일관계의 특수성과 역사성을 이해할 수 있는 기회를 부여해야 한다. 한일관계의 특수성과 역사성을 충분히 이해하지 못한 채, 전문적 지식에만 입각해서 한일관계를 논하는 것은 한일관계 개선 및 관리에 도움이 되지 않을 가능성이 높기 때문이다.

(3) 정책커뮤니티의 피로감·무력감 증대

특히 심각한 것은 2012년의 이명박 대통령 독도 방문 문제 이후, 한일 정책커뮤니티의 활동이 거의 정지 상태에 빠졌다는 점이다. 2012년 이후 한일 양국 정부는 '전략적 외교' 관점에서 한일관계의 복원을 도모하지만 역사·영토 문제로 좌초되는 현상이 반복적으로 나타나면서 '피로현상'이 나타났다. 이러한 한일관계의 피로현상은 한국과 일본 양국의 지식인 및 언론인 등 오피니언 리더들로 하여금 한일관계를 복원시킬 필요성이 있는지, 복원하려 해봤자 물거품이 되지 않을지에 대한 의구심을 자아냈다. 이러한 피로감은 한일 정책커뮤니티에도 현저하게 나타나고 있다. 한일 관계 개선의 필요성을 역설하여도 자국 내에서 고립되어 가는 상황 속에서 그 활동을 지속하기가 힘들어진 것이다.

정책커뮤니티 내에서도 피로감과 무력감이 팽배하는 경향이 존재한다. 이는 복합적 한일갈등을 해결하는 데 정책커뮤니티의 논의가 거의 도움이 되지 않는다는 무력감과 더불어, 한일 정책커뮤니티 내 논의가 대리전쟁의 성격이 강해져서 대안을 제시하는 능력이 저하되었기 때문이기도 하다. 한일 간 전략문화의 차이, 외교 문법의 차이, 역사문제 인식의 차이로 인해 "교류할수록 오해가 짙어가고 실망하는 구조"가 강화되는 것이다. 회의를 마치고 "언론에서 보도된 자국 입장만 앵무새처럼 반복할 뿐", "또 같은 말 반복하네", "이럴 거면 왜 회의를 하지?"라는 자소는 일상화되었다.

특히 이러한 정책커뮤니티 내부의 무력감은 여론과 리더십 사이의 공론장이라는 자기 역할에 대한 인식이 부족하고, 오히려 국가대표로서의 자기규정이 우선하는 상황에서, 이슈를 둘러싼 논의가 대리전쟁으로 전락하는 현상 속에서 더 커져갔다. 이에 따라, 한일 간 정책교류의 의미가 저하되고 회의감이 증폭되면서, 정책커뮤니티의 인적 유대가 약화되고 있다.

3 ___ 한일관계 3.0 시대
한일 정책커뮤니티 재구축 방안

(1) 교류 방식의 전환: 공공외교 관점에서의 전략적 교류

앞에서도 논의했듯이, 한일 정책커뮤니티의 역할은 시대적 변화에 따라 많이 변화되어 왔다. 하지만 리더십과 여론 사이의 공론장이라는 근본적 성격에는 변함이 없다. 리더십과 여론이 적대적 방향으로 나아가는 지금이야말로, 정책커뮤니티의 역할이 커졌다는 사실을 자각해야 할 것이다. 가령, 90년대 중반에도 한일관계는 최악의 상황이었다. 양국 국민의 상대국 인식도 회복이 불가능할 정도로 악화되었었다. 양국 정부도 국민도 눈앞의 갈등만을 생각하고 있을 때, 정책커뮤니티는 미래의 가능성에 주목했다. 이것이야말로 정책커뮤니티의 진정한 역할일 것이며, 그 결과 탄생한 것이 한일 파트너십 공동선언이었다. 아마 여기에 갈등과 협력을 반복해왔던 전후 한일관계의 수수께끼를 풀어낼 열쇠가 있을지 모른다.

한일 정책커뮤니티는 구조적 변화에 따라 새로운 역할이 필요함을 정확히 인식해야 할 것이다. 우선 한일 정책커뮤니티가 해야 할 가장 중요한 일은 상호 오해를 풀어내는 것이다. 사람살이가 그렇듯 국가 간 관계 또한 무수한 오해가 난무하고 오해로 덧칠된 국가는 그 오해로 인해 곤경에 빠지곤 한다. 반면, 상대국은 그 오해를 이용해 자국의 입지를 강화하고자 하는 유혹에 빠지기 쉽다. 더 정확하게는 오늘날의 국제정치는 자국과 상대국을 어떻게 이미지화할 것인가라는 '프레임 싸움', 이른바 공공외교의 싸움터일지도 모른다.

　그런 측면에서 지금의 한일관계에서 가장 중요한 것은 상호 오해를 풀어내고 상호 신뢰에 바탕을 두며 안보문제와 역사문제에 협력을 이끌어 내는 것이다. 한국이 중국에 경사되고 있다는 것이 한국 외교의 실상을 반영하지 못하는 오해인 것처럼, 일본이 미국보다 더 앞서서 중국 봉쇄에 열중하고 있다는 이미지 또한 일본 외교에 대한 오해이다. 실제 일본은 2014년 11월 중국과 정상회담을 개최하여 '중일 화해 4원칙'에 합의하였다. 여기에서 주목할 것은 센카쿠 열도에 대해 "각각 다른 주장을 인식"한다는 말에서 알 수 있듯이 센카쿠 열도가 분쟁지역에 있음을 간접적으로 시인하였다는 점이며, 이를 바탕으로 해상 위기 관리체제를 수립하기로 합의했다는 점이다. 안정적인 중일관계를 구축하고자 하는 일본 정부의 노력이 엿보이는 장면이기도 하다.

　또한 한국이 '골포스트를 옮겼다'는 주장은 피해자 본위의 해결방안을 모색하고자 하는 한국 정부의 고뇌를 악의적으로 해석한 것이다. 일본이 '우경화되었고 과거 역사를 미화하려 한다'는 주장 또한 일부분을 가지고 전체를 판단하는 오류에 불과하다. 이러한 '우경화 프레임'은 고노 담화와 무라야마 담화를 계승하고 일본군 위안부 문제를 어떻게든 타결하겠다는 일본 정부의 언행을 과소평가한 측면이 존재한다. 최소한 아베 담화에서 식민지배, 침략, 반성, 사죄의 4개 키워드를 포함시킨 것은 우경화되었다는 이미지를 불식시키기 위한 일본의 노력으로 해석할 여지가 많다.

　'아시아 패러독스'는 어찌 보면 상호 오해에서 비롯되었을지도 모른다. '골포스트를 옮겼다', 중국 경사론, 중국 위협론, 우경화론, 중국 봉쇄론, 미중 갈등론 등 무수한 오해들이 진실인 양, 혹은 일부의 모습이 전체의 모습인 양 유포되고 있는 상황에서 상호협력은 불가능할지도 모른다.

이를 극복하기 위해서는 자국에 덧씌워져 있는 오해를 적극적으로 해명하고, 상대국을 특정 이미지로 몰아세우는 것이 아닌 객관적으로 이해하려고 노력하여 '신뢰의 선순환 구조'를 만드는 것이다. 이것이야말로 '신뢰 외교'의 시작일 것이다.

이를 위해서는 교류 방식을 재검토하고, 공공외교 관점의 새로운 교류 방식을 고민해야 한다. 먼저, 앞에서도 설명했듯이, 한일관계의 〈전문화〉 현상이 나타남에 따라, 그리고 외연을 확장하기 위해 다양한 전문가가 정책커뮤니티에 참여하게 될 것인 바, 한일관계의 특수성과 역사성을 인지시키고, 교류 참여자에게 정책교류의 의의를 사전에 충분히 설명할 필요가 있다. 논쟁 이슈에 대해 '승리'가 정책교류의 목표가 아니라, 공공외교의 수행이 중요하다는 공감대를 형성해야 하는 것이다.

동시에 상대국에 대한 충분한 이해와 공감이 이루어지도록 사전에 정보를 충분히 전달할 필요가 있다. 갈등 이슈에 대해서는 대리전쟁이 벌어지지 않도록 상호 인식 확인, 상호 공감 영역의 확대를 도모하며, 어떤 특정한 결론을 미리 상정하지 않는 방식이 필요하다.

또한 갈등 이슈 이외 저출산, 고령화, 재해, 문화교류 등 협력 의제를 적절히 배치할 필요도 있다. 갈등 이슈의 원심력과 협력 의제의 구심력이 적절히 작동하여, 피로감과 무력감이 감돌지 않는 회의를 전략적으로 구상해야 하는 것이다.

공공 외교적 관점의 전략적 교류가 되기 위해서는 정책커뮤니티의 주최기관, 정책커뮤니티의 집행부가 적극적인 역할을 해야 하고, 이들의 세심한 관여와 치밀한 전략이 요구되는 것이다. 세심한 관여와 전략 없는 정책교류는 결국 "교류하면 할수록 오해만 쌓여가는" 악순환 구조를 잉태할 수밖에 없기 때문이다. 즉, 정책커뮤니티가 한일관계의 전략적 가치를 공감하고 한일관계 개선을 위해 노력하는 오피니언 리더를 양산하는 사관학교 기능을 수행해야 함과 동시에 한일관계 개선의 전략적 요충지로 기능해야 가능하는 것이다. 이를 위해서는 주최 기관의 세밀한 전략이 요구된다.

(2) 정책커뮤니티의 인적 쇄신 및 후속세대 양성: 한일 신시대 공동연구 3기와 한일 공동연구포럼 2기 출범

한일 정책커뮤니티는 젊은 세대가 참여할 수 있는 틀을 제공하여, 이들이 향후 한일관계에 중요한 역할을 할 수 있도록 기회를 제공해야 한다. 오랜 시기에 걸쳐 한일관계에 관심을 가져온 세대의 경험이 후속 세대에 전해질 수 있는 시스템을 확보해야 하는 것이다. 이로써 한일 정책커뮤니티는 시간적 연속성을 확보하고, 한일관계가 악화되었을 때 제 역할을 할 수 있을 것이다. 한일포럼, 한일의원연맹 등 정책커뮤니티의 가장 큰 문제점은 적극적 참여자가 노령화되었다는 점이다. 전후 한일관계의 풍부한 경험이 후속세대에 전달되고 있지 않는 것이 정책커뮤니티의 문제해결능력을 저하시키고 있다.

이에 각 정책커뮤니티는 40~50대의 후속세대가 참여할 수 있는 공간을 확보하도록 노력해야 한다. 젊은 국회의원 간 상호 교류를 촉진하기 위해 한일의원연맹이 별도의 분과위21세기 위원회를 구성했던 방식도 충분히 고려할 수 있다. 이로써 장년층의 풍부한 경험, 중년층의 지도력, 후속세대의 장래성이 상승작용을 일으키며 정책커뮤니티의 생명력과 활동성을 높일 수 있을 것이다.

가령, 한일 양국 합의에 의해 2009년부터 2012년까지 시행된 〈한일 신시대 공동연구 프로젝트〉는 2기에 걸친 정책 지향적 공동연구였다. 이와 같은 정책지향적 공동연구한일 신시대 공동연구 3기를 40~50대의 신·중진

세대에게 맡겨, 변화된 질서에 바탕을 둔 한일관계의 포괄적 협력방안을 연구시키는 작업도 한일 정책커뮤니티의 지속 가능성을 높이기 위해 필요할 것이다.

외교·안보 중심에서 저출산·고령화 및 4차 산업혁명 등 미래지향적 협력 의제가 적절히 배치되는 형태의 회합을 통해 다양한 분야의 전문가가 참여할 수 있도록 해야 한다. 오염수 방류 문제, 무역 규제 문제, 지소미아 문제 등 한일관계 쟁점이 다양화됨에 따라 다양한 전문가의 참여 및 정책커뮤니티로의 내재화도 필요하다.

하지만 새로운 전문가들이 인적 유대를 형성하기 힘든 측면이 존재한다. 따라서 한일 정부 간 합의에 의해 1995년부터 2008년까지 실시된 〈한일 공동연구포럼〉 방식을 통해 새로운 전문가들이 학술교류를 통해 인적 유대를 형성하도록 도와줄 필요가 있다. 한일 공동연구포럼은 다양한 주제로 한일 양국 전문가들의 회합을 거쳐 21권의 도서를 출간한 바 있다. 이러한 공동연구를 통해 수많은 전문가들이 인적 유대를 형성하고, 다양한 정책커뮤니티에 참여하게 되었다는 것은 주지의 사실이다. 한일 공동연구포럼 2기를 결성하여 다양한 전문가의 공동연구를 추진해야 한다. 오염수 방류 문제, 무역 규제 문제, 지소미아 문제 등 갈등 영역에 있어, 한일 양국 전문가들의 공동연구는 정책 기반 마련을 위해서도 서둘러야 하는 작업이다.

(3) 한일관계의 전략적 가치 공유 및 확산 작업

다음으로 한일 정책커뮤니티가 해야 하는 작업은 한일관계의 전략적 가치를 재구축하여 양국 국민들에게 제시하는 것이다. 기실 한일관계의 전략적 가치는 예전과는 달라졌다. 중국의 영향력이 증대된 지금, 한일관계를 60년대 방식냉전형, 90년대 방식탈 냉전형으로 바라보는 것은 무리가 있다. 어찌 보면 한일 양국 모두 90년대 방식으로 정의 내려진 한일관계의 전략적 가치를 폐기한 것은 사실이나, 한일관계의 전략적 가치를 어떻게 새롭게 정의할 것인지에 대한 입장을 정리하지 못하고 있는 듯하다. 그러기에 정치리더십과 국민 여론은 미국과 중국 문제에 골몰할 뿐 한일관계를 등한시하고 있다. 아니 한일관계를 규정하는 큰 그림이 없으니 무엇을 어떻게 해야 할지 모르고 두 손 놓고 있다는 게 올바른 표현일지 모르겠다.

한국과 일본은 미국과 중국이라는 슈퍼 파워와 어떤 관계를 맺어야 할지를 두고 시행착오를 거듭하고 있다. '강한 일본'을 표방하며 중국과의 대립적 상황도 감내하려는 아베 내각은 미국과의 동맹을 강화하는 방향을 선택했다. 그러나 이는 미국에 대한 안보 의존을 심화 시켜 '동맹 관리'를 위한 엄청난 비용방위분담금 지출, 원하지 않는 전쟁에의 참가 등을 지불해야 할 것이며, 언젠가 국내적 반발을 불러올 것이다. 반면, 박근혜 정부는 일본에는 원칙 외교를 고수하면서 대중 관계는 긴밀화했다. 대일 관계를 도외시한 채 중국에 경사하는 한국에 미국이 마냥 손 놓고 바라보지는 않을 것이다. 2013년 12월 "미국의 반대편에 베팅하는 것은 좋은 베팅이 아니다"라는 바이든Joe Biden 당시 미 부통령현 대통령의 발언은 단순한 실수가 아닐 것이다.

조금만 돌아보면, 아베 내각 이전 미일동맹을 상대화하며 대중 관계를 우선했던 하토야마 유키오鳩山由紀夫 내각은 박근혜 정부의 딜레마를, 그리고 박근혜 정부 이전 한미관계를 우선하던 이명박 정부는 아베 내각의 딜레마를 비슷하게 경험했던 것이 사실이다. 한국과 일본이 미중 양강 시대에 직면하는 외교적 딜레마를 여실히 보여준다 하겠다.

결국 한국과 일본은 동일한 문제를 내포하고 있다. 북핵 문제의 해결, 중국 경제에의 과도한 의존에 따른 위험성 회피, 미국에의 과도한 안보

의존에 따른 위험성 회피 등 여러 면에서 한일 양국은 같은 문제를 안고 있다. 이러한 문제의식은 기실 아세안ASEAN도 공유하고 있을 것이다. 시간이 지남에 따라, 한국과 일본은 중견국가middle power로서 아세안을 포함하여 미중이라는 슈퍼 파워의 영향력으로부터 자기 발언력을 확보하기 위한 연대를 필요로 할 것이다. 한일관계는 한국 외교와 일본 외교의 지평선을 확장하는 강력한 토대가 되는 것이다. 지금이야말로 이러한 한일관계의 전략적 가치를 정확하게 인식하고 이를 바탕으로 '상생적 공존'을 추구하는 지혜가 요구되고 있다.

이처럼 한일 양국에 "상대국은 필요 없다"는 인식이 팽배한 만큼, 정책커뮤니티는 왜 한일 협력이 필요한지에 대한 궁극적 대답을 만들어내야 한다. 또한 복합골절의 한일 갈등 상황에 있어, 정책커뮤니티에 참가하는 오피니언 리더의 자기 역할 인식에 대한 공감대를 형성하고, 그러한 공감대 위에서 참여자들은 자국 여론과 정치 리더십에 한일관계의 전략적 가치를 적극적으로 발신해야 한다.

(4) 한일관계 정상화를 위한 포괄적 단계적 로드맵 논의

한일 정책커뮤니티는 현안 이슈에 대한 심도 있는 논의를 주로 해왔다. 하지만, 앞에서도 논의하였듯이, 국가대표로서의 자기 인식이 강해 대리전쟁의 공간으로 전락하는 경향을 보여왔고, 이것이 피로감과 무력감을 불러와 정책커뮤니티의 위기를 불러오고 있다. 따라서 현안 이슈에 대한 정책커뮤니티의 논의는 보다 미래지향적인 해결방안을 모색하는 것이 되어야 한다. 이러한 생산적 논의를 통해 팽배해 있는 피로감과 무력감을 해소함과 동시에, 정책커뮤니티의 존재 의의를 스스로 증명해야 한다.

2010년대 한일관계는 역사문제로 인한 갈등이 경제 영역한일 스와프협정의 해체, 일본의 대한국 무역규제 등, 안보 영역지소미아 연장을 둘러싼 갈등, 교류 및 문화 영역으로 확장되며 복합갈등 현상을 보이고 있다. 이러한 한일관계 악화는 한국 외교에 큰 부담으로 작용하고 있다. 한일 갈등으로 중재자 역할을 부여받은 미국의 존재감이 극대화되어, 대등한 한미관계 구축을 위한 외교교섭에 불리한 위치에 처하게 되고, 대중 견제 동참을 요구하는 미국의 압력에 취약해질 수 있다. 동시에 일본이 한반도 평화 프로세스를 견제할 가능성도 존재한다.

지금까지 한국 정부는 오랜 시간이 필요하고 갈등이 불가피하게 수반되는 역사문제의 성격을 감안해 이를 분리하여 대응하고, 다른 분야의 협력은 적극 추진한다는 투트랙 어프로치two-track approach를 채택하며 한일관계를 관리하려 했다.

하지만, 투트랙 어프로치가 오히려 역사문제를 방치하려는 것으로 인식되며 본연의 기능을 수행하지 못하고 있다. 결국, 투트랙 어프로치의 성공은 갈등 사항인 역사문제가 관리될 수 있으며 시간이 걸리더라도 해결될 수 있다는 기대를 가질 때 가능한 것이다. 즉, 역사문제와 다른 현안문제가 동시에 진행되어야 가능하다.

따라서 한일관계 정상화를 위해서는 역사문제와 안보·경제 문제를 분리해서 대응하는 것이 아니라, 모든 현안에 대해 포괄적이며 단계적으로 접근해야 한다. 역사문제와 다른 협력 현안은 해결을 위한 시간적 차이가 존재할 뿐 동시에 접근해야 하는 것이다.

한일관계 재구축을 위한 단계적·포괄적 로드맵은 지속 가능한 한일관계의 구축, 한일 외교에 있어서 상대국 협력 도출, 미중 전략경쟁 하 외교자산의 확보 등 여러 차원에서 절실히 요구된다.

정책커뮤니티가 정부를 대리해서 자국의 입장을 강요하는 대리전쟁의 장소가 되지 않기 위해서는 갈등 이슈의 논의 방향성은 명백히 미래지향적이어야 하며, 어떻게 갈등을 해소할 것인가에 초점이 맞춰져야 한다. 이것이 복합갈등의 상황에서 절실히 요구되는 정책커뮤니티의 역할일 것이다.

(5) 미래지향적 포괄적 협력과제의 모색:「한일 미래위원회」와 「한일관계 3.0 공동선언」

한일 정책커뮤니티는 한일 양국 간 미래의 공통 「전략 이익」을 탐색하고 이를 기반으로 미래지향적 한일관계를 구축하도록 포괄적 협력 의제를 생산해내야 한다. 하지만 지금의 정책커뮤니티는 이를 실현할 구조를 갖춘 교류체가 없다고 해도 과언이 아니다.

기실 한국과 일본은 저출산·고령화라는 공통 과제를 껴안고 있으며, 상호 간의 경험을 공유할 필요가 있다. 4차 산업혁명이라는 단어 대신에 〈society 5.0〉을 사용하는 일본도 4차 산업혁명에 어떻게 대응할 것인지가 중요과제로써, 한일의 지식과 경험을 공유하면 더 좋은 방안을 찾아낼 수 있다. 한국처럼 일본 또한 미중 전략경쟁대립으로 글로벌·리저널 거버넌스가 위기에 처하는 것을 우려하고 있다. 미중 대립에도 지속 가능한 글로벌·리저널 거버넌스 구축에 한일은 충분히 협력할 수 있는 것이다.

따라서 한일 양국의 각계 인사로 구성된 「한일 미래위원회」를 조직하여, 저출산·고령화와 4차 산업혁명 및 미중 전략경쟁 등 한일 공통의 과제에 대해 미래 협력 방안을 연구·발굴할 것을 제안할 필요가 있다. 한일 미래위원회는 성숙사회, 4차 산업혁명, 외교·안보 분과위로 구성되며 5년간 연구·협의하여 양 정부에 협력 방안을 제언하고, 한일 양국 정부는 이러한 제언에 바탕을 두고 「98년 한일 파트너십 공동선언」을 갈음하는

「한일관계 3.0 공동선언」을 채택하여 미래지향적 한일관계의 초석을 다져야 한다. 한일 파트너십 공동선언 또한 한일포럼에서의 포괄적 협력 의제에 대한 논의가 있었기에 가능했다는 것을 명심해야 한다.[4]

(6) 한일 정부 관계자의 정책커뮤니티에의 업저버 참가 확대

한일 정책커뮤니티는 한일 간 공식적 외교라인과 불가분의 협력관계를 구축할 필요가 있다. 기본적으로 한일 정책커뮤니티는 한일관계의 발전을 위한 정책적 대안을 모색하는 장이기 때문에, 한국의 외교부와 일본의 외무성 외교관 등 한일 정부 관계자가 업저버 형태로 적극적으로 참가할 필요가 있다. 이를 통해 정책커뮤니티에서 논의된 정책 제언들을 참고하게 될 것이며, 그런 연결고리로 정책커뮤니티 또한 정책 결정에 간접적 참여가 가능할 것이다. 동시에 한일 정부의 대표자가 자국의 정책을 정확하게 전달함으로써 오피니언 리더가 주로 참여하는 정책커뮤니티를 통해 상대국에게 자국의 정책이 오해받지 않고 객관적으로 전달되도록 할 수 있다. 한국과 일본 내에 상대국의 정책에 대한 오해와 편견이 난무한 상황에서 정책커뮤니티를 통한 공공외교가 적절히 이루어질 수 있는 것이다.

---

[4] 한일포럼과 98년 한일 파트너십 공동선언의 연관성에 대해서는 다음을 참조. 최희식 (2014). "김영삼 정부 시기 한일 비정부 교류 연구: 신시대 한일관계 비전 제시를 향한 도전"『일본연구논총』39호

한일 경제네트워크의
확장적 심화*

이 창 민

한국외국어대학교 교수

* 이 장은 이창민(2021) 「한일 경제협력의 새로운 가능성에 대한 고찰」 『일어일문학 연구』 Vol.119를 가필 수정한 것임.

1 ___ 서론

　한국과 일본은 1965년 국교정상화 이후 발생한 다양한 한일갈등 이슈 속에서도 기본적으로 경제협력에 관해서는 투 트랙 접근이라는 양국 정부의 명시적·암묵적인 동의가 있었다. 1990년대에 일본군 '위안부' 문제를 비롯한 역사갈등이 본격적으로 대두되고 이후 독도, 역사 교과서, 야스쿠니 신사 참배 문제 등 갈등의 전선이 확대되는 속에서도 한일 정부, 기업, 경제인 간의 교류와 협력은 중단없이 지속되어 왔다. 그런데 2012년 8월 이명박 대통령의 독도 방문을 계기로 한일 FTA 협상이 중단되고, 원-엔 통화스와프의 연장이 거절되면서 투 트랙 접근이라는 원칙이 조금씩 흔들리기 시작했다.

　그러던 중 2018년에는 한일관계에 있어서 부정적인 의미로 큰 획을 긋는 사건이 연이어 벌어졌다. 한국 정부가 위안부 합의에 따라 설치된 화해치유재단의 해산을 결정했고, 한국 대법원이 일본기업을 상대로 한 민사소송에서 강제징용 피해자들의 손을 들어주면서 일본 정부가 강력하게 반발하였다. 급기야 2019년 7월 1일 일본 정부는 대법원 판결에 대한 보복적인 성격이 짙은 수출규제조치를 발표하였다. 한국 정부도 이에 맞서 한일 군사정보보호협정GSOMIA 파기 카드를 꺼내 들면서 역사갈등에서 시작된 불이 경제갈등으로 옮겨붙고 또다시 안보갈등으로 확산될 위기에 처했다. 국교정상화 이후 55년 가까이 유지되어 온 투 트랙 접근이 완전히 그 기능을 상실하는 순간이었다.

그런데, 한일갈등이 정점으로 치닫던 위기의 순간에서 약 2년이 지난 지금, 새로운 움직임이 관찰되고 있다. 수출규제가 그대로 유지되는 가운데 한일 기업들 중 일부는 기존의 협력을 유지하는 방향으로 서플라이 체인을 재편하기 시작했다. 또 어떤 기업들은 지금까지는 볼 수 없었던 전혀 새로운 방향으로 서플라이 체인을 구축하기 시작했다. 정치·외교적 갈등과 상관없이, 또 정부의 정책적 방향성과 상관없이, 한일 기업들은 합리적인 경영 판단의 결과에 따라 때로는 협력하기도 하고 때로는 경쟁하기도 한다는 것이 명확해졌다. 투 트랙 접근이라는 말은 이미 오래전에 형해화된 레토릭에 지나지 않을지도 모른다는 것이 필자의 생각이다. 만약 그렇다면 역사상 최악의 한일관계라고 일컬어지는 지금, 그리고 앞으로도 한일 경제협력이 확장될 가능성은 얼마든지 존재한다. 본 장에서는 이러한 가능성에 대해 주목하고자 한다.

한편, 한국과 일본 양국 사이의 무역과 투자 수치만을 놓고 보면, 최근 10년 사이에 양국의 경제관계가 축소균형으로 수렴하고 있는 듯한 인상을 받는 것도 사실이다. 이러한 상황을 반영하듯, 한일 경제관계에 주목한 연구들은 지속적으로 감소하고 있는 추세이다. 최근에 발표된 연구 중에서, 한일 경제관계의 주요한 이슈들을 다루고 있는 것으로는 국교정상화 50주년을 정리한 김도형·아베 마코토 외2015와 수출규제 이후의 상황까지 담아낸 安部誠編2021 정도가 있을 뿐이다. 본 장에서는 이 두 연구서에서 많은 부분을 참고하면서, 마지막 부분에서 미래의 한일 경제협력 내지는 경제 네트워크의 확장 가능성에 대한 몇 가지 시나리오를 제시해보고자 한다.

2 ____ 한일 경제관계 45년 (1965~2010)

(1) 정부 중심의 자금·기술협력의 시대

1965년 6월 22일 한일기본조약의 체결로 제2차 세계대전 이후 단절되었던 한일 양국의 국교가 회복됨과 동시에 한국의 대일수입과 일본의 대한투자가 활성화되었다.[1] 특히 청구권협정을 통해 일본으로부터 받은 자금무상원조 3억 달러, 유상 정부차관 2억 달러, 민간 상업차관 3억 달러은 때마침 시작된 박정희 정권의 제2차 경제개발 5개년 계획1967~71년의 중요한 마중물로 활용되었다.[2] 무상원조는 자본재와 원자재를 합친 광공업 부문에 절반 이상 54.8% 사용되었으며,[3] 유상 정부차관은 광공업56.9%과 사회간접자본 건설

---

[1] 한일교섭이 한참 진행되고 있던 1960년대 초반 일본경제는 임금상승으로 인한 고비용문제에 직면해 있었다. 그즈음 일본 재계는 저비용으로 경공업 제품을 생산할 수 있고, 성장하고 있는 중화학공업제품을 수출할 수 있는 시장으로 한국을 주목하고, 한일 국교정상화를 강력하게 요구했다.

[2] 제2차 경제개발 5개년 계획의 소요자금 9,800억 원 중 국내 자금은 6,029억 원, 외자가 14억 2,100만 달러였는데, 이 중에서 약 6억 달러를 한일 국교정상화에 의한 자금으로 조달했다. 李佑光(2015). 「変化するアジアと韓日経済関係の今後」 『RIM 環太平洋ビジネス情報』 15(60), p. 83

[3] 무상자금의 경우 '기타' 청산계정이 15.3%를 차지하는데, 청산계정이란 1950년 6월 '한일통상협정'시에 맺어진 금융협정에 의해 시작된 것으로 한일 양국 간의 무역에 관한 일체의 거래를 일본은행에 설치된 달러 표시의 청산계정에 기록하고, 그 잔액에 대해서만 결제하도록 한 것이다. 1965년 한일협정 당시 한국측은 4,572만 9,000달러의 부채를 안고 있었는데, 이 금액을 전액 무상자금을 이용해 상환하였다. 광공업 이외 분

41.9%이라는 두 부문에 거의 전액이 투입되었다. 유무상 자금 5억 달러 중에서 광공업에 대한 투자가 과반 이상55.6%을 차지했는데, 대표적으로 포항종합제철현 POSCO의 공장건설이 가장 규모가 큰 투자였다.⁴ 또한 막대한 소요자금 때문에 민간자본이 맡기에는 부담이 큰 대형 프로젝트에도 청구권자금이 활용되었는데, 소양강 다목적댐, 철도시설, 경부고속도로 등의 사회간접자본이 청구권자금으로 건설되었다.⁵

총 8억 달러 이상의 청구권자금은 대체로 10년에 걸쳐 균등하게 지급되었는데, 이것이 현금의 형식으로 곧장 한국에 들어온 것은 아니었다. 그 금액에 해당하는 일본의 재화나 용역이 제공됨으로써 청구권자금은 결과적으로 일본기업의 대한수출 증가로 이어졌다. 무상원조의 경우 한국의 정부 기관이나 민간업체가 일본의 공급업자와 직접 구매계약을 맺으면, 나중에 일본 정부가 대금을 지불하는 방식이었으며, 유상차관은 일본의 해외경제협력기금이나 일본수출입은행이 한국의 정부 기관이나 민간업체에 엔화 차관을 제공하는 것인데, 이른바 타이드 론tied loan이라고 해서 발주처가 일본기업에 한정되어 있었다. 민간신용은 기계나 플랜트 등을 한국에 수출하는 일본기업에 대해 일본수출입은행 등이 수입대금을 대여해 주는 형태로 자금이 제공되었다. 결국, 한국에 제공된 유무상 자금 및 민간신용은 모두 일본기업의 대한수출을 촉진하는 촉매제가 되었

야로서 농림(12.2%), 수산(9%), 과학 기술 개발(6.7%), 사회간접자본 및 기타 서비스(2.0%)등이 있었다. 조성원(2015). "대일청구권자금과 한국 경제개발" 김도형·아베 마코토 외. 『한일관계사 1965-2015 II 경제』 역사공간, pp. 96-97

4   포항종합제철의 공장건설에 전체 광공업 투자액의 43%가 투입되었는데, 이 금액은 전체 자본재 도입액의 38%, 청구권자금 총액의 23.9%를 차지하는 단위사업기준으로 최대규모를 자랑했다.

5   조성원(2015). 앞의 논문, pp. 97-98

다고 할 수 있다.[6]

한편, 한국은 1953년 이후 추진해 왔던 수입소비재의 국산화를 목표로 한 수입대체공업화 전략을 조기에 종료하고, 한일국교가 정상화된 1960년대 중반부터 수출주도공업화를 본격적으로 가동시켰다. 이 과정에서 의류, 신발과 같은 노동집약적인 공업제품을 미국에 수출하고, 이러한 공업제품을 생산하기 위한 소재, 장비 등을 일본에서 수입하는 구조가 자연스레 형성되었다. 이후 55년 이상 한일 경제관계의 일상적인 어젠다로 자리 잡게 되는 제조업에서의 수직적인 분업 관계와 만성적인 대일 무역적자 구조는 수출주도공업화를 추진하면서 필연적으로 탄생하게 된 셈이다.

제2차 경제개발 5개년 계획1967~71년과 제3차 경제개발 5개년 계획1972~76년을 거치면서 수출주도공업화는 안정적으로 한국경제의 성장을 이끌었다. 1964년 1억 달러이던 수출 규모는 1977년에 100억 달러까지 늘어나 10여 년 만에 100배라고 하는 엄청난 양적 성장을 달성했다. 더 나아가 1970년대 한국 정부는 대일의존도를 낮추기 위해 본격적으로 중화학공업화를 추진하였다. 그런데 일본으로부터 수입에 의존하던 금속, 화학, 전자, 조선, 자동차를 직접 생산하기 위해서는 아직까지 국내에서 조달이 힘든 소재, 부품, 장비를 또다시 일본으로부터 수입해야 하는 아이러니한 상황에 부딪혔다. 결국, 대일 무역적자를 축소하기 위한 중화학공업화가 대일 무역적자를 더욱 확대시키는 결과를 가져왔다. 한편 국내에 자본축적이 부족했던 한국 정부는 1966년에 외자도입법을 제정하고 외국인 직접투자를 적극적으로 유도했다. 그런데 당시 일본에서는 임금상승과 더불어 1971년에 닉슨 쇼크로 엔화가 큰 폭으로 절상되면서, 패

---

6   아베 마코토(2015). "일본의 대한 경제협력: 일방적 원조에서 상호협력을 향해" 김도형·아베 마코토 외. 『한일관계사 1965-2015 II경제』 역사공간, p. 58

션 산업을 비롯한 노동집약형 중소기업이 국외의 생산거점을 모색하고 있었다. 그 결과 한일 간 국교정상화 이후 1973년 무렵에 처음으로 일본 기업들의 대한투자 붐이 발생했는데, 이 해의 직접 투자액은 2억 9,432만 달러로 그때까지 최고였던 1972년의 3.8배에 달했다.[7]

만성적인 대일 무역역조 개선과 국산화 달성, 그리고 국내산업의 보호를 위해 한국 정부는 1978년에 '수입선 다변화 제도'라고 하는 사실상 대일수입을 제한하는 조치를 실시하기도 했다.[8] 그러나 주요 수입제한 품목이 자동차와 가전제품과 같은 소비재 중심이었기 때문에 대일 무역적자의 주요 원인인 중간재와 자본재의 수입은 전혀 감소하지 않았고, 1980년대에도 대일 무역적자는 매년 사상 최고치를 경신하는 등 가공무역 구조의 취약성은 전혀 개선되지 않았다.[9] 1985년 플라자 합의 이후 달러, 금리, 유가의 동반 하락이라는 3저 호황 속에서 한국경제는 1986~88년 3년 연속 두 자릿수 성장을 거두었지만, 국제수지 흑자에도 불구하고 대일 무역적자는 오히려 확대일로를 걸었다. 가공무역이라는 형태가 가지고 있던 한계에 더해서, 플라자 합의가 몰고 온 예측하지 못한 상황이 전개되었다. 플라자 합의 이후, 엔고를 고민하던 일본기업들이 생산비용이 저렴한 한국에 생산거점을 이전하는 형태의 직접투자를 늘려갔는데, 이 과정에서 일본산 소재, 부품, 장비의 수입이 덩달아 늘면서 대일 무역적자가 확대되는 과정이 반복되었다.

---

[7]   모모토 카즈히로(2015). "일본기업의 대한직접투자" 김도형·아베 마코토 외 『한일관계사 1965-2015 II 경제』 역사공간, p. 166

[8]   수입선 다변화 제도는 1986년부터 대상품목을 지속적으로 축소하기 시작해 1999년에는 전면 폐지하기에 이르렀다. 특히, 1995년 WTO 체제 출범에 따른 자유무역 기조의 강화와 1997년 외환위기 이후 IMF 측의 시장개방 권고안에 따라 폐지 수순을 밟게 되었다.

[9]   김도형(2015). 앞의 논문, p. 27

한편, 제5차 경제사회발전 5개년 계획1982~86년의 수행을 위한 자금이 필요했던 전두환 정권은 한국이 동북아시아의 안전을 위해 무거운 방위 부담을 짊어지고 있으므로 일본도 역할 분담 차원에서 경제협력을 해야 한다는 소위 '안보경협'을 강력하게 일본에 요구했다. 구체적으로는 차관의 제공과 함께 기술협력을 요구했지만, 기술이전으로 한국기업이 성장하면 결국 글로벌 시장에서 한일 기업이 라이벌이 될 수 있다는 '부메랑 효과'를 경계한 일본기업들은 기술이전에 소극적이었다.[10] 결과적으로 1983년 1월 나카소네 야스히로中曾根康弘 수상의 방한을 계기로 일본 정부는 한국에 대해 공공차관 18.5억 달러, 일본수출입은행에 의한 융자 21.5억 달러 공여를 약속하고, 기술이전에 불안감을 가지고 있는 일본의 대기업을 대신해 중소기업이 중심이 되어 한국 중소기업으로부터 기술연수생을 받아들였다.

(2) 민간의 기술협력과 새로운 통화협력의 시작

1990년대에는 일본군 '위안부' 문제를 비롯한 역사갈등이 본격적으로 대두되는 한편, 한일 경제협력의 화두는 여전히 대일 무역역조의 개선과 기술협력에 포커스가 맞추어져 있었다. 1992년 1월에는 미야자와 기이치宮澤喜一 총리와 노태우 대통령의 한일 정상회담이 열리고 두 정상은 한일 무역 불균형의 시정을 위한 구체적 실천 계획에 합의했다. 그리고 그 일환으로 같은 해 9월 한일산업기술협력재단일본은 일한산업기술협력재단이 설립되어, 중소기업을 중심으로 한일 기술협력의 기조를 이어가게 되

---

10   安部誠(2021). 「日韓経済関係の過去と現在」安部誠編 『日韓経済関係の新たな展開』 アジア経済研究所, p. 4

었다. 이즈음 한국에서는 대일 무역수지 적자가 경기변동에 따른 일시적 현상이 아니라 구조적 문제라는 것을 인정하고 일방적인 대일요구만으로 양국의 경제관계가 정상화될 수 없다는 입장으로 선회했다. 즉 수입선다 변화 제도의 단계적 철폐와 일본에 대한 지적재산권 소급 보호를 통해 단기적으로는 대일 무역적자가 증가하더라도 장기적으로는 일본기업의 대한투자와 기술이전이 촉진될 수 있다는 양국 산업의 보완성을 강조하게 되었다.[11] 결국, 1990년대에는 대일 무역수지 적자에 대한 부담감을 어느 정도 떨쳐내면서 80년대에 이어 중소기업 중심의 한일 간 기술협력의 형태를 제도화하게 되었다.

그림 1 ― 일본의 대한 엔 차관 공여액

(단위: 10억 엔)

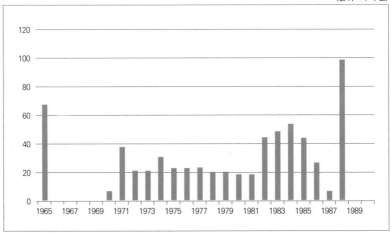

자료: 아베 마코토(2015) 「일본의 대한 경제협력: 일방적 원조에서 상호협력을 향해」 김도형·아베 마코토 외 『한일관계사 1965-2015 Ⅱ 경제』 역사공간 p.63

1990년대에는 청구권자금으로 시작된 일본의 일방적인 자금협력도 중단되었다. 1986~88년까지 두 자릿수 성장을 이룩한 한국은 더 이상

---

11   김도형(2015). 앞의 논문, p. 31

원조대상국이 아니었다. 경제협력개발기구OECD의 개발원조위원회DAC는 1995년에 원조대상국 리스트에서 한국을 제외하였고, 이듬해인 1996년 한국이 정식으로 OECD에 가입하면서 명실상부 개발도상국 지위에서도 벗어났다. 이와 함께 일본의 일방적인 대한 협력자금 제공도 1990년에 종료되었다. 일본 정부의 대한 협력자금은 청구권자금만이 아니었다. 그것과는 별도로 해외경제협력기금을 통해 엔 차관 공여의 형태로도 제공해왔는데, 〈그림 1〉에서 볼 수 있듯이 1970년부터 1980년까지 청구권자금을 제외하고 엔화 차관은 2,500억 엔에 달했다.[12] 국교정상화 이후 한일협력을 구성하고 있는 두 가지 축 중에서 자금협력이 종료되면서, 일본의 대한 경제협력의 형태는 민간중심의 기술협력체제로 정착되었다.

그런데 1997년 한국의 외환위기는 일본의 대한 경제협력의 형태를 다시 한번 크게 변화시킨 계기가 되었다. 1996년 OECD 가입을 위해 김영삼 정권은 수시로 외환시장에 개입하여 다량의 외화를 방출하면서 원화 가치의 고평가를 유지하였고, 금융기관에 대한 부실한 관리·감독, 단기 외채 차입에 의존한 기업들 등으로 인해 1997년 가을 한국은 외환보유고의 고갈에 직면했다. 결국, 한국 정부는 IMF에 구제금융을 신청하였는데, IMF 구제금융의 다자적 프레임 속에서 일본 정부는 100억 달러의 2선 지원으로 한국의 외환위기에 도움을 주었다. 사실 100억 달러 규모의 2선 지원은 실질적인 도움보다도 심정적인 성격이 컸지만, 이러한 지원을 통해 한일 경제협력의 역사에서 그동안 존재하지 않았던 통화협력이라는 새로운 형태가 탄생하게 되었다. 일본 정부는 1998년에 발표한 신미야자와新宮澤 구상을 통해 외환위기에 처했던 한국을 포함해 아시아 국가들에 대한 지원책을 내놓았는데, 이를 바탕으로 1999년에는 최대 50억 달러

---

[12]   아베 마코토(2015). 앞의 논문, p. 62

의 유동성을 한국에 제공하는 통화스와프를 맺게 되었다.

　이후 외환위기를 성공적으로 극복한 한국은 경상수지가 흑자로 전환되면서 대외채무 증가와 외환보유고 고갈의 위험성에서 벗어났다. 그렇지만, 한일 양국 간의 통화협력은 2000년대 들어서 치앙마이 이니셔티브Chiang Mai Initiative, 이하 CMI 속에서 더욱 발전하였다. 비록 아시아판 IMF인 아시아통화기금Asian Monetary Fund 창설이 미국의 반대 속에 좌절되었지만, 1997년 동아시아 외환위기 이후, 아시아 역내 통화협력의 필요성에 대한 공감대가 형성되었다. 그 결과가 양자적 통화스와프의 네트워크를 통한 실질적인 아시아 통화협력 체제인 CMI의 창설이었다. 물론 CMI 체제하에서 양자 간 통화스와프는 IMF 지원에 대한 연계자금이라는 일정한 한계를 가지고 있었다. 그렇지만 CMI는 한일통화협력을 포함해 아시아지역 통화협력을 제도화했다는 데에 큰 의의가 있었다. 이러한 CMI 체제하에서 2001년에는 20억 달러 규모의 달러-원화 간 일방향일본에서 한국 스와프협정이 추가되었고, 그 후 2006년에는 원화를 달러로 스와프하는 쌍방향 스와프로 전환되며 스와프 총액이 150억 달러로 증가하였다.

　이러한 통화스와프 덕에 한국은 2008년 글로벌 금융위기도 큰 충격 없이 넘길 수 있었다. 한국에서 원화 가치의 급락과 해외자금의 대규모 이탈이 우려되었을 때, 2008년 8월에 미국과 맺었던 300억 달러의 통화스와프가 중요한 역할을 하였다. 글로벌 금융위기에 대한 각국 정부의 대응은 양자 간 통화스와프의 규모를 늘리는 것이었는데, 한국은 2008년 11월 일본과 150억 달러 규모의 추가적 통화스와프를 체결하여 총액 300억 달러의 규모로 양국 간 통화협력을 강화하였고, 12월에는 중국과 260억 달러 규모의 원-위안 통화스와프를 체결했다. 한일 간 원-엔 통화스와프는 이후에도 계속 증가하였다. 2010년 4월에는 기존 통화스와프 중 170억 달러가 종료되었지만, 2011년 10월과 12월에 각각 270억 달러와 300억 달러에 달하는 통화스와프를 추가로 체결하면서 한일 간 통화스와프 규모는 700억 달러에 달했다.

한편, 2000년대에 들어 통화협력과는 별도로 또 하나의 한일 경제협력에 대한 어젠다가 급부상하였다. 1998년 10월 김대중-오부치 공동선언21세기 신한일 파트너십 공동선언 및 1999년 3월 '한일 경제협력 Agenda 21'을 통해 한일 FTA 논의가 급물살을 타기 시작했다. 2003년 10월 고이즈미 준이치로小泉純一郎 총리와 노무현 대통령의 정상회담에서 한일 FTA를 정식으로 추진하기로 합의했고, 같은 해 12월부터 6차례 협상이 실시되었다. 그러나, 농산물 시장개방 수준 등의 핵심 쟁점에 대한 이견으로 2004년 11월 이후 협상은 중단되었다. 이후, 2008년 4월 이명박 대통령의 방일을 계기로 한일 FTA 협상 재개 환경조성을 위한 실무협의가 개최되었고, 2010년 5월 한일 정상회담에서 실무협의가 국장급 협의로 격상되어 진행되었지만, 2012년 이후 한일 FTA 협상은 다시 중단되었다.

지금까지 2010년대 이전의 한일 경제관계를 시대순으로 살펴보았다. 1965년 국교정상화 이후 45년 동안 제조업의 수직적 분업 관계와 만성적인 대일 무역적자 구조는 변함없이 유지되어왔다. 이러한 가운데 한일 경제협력의 형태는 조금씩 변화해 왔는데, 청구권자금으로 시작된 일본 정부의 대한 자금협력과 기술협력은 1980년대까지 그 기본적인 틀이 유지되었다. 그런데, 1990년대부터 엔 차관이 종료되고 민간 기술협력 중심으로 한일 경제협력의 형태가 변화하였고, 1997년에 한국이 외환위기를 겪으면서 한일 간 통화스와프라는 새로운 형태의 통화협력도 시작되었다. 2008년 글로벌 금융위기 속에서 한국이 별다른 위기를 겪지 않고 지나갈 수 있었던 데에는 원-엔 통화스와프가 방파제 역할을 한 부분도 있다. 1965년 이후 한일 간 경제협력은 자금, 기술, 통화로 그 형태는 바뀌었지만 중단없이 이어져 왔다.

3 ___ 한일 경제관계의 구조적인 변화 (2010년대)

(1) 수직적 분업 관계와 만성적 대일 무역적자 구조의 균열

1990년대 이후 일본경제의 정체와 중국경제의 부상으로 한국의 주요 교역상대로서 일본의 비중은 지속적으로 감소하고 중국의 비중은 증가해 왔다. 〈표 1〉에서 알 수 있듯이, 1990년에 한국의 대세계 수출에서 차지하는 일본과 중국의 비중은 20년 사이에 완전히 뒤바뀌었다. 1992년 한중수교 이후 한국의 대중국 무역흑자가 빠른 속도로 증가하면서 1998년부터 상품수지 및 경상수지가 흑자로 전환되었다. 하지만 그럴수록 대일 수입은 더욱 빠른 속도로 늘어났다. 2000년에 318억 달러였던 대일수입액은 5년 뒤인 2005년에는 484억 달러, 2010년에는 643억 달러까지 늘어나 10년간 두 배 이상 증가했다. 반면 대일수출액은 같은 기간 204억 달러, 240억 달러, 281억 달러로 38% 늘어났다. 그 결과 대일 무역수지 적자 규모는 같은 기간 114억 달러에서 361억 달러로 세 배 넘게 증가했다. 한국의 대세계 수출이 늘어나면 늘어날수록 대일본 수입이 함께 늘어나는 소위 가공무역의 한계가 극명하게 드러난 셈이다.

표 1 ― 한국의 주요 상대국별 수출비율

(단위: %)

	1990년	2000년	2010년	2020년
일본	19.4	11.9	6.0	4.9
EU	13.6	13.6	11.5	10.2
미국	29.8	21.8	10.7	14.5
중국	0.9	10.7	25.1	25.8

자료: 한국무역협회 「무역통계」에서 작성

한국의 공업화는 노동집약형 제품에서 자본집약형, 나아가 기술집약형 제품으로 상품은 물론 기술 레벨의 고도화를 달성하면서 일본을 따라잡아 왔다. 이 과정에서 표준화·기계화가 가능한 조립 기술의 완전한 국산화에는 성공했지만, 어려운 핵심기술이라고도 할 수 있는 가공 기술이 체화된 자본재만큼은 여전히 일본으로부터 수입에 의존할 수밖에 없었다.[13] 즉 한국의 조립 대기업의 고급화된 상품이 수출되면 될수록, 국내 부품소재 관련 중소·중견업체의 영세성과 연구개발투자의 부족 때문에 고급부품, 소재는 또다시 일본에 의존하게 되었다. 1990년대까지 일본자본집약형 부품소재-한국노동집약형 조립-미국·유럽·일본에 최종재 수출이라는 3각 무역에서, 2000년대에는 일본기술집약형 고기능 부품소재-한국자본집약형 부품소재-중국노동집약형 범용 부품소재-미국·유럽·일본·한국에 최종재 수출이라는 형태로 동아시아 서플라이 체인이 고도화되었다. 그리고 한중일 동아시아 3국 간의 국제분업 체계 속에서 일본은 대중적자-대한흑자, 한국은 대중흑자-대일적자라는 구도가 굳어졌다.[14] 한중일 3국 간의 중간재 교역이 확대되면서 한국의 무역수지 흑자 폭은 확대되었지만, 이는 필연적으

13 服部民夫(2007), 「貿易關係より見る韓國機械産業の競爭力-對日·對中を中心として」奧田聰編『韓國主要産業の競爭力』調査研究報告書 , アジア經濟研究所

14 김도형(2015), 앞의 논문, pp. 43-44

로 대일 무역수지 적자를 확대시키는 상황으로 이어졌다.

그림 2 ─ 대일무역구조

(단위: 억 달러)

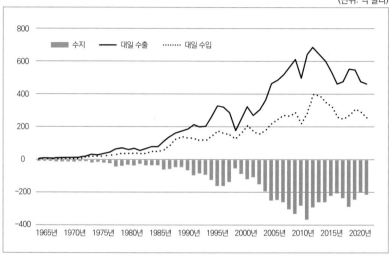

자료: 한국무역협회 「무역통계」에서 작성

　그런데, 2010년대에 들어서면서 새로운 변화가 감지되기 시작하였
다. 국교정상화 이후 강화되어 왔던 구조 즉, 제조업을 중심으로 형성된
수직적인 분업 관계와 만성적인 대일 무역적자 구조에 균열이 발생하기
시작한 것이다. 〈그림 2〉에서 확인할 수 있듯이, 대일수출과 대일수입은
2011년을 정점대일수출 397억 달러, 대일수입 683억 달러으로 감소세로 돌아섰고, 무
역수지 적자 규모도 2010년을 정점361억 달러으로 감소세로 돌아섰다. 특
히 아베노믹스에 의한 엔저 기조가 명확해진 2013년 이후에도 대일수입
액이 감소하고 있다는 사실은 주목할 만하다. 일본산 소재, 부품, 장비에
의존하고 있는 한국 산업구조를 고려하면, 한국기업에 있어 수입 비용의
절약을 의미하는 엔저 상황에서도 대일수입이 늘지 않았다는 것은 상식
적으로도 이해할 수 없기 때문이다. 이러한 변화를 가져온 원인은 무엇일

까? 이에 대해 다음의 세 가지 원인, 한국기업의 국산화 성공, 일본기업의 대한투자 증가, 한국기업의 대외투자 증가를 생각해 볼 수 있다.[15] 이하 이러한 세 가지 원인에 대해 자세히 살펴보도록 하자.

첫 번째는 한국의 소재·부품·장비 산업이하 소부장 산업의 국산화 노력이다. 그동안 한국 정부는 대일 무역적자의 개선과 한국경제의 체질 개선 차원에서 2001년부터 부품·소재 국산화 정책을 지속적으로 추진해 왔다. 2001년 '부품소재특별법'을 제정하고 10년 한시법으로 '부품소재발전기본계획MCT-2010'을 제정하였으며, 2011년에는 동법을 다시 10년간 연장하였다.[16] 그 결과, 부품·소재 무역수지 흑자는 2001년에 27억 달러로 전산업 무역수지 흑자의 29.2%에 불과했으나, 2020년에는 946억 달러로 늘어나 전산업 흑자의 2.1배에 달하게 되었다.[17] 〈그림 3〉에서 확인할 수 있듯이, 부품·소재 대일 무역수지 적자 규모도 2010년 이후 꾸준히 줄어들었다. 2001년 105억 달러였던 부품·소재 대일적자는 2010년 243억 달러까지 늘어났으나 이후 축소되기 시작하여 2020년에는 적자 규모가 154억 달러까지 줄어들었다.[18] 이와 함께 대일본 부품·소재 수입

---

15 奧田聰(2021). 「変わりつつある日韓経済關係-韓國側から見た貿易分析を中心に」 安部誠編 『日韓経済關係の新たな展開』 アジア経済研究所

16 사공목(2015). "한일 산업협력 패턴의 변화와 향후 과제: 한일 국교정상화 50주년의 평가" KIET 『산업경제』 6월호, p. 55

17 지난 20년간 한국 소부장 산업은 생산 3배, 수출 5배 성장이라는 실적을 거두었지만, 범용품 위주의 추격형 전략과 일부에만 지원이 집중되는 압축 성장으로 핵심 전략품목의 만성적 대외의존은 개선되지 않았고, 그 결과 부품소재특별법 무용론이 확산되면서 2021년에는 일몰될 예정이었다. 하지만 2019년 7월 수출규제로 인해 부품소재특별법은 한시법에서 상시법으로 격상되었고 여기에 국가의 정책역량을 총동원하는 방향으로 반전이 일어났다. 김양희(2021). "일본의 수출규제 강화에 대응한 한국의 '탈일본화'에 관한 시론적 고찰" 『일본비평』 24, p. 33

18 부품·소재 대일 무역수지 적자 규모는 2015년 142억 달러까지 감소한 이후 현재까지 사실상 횡보 상태를 유지하고 있다. 구체적으로는 2016년 146억 달러, 2017년 160억 달러, 2018년 151억 달러, 2019년 142억, 2020년 154억 달러 무역수지 적자를 기록했다.

의존도도 꾸준히 하락하였는데, 2001년 28.1%에 달하던 대일본 수입의 존도는 2020년에 16.0%까지 하락했다.

그림 3 — 부품·소재 산업의 대일역조 추이

(단위: 억 달러)

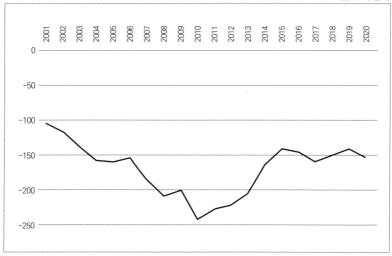

자료: 산업통상자원부 「MCT-NET 무역통계」에서 작성

두 번째는 일본기업들의 대한투자가 증가했기 때문이다. 〈그림 4〉에서 확인할 수 있듯이 1965년 한일 국교정상화 이후 지금까지 다섯 차례에 걸쳐 일본기업들의 대한 직접투자 붐이 있었다. 그런데, 2000년대 이전의 세 차례의 대한투자 붐은 2010년 이후 발생한 대일역조 개선과는 큰 상관관계가 없다. 앞서 살펴보았듯이 첫 번째 붐은 1973년경이었는데, 인건비 상승과 일손 부족 문제를 피해 한국에 진출한 일본의 패션 산업을 중심으로 대한 직접투자 붐이 발생했다. 두 번째는 1980년대 말인데, 1988년 서울올림픽 특수를 노린 호텔 투자 및 1985년 플라자 합의 이후 엔고를 피해 생산시설의 이전을 검토하던 기업들에 의해 두 번째 대한 투자 붐이 발생했다. 세 번째는 1990년대 말인데 아시아 통화위기 속

에서 경영 악화에 빠진 한국의 합작파트너 기업을 지원하기 위한 투자, 즉 상대 기업의 지분을 인수하는 경우가 많아지면서 일본기업의 대한투자가 증가했다.

그림 4 ─ 일본의 대한 직접투자 추이

(단위: 억 달러)

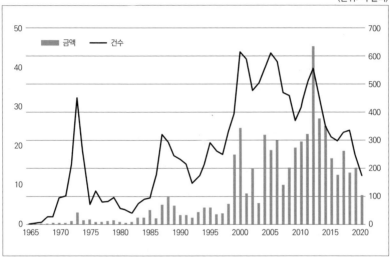

자료: 산업통상자원부 「외국인투자통계」에서 작성

한편, 2000년대 이후 발생한 두 번의 대한투자 붐, 즉 〈그림 4〉에서 보면, 2000년대 중반, 2010년대 초반에 해당하는 투자 붐은 이전의 투자 붐과는 그 성격이 많이 다르다. 이 시기 일본기업들의 대한투자야말로 수 직적 분업 관계와 만성적인 대일 무역적자 구조에 균열을 가하는 역할을 하였다. 2000년대 이후 한국의 반도체, 평판디스플레이Flat Panel Display, 이하 FPD 기업들이 일본기업들을 압도하기 시작하면서, 반도체나 FPD와 관련한 부품, 소재, 제조장치의 판매시장도 일본에서 한국으로 옮겨가기 시작했다. 그 결과, 일본의 서플라이어들부품, 소재, 제조장치 기업들은 우량고객이 되어버린 한국의 대기업을 쫓아 앞다투어 한국에 진출하기 시작했다.

뒤에서 다시 한번 살펴보겠지만 2019년 일본의 대한국 수출규제 대상이 된 3품목불화수소, 포토레지스트, 불화폴리이미드 역시, 2000~10년대에 적극적으로 한국에 진출한 일본기업들이 많이 있다. 예컨대, FPD 생산에 필요한 포토레지스트의 경우, 일본기업 5개사가 세계시장의 90%를 점하고 있는데, 그중에서 스미토모住友 화학, JSR, 도쿄오카東京応化 공업이 한국에 생산시설을 보유하고 있다.[19] 불화수소의 경우에는 한일기업 간의 기술제휴를 통해 한국에 설립한 합작회사가 다수 있다. 일본의 스텔라케미파ステラケミファ와 한국의 솔브레인이 설립한 훽트, 그리고 모리타森田 화학과 ENF 테크놀로지가 설립한 팸 테크놀로지 등이 대표적이다. 결국, 최근 20년 사이에 증가한 일본기업의 대한투자는 대일수입을 대체하는 효과를 발휘했고, 그런 의미에서 2010년 이후 감소세로 돌아선 대일 무역수지 적자를 설명하는 주요한 원인으로 꼽을 수 있다.[20]

세 번째는 한국기업의 ASEAN 진출과 함께, 현지 생산거점에 의한 대일수입의 증가를 꼽을 수 있다. 10%를 상회하던 중국의 경제 성장률이 최근 10년간 6~7%대를 유지하고, 지속적인 임금상승, 외국자본에 대한 정부의 견제 등 기업환경이 악화하자 한국기업은 중국을 대체할 베트남, 인도네시아와 같은 ASEAN 지역에 주목하기 시작했다. 특히 삼성전자, LG전자 등 전자 기업의 베트남 진출은 괄목할 만한 성장을 이루었다.[21] 일본기업이 자동차, 기계 산업을 중심으로 태국, 인도네시아에 생산거점을 두고 관련 산업의 서플라이 체인을 구축하고 있다면, 한국기업은 전자

---

19 FPD용 레지스트는 상대적으로 수입대체가 많이 진행된 반면, 최첨단 반도체용 레지스트나 상류부문에 위치하는 원료에서는 여전히 대일수입에 의존하는 경우도 많다. 吉岡英美(2021). 「IT産業における日韓關係の展開-半導体·FDP向け部材·製造装置に着目して」安部誠編『日韓経済關係の新たな展開』アジア経済研究所, p. 46

20 吉岡英美(2021). 앞의 논문, pp. 44-47

21 최근 한국 전자기업의 베트남 진출에 관해서는 李佑光(2015), 앞의 논문 참조

산업을 중심으로 베트남에 생산거점을 확장해가고 있다고 볼 수 있다. 그 결과, 한국의 대기업이 진출한 동남아시아의 현지 생산거점으로 한국은 물론 일본의 서플라이어 기업중소 소재·부품업체의 진출이 늘어나고 있다. 또 한국으로부터 소재, 부품의 수입이 증가하는 것은 물론, 대일수입에 의존하던 소재, 부품 중 일부는 생산시설이 동남아시아로 이전됨에 따라 일본 →한국이라는 수입 루트가 일본→ASEAN으로 변경되기도 하였다. 결국, 한국 대기업의 동남아시아 진출에 따른 현지 생산거점의 증가는 소재, 부품을 중심으로 한국의 대일수입 감소로 이어졌다.

지금까지 살펴본 바와 같이, 한국기업의 국산화 성공, 일본기업의 대한투자 증가, 한국기업의 대외투자 증가는 중간재, 자본재가 중심인 대일수입을 축소시키는 효과가 있었다. 그 결과, 국교정상화 이후 45년 동안 유지되었던 제조업의 수직적인 분업 관계와 만성적인 대일 무역적자 구조도 흔들리기 시작했다. 그 배경에는 다음의 두 가지 근본적인 변화가 있었다. 첫 번째는 한일 간의 경제력 격차가 축소되었다는 점이다. 구매력평가지수PPP 기준 1인당 GDP나 제조업 경쟁력 순위 등 몇몇 지표에서 한국이 일본을 역전하는 상황이 발생했다.[22] 제조업을 중심으로 한국의 대기업들과 일본의 중견·중소기업들의 관계는 과거의 한일 간 수직분업 구조와 비교할 때 협상력bargaining power 측면에서 많은 차이가 있었다. 일부 부품, 소재는 한국기업들이 국산화에 성공하면서 더이상 일본에서 수입하지 않게 되었고, 기술집약형 고기능의 부품, 소재에 한하여 대일수입의 필요성은 여전했지만, 일본의 부품, 소재 업체들에게 있어서 한국의

---

[22] OECD에 따르면 PPP 기준 한국의 1인당 GDP는 2017년 기준 4만 1,001달러, 일본은 4만 827달러로 집계됐다. 유엔산업개발기구(UNIDO)에 따르면 세계 제조업 경쟁력 지수(CIP)의 경우, 2014년에 처음 한국이 일본을 역전했고(한국 4위, 일본 5위), 2020년에는 미국마저 제치고, 독일, 중국에 이어 세계 3위에 랭크 되었다.

제조 대기업은 반드시 확보해야 할 우량고객이기도 했다. 그 때문에 일본의 부품, 소재 업체들이 한국에 생산시설을 옮기거나, 한일 기업이 협력하는 형태로 제3국에 생산거점을 이전하기도 하였다. 한일 기업들의 해외투자 확대는 자연스럽게 한국의 대일수입을 대체하는 효과가 있었다.

두 번째 변화는 글로벌 밸류 체인Global Value Chain, 이하 GVC 무역의 재편이다. 2001년 중국의 WTO 가입으로 전통적인 상품무역의 시대가 막을 내리고 본격적인 GVC 무역의 시대가 열렸다. 사실 GVC 자체는 1990년대부터 동아시아와 동유럽을 중심으로 형성되기 시작하였지만, 중국의 WTO 가입으로 중국 중심의 국제분업이 본격화되었다. 그리고 이러한 국제분업의 체계 속에서 일본과 한국은 중국을 생산과 수출의 거점으로 삼아 직접투자 규모를 늘려나갔다. 그러던 중 2010년대에 들어서 중국의 비즈니스 환경 악화 및 경제안전보장 이슈 등으로 중국 GVC가 ASEAN GVC로 재편되기 시작했다.[23] 일본은 2011년 이후 상품수지 적자가 고착화되고 경상수지 흑자는 이른바 해외에서 벌어들이는 1차 소득수지를 통한 수익이 대부분이었는데, 이는 일본기업들이 동남아시아를 필두

---

[23] 일본의 차이나 플러스 원(China Plus One)은 대표적인 경제안전보장과 관련한 GVC 재편 이슈이다. 2010년 일본의 센카쿠 열도 국유화에 맞선 중국은 그에 대한 보복 조치로 대일 희토류 수출을 금지했다. 전자제품, IT산업, 스마트폰 산업 등에 필수원료인 희토류의 90%를 중국에서 수입하던 일본은 중국의 수출규제 조치로 인해 막대한 타격을 입었다. WTO에 중국을 제소하는 한편, 수입처 다변화로 중국의존도를 55%까지 낮춘 결과 희토류 가격이 하락해 2015년에는 중국의 수출규제 철폐를 이끌어 내었지만, 5년 동안의 피해는 고스란히 일본 기업이 감당해야 했다. 결국, 이를 계기로 일본 기업들의 탈중국화가 본격화되었다. 2016년 브렉시트와 미국 트럼프 대통령의 당선으로 세계적으로 보호무역 기조가 강화되는 속에서 2018~19년 미중 간 관세전쟁이 발발해 아직까지 중국에서 철수하지 못한 일본기업들이 또다시 타격을 입게 되었다. 거기에 더해 2020년에는 코로나19의 충격으로 중국 중심 GVC의 단절이 발생하는 등, 기업으로 하여금 앞으로도 중국 중심 GVC의 취약성은 반복될 수 있다는 위기의식을 고조시켰다. 이러한 상황을 겪으면서 일본 정부는 2021년 생산거점의 국내회귀(reshoring)에 2,200억 엔, 중국 GVC를 대체할 ASEAN GVC 구축에 235억 엔을 서둘러 지원하기로 했다.

로 적극적으로 해외에 진출해 현지 생산거점을 늘려나갔기 때문이다.[24] 일본과 비교할 때 한국은 여전히 상품수지 흑자가 경상수지 흑자를 견인하고 있지만, 해외직접투자 역시 매년 늘어났는데,[25] 특히 2010년대에는 ASEAN 투자가 중국 투자를 상회해 매년 사상 최고치를 경신했다.[26] 생산·수출 거점을 둘러싼 일본과 한국의 GVC 무역 재편 속에서 한일 양국만의 경제관계는 예전에 비해 그 의미가 크게 축소될 수 밖에 없었다.

(2) 한일 복합갈등의 시대

제조업을 기반으로 형성된 한일 간 수직적 분업 관계와 그 결과 발생한 대일 무역수지 적자의 고착화는 한일 경제력 격차의 축소와 GVC 무역의 재편이라는 구조적인 변화 속에서 조금씩 허물어져 갔다. 변화하는 글로벌 환경 속에서 한일 간 경제협력의 가능성은 오히려 확장될 가능성이 있어 보였지만, 한일 경제 관계만을 따로 떼어놓고 보면 축소균형으로 수렴하는 듯한 인상이 강해졌다. 여기에 더해 2012년 8월 이명박 대통령이 헌정 사상 처음 독도를 방문한 것을 계기로, 양국 간의 정치적 마찰이 심화되면서 한일 경제협력에 관한 논의가 중단되기도 하였다. 대표적으로 2012년 이후 한일 FTA 협상이 중단되었는데, 표면적으로는 한국의 대일역조 심화에 대한 우려와 일본의 농산물 개방에 대한 거부감이 FTA 협상 중단의 이유로 알려져 있지만, 당시 악화된 양국 간의 관계도 일정 부

---

24 이창민(2021a). 『아베노믹스와 저온호황』 제이앤씨, pp. 119-120

25 코로나19의 영향으로 해외직접투자가 일시적으로 감소하기 직전 통계인 2019년에는 13,558건 844억 달러에 달했다(수출입은행 「해외직접투자통계연보」 신고기준).

26 2013년을 제외하고 2010년부터 ASEAN 투자는 매년 중국 투자를 상회하였고, 2018년에는 72억 달러로 사상 최고치를 기록하였다.

분 영향을 미쳤다는 것을 부인하기는 어렵다.

1997년 동아시아 외환위기 이후 확대되어 온 한일 간 통화스와프도 2012년 이후 연장 합의에 이르지 못했다. 〈표 2〉에서 확인할 수 있듯이, 2012년 10월 300억 달러의 통화스와프 종료를 시작으로 만기에 도달한 협정들이 연장되지 않으면서 2015년 2월 마지막 100억 달러의 통화스와프 협정이 종료되었다. 금융, 외환 시장이 안정되어 있어 통화스와프의 필요성이 크지 않았다는 측면도 있지만, 자동적으로 연장되는 통화스와프 협정을 굳이 종료했다는 것 자체가 정치적 고려가 반영되어 있음을 시사한다. 이후, 2015년 12월 위안부 문제에 대한 한일 양국 간의 합의 이후 다방면에 걸친 관계개선의 무드가 경제 분야에도 파급되면서, 2016년 8월에 한일 통화스와프 협정을 재개하는 논의에 착수하였으나, 부산의 일본 영사관 앞 소녀상 설치 문제로 또다시 2017년 이후 중단되는 등 정치 논리가 경제 논리를 압도하는 형국이 지속되었다.[27]

---

27 한일 통화스와프가 중단되고 나서, 한일 통화스와프의 경제적 이익이 생각보다 크지 않다는 주장이 제기되었다. 무엇보다도 일본의 경제력이 예전만 하지 못하고, 한일 통화스와프를 맺고 있을 때도 실제로 통화스와프를 사용한 일이 없으며, 세계 경제가 달러 중심으로 돌아가기 때문에 한일 간 통화스와프는 큰 실익이 없다는 것이다. 그러나 통화스와프는 외환위기를 대비하는 보험의 성격이 강하며 통화스와프를 맺고 있다는 사실만으로도 일종의 보증 효과를 발휘할 수 있다. 또한 통화스와프가 많아지면 외환 보유액을 줄일 수 있어 기회비용도 줄어들며, 중국처럼 외환 시장이 통제된 국가보다는 국제금융시장에서의 영향력이 큰 일본과의 국제금융 협력체계를 강화할 수 있다는 점에서 한일 통화스와프는 여전히 매력적이라고 할 수 있다.

표 2 — 한일간 원-엔 통화스와프

구분	일시	협상·체결 내2010년	잔액(인출한도)
통화 협력의 시기	1999. 6	50억 달러 체결	50억 달러
	2001. 5	20억 달러 체결	70억 달러
	2006. 2	80억 달러 체결	150억 달러
	2008.11	150억 달러 체결	300억 달러
	2010. 4	170억 달러 종료	130억 달러
	2011.10	270억 달러 체결	400억 달러
	2011.12	300억 달러 체결	700억 달러
갈등의 시기	2012.10	300억 달러 종료	400억 달러
	2012.11	270억 달러 종료	130억 달러
	2013. 7	30억 달러 종료	100억 달러
	2015. 2	100억 달러 종료	0
	2016. 8	통화스와프 재개논의	0
	2017. 1	통화스와프 협상중단	0

자료: 필자 작성

2018년 이후 한일관계는 더욱 악화되었다. 사상 초유의 탄핵 정국 속에서 탄생한 문재인 정권은 위안부 합의에 따라 설치된 화해치유재단을 해산했다. 또 한국 대법원이 일본기업을 상대로 한 민사소송에서 강제징용 피해자들의 손을 들어주자 일본 정부는 강력하게 반발하였다. 양국 간의 팽팽한 긴장감이 흐르던 가운데 2019년 7월 1일 일본 정부는 전격적으로 반도체 관련 3개 품목에 대한 수출규제조치를 발표하고 화이트리스트에서 한국을 배제하겠다고 예고하였다. 당시 세코 히로시게世耕弘成 경제산업대신이 밝힌 대한국 수출규제의 이유는 다음과 같다.

경위① 한국의 캐치올 규제가 불충분했고, 그동안 부적절한 사안이 다수 발생했음에도 불구하고 최근 몇 년간 한일 간 충분한 의견 교환이 이루어지지 못하고 있다.

경위② 최근 들어 이번에 수출을 규제한 품목첨단소재 3품목과 관련해서 한국의 수출관리에 부적절한 사안이 발생했다.

경위③ 더군다나 올해2019년 들어 지금까지 양국이 쌓아온 우호협력관
계를 뒤흔드는 사건이 연이어 발생했고, 강제동원 문제원문은 旧
朝鮮半島出身勞働者問題는 G20 정상회의 때까지도 만족스러운 해
결책이 제시되지 않는 등 한일 양국 간의 신뢰 관계는 심각하
게 훼손되었다.

경위④ 수출관리제도는 국제적인 신뢰 관계를 토대로 구축되는 것이
므로, 경위①~③으로 판단한 결과, 한국과의 신뢰 관계를 바탕
으로 수출관리를 해나가는 것이 더이상 곤란해졌다고 판단해
서, 이후 엄격하게 제도를 운용하기로 한다.

일본의 수출규제 발표 후 우리 정부는 상호주의에 입각해서 한국의
화이트국가 리스트에서 일본을 배제하고, GSOMIA의 연장 중지를 선언
하였으며, 첨단소재 3개 품목의 수출규제를 WTO에 제소하는 등 강경하
게 대응했다. 그러나 이후 초반의 강경 모드는 조금씩 누그러진 모습으
로 변해갔다. 2019년 11월 22일 조건부로 GSOMIA를 연장하고, WTO
제소를 잠정 정지하였으며, 이후 제7차2019.12.16와 제8차2020.3.10 한일 수
출관리 정책대화를 개최하였다. 한국 정부는 대외무역법을 개정하고 조
직을 개편하여, 일본 정부가 주장하는 수출규제의 사유① 한일 정책대화의 중단,
② 재래식 무기에 대한 캐치올 규제 미흡, ③ 수출관리 조직과 인력의 불충분를 모두 해소하였고,
2020년 5월 말까지 수출규제에 대한 입장을 회신해줄 것을 일본 측에게
요구하였다.[28] 그러나, 일본 정부가 특별한 회신 없이 규제 입장을 고수함

---

[28] 한국은 수출관리정책대화를 통해 소통하려는 노력을 지속하였으며, 기존의 무역안보
과를 3개과 30명 규모로 확대 개편하고 전략물자 안보 업무를 담당하는 '무역안보정
책관'을 신설했다. 또한 대외무역법을 개정하여 곧바로 시행(2020.6.19.)하였다.

에 따라,[29] 한국 정부는 조건부로 유예했던 WTO 제소 절차를 재개해,[30] 2020년 6월 29일 WTO 분쟁해결기구의 1심에 해당하는 패널 설치를 요구하기에 이르렀다.[31]

한일관계는 장기 저강도의 복합갈등 시대에 들어섰다.[32] 일본기업의 강제동원에 대한 한국 대법원의 배상 판결 처리를 둘러싼 역사갈등이 일본의 대한 수출규제를 촉발했고, 이에 대해 한국은 일본 상품 보이콧과 GSOMIA 종료 선언으로 맞섰다. 일본기업의 자산 매각과 현금화는 현재도 진행 중이며, 위안부 합의를 둘러싼 갈등, 후쿠시마 오염수 처리 문제 등 양국 간에 산처럼 쌓인 현안들은 좀처럼 해결될 기미가 보이지 않는다. 위태롭게 유지되어 오던 대일 투 트랙 접근도 문재인 정부에서 완전히 그 기능을 상실했다. 앞으로 한일 경제협력이 확장될 수 있는 여지는 과연 남아있을까? 다음 장에서는 그 가능성에 대해 전망해보고자 한다.

---

[29] 일본 정부는 한국 정부가 행한 조치의 실효성에 대해 시간을 두고 확인해야 할 필요가 있다는 입장을 현재도 견지하고 있다.

[30] 일본의 수출규제 이후 한국 정부는 일본을 WTO에 제소했으나(2019년 9월), 이후 한일간 '정상적인 대화'를 전제로 WTO 분쟁해결 절차를 일시적으로 보류하였다(2019년 11월).

[31] 향후 1심(패널심)과 2심(상소심)을 모두 거칠 경우 약 3년이 소요될 것으로 예상된다.

[32] 남기정(2021). "문재인 정부의 대일 외교와 한일 관계의 대전환: '장기 저강도 복합 경쟁'의 한일 관계로" 『동향과전망』 112 참조

4 ___ 한일 경제협력의 확장 가능성

(1) '탈일본화'에서 확인된 한일 경제협력

한일 간 경제적 격차가 축소되고, GVC 무역이 재편되면서 한국과 일본이 경제적으로 협력할 수 있는 공간은 협소해진 것처럼 보인다. 소부장 산업에서 기초기술 강국인 일본과 한국의 격차는 여전히 크지만 그렇다고 해서 한국이 일본에 대해 기술협력을 요구하던 1980~90년대와 지금의 상황이 같을 수는 없다. 수출규제 이후 정점으로 치닫던 정치·외교적 갈등은 가뜩이나 좁아진 한일 경제협력 논의의 장을 아예 없애버린 느낌이다. 그런데, 곰곰이 생각해보면, 정치·외교적 갈등이 한일 간 경제협력을 축소시킨 본질적인 이유는 아니다. 예컨대 2012년의 한일 간 정치·외교적 갈등이 한일 통화협력을 중단시켰다고는 하나, 사실은 한국과 일본 그 누구도 원-엔 통화스와프 연장에 절실한 입장은 아니었다. 통화스와프 연장이 무산된 이면에는 일본의 경제력이 예전만 못하고, 세계 경제가 달러 중심으로 돌아가기 때문에 한일 간 통화스와프의 실익이 생각만큼 크지 않다는 판단이 작용했기 때문이다.[33] 투 트랙 접근이라는 레토릭이

---

33 이창민(2021b). "한일 경제관계 개선 방안: 수출규제 해법" 『대전환 시대의 한일관계』 제이앤씨, p. 107

무색해질 정도로 이미 한국과 일본 사이의 경제협력은 정치·외교적 갈등의 현안과는 무관한 차원에서 다뤄지고 있었다. 개별 산업 차원에서 한일 경제협력을 바라보면 굉장히 복잡한 양상을 띠고 있다. 반도체와 같이 양국 기업 간 상호의존성이 강한 산업은 수출규제를 우회하는 방법으로 한일 간 기업의 협력이 지속되고 있다.[34] 반면 자동차산업은 비대칭적인 상호보완적 관계에서 대칭적인 상호경쟁 관계로 변화하면서 한일 기업 간의 협력보다는 경쟁적 측면이 더욱 강화되었다. 반면 자동차 부품산업은 현재도 한일 기업 간 협력이 활발한 분야이며, 컴퓨터, 배터리, 카메라 등 자동차산업의 외연이 확장되는 미래에는 더욱더 협력이 강화될 것으로 전망된다.[35] 자금, 기술, 인재 등 모든 측면에서 일본에 의존했던 철강산업도 이제는 자동차산업과 마찬가지로 한일 양국 기업이 대등한 관계에서 경쟁하고 있다. 그러나 최근 중국의 철강산업이 급속하게 성장하면서 한일 양국 기업은 새로운 한일 기업 간 제휴의 가능성을 타진하고 있다.[36] 이렇듯 한일 경제협력의 양상이 복잡해지는 가운데, 분명하게 말할 수 있는 것은 앞으로 전개될 한일 경제협력의 공간에서 정부의 역할은 매우 제한적일 것이라는 점이다. 1965년 국교정상화 이후 정부가 주도했던 자금협력, 기술협력, 통화협력의 시대는 끝나고, 앞으로는 한일 기업들의 합리적인 경영 판단의 결과로서 경제협력의 형태가 결정될 것이다.

한일 간 정치·외교적 갈등 또는 한일 양국 정부의 정책적 의도와는 상관없이 기업의 필요가 협력관계를 만들어낸 사례가 이번 수출규제이다. 수출규제 이후 2년 이상 시간이 흐른 현재, 부품, 소재, 장비 제품의 조달

---

34   김양희(2021). 앞의 논문

35   여인만(2021). "한일 자동차산업의 협력과 경쟁" 『일본비평』 24

36   아베 마코토(2021). "한일경제관계의 과거·현재·미래: 철강산업을 중심으로" 『일본비평』 24

에 있어 증폭된 불확실성(Ⓐ일반포괄허가에서 개별허가로 변경, Ⓑ캐치올 규제 적용, Ⓒ첨단소재 3품목의 수출규제은 실제로 한국경제에 부정적인 영향을 미쳤을까? 결론부터 말하면, Ⓐ일반포괄허가에서 개별허가로 변경, Ⓑ캐치올 규제 적용에 따른 부정적인 영향은 특별히 관찰되지 않았고, Ⓒ첨단소재 3품목 수출규제의 경우 불화수소만 대일수입 비중이 큰 폭으로 감소했다.**37** 이는 한국에서 주로 사용되는 소재가 처음부터 수출규제의 대상이 아니었으며, 일본의 수출기업들이 일반포괄허가와 유사한 특별일반포괄허가를 이용할 수 있었고, 캐치올 규제의 실질적 적용 또한 쉽지 않았기 때문이다. 물론, 한국 정부의 소부장 산업에 대한 전폭적인 지원과 기업의 기민한 대처수입처 다변화와 국산화가 피해규모를 축소시킬 수 있었다는 측면도 무시할 수는 없다.**38**

그런데 이번 수출규제를 통해 주목할 점은 한국 기업의 '탈일본화' 현상이다. 구체적으로는 일본이라는 공간을 벗어나더라도 여전히 일본기업과의 관계를 유지하는 '탈일본화'와 일본이라는 공간은 물론 일본기업과의 관계에서도 벗어나는 '탈일본기업화'라는 두 가지 방향으로 '탈일본화'가 진행되고 있다.**39** 후자는 한국기업이 국산화에 성공해서 수입대체

---

37 불화수소의 수입이 크게 감소한 이유는 화학무기로의 전용가능성이 높아 다른 두 품목에 비해 일본 입장에서 수출규제의 명분에 가장 부합하기 때문인 것으로 생각된다. 예컨대 불화폴리이미드와 포토레지스트의 수출허가를 얻기 위해서는 7종의 서류가 필요하지만, 불화수소는 9종의 서류가 요구될 정도로 심사요건이 더 까다롭다. 즉, 안전보장상의 이유로 수출규제를 할 수밖에 없다는 일본 정부의 입장에서 생각해 보면, 불화수소야말로 이번 수출규제 조치에 있어서 논리적인 정합성이 가장 큰 품목이라고 할 수 있다. 다만 불화수소는 국내기업이 확보한 재고, 수입처 다변화(대만), 순도가 낮은 국산제품으로 대체하는 것이 가능했기 때문에 결과적으로 한국 산업에 미친 영향력은 제한적이었다.

38 수출규제의 효과 및 평가와 관련해서는 오석진·이창민(2021). "수출규제 3품목 수입동향분석" 『인문사회21』 12(4) 참조

39 '탈일본화'와 '탈일본기업화'의 개념을 처음 제시한 것은 김양희(2021), 앞의 논문이다.

를 한 경우라고 할 수 있는데, 대표적으로 불화수소 생산에 성공한 솔브레인, SK머티리얼즈, 램 테크놀로지, ENF 테크놀로지 등이 그러하다. 그런데 이러한 국산화도 사실 일본기업과 직간접으로 연관이 되어 있다. 예컨대, 반도체용 불산액 개발에 성공한 솔브레인은 일본 스텔라케미파와의 합작사 휄트에서 불산원액을 생산해 삼성에 공급하고 있고, SK쇼와덴코昭和電工의 모회사 SK머티리얼즈는 2019년 말에 불화수소 시제품 생산에 성공해 2020년 6월부터 양산을 시작했다.[40]

국산화보다 더 주목하고 싶은 것은, 수출규제를 우회하는 형태로 한일 기업 간의 협력관계를 유지한 전자의 '탈일본화' 현상이다. 한일 기업 간의 협력관계를 유지한 '탈일본화'라는 것은 수출규제를 회피하면서도 이전의 서플라이 체인을 유지한다는 것인데, 구체적으로는 ① 일본기업이 한국에 생산거점을 마련하는 경우도쿄오카, 스미토모와 ② 일본기업이 제3국에 생산거점을 마련하는 경우JSR, 스텔라케미파, 모리타화학등이 있다. 수출규제는 직접규제 대상이 된 3품목뿐만이 아니라 한일기업이 포함된 GVC 전체에 불확실성을 증폭시키는 요인으로 인식되었기 때문에, 차제에 전체 서플라이 체인의 불확실성을 감소시키고자 하는 기업들의 움직임도 활발해지고 있다. 예전부터 일본기업들과 협력을 해 왔던 한국기업들은 수출규제를 계기로 일본 부품, 소재, 장비 기업의 한국진출 유치에 적극 나서고, 일본기업들도 이에 적극 호응하여 많은 일본 부품, 소재, 장비 관련 기업들의 대한투자가 이어지고 있다. 의도하지는 않았지만 수출규제가 일본기업들의 대한투자를 촉진한 셈이다.

40　김양희(2021). 앞의 논문, p. 37

(2) 미래사회 한일 경제협력의 가능성

정부 간 협력의 형태가 아닌, 민간 기업을 플레이어로 상정한다면 한일 경제협력의 공간은 지금보다 훨씬 더 확장된다. 구체적으로는 다음과 같은 분야를 생각해 볼 수 있다. 첫 번째, 성숙한 실버산업 시장인 일본, 그리고 성장하는 시장인 한국의 기업들이 만들어낼 수 있는 비즈니스 찬스이다. 일본은 세계 제일의 고령화된 사회이며 한국은 빠른 속도로 일본을 따라가고 있다. 일본의 경우, 65세 이상 고령인구 비율이 총인구의 7% 이상인 고령화 사회가 1970년, 14%인 고령사회가 1994년, 21%인 초고령사회가 2007년부터 시작되었고, 2020년 현재는 28.6%로 고령층 비율이 세계 최고 수준에 이르고 있다. 반면, 한국은 65세 이상 고령인구 비율이 총인구의 7% 이상인 고령화 사회가 2000년, 14%인 고령사회가 2018년부터 시작되었고, 2020년 현재는 15.7%이다. 일본이 고령화 사회에서 고령사회까지 24년 걸린 기간을 한국은 18년으로 단축시켰고, 앞으로 이 격차는 더욱 줄어 2040년을 전후로 고령층 비율이 역전된다는 추계도 있다.[41] 1,000조 원100조 엔이 넘는다고 얘기되는 일본의 실버산업 시장규모에 비해, 2020년 기준 70조 원대로 추정되는 한국의 시장규모는 현재로서는 일본과 많은 차이가 있어 보이지만 향후 그 격차는 빠른 속도로 줄어들 것이다.

한국의 실버산업 시장이 급속하게 커질 것으로 예상되는 지표는 인구분포에서도 확인해 볼 수 있다. 일본의 실버산업 시장이 급성장한 배경에는 단카이 세대1947~49년생라고 불리는 거대한 인구집단의 은퇴가 있었

---

[41] 国立社会保障·人口問題研究所「人口統計資料集」 2020에서는 2040년경 한일 간 고령층 비율이 역전될 것으로 추정하고 있다.

다. 한국의 경우에는 매년 80~90만 명씩 태어난 베이비 붐 세대1955~63년 생 및 포스트 베이비 붐 세대1964~74년생가 일본보다 훨씬 넓은 범위에 걸쳐 거대한 인구집단을 형성하고 있기 때문에, 이들이 고령층에 포함되는 2020~40년 동안 거대한 실버산업 시장이 형성될 것으로 예상된다. 이들은 교육 수준이 높고, 저축과 자산, 연금소득 등 경제적 기반이 탄탄하기 때문에, 예전처럼 '고령자 = 가난한 비주류층'이라는 통념은 점차 희석되고 부유하고 활동적이며 건강하게 장수하는 구매력이 큰 소비자로 등장할 것이다.

실버산업이 성숙기에 접어든 일본은 한국의 입장에서 보면 연구대상이자 모방대상이었다. 그러나 지금까지 한국, 특히 정부의 관심은 사회보장제도의 구축에 맞춰져 있었기 때문에, 예컨대 개호보험제도나 후기고령자의료제도와 같이 이전에 한국에 없었던 제도를 연구하고 도입하는 데 초점이 맞춰져 있었다. 반면 중소·영세기업 중심의 한국 실버산업의 특징으로 인해, 일본기업과의 관련성은 일본제 실버산업 제품의 수입과 모방 생산 정도에 그치고 있다.[42] R&D 투자와 전문적인 인재가 절대적으로 부족한 한국 실버산업은 일본기업과의 기술협력의 인센티브가 있으며, 일본기업의 입장에서도 성장하는 한국의 실버산업 시장이 충분히 매력적이라고 볼 수 있다. 특히 로봇을 이용한 의료와 요양, IoT, VR, AI 등 새로운 기술과 융합한 제품 및 서비스의 개발과 도입에 한일 기업의 협력 공간은 충분히 존재한다고 보여진다.

두 번째는 제3국 공동진출을 포함한 제조업의 글로벌 전개이다. 앞서 살펴본 대로 최근 10년 동안 한일기업 모두 생산거점을 ASEAN과 같은

---

42   渡邊雄一(2021).「高齢化に挑む韓國のシルバー産業と日本の経験」安部誠編『日韓経済關係の新たな展開』アジア経済研究所, pp. 118-119

해외로 이전하는 직접투자가 증가해 왔다. 결과적으로, GVC 무역의 재편 속에서 한일 양국만의 경제관계는 그 의미가 크게 축소되었지만, 뒤집어서 말하면 제3국에서 한일기업이 협력할 수 있는 여지는 더 커졌다고도 볼 수 있다. 그동안 제3국에서 한일 기업들은 해외자원개발이나 인프라 수주에서 성과를 거두어 왔다. 해외 자원 의존도가 높은 한일 양국은 앞으로도 자원개발 분야에서 자연스레 협력체제가 구축될 것으로 보인다. LNG 세계 1위, 3위 수입국인 일본과 한국은 무섭게 성장하는 중국으로부터 공급원을 뺏기지 않기 위해 개발이나 판매에서 협업하는 것이 양쪽 모두에게 유리하다. 인프라의 경우에도 한국은 시공관리와 가격 경쟁력에서, 일본은 기술력에 각각 장점이 있어서 상호 보완관계에 있다. 이 밖에도 ASEAN을 중심으로 콘텐츠, 헬스케어 등 서비스 분야의 공동진출도 충분히 고려할 수 있는 시장이다.

세 번째는 제조업-수직분업의 관계를 비제조업-수평분업까지 확대하는 것이다. 최근 10년간 제조업을 중심으로 형성된 수직적인 분업 관계와 만성적인 대일 무역적자 구조가 붕괴되기 시작하고, 한일 간 복합갈등의 시대가 전개되면서 양국 간의 경제협력도 축소균형으로 가고 있는 분위기이다. 그러나 한일 두 나라의 GDP에서 제조업이 차지하는 비중은 지속적으로 감소하고 있으며, 경제의 주역은 이미 서비스 산업으로 넘어갔다. 게다가 한일 양국 모두 성숙된 소비시장을 가지고 있어서 한일 기업들에게는 충분히 의미있는 기회를 제공하고 있다. 예컨대, 반일과 혐한 분위기가 정점에 달했던 2020년에도 일본 넷플릭스 화제작 톱10 중 한국 드라마가 다섯 편이나 올랐고, 한국에서는 일본 애니메이션 '귀멸의 칼날' 신드롬이 있었다. 한일 양국 국민에게 있어 정치·외교적 갈등과 문화 콘텐츠 소비는 완전히 분리되어 있다고 볼 수 있다. 한일 양국이 보유한 풍부한 문화 콘텐츠를 생각해볼 때 서비스 무역의 확대는 앞으로가 더욱 기대된다. 또한 제조업의 수직분업적 성격이 옅어지면서 일부에서 산업 내 무역이 진전되기도 하였으나, 양국 산업구조나 기업 사업전략의 유사성 등으로 양국 간의 수평분업이 크게 진전되었다고 평가하기는 어렵다. 이를 위해서는 FTA의 실질화 등 높은 단계의 시장통합이 필요하다.[43]

네 번째는 탄소중립, 디지털 혁명, 신뢰할 수 있는 GVC 구축과 같은 신통상 이슈에서의 협력이다. EU의 그린 딜을 시작으로 2050년까지 탄소중립을 선언한 나라는 현재까지 125개국, 1지역에 이르며, 이들 국가 및 지역은 전 세계 GDP의 65%, CO2배출량의 63%를 차지하고 있다. 2020년 10월 26일 임시국회 소신표명연설에서 스가 요시히데菅義偉 총리는 2050년까지 온실효과 가스 배출 제로를 목표로 하는 탄소중립, 탈탄소 사회의 실현을 선언했고, 이틀 뒤인 28일 문재인 대통령도 국회 시정연설을 통해 '2050 탄소중립 계획'을 처음으로 천명하였다. 탄소중립 정책은 한일 양국 산업의 새로운 기회이면서 동시에 기존 산업의 경쟁력을 위협하는 양날의 칼이 될 수 있다. 문제는 한일 양국 모두 2050년까지 탄소중립을 달성할 수 있는 기술적인 기반을 갖추지 못했다는 것인데, 이 점이 양국의 기업 및 대학, 연구소 간 협력의 가능성을 제공한다. 한일 양국이 강점을 가지고 있는 차세대 원전 기술의 개발 협력은 물론, 탈탄소 기술과 규격을 선점하여 이를 아시아 개도국의 탄소 중립화에 지원하는 형태로 제3국 공동진출도 가능하다.

디지털 혁명이 거의 모든 제조업과 서비스업으로 확산되면서 한일 양국이 산업 트랜드 변화에 공동대응할 수 있는 여지가 있다. 코로나19의 팬데믹은 디지털 사회의 실현을 앞당겼으며, 전통적인 상품무역의 시대, GVC 무역의 시대를 거쳐 본격적인 디지털 무역의 시대가 전개되고 있

---

43 아베 마코토(2021). 앞의 논문, p. 11

다. 그러나 일본은 견고한 레거시 시스템 때문에 좀처럼 디지털 전환에 속도를 내지 못하고 있는 실정이다. 이러한 점에서 일본과 문화적 유사성이 높고, 디지털화에 앞서 있는 한국의 IT기업들에게 일본진출의 기회는 많아졌다. 실제로 일본의 여러 지자체에서는 코로나19의 실태 파악 및 예방접종 등에 국민 메신저로 불리는 LINE을 이용하고 있다. 뿐만 아니라 미국, 중국에 비해 상대적으로 약점을 보이고 있는 AI, 클라우딩 컴퓨팅 기술의 협력은 물론, 스마트 시티와 같은 차세대 인프라 기술의 개발을 통한 제3국 공동진출에도 한일 기업협력은 여전히 유효하다.

신뢰할 수 있는 GVC 구축에도 한일 경제협력의 공간은 존재한다. 미중 기술 패권 경쟁이 치열해지는 가운데, 미국 바이든 대통령은 2021년 2월 반도체, 배터리, 의약품, 희토류 등 4개 품목에 대해서 신뢰할 수 있는 서플라이 체인의 구축을 선언하였다. 일본도 같은 해 4월 일미 정상회담, 5월 일EU 정상회담, 이후 QUAD미국, 일본, 인도, 호주 회담을 통해 뜻을 함께하는 국가들有志國, 이하 유지국과 연계하여 신뢰할 수 있는 서플라이 체인을 구축할 것을 천명하였다. 그런데 이러한 일본의 글로벌 공급망 구축을 위한 유지국의 틀 안에 한국의 존재는 없다. 일본은 반도체 소재·제조장치 기술을 다른 국가가 대체할 수 없는 전략상 초크포인트choke point 기술로 인식하고, 공급망의 실태 파악과 아울러 기술보호, 산업육성 등 국내대책을 추진하고 있는데, 이 과정에서 대만의 파운드리 기업TSMC을 유치하는 등, 미국-대만-일본으로 이어지는 반도체 GVC 구축에 힘을 쏟고 있다. 미중 사이에서 양자택일에 대한 딜레마를 강조하는 현재 한국의 입장이 앞으로 변화한다는 전제하에, 반도체를 비롯한 첨단산업 GVC 구축에서 일본과 좀 더 적극적인 협력관계를 만들어갈 수 있을 것이다.

5 ＿＿ 결론

1965년 국교정상화를 기점으로 제공되기 시작한 일본의 엔 차관은 한국의 경제개발에 중요한 마중물로 활용되었고, 동시에 일본기업의 대한수출과 대한투자를 유발하는 연결고리로서도 기능했다. 이렇게 시작된 한국의 수출주도공업화는 이후 55년 이상 한일 경제관계의 일상적인 어젠다로 자리잡게 되는 수직적인 분업 관계와 만성적인 대일 무역적자 구조를 탄생시켰다. 청구권자금으로 시작된 일본 정부의 대한 자금협력과 기술협력은 적어도 1980년대까지는 큰 틀에서 변함없이 유지되었다. 이후, 1990년대부터는 엔 차관이 종료되고 민간 기술협력 중심으로 한일 경제협력의 형태가 변화하였고, 1997년에는 한국이 외환위기를 겪으면서 통화스와프라는 새로운 형태의 통화협력도 시작되었다. 2008년 글로벌 금융위기 속에서 한국이 큰 위기 없이 넘어갈 수 있었던 데에는 이러한 원-엔 통화스와프의 역할도 컸다. 결론적으로 1965년 이후 45년 동안 한일 경제협력은 자금, 기술, 통화 등으로 협력의 형태가 시대에 따라 변해가면서도 중단없이 이어져 왔다.

그런데, 2010년대에 들어서면서 견고해 보이던 수직적인 분업 관계와 만성적인 대일 무역적자 구조에 균열이 생기기 시작했다. 한국기업의 국산화 성공, 일본기업의 대한투자 증가, 한국기업의 대외투자 증가라고 하는 세 가지 원인이 이러한 변화를 촉진했다. 그리고 이러한 세 가지 원인 뒤에는 더 본질적인 두 가지 구조적 변화가 있었다. 첫 번째는 한일 경제력 격차의 축소이고, 두 번째는 한일을 포함한 GVC 무역의 재편이었다. 그 결과 한국과 일본 두 나라만의 경제관계는 예전처럼 큰 의미를 갖기가 어려워졌고, 자연히 두 나라의 경제관계는 축소균형으로 수렴하는 것처럼 보였다. 거기에 더해 한일 양국은 투 트랙 접근이 어려운 장기 저강도의 복합갈등 시대에 들어섰으며, 앞으로는 한일 경제협력의 공간이 아예 존재하지 않을지도 모른다는 예상을 하는 사람들도 많아졌다.

그러나 아이러니하게도 이번에 단행된 일종의 수출규제 실험은 한일 간 갈등 현안과 상관없이, 필요가 있다면 기업들이 얼마든지 협력관계를 만들어 낼 수 있다는 사실을 증명하였다. 한일 기업들은 수출규제를 우회하는 형태로 기업 간의 협력관계를 유지하였고, 차제에 서플라이 체인의 불확실성을 해소하기 위한 일본기업들의 대한투자도 이어지고 있다. 이렇듯 민간 기업을 플레이어로 상정한다면 앞으로 한일 경제협력의 공간은 지금보다 훨씬 확장될 수 있다. 첫 번째는 성숙한 실버산업 시장인 일본, 그리고 성장하는 시장인 한국의 기업들이 만들어낼 수 있는 비즈니스 찬스이다. 두 번째는 제3국 공동진출을 포함한 제조업의 글로벌 전개이다. 세 번째는 제조업-수직분업의 관계를 비제조업-수평분업까지 확대하는 것이다. 마지막으로 네 번째는 탄소중립, 디지털 혁명, 신뢰할 수 있는 GVC 구축과 같은 신통상 이슈에서의 협력이다.

새 시대의 한일문화교류
- 도전과 극복의 과제들

정 구 종

한일문화교류회의 위원장

1 ___ 한일관계의 회복과 정상화를 향하여

한일 두 나라 문화의 상호 수용과 공유는 멀리 도래인의 역사로부터 최근 코로나19 대유행 속의 제4차 한류 붐에 이르기까지 양국 국민 간의 우호협력 관계를 지켜나가는 토대가 되고 있다. 한일 간 문물과 문화의 만남은 2천 년 이상을 거슬러 올라간다고 한일의 역사학자들은 말한다.[1] 한국과 일본이 1965년 일제의 식민지 지배라고 하는 불행한 역사를 딛고 국교정상화를 통해 새로운 관계를 수립한 지 60년이 가까워지고 있다. 그러나 일본군 위안부 문제와 강제징용 근로자 개인 보상 문제 등 과거사를 둘러싼 정치·외교적 대립이 계속되고 있다.

이 같은 갈등상태의 지속은 21세기 들어서 가까스로 조성되고 있는 한일 우호협력 분위기와 양국 국민 간의 상호인식에 부정적인 요인으로 작용하고 있다. 2000년대에 들어서 한일 간 양국 정상이 해마다 오가며 만나고 대화하는 '셔틀외교'의 시대를 열어가는 듯했으나, 최근 수년 이래 정상회담조차 제대로 갖지 못하는 냉각기 속에 서로를 가둬두고 있는 모양새다.

---

[1] 일본 공영방송 NHK는 2009년 4월부터 매달 1회씩 10회에 걸쳐서 교육TV를 통해 「일본과 조선반도 2000년」이라는 프로그램을 방영했다. 일본에 의한 한국병합100년을 앞두고 제작된 이 특집 프로그램에서 한일의 역사학자들은 한일교류의 역사는 2000년 이상을 거슬러 올라간다고 밝혔다.(정구종(2015). 『한일교류 2천년-새로운 미래를 향하여』 나남)

더구나 2019년 가을 이래 세계적으로 확산되고 있는 코로나19의 대유행으로 인하여 상호방문이 사실상 차단되는 출입국 제한조치가 2년째 계속됨으로써 연간 1천만 명을 기록했던 양국 국민 상호왕래의 발길도 거의 끊긴 상태이다.

그런 가운데에서도 문화교류의 노력과 움직임은 온라인 등을 통한 활동과 공연, 전시회 등을 통해 새 활로를 모색하는 등 스스로 진화하는 가운데 만남과 공유의 광장을 찾아 나서고 있다. 머지않은 시기에 코로나19 위기가 진정되어 상호왕래가 다시 회복될 것에 대비하여 문화교류 및 국민교류의 복원과 정상화를 향한 해법을 찾아 나설 때이다.

한국은 2022년 3월 새 대통령이 선출되며, 일본에서는 기시다 후미오 岸田文雄 수상의 정부가 2021년 10월에 발족했다. 한일 간에는 국민교류, 문화교류 등 관계회복의 과제가 기다리고 있다. 한일 양국은 2000년 이상의 역사 속에 쌓아온 우호협력의 값진 자산을 활용하여서 「과거 회귀적」인 답보상태를 벗어나 미래지향적인 새로운 지평으로 나아가야 할 것이다. 한일 갈등을 넘어서 양국 관계를 정상화하기 위해서는 정치·외교적인 환경조성이 무엇보다 필요한 때이며, 이를 이끌어 나아갈 문화 교류·인적 교류 부문의 새로운 역할이 요구되고 있다.

이 글에서는 필자가 지난 20년 동안 참여해 온 한일 교류네트워크인 「한일 포럼」, 「한일 문화 교류회의」, 「한중일 문화교류 포럼」 등 한일을 비롯한 동아시아 3국 사이의 대표적인 민간 문화교류기관의 활동과 사업 등을 중심으로 한일 문화교류의 과거와 현재를 되돌아보고 앞으로의 한일 관계 정상화를 향한 새로운 방향 및 제언을 제시해 보고자 한다.

2 ____ '한류'의 기폭제가 된
일본 대중문화 개방

(1) 김대중 대통령의 일본 대중문화개방 결단

한일 양국이 정치·외교·과거사 인식을 둘러싼 대립과 마찰로 갈등을 빚고 있는 가운데서도 문화·경제·학술 교류는 민간단체 등이 중심이 되어 착실한 진전을 거듭해 왔다. 이에 따라 양국 국민 간의 교류도 확대되어 왔다. 양국 관계가 지나치게 현실의 정치·외교적인 문제에 매몰된 탓에 시민 레벨에서 활발히 전개되고 있는 문화교류 등이 부각되지 않았던 것이다. 이 같은 투 트랙적인 어프로치의 발전은 한일관계가 정치권의 현안을 둘러싼 마찰과 대립을 넘어서 경제·학술·문화 등 다양한 섹터에서 진행되는 「각론의 시대」로 접어들었음을 의미한다.[2]

이 가운데서도 한국과 일본의 문화·예술 교류는 국경 없이 넘나드는 공유의 시대를 맞이하고 있다. 특히 문화교류는 2000년대 이후 과거의 이질감과 터부를 넘어서 상호수용의 선순환을 거듭해 왔으며, 그 계기는 한국 정부의 일본 대중문화개방 조치가 출발점이 되었다.

1998년 10월 김대중 대통령과 오부치 게이조 수상은 한일정상회담에

---

[2]   정구종(2017). "한일관계, 「總論」을 넘어 「各論」의 시대로" 「韓日協力」 2017년 봄호, 한일협력위원회

서 「한일관계 공동선언-21세기를 향한 새로운 한일 파트너십」에 서명했으며, 한국은 이 정상회담 실행방안의 하나로 일본의 대중문화를 단계적으로 개방하는 조치를 내렸다.

그동안 국내에서는 일본 대중문화에 대해 '왜색의 저질문화'라는 경계심으로 유입이 금지되어왔다. 김대통령은 한일관계 재설정의 입장에서 일본 대중문화개방을 신중히 검토하기 시작했으며 각계의 의견을 들었다. 필자는 당시 정부의 위촉으로 발족한 한일문화정책 자문회의위원장 지명관의 한 멤버로서 참여하였고, 자문회의는 일본 대중문화개방에 대한 정부의 자문에 대해 "긍정적인 검토"를 건의하였다. 김대통령은 국내의 일부 우려와 반대 속에서도 한일관계의 새 시대를 여는 상징적인 조치로서 일본 대중문화개방의 결단을 내렸다.

(2) 영화 「쉬리」, 드라마 「겨울연가」, 월드컵 공동개최 속의 제1차 한류 붐

일본 대중문화개방은 양질의 콘텐츠에 국한하여 국내유입을 허락하는 단계적인 조치로 실행되었다. 우선 국제영화제에서 수상한 일본 영화가 국내에 선을 보였다. 「러브레터」, 「철도원」 등의 일본 영화는 큰 저항 없이 국내 관객들의 관심을 끌었다.

일본 영화의 국내 수입허가 조치를 전후하여서 한국 영화의 일본진출도 시도되어 「쉬리」가 2000년 일본에서 개봉, 18억 원의 흥행수입을 올렸다. 「내 머리속의 지우개」 등도 한국 영화에 대한 일본 대중의 인식을 새롭게 한 것으로 평가되고 있다.

당시 한국문화를 지키기 위해 일본 대중문화의 국내개방을 계속 제한해야 한다는 여론이 높았다. 일본의 한류 연구전문가인 나리카와 아야는 "그런데 결과는 반대로 나왔다. 한국 정부가 일본 대중문화를 개방하면서 오히려 일본에서 한국문화에 대한 관심이 높아진 것이다"[3]라고 평가하고 있다.

일본 대중문화의 한국 내 유입 및 개방조치가 오히려 일본에서 한국문화에 대한 일본 국민의 인식을 새로이 하고, 그 결과 한류 붐을 만들었다는 배경을 설명하는 일본인 저널리스트의 진단인 것이다.

영화로 시작된 한국문화 콘텐츠의 일본 진출은 드라마로 이어졌다. 2003년 NHK에서 방송된 배용준 주연의 「겨울연가」는 일본의 중년층 여성 팬들을 중심으로 한 폭발적인 인기 속에서 제1차 한류 붐을 일으켰다.

「겨울연가」 팬들의 한국 관광이 붐을 이룬 시기를 전후해서 한일 국민 간의 상호왕래가 활발해졌다. 한일 문화교류의 활성화와 함께 2002년 한일 월드컵 공동개최의 열풍으로 양국 국민의 인식에 변화가 일기 시작한 것이다.

일본에서의 한류는 그 후 2차, 3차, 4차에 이르는 붐으로 이어졌고, 한국에서도 J-POP, 일본 드라마 등 '일류日流'가 젊은 팬들의 관심을 끄는 등 한일문화 콘텐츠의 상호공유는 국민교류를 이끄는 견인차가 되었다. K-POP, J-POP 등 한일 가수의 공연이 두 나라 젊은 팬들에게 스스럼없이 환영받는 가운데 서로의 문화 콘텐츠를 즐기며 받아들이는 시대로 이어졌다.

시기적으로 2000년대 후반까지는 한일 간에 과거사 문제 등으로 인한 갈등과 마찰 없이 비교적 안정적인 관계가 계속되면서 문화교류가 점진적으로 발전해갔다.

---

3   나리카와 아야(成川彩), "K팝·영화–문화교류 늘수록 한일간 편견·차별 사라진다"(「중앙일보」 2021.9.11.) 나리카와 아야는 아사히 신문의 문화담당기자 출신으로 한국의 문화·영화 등을 연구하러 유학왔으며 한류 등을 테마로 칼럼을 발표하는 프리랜서이다.

3 ___ 한일 정상 간의
정치적 결단이 중요

(1) 김영삼·호소카와 한일 정상회담과 「한일·일한 포럼」 발족

90년대 이후 지난 30년 동안의 한일 간 교류가 진전되어 온 과정을 되돌아보면 두 나라 정상 간의 합의와 결단 등 적극적인 이니시어티브가 견인차 역할을 해 왔음을 알 수 있다. 1993년 김영삼 대통령과 호소카와 모리히로 수상의 정상회담에서는 한일의 국회의원, 경제인, 언론인, 학술 및 사회문화계의 유식자 그룹이 대화할 수 있는 「한일·일한 포럼」을 발족시켰다. 한일의 유식자 60여 명은 해마다 3~4일간의 주제발표와 토론회를 개최하고 양국의 현안들에 대한 진단과 토론 등의 대화를 거듭해 왔다. 2021년 29회째를 맞은 한일 포럼은 코로나19 방역 비상으로 온라인 화상회의로 진행되고 있다. 한일·일한 포럼은 유식자 대화의 결과를 양국 정부 및 관련 기관에 제출하여 정책에 참고하도록 하고 있다. 2015년부터는 한일 차세대의 토론방인 주니어 포럼을 부차적인 프로그램으로 진행하고 있다.

(2) 김대중·오부치 한일 정상회담과 「한일 문화교류회의」 발족

한일 문화예술인 간의 대화네트워크도 김대중 대통령과 오부치 게이조 수상의 한일 정상회담에서 설립이 합의되어 「한일·일한 문화교류회의」가 발족했다. 한일 양국은 1998년 김대중 대통령의 일본 국빈 방문 때에 양국 정상 간 합의·발족 된 「21세기의 새로운 한·일 파트너 십 공동선언」의 정신을 살리고 그 이후 조성된 양국 간 우호협력 분위기를 보다 실질적·구체적으로 발전시켜 나간다는 차원에서 1999년 3월 서울에서 열린 한일정상회담에서 한일·일한 문화교류회의의 설립에 합의하였고, 그 해 6월에 한일 양측에서 동시에 발족되었다.

한일 양국 간의 문화예술 교류 촉진 문제를 폭넓게 협의하면서 교류 증진을 위한 정책 제언 등을 통하여 양국 관계 발전에 기여함을 목표로 하는 민간 레벨의 네트워크이다. 한국에서는 당초 일본 대중문화개방에 대한 자문기구였던 「한일 문화정책 자문위원회」가 발전·확대되어 문화예술계 인사 11명으로 구성된 제1기 한일문화교류회의위원장 지명관가 발족했다. 문화체육관광부의 위촉을 받은 국제문화교류 활동이다.

제1회 서울 합동회의1999년 9월에서는 한일 여성 미술 교류를 비롯하여 연극 교류, 유네스코 문화유산 공동 등재, 월드컵 기념행사 공동개최 등의 제안이 있었다. 매년 양국에서 교차 개최된 합동회의에서는 한일작가들의 작품 낭송회, '한일 영상물 공동제작 협정' 제안 등 미래지향적 문화예술·스포츠 교류의 활성화·방안이 논의되었다.

(3) 이명박·하토야마 한일 정상회담과 문화교류 지속의 확인

한일 문화교류회의의 제2기위원장 김용운 후반에 일본 측에서 정부의 예산지원 어려움 등을 들어서 사업을 지속하기 어렵다는 의견이 제기되었다. 한국 측은 이 교류사업이 1999년 한일 정상회담의 합의에 의해 발족되었고, 2003년 노무현 대통령과 일본 고이즈미 준이치로 수상의 정상회담에서도 사업의 계속이 확인되었다는 점을 들어서 지속적인 교류와 소통을 일본 측에 촉구했다. 동시에 2009년 10월 이명박 대통령과 일본 하토야마 유키오 수상과의 정상회담에서 의제로 올려 인적교류를 포함한 문화교류가 매우 중요하다는 인식을 공유하고 교류사업의 계속을 한일 양국 정상이 합의함으로써 제3기 한일 문화교류회의가 오늘에 이르렀다.

한일·일한 문화교류회의는 공통의 과제와 기념행사 등이 있을 때마다 이를 적극 지원하고 참여함으로써 한일 간에 양적으로 확대되는 국민 교류, 문화교류의 견인차 역할을 해왔다. 2002년 10월에는 월드컵 한일 공동주최의 성공으로 크게 향상된 한일 국민의 상호 이미지 개선과 상호 방문 확대를 바탕으로 한일 문화교류의 적극 확대를 거듭 촉구하는 「한일 문화교류에 관한 공동선언서울선언」을 발표했다.

2005년 한일 국교 정상화 40주년을 기념하여 양국 정부가 설정한 「한일 우정의 해」의 상징적인 교류 행사로 발족한 민간 문화축제 행사인 「한일·일한 축제 한마당」의 교류사업에도 후원 기관의 하나로 참여하였다.

2011년 3월의 서울 합동회의 때는 회의 기간 중 일본에서 3·11 대지진이 발생, 수많은 인명 피해가 발생한 상황을 접하고 동일본대지진 희생자에 대한 심심한 애도와 위로를 전하였다. 동시에 한국에서도 민간 자원봉사자를 비롯한 재해 복구지원 사업을 위한 인적파견과 물자지원을 제언하기도 했다.

2018년 10월 한일 문화교류회의는 조선통신사의 유네스코 세계기록
유산 공동등재를 기념하는 국제학술회의를 서울의 한국프레스센터에서
개최했다. 이 학술회의에서는 조선통신사 유네스코 세계기록유산 등재
공동추진위원장인 장제국 동서대 총장과 나카오 히로시 공동등재 일본
학술회의 회장이 각각 기조 강연을 통해 「조선통신사 선린외교와 한일관
계」에 대해 평가하고 한일문화교류의 향후 전개 방향에 대해 의견을 제시
했다.

또한 조선통신사 유네스코 기록유산 한일 등록 리스트에 대해 마치다
카즈토 시모노세키 역사박물관장의 해설 및 일본에서 조선통신사의 자료
수집과 보존에 기여한 재일한국 학자 신기수에 대한 업적평가오사와 켄이치
오사카 역사박물관 학예과장 등이 있었다.[4]

마침 한일 21세기 공동선언 20주년을 맞아 개최된 이 국제학술 회의
에는 「일본 대중문화개방 20년과 한일국민교류 1천 만명 시대」를 주제로
한일 양측의 학자 및 전문가들의 발표와 토론이 함께 진행되어 대중문화
개방 20년을 돌아보는 한편 향후의 문화교류 확대 방향 등에 대한 다양한
의견들이 제시되었다.

---

4 조선통신사 유네스코 세계기록 유산 한일 공동 등재기념 국제 학술회의는 2018년 10
월 12일 한국 프레스센터 19층 기자회견장에서 개최되었다. 「한일 21세기의 새로운
파트너십 공동선언」 20주년을 기념하여 개최된 이 국제학술회의는 한일 문화교류회
의가 주최하고 문화체육관광부, 주한 일본대사관, 동아일보사가 후원하였으며 도종환
문화체육관광부 장관과 주한 일본 대사관의 나가미네 야스마사 대사가 참석하여 축사
했다. 이 학술대회에서 일본 시모노세키 역사박물관의 마치다 카즈토 관장이 발표한
조선통신사 세계기록 유산의 한일 등록리스트 및 조선통신사 유물을 일본에서 수집보
관한 신기수의 생애와 컬렉션 자료 등은 『한일 문화교류의 과거, 현재, 미래』(한일문화
교류회의, 2018년)에 수록되어 있다.

4 ___ 한일문화 교류의 원류源流를 재현 – 한일 「同行」 공연의 탄생

　제11회 교토회의2011년 9월에서는 한국 측에서 앞으로의 양국 문화교류회의 공동사업으로 심포지엄이나 세미나 이외에 '한일 전통문화 예술 공연'의 개최를 제안하여, 2012년 서울 개최 때부터 한일의 현대와 전통을 어우르는 문화예술 공연이 실행되었다.

　"한일이 함께 가자"는 뜻으로 「동행同行」이라는 타이틀을 붙인 공연은 2021년 9회째를 맞았다. 제1회 「동행」공연은 2012년 5월 서울 국립극장 해오름극장에서 5백여 명의 관객이 만석을 이룬 가운데 한국 전통무용, 일본의 가부키, 한일 발레, 한일 전통 군무, 이루마와 구라모토 유키의 한일 피아노 연주 등이 소개되었다. 제2회는 2013년 12월 도쿄 주일한국문화원 한마당홀에서 3백여 명의 일본 관객이 참석한 가운데 진행되었다. 「동행」공연은 한반도의 고대국가인 백제·신라에서 일본에 문물을 전수하던 교류 활동을 중심으로 한일문화교류의 원류를 찾아서 한일 출연자들이 이를 재현하는 무대가 되었다.

　제4회째2015년 10월는 미야자키현 난고손南鄕村에 현재에도 전래되고 있는 「일본 백제 춤」을 테마로 공연하였다. 난고손의 「백제 마을」에서 해마다 주민들에 의해 재현되고 있는 고대의 백제 춤 「시와스 마쓰리」의 현지 연기자들이 한국에 초청되어 재현하였다. 한일 국교정상화 50주년을 기념하여 개최된 이 공연은 일본에 건너갔던 백제왕의 「귀향」이라는 타이

틀 아래 백제의 옛 도성이던 부여, 공주와 서울 세 도시에서 1천여 명의 관객이 관람하였다.[5]

2017년 11월 서울 국립극장 하늘극장에서 개최된 제6회 「同行」공연에서는 일본의 만요슈万葉集에 기록된 고대 한일 간의 사신 교류의 역사를 재현한 창작극이 선을 보였다. 일본의 국민 배우 마츠자카 케이코松坂慶子가 직접 배워서 연기한 이 창작극은 신라시대 선린우호를 위해 일본으로 건너간 사신들의 방문기와 이들을 맞이한 일본 궁중의 환영연을 테마로 하였다.

코로나19 팬데믹 직전의 2019년 10월 일본 오사카 산케이홀 브리제에서 열린 제8회 「同行」공연에는 한국에서 판소리의 안숙선 명창과 디딤 무용단 국수호 단장 등, 일본에서는 노能의 무형문화재 보유자 사쿠라마 우진과 고토 연주자 등 한일 전통공연예술의 명인 30여 명이 출연하였다. 객석을 가득 메운 1천여 명의 일본 관람객들은 한일의 대표적인 전통예술 공연 교류를 성원하는 박수갈채를 보냈다.

---

5 「시와스 마쓰리」(師走祭り)는 일본 큐슈의 미야자키현 히가시 우스키 군 난고손(南郷村)에 1,300여년 전 백제왕 일가가 이곳에 망명해와 정착해 살았다는 '백제왕 전설'을 재현한 축제이다. 마을 주민들은 백제왕족이 가져왔다는 24개의 구리 거울 등을 보물로 간직하고 있으며 백제왕을 기리는 축제를 해마다 벌이고 있다. 1990년대 중반에 '백제 마을 만들기'운동을 전개하여 백제관을 건립하였고, 백제왕족의 유물을 보관하는 정창원(西の正倉院)을 세우기도 했다. 「시와스 마쓰리」는 마을의 전통 가무로 이어져 매년 섣달 그믐날 저녁에 과거의 축제를 재현하는 행사로 계속되어 오고 있다.(정구종, 「한일교류 2천년」, 2015)

5 ___ 「한·일」을 넘어 동아시아를 시야에
– 「한중일 문화교류포럼」 발족

(1) 동아시아 문화 공동체 향한 민간 교류 네트워크

한일·일한 문화교류회의는 한일 양국 간의 문화교류를 넘어서 중국도 포함시키는 한중일 문화교류포럼을 발족시킴으로써 문화적 교류의 외연을 동아시아로 확대·발전해 갔다. 일본 측 문화교류회의 제2기 위원장인 히라야마 이쿠오 도쿄예술대학 총장이 "동아시아의 문화교류를 생각할 때 중국을 포함시켜야 한다"고 제안하여, 한일·일한 문화교류회의의 주요사업으로 2005년 한중일 문화교류포럼을 발족했다.[6]

이 포럼에는 한중일 3국의 지식인·문화예술인들이 참여하여 해마다

---

6   한중일 문화교류포럼은 한일·일한 문화교류회의의 부설 동아시아 문화교류 네트워크로서 일한 문화교류회의 제2기 일본측 회장 히라야마 이쿠오(平山郁夫) 도쿄 예술대학 총장의 제안을 한일문화교류회의가 받아들여 2005년에 발족했다. 이 포럼은 한중일 3국 지방 문화교류를 지원·촉진한다는 뜻에서 3국의 지방도시에서 개최되고 있다. 발족이래 현재에 이르기까지 한해도 거른 적이 없이 계속되어 와 16회째를 맞고 있다. 한일, 일중 등 2국 간의 외교적 마찰이 있을 때도 한 차례도 쉬지 않았다. 그만큼 이 포럼을 중요시하는 3국 관계자들의 뜻이 배경이 되고 있다. 역대 참가자 들은 한국에서는 김용운 제2기 포럼회장을 비롯, 공로명 전 주일대사·전 외무장관, 권병현 전 주중대사, 박삼구 전 한중우호협회 회장 및 필자 등, 중국에서는 중국 외교부의 대외 민간교류 창구인 중국 인민대외우호협회의 리샤오린(李小林) 전 회장, 린쑹톈(林松添) 현회장 등이, 일본에서는 오구라 카즈오 전 주한일본대사, 미야타 료헤이 전 문화청장관, 사와 카즈키 도쿄 예술대학 총장 등이 참여했다.

문화교류를 테마로 한 세미나와 역사 현장 탐방 등의 기회를 마련함으로써 동아시아의 문화공동체를 지향하는 민간대화 네트워크를 운영해 가고 있다. 대화와 토론뿐 아니라 3국의 전통예술공연 및 서화전 등을 현장에서 실연하기도 한다.

2011년 제7회 한중일 문화교류포럼은 경주에서 열린 세계문화 EXPO에 맞추어 개최되었다. 한국은 봉산탈춤, 중국은 변극, 일본은 노能의 전수자들이 경연하면서 3국에서 발전해 온 탈춤의 원류를 찾아 나서기도 했다. 700여 명이 야외극장에서 3국 탈춤을 관람했다.

(2) 한중일 차세대가 3국어로 합창하는 "우리들은 미래!"

한중일 문화교류포럼은 3국의 차세대에게 문화예술 교류의 중요성을 일깨우고, 미래를 향하여 함께 나아갈 것을 권유하자는 뜻에서 3국 어린이들의 합창공연을 개막프로그램으로 시작하였다.

2013년 제9회 포럼이 일본 니가타현의 사도섬佐渡島에서 열렸다. 이 섬에는 중국 정부가 일본과의 국교정상화 때 우정의 상징으로 기증한 따오기 20마리가 번식해서 무리를 이루고 있다. 이 포럼에서 미야타 료헤이 후에 문화청 장관 일본 측 부위원장이 한중일 3국 어린이들이 미래를 향해 함께 나아가자는 내용의 "우리들은 미래"라는 동요를 처음으로 소개, 30여 명의 일본 현지 소학교 어린이 합창단이 한중일 3개 국어로 불렀다.

이 동요는 3국에서 포럼이 개최될 때마다 현지의 초중학교 어린이 합창단이 개회식에서 불러 포럼의 주제곡이 되었고, 3국 포럼 멤버들도 따라 부르면서 외우기도 했다.

한중일 문화교류 포럼은 2005년 발족한 이래 한 해도 쉬는 일 없이 해마다 한중일의 3국에서 번갈아서 개최되었다. 그동안 중국과 일본은 댜오위댜오_{일본명} 센카쿠 열도 섬을 둘러싼 해상 마찰이 몇 차례 일어나 각종 단체들의 일중 간 국제회의와 교류 등이 일시 중단되기도 했다. 그러나 2012년 10월 센카쿠 분쟁 속에서도 중국 측은 한국과 일본의 포럼 멤버들을 우시無錫에 초대하여, 제8회 포럼이 「문화의 포용과 융합」을 테마로 무사히 개최되었다.

일중 또는 한일 등 2국간 마찰은 자주 일어나고 있으나 한중일 3국 문화교류포럼은 그 같은 갈등을 넘어서 3국 관계의 균형을 이루는 축으로서 역할을 해 오고 있음이 확인된 것이다.

(3) 문화교류포럼, 3국 올림픽의 성공적인 개최를 기원

한중일 3국은 2018년부터 2020년에 걸쳐 2년마다 한 차례씩 올림픽을 개최하게 됨으로써 동아시아에서 세계적인 스포츠 제전을 잇따라 열게 되는 기회를 가졌다.

2017년 제13회 한중일 문화교류 포럼은 평창 동계 올림픽을 앞두고 개최 예정지의 하나인 강릉에서 열렸다. 2018년 평창, 2020년 도쿄, 2022년 베이징 올림픽을 잇는 문화예술 교류를 통하여 3국 올림픽의 성공적인 개최를 성원하는 포럼으로서 「한중일 올림픽과 동아시아의 문화예술 교류」를 테마로 개최되었다. 이를 뒷받침하는 뜻으로 한중일 차세대 화가들의 올림픽을 테마로 한 작품 제작 시연과 전시가 있었다.

3국 포럼 참가자들은 평창, 강릉 등의 2018년 올림픽 개최 시설을 돌아보았고, 중국 베이징 동계 올림픽 기획단의 부단장은 2022년 베이징 올림픽의 개요와 전개 방향 등을 발표하였다.

2019년 11월 도쿄에서는 「아시아를 잇는 현絃의 울림」을 주제로 2020년 도쿄올림픽 개최기념 포럼이 열렸고, 올림픽 시설 관람으로 이어졌다.

　한편 2019년 12월부터의 세계적인 코로나19 범유행으로 각국의 출입국이 제한되면서 한중일 문화교류포럼의 온라인 개최 등을 모색 중이다.

6 ____ 시민과 함께하는 한일 문화교류

(1) '한일축제한마당 – in Seoul · in Tokyo'

위와 같이 지난 20년간의 한일 문화교류의 주요 흐름과 관련 행사 및 교류사업들을 중심으로 되돌아보았다. 「한일 포럼」, 「한일 문화교류 회의」 등이 제도적으로 정착된 것은 한일 양국 정상 간의 합의와 결단에 힘입은 바가 크다. 그리고 정부 또는 산하 지원단체가 안정적인 사업예산의 확보를 뒷받침해 주었기 때문에 지속이 가능했다.

한편 한일 양국의 기업 등 경제계가 적극 참여하여 실현을 보게 된 문화교류사업으로 「한일·일한 축제한마당 – in Seoul, in Tokyo」가 있다. 2005년 한일 국교 정상화 40주년을 기념하는 '한일 우정의 해'를 계기로 시작된 한일축제한마당은 그동안 세미나룸과 공연장 등 옥내에서 개최되어 온 문화교류 행사를 한국 서울의 대학로, 서울시청 앞 광장이나 일본 도쿄의 히비야 공원, 오모테산도 거리 등 열린 광장으로 끌어내 성공한 대규모의 민간교류 행사이다. 서울에서는 2018년 COEX 컨벤션 홀과 광장에서 열린 축제한마당에 연인원 9만여 명이 참석하였고, 일본에서도 5만여 명이 참석하여 시민들이 참여하는 교류 행사가 되었다.

이 축제한마당의 첫 행사는 2005년 한국에서 시작되었다. 행사의 특징은 K-pop, J-pop 공연 외에도 일본의 47개 도도부현 등 지방에서 전

래되어 연례행사가 되어있는 지방 축제 「마쓰리お祭り」의 공연단을 서울에 초청하여 일본 국민의 전통 축제를 국내에 선보임으로써 한국 국민의 관심과 흥미를 끄는데 성공하였다. '아키타 칸토秋田竿燈', '아오모리 네부타青森ねぶた' 등 지방 축제의 유명 프로그램을 선보였고, 한국의 농악대 역시 페스티벌에서 공연함으로써 한일의 전통 축제 행사가 광장을 메우고 거리를 행진하였다.

'한일축제한마당 2006년 in Seoul'은 대학로에서, 2007년에는 시청 앞 광장과 청계천을 누비면서 진행되었다. 축제의 출연자들뿐 아니라 이를 지켜보던 시민들도 함께 춤추면서 참여하는 열린 문화교류가 되었다.

한일축제한마당의 특징은 국가 간 교류뿐만 아니라 지방 자치단체, 청소년 등 다양한 계층의 교류로 구성되어 있는 점이다. 이 행사는 양국 정부 주도로 시작되었으나, 그 후에는 한국에 진출해있는 서울 일본인회 SJC 회원 기업 및 한국 측 기업 등 한일 양측 60여 개의 기업이 협찬에 참여함으로써 민간기반의 행사로 발전해갔다.

코로나19 방역 규제가 강화된 2020년, 2021년에는 COEX에서의 개회식에 이어 한일 양측의 온라인에 의한 공연으로 진행되었다. 이 축제 발기인인 다카스기 노부야高杉暢也 전 SJC이사장은 "세계화와 국경의 자유화가 가속화되는 가운데 한일 양국은 민주주의, 시장경제주의 등 유사한 문화를 공유하는 파트너"라고 말하고, "한일 우호의 상징으로서 이 '한일축제한마당'을 키워서 양국의 젊은 세대들이 이어나가기를 바라고 있다"고 밝혔다.

(2) 한일의 공통과제 해법 찾는 「한일 사회·문화 세미나」

한국과 일본은 지리적으로 가깝고 기후변화로부터의 영향도 거의 동시에 겪어야 하는 상황이며, 이를 대처해야 하는 공통과제를 안고 있다. 또한, 평균수명이 길어지면서 일본은 초고령화 사회에, 한국은 고령화 사회에 접어들었으며 저출산으로 인한 산업 인구 감소의 해법을 찾아야 하는 숙제도 함께 갖고 있다.

이 같은 양국 사회 공통의 과제에 대한 정보를 교환하고, 해법을 토론하자는 뜻에서 한일 문화교류회의와 주한 일본대사관 공보문화원은 2019년부터 「한일 사회·문화 세미나」를 공동주최하고 있다. 일본대사관 측의 제안으로 발족한 이 세미나의 제1회 주제는 「일본의 저출산 고령화 대책」으로서 2019년 5월 31일 일본대사관 공보문화원 뉴센츄리홀에서 열렸다.

쓰쓰이 준야 리츠메이칸 대학 교수는 일본 내각부의 「저출산 사회 대책 강령검토회」 위원으로서 일본의 저출산·고령화의 현황을 설명하고 일본 정부가 실행하고 있는 대책들을 소개하였다. 2백여 명의 한국 측 참석자들과의 질의응답을 통하여 한국에서 진행되고 있는 저출산·고령화 대책에 참고가 되는 일본의 사례들을 소개하였다.

제2회 한일 사회·문화 세미나는 코로나19 방역 수칙으로 인하여 2021년 2월 26일 일본 국제교류기금 서울문화센터에서 개회식을 갖고 한일을 잇는 온라인 화상회의로 열렸다.

「일본의 방재대책」를 테마로, 니시카와 사토루 나고야 대학 감재연계 연구센터 교수와 김태환 한국재난정보학회 부회장용인대학 교수과의 대담으로 진행되어 일본의 동일본 대지진 후의 재난방지대책에 대한 설명과 정보교환이 있었다.

앞에서 설명한 한일·일한 축제한마당 및 한일 사회·문화 세미나 등은 지금까지 한일 시민참여의 문화교류 행사로 진행되어 왔지만, 현재 코로나19 팬데믹 상황으로 인해 비대면 화상 행사로 전환되었다. 한일 간의 시민참여의 기회를 만들고자 대화의 장을 열었으나 코로나 사태로 온라인 행사가 되고 있다. 서로 만날 수는 없으나 영상을 통한 대화와 메시지의 전달로 교류 활동을 지속하고자 하는 시민들의 열망을 반영한 것으로, 코로나 사태 이후의 새로운 문화교류 방법과 전개가 시도되고 있다.

7 ____ 지속적인 문화교류의 열망
- 온라인 교류로 이어지다

(1) 한중일 대표작가 온라인 서예전

코로나19 팬데믹 속에서도 한중일 3국의 지속적인 문화교류 활동을 찾아 나서자는 열망을 살려서 한중일 대표 서예 작가들에 의한 온라인 서예전이 스타트했다. 2020년 7월 3일 한일문화교류회의와 예술의 전당 서예박물관, 중국의 중국 인민대외우호협회 및 중국 국가화원, 그리고 일본의 일중문화교류협회 등 3국 교류 기관의 공동주최로 제1회 「한중일 대표 서예작가 온라인 서예전」이 서울 예술의 전당 서예박물관에서 열렸다.

한중일 문화교류포럼의 부설 3국 서예 작가 교류전으로 발족한 이 전시회에는 한국 측에서 권창륜 한국서예단체 총 연합회 회장과 권병현 전 주중대사 등 16명이 참여하였고, 3국에서 100여 점의 대표작가 작품이 출품되어 온라인으로 전시되었다.

이 온라인 서예전은 중국 인민대외우호협회의 제안으로 3국의 서예가들은 "세대우호世代友好와 공창미래共創未來, 그리고 코로나 위기극복"을 주제로 작품을 제작, 출품하였다. 개회식은 서울, 베이징, 교토에서 ZOOM 화상회의로 열려 3국 포럼 대표의 개회사에 이어 3국 대표작가 각각 3명씩 현장에서 서예작품을 제작하는 과정이 생중계되었다. 중국

측은 이 3국 온라인 서예전에 적극적이어서 키스테이션을 두고 3개 국어의 동시통역으로 개회식과 3국 작가 작품창작 현장 및 해설 등을 중계하였다.

제2회 한중일 대표 서예작가 온라인 서예전은 2021년 7월 20일 3국 서예 명가들의 작품 100여 점이 출품된 가운데 1회와 마찬가지로 현장 작품 제작과 온라인 전시회로 개최되어 ZOOM 화상으로 동시 생중계되었다.

이 서예전은 2018년 평창 동계 올림픽, 2020년 도쿄 하계 올림픽의 무사한 개최와 2022년 베이징 동계 올림픽의 성공을 기원하는 뜻에서 "평화, 우호, 도전"을 주제로 제작된 작품들이 온라인으로 전시되었다. 중국 인민일보의 인터넷 매체인 인민망 등 한중일 3국 웹사이트에 내년 3월까지 공개되어 3국 시민이 자유롭게 관람하도록 했다.

한국에서는 황석봉 서산문화재단 소속 창작예술촌 관장과 정도준 (사)국제서예가협회 회장 등 19명의 작가가 출품했다.

(2) 「동행」 공연도 온라인에서

한일의 전통문화 예술 공연인 「동행」 역시 코로나19 팬데믹으로부터 임시 피난처를 찾아서 온라인으로 진행되었다. 그동안 현장 공연 때마다 한일 양측에서 1천 명 안팎의 관중을 동원해 온 「동행」 공연의 맥을 이어가는 한편 앞으로의 한일 간 문화예술, 특히 공연예술의 지속적인 교류를 향한 모색이다.

2021년 2월 18일 서울에서 열린 제9회 한일 문화교류 「동행」 공연에서는 무용가 김리혜의 한일 콜라보레이션 창작 무용인 '하이마이俳舞'가 국내 첫 선을 보였다. 이 작품은 일본의 전통시조인 하이쿠俳句에 한국의 창과 무용을 융합하여 창작한 것으로 김리혜가 일본에서 2020년 3월 처음으로 소개한 한·일 문화교류의 상징적인 창작무용이다.

이 공연은 코로나19 방역지침에 따라 창과 공연 모습을 온라인 생중계 및 녹화하였고, 공연이 끝난 후 한일문화교류회의 홈페이지 및 YouTube에 일본어 자막을 곁들여 올려서 공연예술 종사자 및 문화예술 전문가와 한일 양측 시민들이 온라인으로 관람할 수 있도록 했다.

한일문화교류회의는 이날 공연과 함께 한일 양국에서 8년간 개최해 온 「동행」 공연의 성과를 점검하고 포스트 코로나 시대에 지속 가능한 공연예술의 방향과 지원대책을 모색하는 세미나를 개최했다. 박전열 중앙대 명예교수, 국수호 디딤무용단 단장, 남궁연 크리에이티브 디렉터, 윤중강 연출가 등은 세미나에서 코로나 시대의 바람직한 문화교류의 형태 등에 대한 의견을 제시하고 정부의 적극적인 지원대책을 제안하였다.

8 ___ 새 시대의 한일 교류
– '도전'에 적극 맞서야

(1) 한일문화교류회의, 「Post 코로나」 시대의 해법을 묻다

2017년 이래 한일관계는 양국 정상 간의 공식 정상회담조차 갖지 못하는 비정상의 상태가 계속되어 왔다. 일본 정부는 외교책임자外相가 신임 주일한국대사를 부임 1년이 가깝도록 만나주지도 않는 외교적 비례非禮를 태연하게 연출하고 있다. 일본 국내의 혐한 분위기를 타고 정부나 정치가가 한국 패싱, 한국 무시의 제스쳐를 선거에 이용하려는 포퓰리즘의 발로라고 지적되고 있다.

한국 정부도 한일 간에 최대의 걸림돌이 되고 있는 일제 강점기 조선인 강제징용자 개인배상 문제해결에 대해 해법을 제시하지 못함으로써 외교로 풀어야 할 한일 갈등이 방치되고 있는 딱한 모양새다. 정치적·외교적 대립으로 한일관계가 얼어붙은 가운데 코로나19 팬데믹으로 상호 간의 국민왕래도 사실상 막힌 지 2년이 되고 있다.

한편 이 같은 상호불통의 폐색 상태 속에서도 한일 간의 문화교류는 실현 가능한 통로를 찾아서 계속되고 있다. 이는 지난 20여 년 동안 꾸준히 이어져 온 한일 민간차원에서의 문화교류 활동이 양국관계를 지탱하는 디딤돌이 되어 있기 때문이다. 문화교류 스스로가 정치의 영향을 덜받고자 독자적인 길을 걸어온 결과라 할 수 있으며 소프트 파워로서 문화의 힘이 정치보다 강하다는 것을 보여주는 현상이라 하겠다.

이 같은 문화교류 활동과 프로그램 등을 충실히 진행하면서 한일 간의 지속적인 교류의 흐름을 이어가려면 어떠한 어프로치가 필요할까. 스스로 진화해가는 문화의 상호소비, 예를 들어 일본에서 최근 활발해지고 있는 「제4차 한류붐」 등을 활성화해 나가려면 어떠한 환경조성이 필요할까. 또한 코로나 시대에 일상화해가고 있는 온라인 비대면 교류 행사에 적절한 프로그램은 어떻게 개발해야 할 것인가. 한일문화교류회의는 이러한 시대적 과제에 부응해 나가기 위해 전문가들의 의견을 듣고자 2020년부터 2021년에 걸쳐서 다음과 같은 세 가지 테마의 연구 프로젝트를 의뢰하여 결과를 보고받았다.

1. 「일본문화 수용실태 및 일본 이미지 변화보고서」,
   조사기관 : Research&Research, 2021년 1월 3일~1월 24일
2. 「일본 내의 제4차 한류붐 현상 분석과 지속가능한 한일 간 문화교류 방안」,
   연구책임자 : 나리카와 아야한류전문 프리저널리스트, 2020년 10월~12월
3. 「온라인에서의 한일 간 문화교류현황 진단연구」,
   연구책임자 : 김효진서울대 일본연구소, 2020년 11월~2021년 1월

이 글에서는 세 가지 보고서에서 제시된 연구 결과를 중심으로 새 시대 한일 문화교류의 현상을 진단하고 코로나 시대 문화교류의 새로운 흐름을 파악하고자 한다.

(2) 「일본국·일본국민」보다 「일본문화」 이미지가 더 긍정적

한일문화교류회의는 일본 대중문화개방 이후 한국 국민의 일본문화에 대한 인식을 살펴보고자 일본문화 수용실태 및 일본 이미지 변화에 대한 여론조사를 정기적으로 실시하고 있다. 제1차 여론조사는 2011년에, 제2차 조사는 2021년 1월에 실시되었다.[7]

제2차 조사 결과 "지금까지 접해 본 일본문화"중복응답는 영화 81.4%, 애니메이션 80.8%, 음식 77.8%의 순으로 높았다. 일본문화를 접한 시기에 대해서는 10년 이상이 63.8%로 가장 많았고, 그다음이 5년~10년으로 15.6%였다. 2011년 조사의 경우 10년 이상의 응답이 32.0%로, 지난 10년 동안에 일본문화를 접한 국민이 배 이상으로 늘어났음을 알 수 있다.

일본문화 접촉경로는 인터넷 57.0%, 유튜브 43.5%, 케이블TV 33.1%의 순으로 높았고, 지난 조사와 다르게 유튜브가 처음 등장했다. '접해보고 싶은 일본문화'로서는 음식 30.5%, 관광문화 26.4%로 10년 전 조사의 영화 26.4%, 애니메이션 15.0%와 비교하면 식문화, 관광 등에 대한 호기심이 높아진 것으로 나타났다.

'평소 일본에 대한 이미지'는 부정적 35.9%, 긍정적 25.2%였으나, '일본문화의 이미지'에 대해서는 긍정적 27.3%, 부정적 18.9%로 일본국가 자체에 대한 이미지보다 일본문화의 이미지에 대해 긍정적인 평가를 하고 있음을 알 수 있다. '평소 일본국민에 대한 이미지' 역시 부정적 33.4%, 긍정적 23.7%로 일본문화에 대한 인식이 국민이나 국가에 대한

---

7   「일본문화 수용실태 및 일본이미지 변화 여론조사」는 민간 여론조사 기관인 리서치 앤 리서치(R&R)에 의뢰하여 2011년과 2021년에 실시되었다. 제2차 조사는 전 국민 17세 이상 일반 국민 1,214명에 대한 설문지에 의한 온라인 패널 조사이다. 조사데이터를 분석한 보고서는 주관기관인 한일문화교류회의를 통하여 문화체육관광부에 전달되었다.

이미지보다 긍정적으로 나타나고 있다.

일본에 대한 이미지는 2011년 조사에서는 긍정적·보통이 8할을 차지하여 큰 거부감 없이 인식하고 있었으나, 이번 조사에서는 긍정적·보통이 6할로 줄고 부정적이 4할로 늘어 과거에 비해 부정적인 의견이 높게 나타났다. 조사기관인 R&R은 "한일관계 악화 이슈위안부 협의, 무역 분쟁, 독도 문제 등이 더욱 부각되면서 일본에 대한 부정적 시각이 늘어난 것으로 판단된다"고 분석했다.

'문화교류 현상'에 대한 반응은 긍정적 51.2%, 부정적 10.8%로 긍정적으로 받아들인다는 회답이 단연 많았고, '한일관계 개선을 위한 문화교류의 필요성'에 대해서는 필요함 59.9%, 불필요함 9.6%로 문화교류가 한일관계 개선에 도움이 된다는 의견도 단연 우세함을 나타냈다.

(3) 코로나와 넷플릭스 시대의 제4차 한류붐

일본 아사히신문 문화기자 출신의 나리카와 아야는 제1차 한류 붐 때 한국 영화에 심취해서 신문사를 그만두고 한국에 유학을 왔다. 동국대 영화영상학과에서 석사, 박사 과정을 밟으면서 한일을 오가며 일본의 한류 현장을 르포, 일본과 한국 미디어에 칼럼과 인터뷰를 통해 일본에서 한류가 붐을 이루게 된 배경과 현상을 심층적으로 분석하고 있다.

한일문화교류회의는 그에게 「일본 내의 한류붐 현상 분석과 지속가능한 한일 간 문화교류 방안」에 대한 연구를 의뢰, 2021년 1월 결과를 정리한 「나리카와 리포트」를 받아서 문화체육관광부에도 전달했다.[8]

———

[8] 나리카와 아야는 「일본 내의 제4차 한류붐 현상분석과 지속가능한 한일간 문화교류방안」에 대하여 50페이지에 달하는 리포트를 작성했다. 이 리포트에서 제1~3차 한류 붐의 특징을 되돌아보고, 제4차 한류붐의 원인과 배경을 분석했다. 또한 '기생충' 이후

연구 보고서에 의하면, 코로나19 바이러스 감염증의 유행 이후, 집에서 지내는 시간이 늘어나면서 일본에서 새로운 한류붐이 일어났다. 온라인 동영상 서비스OTT 넷플릭스를 통해 한국 드라마 '사랑의 불시착'이 폭발적인 인기를 얻으면서 제4차 한류붐이 시작되었고, 4차 한류붐은 3차한류붐의 연장 선상에 있다고 분석한다. 그 이유는 방탄소년단BTS이나 TWICE등 K-POP 중심으로 시작한 제3차 한류붐이 한일관계가 악화된 상황에서도 그 열기가 식을 줄 모르고 이어졌으며, 2020년 2월 봉준호 감독의 영화 '기생충'이 미국 아카데미상 4개 부문을 수상하면서 한국 영화에 대한 관심도 새로이 높아지는 가운데 '사랑의 불시착'을 비롯한 한국 드라마가 다시 인기를 모으고 있기 때문이라고 분석했다.

제1차~3차 기간 중의 K-POP이나 영화 및 드라마에 대한 인기가 한국음식이나 화장품 인기로 이어지고 최근 몇 년 사이에는 '82년생 김지영', '아몬드' 등과 같은 한국소설도 많이 팔리기 시작하였다고 보고한다. 코로나19로 인해 인적교류는 주춤하지만 온라인으로 즐길 수 있는 새로운 콘텐츠들이 등장하면서 다양한 한류붐으로 확대되고 있다는 것이 나리카와의 진단이다.

그는 "2018년 10월 한국 대법원의 징용공 판결, 2019년 7월 일본 정부가 던진 한국 수출규제로 정치적으로는 한일관계가 최악이라 할 정도로 나빠졌지만, 그 사이에도 한류 붐은 식지 않았고 제4차 한류붐이 다시 일었다"고 설명했다. 나리카와는 제4차 한류붐을 통한 양국의 새로운 우호교류 전망과 관계개선 가능성에 대해서도 의견을 제시하고 있다.

그는 일본사람들은 대한對韓 수출규제에 대해서 그 심각성을 잘 모르고

일본에서의 한국영화의 새로운 관심에 대해 설명하는 한편, 한국에서의 일본문화의 가능성에 대해서도 전망했다.

있으며 아사히 맥주, 유니클로 등의 일본제품에 대한 불매운동의 배경에 대해 잘 이해하지 못하고 있다고 설명한다. "일본은 지금 문화만 보면 한국에 대해 우호적인 분위기이며 이 분위기가 한국에 전달되면 한국에서도 일본에 대한 이미지가 어느 정도 개선되지 않을까 생각한다"고 밝히고 있다.

또한 코로나19 유행으로 한일 간 인적교류가 거의 멈춰있는 현상을 아쉬워하면서 한일 양측의 아이돌이나 배우, 감독 등 문화인들이 어느 정도 우선적으로 왕래할 수 있게 출입국 규제를 완화할 필요가 있다고 제언한다. 세계적인 감독과 배우들의 상호왕래를 통한 출연과 촬영 등 제작활동은 문화교류의 상징적인 사례가 될 수 있으며 한일관계의 회복을 밀어주는 우호적인 분위기 조성에 도움이 될 것이라고 말한다. 문화교류가 지속적으로 활발해질 수 있는 여건을 만들어 줌으로써 한일관계의 회복과 정상화를 뒷받침하자는 전문가의 제언을 양국 정부 관계자들이 귀담아들어야 하겠다.

(4) 한일 온라인 문화교류의 현상과 전망

세계적인 코로나19 팬데믹으로 한일 간에도 상호방문이 어려워진 상황에서 문화교류 활동과 행사 등의 대면 실시가 거의 불가능해졌다. 이를 보완하는 방법으로 온라인상의 한일 문화교류가 주요한 교류방식으로 등장하고 있다. 한일문화교류회의는 「온라인에서의 한일간 문화교류현황 진단연구」를 주제로 한 연구프로젝트를 서울대 일본연구소 김효진 팀에 의뢰했다.[9]

---

[9] 「온라인에서의 한일간 문화교류현황 진단 연구」에 참여한 연구진은 김효진 연구책임자(서울대)를 비롯, 남유민 공동연구자(고려대), 김해림(고려대), 정연우(서울대) 조교 등이다.

이 보고서는 최근 한일 간 풀뿌리 문화교류가 가장 활발히 일어나고 있는 소셜미디어 유튜브, 인스타그램, 트위터에 주목하였다. 한국과 일본은 세계적으로도 소셜미디어를 가장 많이 활용하는 권역에 속하고 있으며, 특정 사이트 접속 자체를 차단하고 있는 중국과는 달리 글로벌한 소셜미디어 플랫폼의 활용도가 높아서 이를 통해 다양한 커뮤니케이션이 일어나고 있다는 점이 특징이라고 분석했다.

연구팀은 2021년 현재 한일 양국의 문화교류에서 인터넷은 거의 유일한 자유로운 소통의 공간으로서 매우 중요한 역할을 하고 있다고 지적하였다. 인터넷상에서 한편에서는 정치와 역사 이슈를 중심으로 상호비판과 논쟁이 일어나고 있지만, 다른 한편에서는 한일 양국 간에 상호공통되는 이슈와 다양한 문화 콘텐츠를 중심으로 지속적인 교류가 일어나고 있다고 밝혔다. 특히 기존의 오프라인 매스미디어에서는 2019년 강제징용공 판결로 인한 갈등으로 여전히 서로에 대해 배타적이고 부정적인 언설이 주류를 이루는 반면, 온라인상에서는 상대적으로 이 같은 이슈로부터 자유로이 상호의 대중문화를 중심으로 한 교류가 이루어지고 있기 때문이라고 분석했다.

연구팀은 온라인상의 혐한이나 반일 등 배타적인 흐름은 상호접촉이 증가하는 데 따른 일종의 상수로 보고 그에 대해 "어느 정도 용인하는 것이 필요하다"고 제언했다. 유튜브의 혐한채널 등은 한정된 열성 팔로워의 커뮤니티화가 진행되어 오히려 영향력은 그리 크지 않다는 것이다.

특히 일본에서 한국의 문화, 일상생활 등 기존의 K-POP이나 콘텐츠 중심의 정보 이외에도 한국 자체에 대한 관심이 증가하고 있는 상황에서 이 같은 수요에 적극 대응하는 쪽이 생산적일 것이라고 밝혔다.

한일 간에 2019년 강제징용공 판결문제로 인한 갈등이 전방위적으로 확산되고, 이어 2020년 코로나19 팬데믹으로 인한 상호무비자 조치 중지 등으로 관광을 비롯한 양국 국민의 왕래가 사실상 불가능해지면서 온라인을 통한 한일문화교류의 중요성이 더욱 높아짐에 따라 온라인, 특히 SNS를 통한 교류가 활성화되고 있다. 일본의 한국 대중문화 팬덤은 기존의 매스미디어 대신 온라인을 통해 자신들이 좋아하는 콘텐츠와 캐릭터, 아이돌 등을 적극적으로 찾는 등 정보를 공유하고자 하는 흐름을 보이고 있다고 연구팀은 설명했다.

이 같은 온라인에서의 한국문화 찾기 움직임이 뚜렷이 나타난 대표적인 현상이 넷플렉스 등의 인터넷 플랫폼을 통한 한국드라마 시청으로 2020년 일본에서 '사랑의 불시착'·'이태원 클라스' 신드롬이 일어난 제4차 한류붐이다.

연구팀은 코로나19 팬데믹 상황이 최소한 2~3년 이상 영향을 끼칠 것으로 예상함에 따라 한국과 일본의 문화교류에서 온라인의 중요성도 강조될 것이라고 보고 기존의 교류 활동과 온라인 문화교류 활동을 효율적으로 관리, 지원하는 정책적 배려가 필요하다고 밝혔다.

이 보고서는 온라인 문화교류의 건전하고 안정적인 환경조성을 위해서 ① 온라인상 한일문화교류의 실태와 역사를 연구하는 연구팀을 두어 연구 프로젝트를 운영하고, ② 실제 풀뿌리 문화교류의 현장에서 발생하는 다양한 세대들의 요청을 수렴하여 이에 대해 적극적으로 지원, 대응하며, ③ 온라인 교류에 수반되는 한일 양국의 배외적인 흐름에 대한 모니터링과 자료의 조사 및 축적을 계속해 나갈 것을 제안했다.

연구팀은 이 같은 조사연구 과제를 추진하기 위한 하나의 방법으로서 「한일 온라인문화교류센터(가칭)」의 설립을 제안했다. 공적 지원을 받는 민간기구로서 콘텐츠 제작과 자막 제작 등 한일 간 소통을 원활히 하는 활동을 지원하고, 혐한, 반일 등 배타적인 콘텐츠에 대해서도 신고를 받아 지속적으로 자료를 수집하고 모니터링하는 등 정부 차원의 대책을 세우는데 필요한 근거자료를 확보하는 활동을 지원하는 기구를 만들 것을 제안하고 있다.

이 보고서는 온라인상에서의 한일문화교류가 실질적인 한일관계의 개선과 연결될 때에만 명확한 효과를 지닌다는 점을 강조하고 상호 무비자 제도의 조속한 부활 등 "온라인상 교류와 실제 교류의 선순환이 이루어져야 할 것"이라고 지적했다.

9 ___ 한일 새 정권과
관계복원의 과제들

(1) 「혐한」·「반일」 넘어서 우호·협력 관계 되찾는 상호 국민의식의 회귀를

앞서 언급한 것처럼 일본에서는 2021년 10월 기시다 수상의 내각이 발족하였고, 한국은 2022년 3월의 제20대 대통령선거 후 5월에 새 정권이 출범한다. 한일 새 정부는 외교·안보 등 각각의 정책 방향을 새로이 하는 가운데 정체 상태에 빠진 한일관계의 복원을 향한 해법을 찾아 나서야 할 과제가 기다리고 있다. 새 시대 한일관계의 복원과 정상화를 위해서 우선적으로 극복해야 할 제1의 과제는 상호 국민의식의 회귀를 통하여 부정적 인식을 완화하는 일이다.

그동안 한일 양국민의 상호인식을 가늠하는 국민의식조사가 정부 또는 민간 연구기관 차원에서 여러 차례 실시되었다. 일본 정부 내각부가 정기적으로 실시하는 「외교에 관한 세론조사」의 가장 최근 결과2020년 10월 ~12월 실시, 2021년 2월 발표에 의하면 일본 국민의 64.5%가 "한국에 대해 친근감을 느끼지 않는다"고 답했다. "친근감을 느낀다"는 34.9%로 그 절반에 가까웠다. 현재의 한일관계가 "좋지 않다고 생각한다"는 반응도 82.4%로 2019년 이래의 관계악화를 반영하고 있다. "앞으로의 한일관계의 발전이 양국 및 아시아·태평양 지역에 있어 중요하다고 생각하는가"에 대해서 "중요하다고 생각하지 않는다"는 40.4%로 전년도 조사의 37.7%보다 높

게 나타났다.[10]

일본 국민의 한국에 대한 부정적인 인식이 늘어나고 있는 것에 대해 외무성 광보문화외교전략과는 "징용공 및 위안부 문제"등을 들면서 "한국 측의 부정적인 움직임이 계속되고 있어 일본 국민의 의식에 영향을 끼치고 있다"고 밝혔다.[11]

한국 국민의 일본에 대한 인식은 어떤가. 전국경제인연합회이하 전경련 부설 한국경제연구원이 2021년 4월에 실시, 5월 26일에 발표한 한일 양국민한국인 714명, 일본인 717명 의식조사에 의하면 "일본에 호감을 갖는 한국인은 16.7%, 한국에 호감을 갖는 일본인은 20.2%"였다. 양국 국민의 상대국에 대한 인식은 긍정적인 반응이 2할대에 머물고 있으나, "양국 정부가 협력관계를 조성하기 위해 노력해야 한다"는 반응은 한국에서 78.0%, 일본은 64.7%로 "두 정부의 관계악화를 반영하는 것"이라고 아사히 신문은 지적했다.[12]

한일관계에 대한 양국민의 상호 부정적인 인식이 늘어가고 있는 것에 대해서 미국에서도 우려의 소리가 나오고 있다. 미의회 조사국CRS은 2021년 2월 "한일관계는 2018년 이래 과거 수십 년 내 최저점이 되었다. 2018년, 2019년 역사 문제, 무역, 안보관련 논쟁을 둘러싼 양국 정부의 조치와 보복적 대응 수단 등으로 관계가 역행하고 있다"고 분석하고, 이는 "한미일 관계 공조를 약하게 하는 것"이라고 지적했다.[13]

---

10 일본 내각부가 2021년 2월에 발표한 「외교에 관한 세론조사」는 일본인 3000명을 대상으로 실시되었다. 일본정부는 매년 정기적으로 주요국들과의 관계에 대한 여론조사를 실시하여 외교정책 방향설정의 자료로 활용하고 있다.(「外交に関する世論調査」の概要. 2021.2.)

11 「아사히신문」(2021.2.19.)

12 同(2021.5.26.)

13 「동아일보」(2021.2.11.)

한일관계가 악화하고 상호 국민의식의 부정적 시각이 높아진 원인에 대해 가까이는 강제징용공 판결, 일본의 대한對韓 수출규제 등을 들 수 있으나 근본적으로는 양국의 국내적 변화가 그 배경에 있음을 인식해야 한다. 국립외교원 일본연구센터는 2017년 3월 한국의 대통령 선거를 앞두고 새 정권 출범 후의 한일관계 발전방안을 모색하는 정책 세미나를 개최했다. 이 세미나의 기조 강연에서 필자는 박근혜 정권 4년간의 한일관계 현황에 대해 진단하고 새 정권의 대일관계 정책수립을 위한 제언을 각 분야에 걸쳐 분석, 발표하였다.[14]

필자는 일본의 정치·사회 변화에 대한 관찰과 대응 전략의 필요성을 제기했다. 아베 수상이 「전후 70년 담화」2015년 8월 및 한국과의 위안부 합의2015년 12월에서 '사죄'와 '반성'을 언급한 것은 '전후체제 탈각', '전후청산'을 꾀하는 「과거 탈피」의 움직임이라고 분석했다. 반면 당시 한국은 위안부 문제 등 「과거 회귀형」 역사 문제 어프로치로 상호평행선을 가면서 국민의식도 벌어지고 있다고 지적했다. 거기에 일본정치·사회의 보수화, 우경화가 가속됨으로써 일본 국민의 「한국 패싱」, 「혐한 분위기」가 높아지게 되었다고 분석했다.

한편 정치, 외교적인 갈등과는 별도로 양국의 문화에 대한 관심과 교류의 필요성에 대해서는 국민 여론조사에서도 나타나고 있다.

앞서 소개한 「일본문화 수용실태 및 일본 이미지 변화 여론조사」에서도 한일문화교류에 대한 한국인의 인식은 긍정적이 51.2%, 부정적이 10.8%였고, 문화교류가 한일관계 개선에 '필요하다'는 응답이 59.9%,

---

14 국립 외교원 일본연구센터 주최의 한일정책 세미나는 2017년 3월 27일 국립외교원에서 열렸다. 필자는 세미나의 기조 강연을 통하여 새 정부의 한일관계 발전 방안을 정치, 외교, 국민교류, 역사문제, 문화교류 및 한일 공동사업의 전개 등 7분야에 걸쳐서 제언했다.

'불필요하다'는 의견은 9.6%로 문화교류를 통한 양국관계 회복을 기대하는 여론이 강함을 엿볼 수 있다.

일본 내각부의 국민의식조사에서도 '국제사회에서의 일본의 바람직한 역할'복수응답을 묻는 설문에 대해 「일본의 전통문화 및 패션·애니메이션을 포함한 현대문화의 국제사회를 향한 발신」33.5%, 「세계각지의 문화유산의 보존협력 등 국제문화교류 면의 공헌」22.7% 등의 의견이 많았다. 전경련이 실시한 한일양국 국민의식조사에서도 「한일이 협력해야 할 분야」에 대해 한국인은 역사공동연구23.5%, 무역21.9%, 문화·관광교류20.4% 순으로, 일본인은 문화·관광교류23.2%, 무역21.0%, 군사·안보17% 순으로 중요성을 인식하고 있었고, 한일 양국 국민이 문화교류를 통한 한일협력의 회복에 큰 관심을 보이고 있음을 나타냈다.

(2) 한일 양국민 상호인식 개선 – 미디어의 포퓰리즘적 보도 자제를

한일 양국 국민의 상호이미지 형성에 가장 큰 영향을 끼치는 것은 양국의 미디어이다. 한일 양국 미디어의 포퓰리즘 영합적인 선정적 보도가 혐한과 반일을 부추긴다.[15] 일본의 민방TV 등에서 한국 비판과 반한적인 프로그램을 방송하면 시청률이 올라간다. 또한, 일부 우파적인 보수신문과 주간지 등에 한국 비판 기사가 실릴 때마다 판매 부수가 늘어나기 때문에 상업주의적인 판매전략으로 이용되고 있다. 킬러 콘텐츠Killer Content라고 하는 이른바 방송프로나 출판물의 한국 공격 기사로 인해 일본의 시청자, 독자층뿐만 아니라 일반 국민의 한국에 대한 부정적인 인식을 증폭

---

15 정구종(2017). "역사 인식의 강을 넘어 미래지향적 한일관계를" 「韓日協力」 2017년 가을호, 한일협력위원회

시키는 악순환이 계속되고 있다.

필자는 이처럼 양국 미디어의 상대 국가나 국민에 대한 비방·왜곡 보도를 모니터하여 정보를 서로 공유함으로써 부정적인 보도에 제동을 거는 장치로서 한일 미디어의 상호보도 내용을 사후에라도 검증하는 「한·일 저널리즘 리뷰 포럼가칭」의 창설을 이전부터 제창해 왔다. 한일의 전·현직 언론인들이 참여하고 양국 법률 전문가들의 자문을 구하는 이 같은 사후 모니터 기구를 한일합동으로 발족시켜서 「사후검증」하고자 하는 취지이다. 홈페이지를 공동운영하여서 검증내용을 공유하게 함으로써 방송 및 보도의 실상을 서로가 되돌아보게 하자는 것이다. 새 정부의 미디어 대책으로 검토를 제안한다.

(3) 한·일이 꿈을 같이하는 공동사업을

이 글에서는 문화교류 측면에서의 한일관계 정상화를 위한 제언을 담았다. 마지막으로 한일 간의 신뢰회복과 역사갈등의 선순환적 어프로치의 하나로서 부석사 불상 반환 문제를 들고자 한다. 한국의 절도단이 2012년 10월 대마도의 관음사觀音寺에서 훔쳐 온 2점의 부석사 불상은 현재 그중 하나는 되돌려주었으나, 관음보살상은 소유권을 둘러싸고 한국 측이 이의를 제기하여 법적 다툼이 계속되어 왔다.

이 불상은 대마도 관음사가 보존해왔었으나 옛날 한국의 부석사에서 제조되었다는 사실이 불상 뒷면에 새겨져 있어서 부석사가 소유권을 주장하고 있다. 그러나 5백여 년 전 한일의 사찰 간 불상 기증 등의 교류에 의해 일본으로 건너갔을 가능성도 없지 않다. 유출된 경위도 밝혀지지 않은 가운데 한국의 절도단이 훔쳐 온 것이므로 우선 대마도 사찰에 되돌려주고 과거의 반출 경위를 한일이 함께 조사할 필요가 있다.

일본 각지에 임진왜란 이후 한국에서 반출된 문화재가 30만 점에 이른다는 고고학계의 주장도 있다. 2010년 일본 궁내청에 있던 조선 궁중 의궤 반환 운동에 앞장서서 실현에 일조를 한 「한국·조선문화재 반환연락회의」의 아라이 신이치 대표는 필자와의 인터뷰에서 "부석사 불상은 대마도의 사찰에 일단 돌려주고 그 대신 일본 내에 있는 한반도 유래의 문화재들에 대한 반출 경위의 전수조사를 한일이 공동으로 할 필요가 있다"고 말한 바 있다.[16]

이제 한일 양국은 새 정권 출발과 함께 미래지향적인 관계개선에 나서야 할 때이다. 한일 양국이 공통의 비전과 꿈을 같이하는 공동사업을 전개함으로써 신뢰 회복과 우호협력의 새 시대를 열어가는 계기를 만들 것을 제의한다. 예를 들어서 한일의 문화 및 예술 콘텐츠 프로그램을 한일 양국 언어로 방영하는 공동TV채널의 설치와 운영을 시도해 볼 만하다. 프랑스와 독일이 2차 대전 후에 양국의 화해를 목표로 설립하여 운영 중인 문화예술 전문 TV방송 Arte와 같은 「한일 Arte」의 설립이다. 한일 공동 문화TV 구상은 이미 일본에서 설립을 위해 발기위원회가 구성되었으나, 한일관계 악화 이후 일본 경제계의 후원을 구하기 어려워 현재 중단상태에 있다. 일본 발기위 측에서 필자를 통하여 한국에서의 「한일 Arte TV」 공동설립을 제안해 온 바 있다. 새로운 한일관계 출발의 상징적인 조치로서 양국 정부가 설립을 지원하고 민간이 운영하는 한일 공동 문화전문TV의 실현은 양국 국민 정서의 교류에도 이바지하게 될 것이다.[17]

---

16   정구종(2015). 『한일교류 2천년 – 새로운 미래를 향하여』

17   정구종(2017). 「韓日協力」 2017년 가을호

한일 안보협력 네트워크의 새로운 지평

권 태 환

한국국방외교협회장

1 ___ 최근 글로벌 안보환경 변화와 한일 안보협력

　바이든 정부가 출범하면서 글로벌 안보환경에 지각변동이 일어나고 있다. 미국의 대외정책의 변화가 주목된다. 2021년 3월 발표된 국가안보 전략 중간지침Interim National Security Strategic Guidance은 바이든 정부의 국가 안보 비전과 정책의 가이드라인으로서 우선순위를 제시하고 있으나, 위협의 대상은 중국을 명시하고 있다. 특히 지난 8월 말 미국의 철수와 탈레반에 의한 아프간 점령 이후 미중 전략적 경쟁의 심화는 피할 수 없는 시대적 흐름이 되고 있으며, 이미 QUAD미국, 일본, 인도, 호주는 물론 최근에는 AUKUS미국, 영국, 호주 등 '자유롭고 열린 인도태평양' 구상을 중심으로 대중국 압박이 본격화되고 있다. 중국 또한 북한·러시아와 전략적 연대를 통해 반미 연대를 강화하고 있으며, 대만 등 중국 근해를 중심으로 미중 군사적 패권경쟁이 본격화될 전망이 지배적이다. 한반도도 예외가 아니다.

　최근 한일 양국의 전략적 가치가 재조명되고 있다. 본격화되고 있는 미중 전략적 경쟁과 함께 바이든 행정부의 대중 정책이 구체화되면서 동북아의 역학관계가 영향을 받고 있기 때문이다. 북한의 핵 및 미사일 능력의 고도화로 인한 군사적 위협 증대, 중국의 대만에 대한 군사적 위력 시위와 금년 2월부터 해경법 시행 등 힘에 의한 일방적 현상변경 가능성이 제기되면서 공동의 군사적 위협이 현실화될 우려가 고조되고 있으며, 당면과제로서 역내 위기관리가 절실하다. 이와 관련 바이든 대통령은 미국의 동아시아 전략과 향후 한반도 안정의 핵심 키워드는 한미일 안보협력이며, 한일 안보협력은 이를 위한 필수요소이자 원동력임을 강조하고 있다. 그럼에도 불구하고 최근 한미일 관계는 쉽지않은 상황이다. 현실적으로 북한 및 중국에 대한 한미일 3국의 위협인식과 접근 전략에 미묘한 차이가 나타나고 있으며, 쟁점별 입장 차이를 조정해 나가는 노력이 당면 과제가 되고 있다. 무엇보다 어려운 관계가 지속되고 있는 한일관계의 회복이 필요하다. 내년 초에 미국과 일본이 새롭게 제시할 국가안보전략도 주목된다.

본고에서는 미래지향적 한일관계와 안보협력 구축 방안을 한일 안보협력 네트워크를 중심으로 살펴본다. 이를 위해 한일 안보협력 영향요인과 주요 쟁점, 한일 안보협력 네트워크 현상을 분석하며, 문제점을 도출한다. 이를 토대로 새로운 한일 안보협력의 지평을 열어갈 수 있는 정책적 제언을 제시해본다. 2021년 10월 4일 일본은 기시다 내각이 출범하였으며, 한국 또한 내년 새로운 정부의 출범을 맞이하게 된다. 새로운 관점에서 한일 안보협력에 접근해야 할 시점이다.

2 ____ 한일 안보협력 영향요인과 주요 쟁점

(1) 바이든 정부의 동아시아 전략 : QUAD 전략 승계와 심화

바이든 정부는 QUAD 전략을 승계하고 이를 심화시켜 나가고 있다. 여기에는 미국의 안보위협 인식이 토대를 이루고 있으며, 기본적으로 국가안보전략 가이드라인의 우선순위에 제시된 동맹 중시와 다자주의라는 기본방침이 축을 이루고 있다. 미 정보국 국가정보위원회에서 발표한 「2040년 글로벌 추세 보고서」[1]는 미중 경쟁은 이제 시작에 불과하며, 향후 보다 심각해질 가능성이 높다는 점을 지적하고 있다.

☆ 더욱 경쟁적인 2040년까지 글로벌 추세와 새로운 역동적 현상 도래
① 글로벌 도전 증가 : 기후변화, 코로나, 기술영향   ② 분산화 : 초연결사회 분산
③ 비균등: 에너지, 식량, 기술 격차 등   ④ 경쟁 심화 : 국제사회 긴장 고조
⑤ 적응성 : 인구변화, 인공지능에 의한 인간역할
* 국가간 긴장 심화, 한 국가에 의한 지배 곤란 : 글로벌 차원의 법, 규범 요구

☆ 2040년 가상 시나리오(5개)
① 개방적 자유로운 민주주의   ② 세계의 표류   ③ 경쟁적 상호공존
④ 분산과 블록화   ⑤ 글로벌 재앙 – 최악의 시나리오

---

1   Sherman Kent(2021.3.). "Global Trends 2040: A More Contested World," U.S. National Intelligence Council, https://www.dni.gov/files/ODNI/documents/ assessments/GlobalTrends_2040.pdf

이러한 관점에서 바이든 정부의 동아시아 전략의 특징을 정리해보면 다음과 같다.

첫째, 미중 전략적 경쟁에 대비한 바이든 정부의 QUAD+ 전략이다. 트럼프 정부의 QUAD 전략이 군사중심이었다면 바이든 정부는 QUAD 전략 승계와 QUAD+ 전략[2]을 적극 추진하고 있다. 2021년 QUAD 외교장관회의2.18와 QUAD 정상회의3.12에 이어 QUAD 연합훈련4월, 인도 벵골만이 실시되었으며, 오는 11월 대규모 훈련이 예정되어 있다. 여기에 QUAD+ 전략이 중점적으로 추진되고 있다. QUAD+ 전략은 현재 비전통안보와 국제적 이슈를 포괄함으로써 확장성을 가지고 참가 대상국과 범위를 확대하고 질적 연계를 강화시켜 나가고 있다. 한국의 QUAD+ 가입 여부가 향후 한일 안보협력에 중요한 이유이기도 하다.

둘째, 동맹 및 한미일 안보협력, 대만 중시 추진전략이다. 바이든 정부는 코로나19 팬데믹의 엄중함 가운데 2021년 미일 외교+국방장관회담2+2, 3.16, 도쿄과 한미 외교+국방장관회담2+2, 3.18, 서울을 개최하였다. 그리고 이를 토대로 한미5.21와 미일 정상회담4.16이 워싱턴에서 대면 정상회담으로 개최되었다. 회담 과정과 공동성명을 보면 동맹중시 전략이 핵심이지만, 한국과 일본을 선택한 전략적 의도에는 대중 견제를 위한 한미일 안보협력의 중요성이 담겨 있다. 주목되는 점은 대만 문제의 부상이다. 미국은 중국의 반발[3]을 예상하면서도 인도태평양 전략의 요체인 대만해협에 대한 확고한 의지를 보여주었다. 이를 둘러싼 중국의 반발과 미국의

---

2   QUAD+는 QUAD 4개국과 함께 감염병, 기후변동, 첨단기술을 주제로 베트남, 뉴질랜드 등 관심국가를 포함하는 다자안보대화로 확장되고 있다.

3   아시아경제, https://www.msn.com/ko-kr/news/other (2021년 6월 7일 검색) 중국 외교부 대변인은 한미 정상회담에서 대만해협이 언급된 것에 대해 내정간섭이라며 반발하였다.

군사적 위력시위가 빈번해지면서 군사적 긴장이 고조되고 있다. 문제는 중국의 대만에 대한 무력시도는 한반도 안보 불안정과 밀접히 연계될 가능성이 높다는 점이다. 왜냐하면 한반도 유사시 주한미군과 주일미군 즉 인도태평양사령부 전력이 개입될 수밖에 없어 대만에 대한 전략적 집중이 어려워지기 때문이다. 이러한 관점에서도 한일 안보협력은 미국의 대만 중시전략을 뒷받침하는 요건이 된다.

셋째, 반미연대 무력화와 절대적 군사우위 확보 추진전략이다. 중국은 북한은 물론 국경과 전략적 이해관계로 경쟁관계에 있는 러시아와 전략적 연계를 통해 반미 연대 기반 구축을 적극 추진하고 있다. 정상회담 합의와 함께 역내 및 공해상에서의 중러 군사훈련 등이 증가 추세에 있으며, 특히 한반도를 둘러싼 중러 공동훈련 동향이 증가하고 있다. 최근 푸틴 러시아 대통령은 시리아 사태에서 러시아의 영향력을 확보하고, 지난해 중국과 동맹 체결을 제안[4]하는 등 반미 연대를 강화하는 한편 미국을 통해 크리미아 강제병합에 따른 제재를 완화하려는 전략적 이중접근법을 모색하고 있는 것으로 보인다. 그러나 바이든 대통령은 취임 100일 연설21.3.3을 통해 인도태평양 지역에 강력한 군사력 배치를 위해 별도 예산 23억 달러를 배정하고, 22년도 국방비로 7,150억 달러를 잠정 책정하였으며, 대중 군사력 우위 확보에 집중할 것이라고 한다.[5] 가치관 외교를 통해 반미연대를 무력화하는 노력과 함께 결정적 수단인 군사적 우위 확보를 위한 보다 첨예한 경쟁이 예상된다. 이러한 과정에서 한일 안보협력은

---

4 푸틴은 10월 22일 외교정책 전문가들과의 화상 콘퍼런스에서 중러 군사동맹을 맺을 가능성 질문에 대해 배제하지 않을 것이라고 답변하였으나, 28일 중국은 대변인을 통해 신중한 입장 표명하였다.

5 한국군사문제연구원, 「KIMA 뉴스레터 1,000호」. (2021년 6월 5일 검색) https://kookbang.dema.mil.kr/newsWeb/20210520/1/BBSMSTR_000000100072/view.do

한미동맹을 보다 공고히 하는 역할을 담당하게 된다.

넷째, 미국의 단계별 대북정책 추진전략이다. 현재 북한의 핵 및 미사일 능력의 고도화에 대해 아산정책연구소-랜드연구소 공동연구 보고서 2021.4월[6]는 북한이 2027년 최소 151~242개의 핵무기와 수십기의 이동식 ICBM을 보유하게 되며, 향후 북한의 핵 능력 증강에 따라 핵 선제공격과 함께 더욱 강도 높은 도발이 가능하다고 평가한다.[7] 미 정보국의 2021년 세계 군사위협보고서21.4.9[8]도 북한의 핵보유국 인정을 위한 ICBM과 사이버공격 등 위협을 적시하고 있다. 현재 바이든 정부는 지난 4월 30일 대북정책 검토 완료를 공식화하고, 한미 정상회담5.21에서 트럼프 정부의 대북정책의 계승을 통해 단계적 대북정책을 추진한다는 방침을 제시하는 한편, 한국의 미사일 지침 철폐와 함께 확고한 비핵화 추진과 한미 연합작전태세를 재확인하면서 한미일 안보협력의 중요성을 강조하고 있다. 이를 종합해보면 미국의 동아시아 전략이 한일 안보협력에 상당 부분 그 기반을 두고 있음이 명확해진다. 한일 안보협력은 단순히 양국관계 문제가 아니라는 점을 기억해야 한다.

---

6   아산정책연구원, https://www.asaninst.org/contents 보고서 온라인 발표회

7   구체적인 5대 시나리오로 ① NLL 서해 5도 중 한 곳 점령후, 한국이 탈환 시도시 핵무기 사용 위협 ② 서울 등 주요 도시 핵공격 후 이를 인질로 삼고 주한미군 또는 주일미군 철수 요구 ③ 핵무기 40~60기로 한국 기습 공격 ④ 미본토 공격을 위협하며 미국의 핵우산 억제 ⑤ 핵 대량생산 및 해외 판매 등을 제시하였다.

8   한국군사문제연구원, https://www.kima.re.kr/ 미정보국의 2021년 군사위협 평가보고서 분석

(2) 한반도 유사시 한일 안보협력

미국은 「인도태평양 전략보고서2019.5월」와 최근 일련의 고위급 회담 등을 통해 한국과 일본의 역할에 대해 동맹의 핵심축으로 평가하면서, 일본은 인도 태평양의 평화와 번영의 코너스톤cornerstone, 주춧돌이며, 한국은 동북아시아의 평화와 안보의 린치핀linchpin, 핵심축으로 표현하고 있다. 실제로 한국은 세계 유일의 단일지휘체제인 연합사와 연합사단을 두고 있으며, 해외 최대 미군기지험프리스, 평택를 보유하고 있다. 일본은 2015년 미일 가이드라인 개정과 2016년 안보법제를 통해 미일 일체화를 강화해 가고 있으며, 대중 견제와 대북 압박 등에서 주도적 역할을 담당하고 있다.

표 1 — 한미 동맹과 미일 동맹 비교

구분	한미 동맹	미일 동맹
법적근거	한미 상호방위조약(54.11.18)	미일 상호안보조약(60.1.19)
주둔미군	28,500명(HNS 1조389억원) * 국방비 증가율 적용	50,200명(HNS 2017억엔) * 협상 진행 : 신 개념 도입
지휘체계	한미 연합사령부(지휘 단일)	미일 협력 메커니즘(지휘 병합) * 미일 가이드라인(2015.4)
연합훈련	Key Resolve, UFG 등	Keen Sword, 다자훈련 확대
작전영역	한반도 전역	일본 전역, 한반도, 남중국해, 대만 등 인도태평양

한반도 유사시 제기되는 미일 안보협력은 평시로부터 유사시에 이르기까지 폭넓고 다양한 작전 및 지원 활동이 이루어지고 있다. 군사전략 관점에서 보면 주일미군은 해군과 공군, 해병대 위주로 구성되어 있으나, 주한미군은 상대적으로 육군과 공군 위주로 구성되어 있다. 이는 미국의 군사전략에 기인한 것으로 주한미군은 북한의 위협에 대비하기 때문이며, 주일미군은 한반도뿐 아니라 대만을 포함한 동아시아가 작전 범위로

해·공군력과 해병대를 중심으로 배비되어 있다. 이는 한반도가 6.25 전쟁이 종결되지 않은 정전체제라는 점에 기인한다. 최근 미국은 유사시 한국에 대한 증원과 후방지원 활동에 대해 일본의 역할분담을 증대시켜왔다. 이러한 특성으로 인해 한반도 유사시 일본 자위대의 역할이 불가피하게 되었다. 미일 가이드라인에서 규정하고 있는 미군에 대한 후방지원 활동을 살펴보면 이는 보다 분명해진다. 그리고 그 영역은 이제 사이버와 우주공간 등으로 확대되고 있다.[9]

특히 대북문제를 포함한 한반도 유사시 일본은 미군의 후방지원 역할을 담당하게 되어 있으며, 지난 2015년 미일 가이드라인 개정[10]을 통해 미국은 물론 우방국에 대해서도 동일한 지원이 가능하다. 뿐만 아니라 2014년 7월 헌법 해석변경을 통해 「집단적 자위권 행사」가 가능해졌다. 그리고 이를 통해 평소 미일공동훈련은 물론 최근에 북한 밀무역 통제뿐 아니라 남중국해에 이르기까지 다국간 공동훈련을 확대해 나감으로써 실효성 확보에 중점을 두고 있다. 한편 우리 정부는 전시작전통제권OPCON 조기 이전을 적극 추진하고 있어, 향후 한일 및 한미일 안보협력은 더욱 중요시될 수밖에 없다.

실제 6.25 전쟁에서 일본의 역할을 보면 〈그림 1〉에서 나타나는 바와 같이 보다 명확해진다. 즉 한반도는 미육군이 주도하지만, 전쟁에 결정적 영향을 주는 해군과 공군전력, 그리고 해병대 전력은 물론 16개 참전국

---

9   日高義樹(2015年). 「新しい日米関係」(東京, 2015年p). p. 23-35. 미군은 초기에 우월한 공군력을 토대로 선제공격을 실시 북한을 무력화하는 전략을 유지해왔다. 이때 전략폭격기 등은 주일미군기지를 기점으로 하고 있으며, 후방지원활동은 미일 공동작전에 의해 이루어지게 된다.

10   '미일 방위협력을 위한 지침'(가이드라인)은 1978년에는 일본에 대한 무력공격에 대한 대응을 중심으로 최초 책정된 이후 안보환경 변화를 반영하여 1997년과 2015년 2차 개정이 이루어졌다.

등과 전시물자 지원이 일본에 있는 7개의 유엔 후방기지를 통해 이루어졌다.

그림 1 ─ 6.25 전쟁시 주일미군의 역할

출처 : 박종근 합참대 교수 작성

　이러한 관점에서 본다면 한반도 유사시 한일 안보협력은 한미 연합작전태세의 보장과 실효적인 작전을 위한 필수적 요소이다. 따라서 한반도 유사 상황 특히 북한에 의한 위협에 대해서는 한미일이 공동으로 정보를 공유하고 상호 작전개념을 이해해야 하며, 공해상에서 이루어지는 다양한 활동과 전시 작전지속 능력을 좌우하는 후방지원작전 면에서도 상호 긴밀한 협력이 이루어져야 한다. 이를 위한 주일미군 현황과 유엔사 후방기지 현황요코스카, 쟈마, 요코다, 사세보, 가테나, 후덴마, 화이트비치기지은 다음과 같다.

그림 2 ─ 주일미군 현황과 유엔사 후방기지 현황

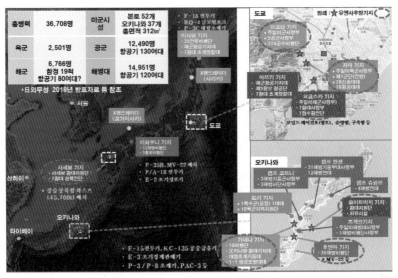

출처 : 박종근 합참대 교수 작성

　　실제 한일 양국은 한미 동맹과 미일 동맹을 안보의 기본 축으로 하고 있으며, 주한미군은 육군 위주의 전력이지만, 주일 미군은 해군과 공군, 해병대 전력이 주력이다. 이는 한반도 유사시 신속한 전력지원과 증원 병력 투입이 주일미군의 역할이며, 미군에 대한 후방지원이 일본 자위대의 역할이기 때문이다. 이러한 역할 분담은 한미연합작전계획은 물론 지난 2015년 제정된 일본의 안보법제와 방위계획대강의 개정, 미일 가이드라인 개정에 근거를 두고 있으며, 현실적으로 법·제도적은 물론 미일 공동 훈련을 통해 이를 보완, 발전시켜 나가고 있다.

　　그럼에도 불구하고 지금까지 한일 및 한미일 안보협력 논의가 한계에 봉착한 이유는 역사 및 영토문제 등의 갈등으로 인해 한일 관계 악화가 지속되면서 양국의 공동 관심사안인 한반도 유사상황에 대한 논의조차 못하고 있기 때문이다. 이로 인해 국민적 공감대도 형성되지 못했다.

그러나 북한의 군사적 위협이 현실화되고 있는 현 상황에서 한일 및 한미일 안보협력은 군사전략적 관점에서 논의되어야 한다.[11] 이러한 관점에서 한일 군사비밀정보보호협정GSOMIA은 대단히 중요한 계기를 만들었으며, 이를 적극 활용하는 노력이 필요하다. 이제는 군사적 위협 판단과 이에 기초한 공동목표를 달성하기 위해 상호 역할분담과 대처행동에 대한 의사소통, 그리고 이를 평시에 훈련과 연습을 통해 유사시 실효성을 보장할 수 있는 대책이 필요한 것이다.

(3) 역내 안정을 위한 한일 안보협력 네트워크

"대만 해협에서의 평화와 안정 유지가 중요하다." 지난 한미정상회담 공동성명5.21에 대한 국내외 반향이 뜨거웠다. 중국 외교부는 "대만 문제를 두고 불장난하지 말라"고 강력 경고하면서도 한국이 아닌 '관련국들'로 표현해 나름대로 수위를 조절한 것으로 보인다. 그러나 「澎湃新聞」 등의 중국 언론은 금번 한국의 미사일 사거리 해제에 따라 향후 남중국해와 대만이 한국의 미사일 사정권 내에 들어간다며 경계심을 보이고 있다. 뿐만 아니라 2020년 미국과 이란의 갈등으로 인해 호르무즈 해협이 봉쇄된 것처럼 대만 해협 위기가 해상교통로 문제로 이어질 수 있다는 현실적인 우려도 있다.

그러나 정작 대만 해협의 평화와 안정이 우리에게 중요한 이유는 한반도 안보와 직결되어 있기 때문이다. 바이든 정부는 지난 3월 백악관 국

---

[11]   권태환, 방준영(2018). "일본 평화안전법제와 한반도 안보" 『한일군사문화연구 제25편』, (서울, 2018년) pp. 114-117. 일본은 6.25전쟁 이후 한반도 유사시 후방지원작전을 위한 후방기지(7개)를 제공하고 있다. 유사시 실질적인 후방지원작전 여건을 보장하기 위해서 한일은 군수지원협정(ACSA)을 체결할 필요성이 있다.

가안보전략 중간지침과 폴 라카메라 신임 연합사령관 청문회를 통해 국가안보 우선순위에 입각한 전 세계 미군 재배치를 언급하고 있다. 여기에는 전략적 유연성이라고 표현되는 주한미군의 운용에 대한 변화 가능성도 담고 있는 듯하다. 그러나 한미 양국은 한미 방위조약을 위해 이를 부정해왔다. 여기에도 대만 문제가 있다.

여기서 우리가 간과하지 말아야 할 요소가 바로 북한이다. 북한은 중국과 70년 혈맹관계이자 일대일로의 전략적 요충이다. 만일 대만을 둘러싼 미중 간 군사적 충돌이 벌어졌을 때 중국은 북한을 활용하여 미국의 전력을 분산하는 방안을 강구할 것이다. 반대로 북한의 군사적 도발로 인한 한반도 위기상황을 활용할 가능성도 배제할 수 없다. 일본이 센카쿠열도에 국한되지 않고 지난 4월 미일 정상회담에서도 대만문제를 강조한 이유가 여기에 있다. 이제 대만해협 위기는 한반도 위기와 결코 무관하지 않다. 군사전문가들은 중국이 대만을 무력으로 통제하기 위해서는 미국의 전략분산이 선행되어야 하며, 이를 위해 한반도 위기가 인위적으로 조성될 가능성을 조심스럽게 거론한다. 미국의 대중 견제가 본격화되면서 최근 군용기 56대를 대만 방공식별구역에 진입시키는 한편 센카쿠 열도를 중심으로 군사적 긴장을 고조시키는 중국의 의도와 그 배경이 주목된다.[12] 이러한 관점에서 한일 양국은 북한 및 중국의 영향력 확대로 인한 군사적 위협과 무관하지 않다. 미국과의 동맹을 중심으로 한반도는 물론 동아시아의 역내 안정을 위한 전략적 의사소통과 이를 위한 역내 안보협력 방안을 모색해야 할 것이다.

———

[12]   최근 일중 센카쿠열도 분쟁이 외교적 대화와 협상보다 군사적 대립이 심화되고 있음이 우려되고 있다. 중국 해경선의 접속수역 항행은 2019년에 282회, 2020년 333일로서 최다 기록을 갱신하고 있으며, 금년 들어 이미 130일 이상 연속되고 있다. 해경선의 규모도 2012년에는 1,000톤 이상이 40척에 불과했으나, 2020년에는 131척으로 대형화가 진전되었으며, 2015년부터는 기관총이 탑재되고 있다.

3 ___ 한일 안보협력 네트워크
평가와 전망

(1) 한일 안보협력 네트워크 평가

1) 한일 안보협력 네트워크 현황

구분	네트워크 현황	비고
무관부 개설	• 주일 한국무관부 : 66년 11월 • 주한 일본무관부 : 67년 9월	65년 국교정상화
주요협정	• 한일 국방협력 협정 : 2009년 9월 • 한일 군사비밀정보보호협정 : 2016년 11월(연간, 미통보시 자동연장) → 2019년 한일 관계 악화로 계약연장 여부 쟁점화 논란 • 한일 항공기충돌방지협정	다자안보 및 한미일 대화 활용

고위 인사	• 상호방문(연례) : 국방장관, 합참의장, 육·해·공군총장,
	  * 2015년 일본 방위대신 방한, 육군총장 방일 이후 중단 상황
	• 수시방문 : 국방연구원장, 국방대총장, ADD소장 등
	  ※ 샹그리라 대화, ADMM+ 장관회의, 아태육군총장, 한미일 함참의장
		다자안보 및 한미일 대화 활용

부대간 교류	• 육 : 2군사령부 ↔ 서부방면대 상호방문(2002년-) • 해 : 해군 함대사 ↔ 해자대 지방대 • 공 : 수송기 상호방문 / 음악제 참가 등(2002년 이후 수시) ※ 해외 PKO파견부대간 상호교류(동티모르, 남수단 등)	2018년 이후 중단 상태
실무회의 및 대표단	• 안보협의회(국방+외교부 국장급회의 : 연례) • 국방부↔방위성 국장급회의(연례) • 합참-통막 부장급 회의(연례) • 정보교류회의 : 국방 정보본부↔방위성 정보본부(연례) • 육,해,공군간 회의 : 정책(연례), 정보(연례), 군수(연례) • 방공실무회의(연례) : 최초 합참에서 공군본부 주관	현재 중단 상태

구분	네트워크 현황	비고
교육 기관 교류협력	• 국방대 총장 상호방문 및 안보과정/석사과정 상호방문 • 합참대, 합동대(육,해,공) 학생장교 상호방문 • 일본 육자대 간부후보생 방한(연례) • 한일 육군~육자대 초급장교 상호방문(연례) • 한일 해군~해자대 사관생도 상호방문(순항함대 기항) • 한일 공군~공자대 중급장교 상호방문(연례) • 육·해·공 사관생도 상호방문 및 친선교류	현재 중단 상태
교육 교류	• 한국 일본 간부고급과정 : 육, 해, 공 순환 격년/1명 • 한국 국방대(안보과정) : 1명/3년 • 일본 방위연구소(일반과정) : 1명/격년 • 한일 육,해,공군대학 지휘막료과정 : 1명/매년 • 병과교 고등군사과정(대위) : 1명/매년 • 방위대학교 사관생도, 석·박사과정 : 육, 해, 공 매년	연례적 실시
함정/ 항공기	• C-130 일본 방문 • 한일 수색 및 구조훈련(SAREX)	2018년 이후 중단 상태

* 코로나19와 한일 관계 악화로 군사교류 및 협력 거의 중단 상태
* 한일은 국제기술협력 및 보호협정, 상호군수지원협정, 지시지원협정 등은 미체결 상황

2) 다자간 안보대화 및 한미일 안보협력을 활용한 한일 군사협력 네트워크

앞서 제기한 바와 같이 한일 군사교류 협력은 미국과의 동맹을 축으로 하고 있음이 여타 국가와 다른 점이다. 한일은 지난 1965년 한일 국교 정상화 이후 상호 무관부를 개설하고, 군사교류 협력에서는 소원한 관계를 유지해 왔으나, 1970년대부터 북한에 대한 정보공유라는 측면에서 정보교류회의를 연례적으로 지속해 왔다. 1990년대 탈냉전 시대와 함께 한일 양국이 국제적 교류협력을 확대하고, 특히 일본 자위대의 국내적 위상이 제고되면서 새로운 전기를 맞이하게 되었다. 1990년대부터 군사교육 교류를 시작하고 1994년부터 한일 국방장관회담이 상호 방문으로 추진되면서 국방 및 군사 현안이 양국 간 격의 없이 논의되게 되었다. 특히 1990년 중반 북한의 핵 및 미사일 개발이 본격화되면서 한미일 3자 안보대화 등 군사 당국자 간 정책 실무대화가 시작되었고, 이를 계기로 한일 국방정책실무회의는 물론 외교+국방의 전략대화도 병행되었다. 이러한

양국 간 군사교류 확대는 국방부는 물론 합참, 육군, 해군, 공군으로 확대되면서 한일 육, 해, 공군본부 부장급 대화정책, 정보, 군수 등로 확대되었으며, 이와 함께 림팩 훈련과 샹그리라 대화 등 다자공동훈련과 다자안보대화를 통한 양자 협력도 활성화되었다. 인도적 차원에서 실시된 한국 해군과 일본 자위대의 해상공동수색 구조 및 훈련이 시작되었으며, 북한 미사일 위협이 본격화되면서 한미일 미사일 탐지·추적훈련은 물론 2016년 한일 군사비밀정보보호협정GSOMIA도 체결되기에 이르렀다.

그러나 한일 양국관계의 지정학 및 특수성에 따라 안보협력은 영향을 받기 시작했다. 2001년 역사 교과서 논란 시에는 함정 상호방문 취소 등 교류가 일시적으로 단절되었고, 2018년 이후에는 고위급 및 부대 방문이 사실상 중단되는 구조적 단절로 이어졌다. 특히 매년 정례적으로 실시한 한일 해군-해상자위대 간 수색 및 구조훈련과 관함식 상호방문 등이 지난 2018년 이후 한일 관계의 악화로 중지가 지속되고 있는 것은 정권 교체 및 양국관계의 갈등현안에 대한 인식차이로 지금껏 군사교류 협력에 다소의 굴곡이 있었음을 감안하더라도 이례적이라고 볼 수 있다. 물론 한일 양국은 안보와 경제문제를 역사 및 영토 문제와 분리한다는 2트랙 기조를 기본 방침으로 설정하고 있지만, 현재의 구조적인 교류협력 단절이 지속되는 것은 결코 바람직한 현상이 아니며, 최근 미중 전략적 경쟁과 대만 문제를 둘러싼 역내 불안정, 특히 북한의 핵 및 미사일 등 군사적 위협과 도발을 고려할 때 개선해 나가야만 하는 주요 사안이다.

한편 국제사회는 테러 등 불특정 위협과 코로나19, 방사능 유출 등 비전통적 안보위협뿐만 아니라 대규모 재해 및 내전 등에 필요한 인도적 국제지원활동과 국제평화협력활동PKO에 대처하기 위해 다양한 안보협력과 다자간 훈련을 확대하는 추세이다.

표 2 ― 국방부가 참여하고 있는 아태 지역 다자안보협의체

트랙 1 다자안보회의	트랙 1.5 다자안보회의
• 아세안 확대 국방장관회의(ADMM Plus) • 아세안 지역안보포럼(ARF) • 동경방위포럼(TDF)	• 서울안보대화(SDD) • 아시아안보회의(ASS) • 커리프스 국제안보포럼(HSP) • 동북아 협력대화(NEACD) • 플라톤 포럼

출처 : 2020 국방백서

현재 한일 안보협력은 양자관계뿐 아니라 이러한 다양한 다자적 군사 교류와 협력활동을 통해 상호 군사적 신뢰 기반을 유지하면서, 북한의 군사적 위협 대처라는 공동인식을 토대로 우방국으로서 상호 긴밀한 관계를 유지해 나가고 있지만, 코로나19로 인해 교류가 제한되면서 더욱 어려운 여건을 맞이하고 있다.

이를 극복하기 위한 한일 안보협력 네트워크의 핵심으로 기능하고 있는 것이 한미일 안보협력이다. 특히 금년도 출범한 바이든 정부는 북한의 군사적 위협은 물론 대중 견제 등을 위해 한미일 안보협력을 역대 어느 정부보다 강조하고 있으며, 이를 위한 여건 마련에 적극적인 입장이다. 현실적으로도 주한미군과 함께 인도태평양 사령부와 주일미군은 한반도뿐 아니라 일본은 물론 대만, 동남아, 중동아에 이르는 광대한 작전영역을 가지고 있으며, 이로 인해 동맹국인 일본과 한국의 역할 확대를 모색하고 있다. 이러한 가운데 남중국해 및 대만 등을 둘러싼 미중 군사적 긴장 고조로 인해 우발적인 군사적 충돌 마저도 우려되고 있다. 결과적으로 이러한 전략적 환경과 여건, 안보적 측면을 고려할 때 한일 군사 교류 및 협력은 향후에도 대단히 중요하며, 실질적인 전쟁 억지력의 근간으로서 그 중요성이 인식되고 있다. 따라서 한일의 역사적 배경과 현실적 갈등이 한일 안보협력에 걸림돌이 되고 있음에도 불구하고, 현재는 미국을 중심으로 한미일 안보협력이 한일 협력을 견인해 가고 있다고 볼 수 있다.

표 3 ─ 한미일 군사교류 및 협력 현황(2017.4월 이후)

17. 4	한-미-일 국방실무자 협의(도쿄)
17. 5	한-미-일 참모총장급 화상회의
17. 6	한-미-일 국방장관회의(싱가포르, 제16차 샹그릴라 대화)
17. 7	한-미-일 국방당국 국장급 정보공유 화상회의
17. 8	한-미-일 국방당국 국장급 정보공유 화상회의
17. 9	한-미-일 국방당국 국장급 정보공유 화상회의
17. 10	한-미-일 국방장관회의(필리핀, 제4차 ADMM Plus)
17. 10	한-미-일 참모총장급 회의(하와이)
17. 12	한-미-일 국방당국 국장급 정보공유 화상회의
18. 3	한-미-일 국방실무자 협의(워싱턴)
18. 5	한-미-일 참모총장급 회담(하와이)
18. 6	한-미-일 국방장관회의(싱가포르, 제17차 샹그릴라 대화)
18. 10	한-미-일 국방장관회의(싱가포르, 제5차 ADMM Plus)
18. 10	한-미-일 참모총장급 회담(워싱턴 D.C)
19. 5	한-미-일 국방실무자 협의(서울)
19. 6	한-미-일 국방장관회담(싱가포르, 제18차 샹그릴라 대화)
19. 10	한-미-일 참모총장급 회담(워싱턴 D.C)
19. 11	한-미-일 참모총장급 화상회의
19. 11	한-미-일 국방장관 회담(태국, 제6차 ADMM Plus)
21. 4	한-미-일 합참의장 회의(하와이)

* 코로나19로 인해 2020년(일부 화상회의) 이후 한일 교류협력 중단 상황

3) 한일 안보협력 관련 국민의식조사 관련

그렇다면 한일 양국 국민들은 현재의 한일 안보협력에 대해 어떠한 인식을 가지고 있는지 살펴보는 것은 향후 안보협력을 추진하는 데 있어 중요하다. 이를 위해 한국의 국방대에서 매년 조사하는 '범국민 안보의식 조사보고서 2020년'과 일본 내각에서 3년마다 조사하는 '자위대와 방위 문제에 대한 여론조사' 그리고 한일이 매년 공동조사하는 '한일 국민의식 조사_{한국 동아시아연구원과 일본 언론 NPO}'의 내용을 종합적으로 고찰해 본다.

① 범국민 안보의식조사(국방대, 2020년)

2020년 조사에서 나타난 한국 국민의 안보의식에 의하면 '한일 안보 협력을 유지해야 한다'가 61.8%_{일반국민}, 54.8%_{전문가}이며 2019년 대비 다

소 증가한 편이다. 뿐만 아니라 한미일 안보협력에 대해서도 '바람직하다'가 61.3%일반국민, 51.6%전문가로 전반적으로 한일 및 한미일 안보협력이 중요하다는 입장이 지속되고 있다. 그러나 한일 간 안보협력을 '줄여야 한다'도 23.5%일반국민와 19.4%전문가가 존재하고 있음을 고려하여 한일 및 한미일 안보협력에 대한 국민인식을 확산해 나가는 노력도 결코 경시해서는 안 된다.

그림 3 ― 한일 양국간 안보협력에 대한 의견

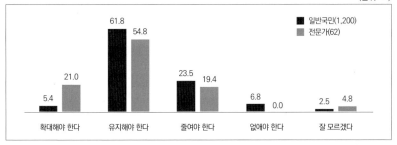

② 자위대와 방위문제에 대한 여론조사(일본 내각부, 2018년 1월)

일본 국민은 미일 안보조약에 대해서는 77.5%가 '도움이 된다', 15.6%가 '도움이 안된다'고 답하였다. 일본이 전쟁에 말려들 가능성에 대해서는 85.5%가 '위험이 있다'고 답하였는데, 이것은 이전 조사에 비해 10%가 증가한 결과로 일본을 둘러싼 안보환경이 불안정하다는 인식이 높게 나타났다. 여기서 주목할 점은 방위문제에 대한 관심복수응답에 대해 68.6%가 '북한에 의한 핵, 화학무기, 탄도미사일 위협', 48.6%가 '중국의 군사력 근대화 및 해양활동'으로 답해 북한과 중국의 위협에 대한 인식이 높은 것으로 나타났다.

미국 이외의 국가와 방위협력과 교류에 대해 79.6%가 '도움이 된다'고 답한 것에 반해, '도움이 안된다'는 9.8%에 불과했다. 도움이 되는 나라는 중국 43.8%, 동남아 42.2%, 한국 41.1% 순으로 높았다. 이러한 결과에 비추어 보면 한일 방위 교류협력은 미국과의 동맹과 달리 상호 신뢰회복과 투명성 제고를 위한 관점도 있는 것으로 보이며, 한국 국민의 61.8%가 한일 안보협력의 유지에 찬성한 것에 비해 상대적으로 그 중요성에 대한 인식이 낮다고 보여진다. 이는 일본의 안보에 있어 한국이 얼마나 중요한 우방국이자 파트너인가를 인식시켜 나가야 한다는 과제를 의미하는 것으로도 볼 수 있다.

③ 한일 국민 상호인식 조사(동아시아 연구원, 2021. 9월)

한일 양국이 군사적으로 위협이 된다고 생각하는 나라(복수응답)와 관련 한국은 북한 85.7%, 중국 61.8%, 일본 38.6% 순으로 높았으며, 일본은 중국 70.5%, 북한 76.5%, 러시아 32.1%, 한국 12.5% 순으로 높게 나타났다. 북한과 중국에 대한 위협이 공동의 관심사가 되어 있음을 알 수 있다.

한미일 안보협력 강화에 대해서 한국은 14.2%가 '매우 그렇다', 50.0%가 '일정부분 그렇다', 7.5%가 '대체로 부정적이다'고 답하였으며, 일본은 6.5%가 '매우 그렇다', 29.5%가 '일정부분 그렇다', 8.2%가 '대체로 부정적이다'라고 답하였다. 이와 관련 전문가들은 미중 갈등과 중국의 도전에 따른 미래 불안이 한미일 안보협력, QUAD 협력, 국제연대 등 다자적 대응으로 나타나고 있다고 분석한다.

앞서 제시한 한일 양국민 안보의식 조사를 보면 한반도와 일본을 둘러싼 동아시아 정세가 미중 전략적 경쟁에 의해 불안정하며, 자칫 전쟁에 말려들 가능성을 우려하고 있으며, 그 위협의 대상을 북한, 중국으로 인식하는 공감대가 있다. 그리고 이러한 인식을 바탕으로 한일 및 한미일 안보협력의 필요성에 대해 과반수 이상이 공감하고 있다. 그러나 한편으로 왜 중요한가에 대한 구체적 인식이 미흡한 여건 하에서 한일 양국의 감정적, 정치적, 언론적 갈등으로 불필요한 오해가 발생할 가능성과 우려가 점증하고 있음도 주목해야 한다.

그림 4 ─ 한미일 군사안보협력 강화 관련 조사결과

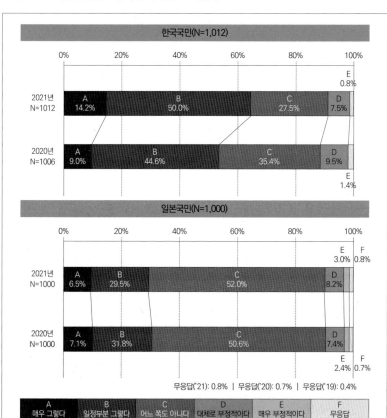

(2) 한일 안보협력 네트워크 전망과 과제

최근 일본은 스가 정권에 이어 지난 10월 4일 기시다 정권이 출범했다. 그러나 한일관계에 대해서는 개선보다는 현상유지라는 기조를 채택하고 있는 것으로 보여진다. 8일 첫 국회 '소신표명 연설'에서 한국을 '중요한 이웃'으로 언급하였을 뿐이며, 전화회담을 통해서도 '위안부 문제와 강제징용공 문제'에 대한 한국정부의 조치를 강하게 요구하고 있다. 한편 한국은 내년 3월 대선 정국이다. 하지만 한일 관계 개선이 화두로 제시될 전망은 밝지 않다. 앞서 제기된 동아시아연구원의 한일 여론조사²¹년 9월에서도 양국 국민 모두 차기 정부의 한일관계 개선에 낮은 기대치를 보였다. 한국의 경우 응답자의 48.3%가 대한민국의 차기 정부에도 한일관계가 개선되지 않을 것이라고 답했으며, 일본의 경우 59.7%가 일본의 차기 정부에도 개선되지 않을 것이라고 답하였다.

그럼에도 불구하고 한일 안보협력은 양국 관계에 국한되어 있지 않다. 인도태평양을 둘러싼 미중의 전략적 경쟁이 본격화되면서 중국의 반미연대 움직임은 물론 북중 협력이 더욱 강화되고 있다. 한편으로 바이든 정부의 한미일 안보협력도 한일 안보협력을 강하게 견인해 나갈 것으로 보인다. 문제는 역사와 영토문제 등은 양국 국민의 공감대 형성을 위해 상당한 기간을 요하지만, 일부 국내 정치인과 언론이 국민감정을 지속적으로 자극할 가능성을 배제할 수 없다는 것이다. 더욱이 북한 및 중국의 이른바 3전여론전, 심리전, 법률전의 의도적 갈등도 결코 가볍게 여겨서는 안 될 것이다. 이러한 관점에서 한일 안보협력 네트워크를 강화하기 위한 과제를 제시해 보고자 한다.

첫째, 한일 안보협력 회복과 네트워크 확대를 통한 신뢰회복이다. 한일 양국은 한미 동맹과 미일 동맹을 안보의 기본 축으로 하고 있다. 앞서 제시한 바와 같이 한반도 유사시 일본은 유엔사 후방기지를 통해 미국은 물론 16개 참전국을 비롯한 국제사회의 신속한 전력지원과 증원병력 투입을 보장함으로써 한반도 전쟁 억제에 기여해 왔다. 한편 북한의 핵 및 미사일 고도화 등 군사적 도발은 일본에 직접적인 위협이 되고 있으며,

센카쿠열도와 대만 등에 대한 중국의 위협에 주도적 대처를 위한 한국의 전략적 가치는 더욱 중요해지고 있다. 따라서 한일 안보협력은 미국과의 동맹 강화는 물론 역내 안정을 위해 필수적인 동인이 되고 있다. 한일 관계가 어려운 상황 속에서 가장 우선되는 것은 신뢰회복이며, 이를 위해서는 현재 중단되거나 형식화된 기존 대화 채널 및 교류협력의 재개·활성화 등을 통해 안보협력을 회복하는 노력이 지속되어야 한다. 뿐만 아니라 우주·사이버 등 미래전을 위한 다영역에 걸친 안보협력 네트워크의 확대를 통해 한일관계 개선의 새로운 지평을 열어나가야 한다. 코로나19로 인한 제한을 극복하고 보다 적극적인 상호 인적교류와 전략적 대화의 재개가 시급하다. 이러한 관점에서 1.5 및 2트랙에 의한 한일 안보대화를 활성화하는 것이 바람직하다. 2016년 이후 국회국방위, 외교부와 국방부, 안보군사 전문가, 대사관이 함께하는 1.5트랙의 한일 안보전략대화가 지속되고 있다. 또한 한일 예비역장성 전략대화가 한국 성우회와 일본 안보간화회 간 매년 상호방문을 통해 이루어지고 있으며, 한일 무관 및 군유학 경험자 모임인 한우회와 일우회가 국내에서 대사관을 중심으로 2트랙 대화를 지속하고 있다. 한국 재향군인회와 일본 대우회 등 예비역단체 상호방문도 수시로 추진되었다. 한일 정부 간 의사소통은 물론 이러한 한일 안보협력 네트워크를 확대 및 활성화하는 노력이 필요하다.

둘째, 한미 동맹 강화 차원에서 한미일 안보협력을 적극 활용해 나가야 한다.[13] 한일 양국은 미국의 동맹국으로서 안보 및 군사전략의 기본 축으로 명시되고 있으며, 특히 1950년 6.25 전쟁 이후 지난 70년간 한반도

---

[13] 박영준(2019). "동북아 정세평가와 일본의 대응 전망" 『합참 제82호』, (서울, 2019년), pp. 70-71. 미국 주도의 인도-태평양 전략에 한국이 적극적으로 참가해야 한다. 2019년 11월 「신 남방정책과 인도-태평양 전략」에서 한미 외교부가 공동성명서를 발표한 바 있지만, 궁극적으로 군사전략 차원에서 반영되어야 하며, 이를 토대로 한 한일 및 한미일 안보협력이 실효적 의미를 가질 수 있다.

및 동북아 역내 안정에 기여하면서 국제사회에 기여하는 국가로 성장해 왔다. 물론 지정학적 여건과 안보환경의 차이가 존재하며, 역사와 영토 문제 등 갈등 현안은 엄정한 현실로 존재하지만, 자유민주주의와 시장경제체제라는 가치관을 공유하고 전략적 이익을 공유하는 중요한 이웃국가로서 경쟁과 협력을 지속해 왔다. 현재 일본은 국제관계뿐 아니라 국가안보전략 차원과 미일 공동작전에 이르기까지 정합성과 일체성을 추진하고 있다.[14] 특히 한미일 안보협력은 현존하는 북한의 핵 및 미사일 위협뿐 아니라 미래전장에 대처하기 위해서 다차원 영역과 관련하여 공조태세를 발전시켜 나가는 노력이 필요하다. 이는 결과적으로 한미 동맹 강화뿐 아니라 향후 한반도 평화체제를 구현하는 데 필수적인 한일 관계 개선에도 기여할 수 있으며, 특히 전시작전통제권 환수 이후 한국군의 태세 정립에도 도움이 될 것이다. 한일 안보협력과 한미일 안보협력은 상호 불가분의 관계이다. 지금은 한미일 안보협력이 한일 안보협력 네트워크의 생명선이자 한미동맹 강화의 첩경이다. 한미일 안보협력의 실효성을 위한 한일 안보협력 실천방안으로써 현실적인 과제가 한일 GSOMIA 문제이다.[15] 북한의 핵 능력과 미사일 고도화 등 군사적 위협에 대한 대응은 물론 역내 안정 등에 있어 한미일 안보협력의 실효성을 높이는 데도 중요하다. 현재의 불분명한 협정 개념을 새롭게 하여 한미일 안보협력을 보완하는 신

---

14 한국국가전략연구원(2018). "2018 동아시아 전략평가" (서울, 2018년). pp. 148-151. 한국의 인도-태평양 전략에 대한 적극적 참여와 북한 비핵화에 대한 일본 역할 견인, 역사와 안보 2트랙 기조 유지가 한반도 안보를 위해 중요하며, 한일 안보협력의 근간이 되기 때문이다.

15 국방부. "국방백서 2020", pp. 173-174. 정부는 2019년 8월 23일 안보상 민감한 군사정보교류를 목적으로 체결한 GISOMIA을 종료하기로 결정하고 이를 통보하였으나, 양국 간 현안 해결을 위해 2019년 11월 22일 언제든지 효력을 정지할 수 있다는 전제하에 한일군사비밀정보보호협정 종료 통보의 효력을 정지하였으며, 일본의 태도 변화를 촉구하면서 동 협정의 종료통보의 효력정지 상태를 유지하고 있다.

GSOMIA 협정으로 체결되는 것이 바람직하다. 또한 한일 및 한미일 2+2 회담을 추진해야 한다. 글로벌 안보환경 변화를 보면 국방과 외교 분야뿐 아니라 다층적 협력이 복합적으로 논의되는 것이 바람직하다. 이미 한미 및 미일 2+2회담이 진행되고 있어, 이를 한 차원 발전시켜 나가는 것은 그리 어려운 일은 아닐 것이다.

셋째, 역내 안정을 위해 해공역 사고방지를 위한 네트워크 신설과 협정 체결이다. 최근 미·중 전략적 경쟁이 격화되면서 영토분쟁 양상이 남중국해와 센카쿠열도에서 군사적 긴장 고조로 표출되고 있다. 특히 중국의 해군력 증강과 적극적 해양 진출은 동아시아 안보에 지대한 영향을 미치고 있다. 주목되는 점은 중국은 지난 2월부터 일방적으로 해경법 시행을 선포하면서, 중국이 자국 영토라고 주장하는 해역을 침범한 외국 선박에 대해 무기사용을 포함한 모든 조치 권한을 부여하고 있다. 사실상 해군의 지위와 능력을 가지고 있으며, 중국의 관할 해역에 대한 유관국과의 합의가 이뤄지지 않은 상황에서 외국 어선 등에 대한 중국 해경의 무기사용 허용은 힘에 의한 일방적 현상변경을 의미하게 된다. 〈그림 5〉에서

그림 5 — 방공식별구역 현황

보는 바와 같이 방공식별구역의 일방적 선언과 중첩, 해양 경계선이 확정되지 않은 상황에서 이를 둘러싼 갈등은 분쟁의 시발점이 될 우려가 높다. 즉 분쟁 해역에서 중국의 해경법 시행은 다음과 같이 Gray Zone 전략의 수단으로 많은 문제점을 야기한다. 이를 예방하고 상황 발생시 군사적 충돌로 확전되지 않도록 역내 국가

간 노력이 필요하다.

과거 사례를 보면 남북 군사적 충돌은 서해안을 중심으로 발생했으며, 일중 군사적 충돌 또한 동중국해와 센카쿠열도를 중심으로 이루어지고 있다.[16] 3면을 해·공역에서 주변국과 접하고 있는 우리의 입장에서 이에 대한 리스크 관리는 대단히 중요하다. 중국 해경법은 해상을 대상으로 하지만 실제 작전은 공역을 반드시 포함하게 된다. 2013년 일중 레이더 조사와 2018년 한일 12월 초계기 문제가 발생했으며, 우발적인 군사적 충돌 가능성은 상존하고 있다. 중국과 러시아도 이미 동해상에서 통합훈련을 확대해 나가고 있으며, 2013년 이어도를 둘러싸고 한·중 양국이 방공식별구역을 설정한 이후 중국군용기의 무단진입 횟수가 증가하고 있다. 서해상에서도 중국 불법어선과의 충돌도 빈번하게 발생하고 있다. 향후 해양자원 등을 둘러싼 영유권 갈등은 더욱 첨예화될 것이다. Hot-Line 개설 등 현재까지 구축한 양자 간 신뢰기반을 토대로 한중일 사고방지 협정체결도 시급하다. 필요시 북한과 러시아도 포함할 수 있다. 이를 위해서는 해양법에 기초한 국제적 연대가 필요하다. 특정국가의 국내법이 국제법을 우선할 수 없다는 원칙을 지켜 나가야 한다. 일본 방위성은 미·일 공동작전태세는 물론 시나리오별 훈련을 통해 해상보안청과의 연계성을 강화하는 한편, '해상에서의 우발적 충돌 시 행동기준' Code for Unplanned Encounters at Sea, CUES을 만들어 국제적 대처를 추진하고 있다. 한일 양국은 이미 70년대 중반부터 '한일 항공기 충돌방지 협정'을 통해 협력해 온 경험과 노하우를 가지고 있다. 한일 안보협력을 통해 먼저 '해공

---

16 Japan Yahoo, https://news.yahoo.co.jp/articles/0f51469c534e5202cd99ddd0a8ff439a60b417fe. 일본은 중국이 대만에 대한 무력공격시 센카쿠열도를 사전 선점한다는 시나리오를 설정하고 있으며, 대만문제와 일본의 안보는 분리할 수 없다는 인식을 가지고 있다. 중국의 해경법 시행은 이를 위한 Gray Zone 전략의 수단으로 리스크 관리대책에 부심하고 있다.

역에서의 사고 및 충돌방지 협정'을 체결하고 이를 확대하여 역내 다자간 협정을 추진해 나가야 한다.

넷째, 국제평화협력활동 관련 한일 안보협력 네트워크 활성화이다. 한일 양국은 공히 국제사회에서 다양한 역할을 확대해 왔다. 한국군 또한 북한과의 대치라는 제한적 여건에도 불구하고 유엔평화유지활동PKO에 적극 참여해 왔으며, 일본은 지난 1992년 자위대의 캄보디아 PKO 파견을 계기로 적극적 참여자세를 견지하고 있다. 앞서 제시한 한일 양국의 역사 및 영토 문제 등 갈등요인에 의한 양국관계의 파고에도 불구하고 국제무대에서의 평화협력활동은 국제평화 기여라는 명분과 국가위상 제고라는 전략적 방침에 의해 한일 양국이 함께 할 수 있는 여건을 마련하였다. 지난 2002년 동티모르 파견 시 최초로 시설 및 도로 신설 등의 임무를 수행하는 일본 육상자위대 공병부대를 한국 육군 보병부대가 경계를 제공함으로써 한일 양국이 성공적으로 임무를 수행하는 성과를 거두었다. 현지부대에서는 체육대회 등 정기적인 상호 교류의 장을 마련하고, 양국 공히 어학자원을 파견하여 자국어로 원활한 의사소통을 할 수 있었으며, 이는 앞서 제시한 한일 군사교육 교류의 기반이 큰 역할을 한 것이다. 이후 레바논과 이라크, 남수단 등 국제평화협력활동 현장에서 이루어진 협력도 한일 안보협력에 기여하였다. 특히 정세가 불안정한 이라크에서 한일 양국은 군수물자 및 장비 수송에 있어서 상호 긴밀한 협력을 이루었으며, 반군으로 인해 정세 불안한 남수단에서는 일본 자위대가 한국군에 예비탄약을 지원하는 등 우발적 상황 하에서 더욱 유기적인 협조체계가 이루어졌다. 물론 이러한 과정 가운데 한일 관계의 특수성과 언론보도에 따라 다소의 이견이 제기되기도 하였지만 기본적으로 현장에서 부대 간 긴밀한 우호적 협력은 상호 부여된 임무를 성공적으로 완수하고 파견 부대원의 안전을 도모하는 데 유익하였다. 이러한 관점에서 평시의 한일 안보협력이 국제무대에서의 우발적 상황 등 필요시 현장에서 상호 긴밀한 협력을 이루는 중요한 기반임을 재확인할 수 있다. 그러나 이러한 국제평화협력활동에 있어서 상호 군수지원협정ACSA은 대단히 유용한 수단임에도 불구하고 양국관계로 인해 현재까지 협정이 체결되지 못하고 있다. 특히 지난 2011년 3.11 동일본 대지진을 계기로 일본도 전통적 위협뿐 아니라 대규모 재해는 물론 최근 코로나19 사태 등을 경험하면서 제기되고 있는 비전통적 위협에 대한 효과적 대처를 위해서도 동 협정 체결이 필요하다고 인식하게 되었다. 이러한 관점에서 금년 유엔과 한국이 공동주관하는 '유엔 평화유지 장관회의12월 7-8일, 외교+국방장관'에 일본 방위대신의 참여가 요망된다. 삼각 이니셔티브가 강조되는 시점에서 한일 양국이 국제사회를 무대로 협력해 나가는 기회이자 양국관계를 개선해 나가는 계기를 마련할 수 있기 때문이다. 이러한 노력은 최근 아프간 사태에서 경험한 바와 같이 유사시 자국민 보호를 위한 상호협력의 기반이며, 국민적 신뢰를 제고할 수 있는 길이기도 하다.

다섯째, 한일 방산협력을 적극 추진해야 한다. 한국군은 이제 50조 국방비 시대를 맞이하고 있다. 방위산업이하 방산의 수입과 수출은 이제 한국 산업의 주요한 원동력의 하나로 자리를 잡아가고 있다. 이러한 점에서 본다면 일본은 우리와 정반대의 길을 걸어왔지만 오늘날 처한 현실은 동일한 여건으로 보인다. 왜냐하면 일본은 전후 패전국으로서 무장해제라는 미군정의 정책 하에서 방위산업이 한때 단절의 위기를 맞았지만 6.25 전쟁을 계기로 자위대가 신설되면서 이제는 '보통국가'를 적극 추진하고 있기 때문이다. 이러한 과정에서 일본 자위대는 육상장비는 대부분 국산으로, 해·공자대 장비는 미국과의 공동생산과 수입 등을 통해 기술을 축적해 왔다. 대표적인 정책이 무기수출 3원칙으로 지금까지 무기수출을 금하여 왔으나, 지난 2014년 방위장비이전 관련 새로운 3원칙을 제정하면서 이제는 적극적으로 무기수출을 추진하고 있다. 세계적 방산수출국으로 자리매김한 한국과 향후 전략적 협력과 경쟁이 불가피한 상황이다. 그러나 미국과의 동맹을 축으로 형성된 상호운용성 및 독자적 기술수준과 신뢰성 확보 등의 제반 여건, 그리고 특히 국제 방산 강국들과의 첨예한 경쟁 가운데 생존전략을 위해 향후 한일 방산협력 또한 시대적 요구로 다가오고 있다. 대표적인 사례가 F-35 정비문제이다. 한국은 40여 대, 일본은 F-35A 105대 및 F-35B 42대를 도입할 예정인데, 국제적 정비거점이 일본과 호주이기 때문이다. 한편으로 한국의 T-50 관련 일본과의 협력 문제도 거론된다. F-35에 적합한 T-50은 향후 T-4 후계기를 결정해야 할 일본에 있어 한일 및 한미일 방산협력 차원에서 검토할 수 있는 현실적 대안이 될 수 있기 때문이다. 또한 탄약 관련 한일 협력도 중요하다. 유사시 필요한 모든 탄약을 한일 양국이 각각 확보해 보관하기보다는 상호 협력체제를 통해 적정량을 운용한다면 경제적 군관리와 안전 측면에서도 기대이익이 많기 때문이다. 물론 방산협력을 위한 환경과 여건에 관한 과제도 산적해 있다. 그럼에도 불구하고 향후 방산 분야에서의 국제경쟁력은 물론 한반도 유사시 대응능력을 제고해 나가기 위해서 한일 방산협력은 시대적 요구이자 현안과제이기도 하다. 이를 위해서는 국방부와 방위성, 방위사업청과 방위장비청, 국방과학연구소ADD를 비롯한 연구기관과 교육기관의 대화채널 신설과 인적 교류를 통해 기반을 구축하고, 우주·사이버·전자파 영역 등에 대한 협력이 시작되어야 한다. Global Value Chain이 재편되는 시점에서 한일 방산협력 네트워크는 필수적 요소임을 재인식해야 한다.

여섯째, 한일 국민적 공감대 확산을 통해 양국관계 개선에 기여해 나가야 한다. 한일 관계는 특수하면서도 불가분의 관계라는 점을 재인식해야 한다. 지난 1998년 김대중 대통령과 오부치 총리는 「21세기 미래지향적 한일 협력」에 합의하였으며, 2000년대 초반 한일 청소년 교류협력 확대를 비롯한 다양한 교류협력이 전개되었다. 이러한 양국 간 전략적 협력 기반과 국민적 공감대는 앞서 제시한 한일 안보협력 네트워크의 실질적 기반이 되었다. 현대사회는 국민적 공감대 즉 여론이 국가정책을 결정하는 필수적 요소이다. 이러한 관점에서 한일 국방 당국은 안보협력의 중요성과 최근 동향에 대한 국민적 공감대 확산을 위한 노력을 전략적으로 추진해 나가야할 시점임을 재인식해야 한다. 이러한 점에서 지난 8년 동안 한국 동아시아연구원과 일본 언론NPO가 공동추진한 "한일 국민의식 조사"와 국방대의 "범국민 안보의식 조사" 등은 매우 유용했으며, 정책 개발 등에도 긍정적 역할을 해왔다고 본다. 국방부와 자위대가 공동으로 안보협력 관련 의식조사를 매년 실시해 나간다면 보다 실질적인 발전 방안이 모색될 수 있으리라 본다. 공공외교 차원에서 한일 안보협력 네트워크 활동이 국민들에게 소개되고 함께 할 수 있도록 기획되고 그 결과를 피드백하는 노력이 요망된다. 특히 현재 일본에는 한국 국적을 가지고 살아가는 재일 한국인이 약 50만 명 정도 있다. 그들이 한일 양국의 가교로서 국가 발전에 기여한 공로를 잊어서는 안될 것이다. 6.25 전쟁시 자발적으로 참전한 '재일 학도의용군'을 비롯하여 국가안보 차원에서의 한일 안보협력 네트워크의 역사적 자산을 재발굴하는 노력도 필요하다.

4 ___ 한일 안보협력 네트워크의 새로운 지평을 위한 제언

바이든 정부 출범 이후 글로벌 안보환경이 급변하고 있다. 미중 전략적 경쟁이 지속되고 심화되면서 한일 양국도 주권국가로서 보다 분명한 비전과 원칙에 대한 요구에 직면하게 될 것이다. 그러나 분명한 것은 어떤 국가도 스스로 모든 문제를 해결할 수 없다는 점이다. 한반도의 지정학적 여건과 환경은 미중 경쟁이 본격화되면서 그 전략적 가치가 증대되고 있으며, 그만큼 한일 안보협력이 중요해지고 있다. 이러한 관점에서 향후 한일 안보협력 네트워크의 새로운 지평을 열어나가기 위한 정책적 제언을 제시하고자 한다.

첫째, 국가안보전략서를 개정하여 한일 안보협력 네트워크 지평을 제시해 주어야 한다. 한미 및 미일 동맹은 동아시아 안정과 평화에 있어 가장 중요한 전략적 자산이자 기반임을 재인식해야 한다. 한일 안보협력은 한미동맹은 물론 한미일 안보협력을 보완하고, 역내 안정을 이루는 중심축의 하나가 되어야 한다. 지금 바이든 정부는 QUAD와 QUAD+기후변동, 감염병, 첨단기술 등 비전통 안보, D-10민주주의 가치관, 경제안보, AUKUS 동맹 출범 등을 추진하면서 동맹국인 한국과 일본을 중심으로 한미일 안보협력을 강조하고 있다. 전략적 관점에서 본다면 예방Shaping, 억제Deterrence, 대처 Hedging의 실효성 보장을 위해, 한미일 3국이 전략적 대화를 통해 공동목표를 도출하고, 이에 대한 역할분담을 통해 상호운용성을 확대해 나가는 노력이 필요하다. 그러나 한일 안보협력의 대전제는 국가안보전략에 부합해야만 일관성을 유지해 나갈 수 있다. 앞서 제기한 과제들을 포함하는 새로운 국가안보전략서 개정이 시급하다. 미국과 일본은 내년 초에 새로운 국가안보전략을 예고하고 있다. 한국도 마찬가지로 내년 3월 대선에서 보다 실질적인 국가안보전략의 방향성이 제시되기를 기대한다. 단편적인 포풀리즘이 아닌 국제안보환경에 부응하는 국가안보전략 지침을 통해 새로운 한일 안보협력 네트워크 지평을 제시해 주어야 한다.

둘째, 한일 국방 당국의 적극적 대화와 구체적 방안 협의가 시작되어야 한다. 앞서 한일 및 한미일 외교+국방장관회담2+2을 제안하였다. 이를 위해 현재 시행하고 있는 한일 안보 협의외교+국방 국장급 대화가 재개되어야 하며, 유엔 평화유지 장관회의 등을 계기로 한일 국방장관회담이 선행되어야 할 것이다. 이러한 과정에 제한이 있다면 앞서 제기한 바와 같이 한미일 안보대화차관보급를 격상하여 한미일 국방장관회담과 한미일 외교+국방장관회담을 추진하거나, 샹그리라대화와 ADMM+ 장관회담 등 다자안보를 활용하거나 화상회의를 통해 시작하는 것도 바람직하다고 본다. 특히 경제 안보와 다차원 영역우주, 사이버, 전자파은 2+2회담을 통해 논의되는 것이 바람직하다. 이러한 정책 및 전략대화를 통해 한일 해공역에서 사고방지를 위한 협정이 체결되고, 그 연장선상에서 역내 우발적 충돌과 군사적 긴장완화를 위해 한미일과 중국, 러시아, 북한이 참가하는 "다자간 해공역 사고방지 협정" 추진과 한일 ACSA 체결, 한일 방산협력을 위한 협정 체결과 인적교류 확대 등도 가능할 것이다.

셋째, 한반도 전쟁 억제와 역내 안정을 위한 구체적 한일 안보협력 방안의 시행이다. 앞서 제시한 새로운 시책에 대한 준비와 함께 현존하는 위협에 대처하는 노력이 절실히 요구되는 시점이다. 미국을 축으로 시행되는 한미 연합훈련과 미일 공동훈련에 한일 관계관들이 참석할 수 있는 조치는 언제든지 시행이 가능하다. 상호운용성을 제고하고 필요한 법적·제도적 정비를 위해서는 현장에서의 협력이 반드시 병행되어야 한다. 북한 탄도미사일 배비를 위한 한미일 미사일 추적탐지 훈련 등 3자 훈련이 조속히 재개되고 정례화되어야 한다. 양국관계에 의해 국가안보에 공백이 생겨서는 안되기 때문이다. 이와 함께 정보교류회의와 정책실무회의 등 전략대화도 조속히 재개되어야 한다. 원전 방사능 유출과 코로나19와 같은 비전통안보 현안도 논의되고 공동 대처해 나가는 노력이 필요하다.

넷째, 국민적 공감대를 위한 다양한 안보대화 활성화이다. 한일관계에 있어 국민적 공감대와 신뢰 회복이 그 어느 때보다 절실하다. 현재 다양하게 시행되고 있는 1.5트랙과 2트랙에 의한 안보전략대화를 정부 차원에서 적극 지원해야 한다. 피드백과 함께 일관적·안정적 운용이 필요하기 때문이다. 정책 개발뿐 아니라 국민들이 현 안보 상황과 쟁점을 정확히 이해하고 대화에 동참할 수 있는 여건과 기회를 제공해 주는 노력도 지속되어야 한다. 이를 위해 현재 국내적으로 실시되는 다양한 의식조사와 함께 한일 국방 당국이 공동으로 실시하는 "한일 국민 안보의식 조사" 실시도 검토되기를 기대한다. 이러한 관점에서 한일 양국은 1990년대 이후 오랜 인적교류와 협력을 통해 다양한 자산과 기반이 구축되어 있다. 이를 적극 활용하여 한일 안보협력 네트워크를 활성화시켜 나가야 한다.

한일관계는 만들어지는 것이 아니라 만들어 나가야 한다. 지금이야말로 글로벌 환경변화에 걸맞도록 한일 양국이 국가안보전략을 새롭게 정립하고, 바이든 시대 미중의 전략적 경쟁이라는 파고를 기회로 삼는 전략적 선택과 집중이 필요하다. 한일 안보협력은 이를 위한 원동력이 될 것이다. 상호불신을 극복하고 이를 지혜롭게 반영해 나가는 결단이 필요하다. 한일 안보협력 네트워크를 위한 새로운 지평이 우리의 눈앞에 있다. 위기를 기회로 만들어 나가자.

한미일 협력과
인도태평양 지역 및 국제질서

김 현 욱

국립외교원 교수

1 ___ 서언

　미국이 조 바이든 행정부가 들어서고 중국견제를 외교정책의 우선순위로 삼으면서 동맹국들의 부담이 강화되었다. 바이든의 인도태평양 전략은 트럼프와 달리 동맹국들의 동참을 요구하기 시작했으며, 여기에는 아시아 국가들 이외에도 유럽 국가들까지 합류하기 시작했다. 한국은 미국의 동맹국이지만 중국견제를 위한 인도태평양 전략에 적극적으로 참여하지 않고 있는 상황이다. 소다자주의를 중심으로 전개되고 있는 인도태평양 전략에서 한미일 협력은 매우 중요하다. 비록 과거에 비해 중요도는 떨어지고 있지만, 미국은 한미일 협력을 회복시키기 위해 계속 노력을 경주하고 있다.

　한미일 3국 협력이 과거에는 북한위협에 초점을 맞춰 이루어졌던 것이라면 이제는 새로운 영역의 이슈와 중국견제라는 공통의 목적을 향해 서서히 나아가고 있다. 2008년 포괄적 전략동맹으로 동맹 변환을 이루어낸 한미 양국은 그 이후 한반도 이슈와 글로벌 동맹에 중점을 둔 채 지역동맹으로써는 발전시키지 못했다. 중국을 의식했기 때문이다. 그러나, 미국의 대중국 정책이 변화하고 동맹국들과 함께 중국을 견제하는 바이든 행정부가 들어서면서 한미동맹의 전략적 목적이 변화하고 있다. 이러한 맥락에서 한국이 미국의 인도태평양 전략에 어떻게 협력하는가, 또한 한미일 3국 협력을 어떻게 발전시키는가는 중요한 외교적 부담이자 숙제로 남고 있다.

이 글은 한미일 3국 협력의 과거를 살펴보고, 현재 진행되는 바이든 행정부의 인도태평양 전략의 현황에 대해 고찰해본다. 그리고 인도태평양 전략 속에서 현재 한미일 3국 협력이 어떻게 전개되고 있는지 알아보고, 마지막으로 정책적 고려사항을 제시하고자 한다.

2 ___ 한미일 협력의 과거

북핵 위기를 해결하기 위해 결성된 한미일 차관보급 안보 협력체인 대북정책조정감독그룹Trilateral Coordination & Oversight Group, TCOG이 실질적인 한미일 협력의 시작점이라고 볼 수 있다. 1999년 한미일 3국은 대북정책 조정을 위해 3자간 조정 감독 그룹을 결성하기로 합의했으며, 윌리엄 페리 전 미국 국방장관의 '페리 보고서' 작성 및 이에 따른 대북 포괄적 접근방안을 논의하는 과정에서 한미일 공조가 TCOG로 체계화되기 시작했다.[1]

2001년 부시 행정부 출범 이후 미국의 대북정책이 변화하였고, 미국은 북한을 악의 축으로 규정하기 시작했다. 이에 따라 TCOG가 지속되어야 하는가에 대한 의문이 제기되었고, 새로운 형태의 조직으로 바꿔야 한다는 목소리가 나오기 시작했다. 그럼에도 불구하고 유지되다가 이후 노무현 정부에 들어 한일관계가 안 좋아지면서 점차 중단되기 시작했다. 2002년 제2차 북핵 위기가 발생하고 제네바 합의Agreed Framework가 무너지게 되면서 새로운 현상에 대처하기 위한 메커니즘으로 2003년 8월 6자회담이 탄생함에 따라 TCOG의 역할이 급격히 축소되었다.

한반도에너지개발기구KEDO는 1994년 북미 간 제네바 합의를 이행하기 위해 1995년 설립된 국제 컨소시엄이다. KEDO의 목적은 대북 에너지

---

[1]   김성한. "동북아 세 가지 삼각관계의 역학구도" 국제관계연구, 제20권, 제1호(통권 제 38호), p. 81

공급인데, 북한에 제공할 경수로의 재원을 확보하고, 경수로가 완성될 때까지는 북한에 대한 중유를 공급하는 것이다. 그러나 KEDO가 대북 에너지 공급을 위한 협의만 한 것은 아니다. 한미일 간의 대북정책 공조 측면에서 중요한 역할을 하였다. 국제적 컨소시엄으로 많은 국가가 참여하고 있었지만, 한미일 3개 국가가 중심이 되어 대북정책의 조율 및 협력이 추진되었다. 미국은 핵확산을 방지하고 동북아 지역의 안정을 유지하려는 목적으로, 일본은 북한과의 관계 개선 및 한반도 긴장 완화를 위해, 그리고 한국은 남북관계 개선, 대북 협력에서의 주도권 확보 등을 이루기 위해 KEDO를 이용하였다.[2]

그러나, 2002년 11월, 제임스 켈리 미 국무부 동아태 차관보가 평양을 방문하여 북한의 농축우라늄 프로그램 개발에 대해 묻자 북한이 이를 시인하면서 제2차 핵 위기가 발생하게 되었다. 이후 관련국들은 대북 중유공급을 중단했고, 북한은 국제원자력기구IAEA 조사원들을 영변에서 추방하였다. 이후 KEDO는 경수로사업 종료를 2006년도에 결정하게 된다.

2008년 이명박 정부에 들어 한미동맹을 포괄적 전략동맹으로 변환시키고, 한미동맹이 글로벌 동맹으로 거듭나기 시작하면서, 한미일 3국협력은 새로운 발전의 전기를 맞게 되었다. 2008년부터 차관보급 한미일 3자 안보 토의Defense Trilateral Talks, DTT가 시작되었다. 그렇지만 동시에 북한의 도발 역시 매우 강경해졌다. 2009년도 2차 핵실험 및 장거리 미사일 시험발사 등을 시작으로 오바마 행정부 기간 북한은 4차례의 핵실험을 감행하였다. 또한 2010년 3월 천안함 사태와 동년 11월 연평도 포격사태는 한미일 3국의 대북 협력을 매우 강화하게 만드는 계기들이 되었다.

---

2   전진호. "동북아 다자주의의 모색: KEDO와 TCOG을 넘어서" 일본연구논총, 제17호, p. 57

한미동맹의 포괄적 전략동맹화는 한국이 그동안 중국을 의식해서 보류해왔던 군사적 협력에도 변화를 가져왔는데, 2010년도 한국은 처음으로 '코브라 골드' 훈련에 참여하게 되었다. 이는 미국 태평양사령부와 태국 군사령부가 공동주관으로 1982년부터 매년 실시하는 다국적 연합훈련인데, 한국은 2010년부터 참가하게 되었다. 이를 통해 한미일 3국 간의 군사훈련 가능성이 열리게 되었다.

또한, 이명박 정부는 한일관계를 '미래지향적 성숙한 동반자관계'로 정립하기로 합의했다. 2011년도에는 한일 간 상호군수지원협정ACSA과 군사정보보호협정GSOMIA을 체결하기 위한 협의를 시작하였다. 또한, 한미일 3국 간의 협력도 강화되었다. 3국은 TCOG부활을 논의하였으며 미국 주도의 대량 살상무기 확산방지 구상Proliferation Security Initiative, PSI의 회원이 되었다. 2003년 부시 정부는 테러 및 대량살상무기의 국제적 확산을 방지하기 위한 취지로 PSI를 발족시켰다. 발족 당시 회원국들은 일본 포함 11개국이었고, 한국은 2009년 북한의 2차 핵실험 이후 회원국으로 가입하였다. 북한의 도발, 핵실험, 국제 테러 위협 등 외부위협의 부각은 자연스럽게 한일관계 및 한미일 3자 협력을 강화시키는 원인이 되었다.[3]

2012년 한일 양국은 군사정보보호협정에 가서명을 하였으나, 한국 야권의 반대로 인해 정식 서명이 연기되었다. 2014년 한미일 3개국 군대 간의 군사정보공유 약정Trilateral Information Sharing Arrangement, TISA이 체결되었으며, 이후 박근혜 정부에 들어서 2016년 11월 한일군사정보보호협정이 체결되었다.[4]

---

3   박병광(2011). "한미일 안보협력과 한중관계" 북한경제리뷰, 2011년 8월호, p. 21
4   박휘락. "북핵 고도화 시대 한일 안보협력" 한일군사문화연구, 제 25집, pp. 13-14

3 ___ 미국의 인도태평양 전략

(1) 바이든 행정부의 대외정책 기조 및 대중국 정책

바이든 행정부의 대외정책 기조는 미국의 리더십을 회복하겠다는 것이다. 바이든 대통령직 인수위원회 웹사이트 주소는 Build Back Better였다. 즉, 과거로 돌려 좋게 만들겠다는 것인데, 트럼프가 망쳐놓은 미국의 글로벌 리더십을 다시 세우겠다는 것이다. 그는 자유주의 국제질서 Liberal International Order를 다시 구축하여 미국의 리더십을 회복하겠다는 입장이다. 제2차 대전 이후 미국은 '자유주의 국제질서'를 유지하기 위해 권력을 사용해 왔으며, 자유무역과 자유민주주의는 미국이 동맹을 형성하고 수출 시장을 구축하게 해준 중요한 수단이다. 바이든은 "자유주의 국제 질서를 지키기 위해 신속히 행동해야 한다"[5]라고 발언하였다.

자유주의 국제질서를 방어하고 유지하기 위한 가장 좋은 방법은 미국의 동맹 체제를 유지 및 강화하는 것이다. 글로벌 동맹은 바이든 외교정책의 핵심이며, 이는 코로나19, 중국 이슈, 기후변화 등 대부분의 글로벌 이슈를 다루는 데 적용되고 있다. 즉, 민주주의 가치를 중심으로 동맹을 강화하고 국제협력을 이끌어서 리더십을 되찾겠다는 것이 바이든 외교정책의 핵심이다. 외교 최우선 순위 어젠다는 자유세계와 단합하여 부상하

---

[5]   World Economic Forum Speech(2017.7.)

는 독재정권에 대항하고, 미국의 기후변화에 대한 리더십을 분명히 하며, 동맹 관계를 재건하는 것에 있다.

따라서, 바이든 행정부는 임기 초부터 우선적으로 민주주의를 강조하고 글로벌 민주주의 연대coalition of democracies를 강화하고 있다. 임기 첫해 글로벌 민주주의 정상회의Summit for Democracy[6]를 개최하고, 이를 통해 부패와의 전쟁, 전제주의로부터 수호, 인권 증진을 이룰 것을 천명하였다. 또한, 향후 중국과의 경쟁에서 승리하기 위해서는 민주주의국가들의 경제적 힘을 결속시켜야 한다는 주장이다. 구체적 정책으로는 미국 외교의 활성화, 민주주의 및 인권강조, 트럼프의 이민정책 철폐, 기후변화 강조, 핵 비확산 및 군축 협정 갱신, 영원한 전쟁 종식 등을 내세우고 있다.

바이든의 대중국 정책은 매우 강경하게 진화해 왔다. 2020년 대선시기 때만 해도 오바마 정부의 대외정책과 유사해질 것이라는 예측이 존재했다. 중국과의 경쟁보다는 협력을 강조할 것이라는 예상은 빗나가고 있다. 바이든 행정부의 미중 경쟁은 전략경쟁이다. 즉, 중국과의 경쟁에서 전략적 우위를 계속 점해 나가겠다는 것이다. 이를 위해서는 자유주의 국제질서를 공고히 하고, 동맹국들과의 관계를 강화하며, 이를 기반으로 중국을 견제하겠다는 것이다. 따라서 미국이 우위를 점하고 있는 첨단산업 부문에 있어서 중국과의 디커플링을 추진하겠다는 것이다. 소위 부분적 디커플링이다.

그러나 이게 전부가 아니다. 표면적으로는 소위 중국과의 경쟁적 공존competitive coexistence을 주장하고 있으나, 힘에 기반한 대중국 정책을 추진하고 있으며 전정부적인 접근법을 추진하고 있다. 올해 초 발간된 잠정

---

[6] 2018년 7월 처음 코펜하겐에서 개최되었음. 40개국에서 350여 명이 참석하였다. 전 캐나다 총리 스티븐 하퍼, 미 전 부통령 조 바이든, 영국 전 총리 토이 블레어 등이 참석하였다.

국가안보전략서Interim National Security Strategic Guidance, INSSG는 중국과의 힘든stiff 경쟁에서 반드시 승리하겠다prevail고 기술하고 있으며, 중국을 유일한 경쟁자로 취급하고 있다. 또한 바이든 대통령은 직접 미중 간 체제 경쟁을 언급하기도 하였다.

그러나 최근 워싱턴 D.C.에서는 이러한 바이든의 대중국 강경정책이 담론에 그치고 있으며, 과거 오바마, 트럼프 때와 같이 액션 없는 톡all talk and no action에 그치고 있다는 비판이 나온다.[7] 실제로 대중국 견제를 위한 방안은 크게 두 가지 부류로 나뉘고 있다. 즉, 중국을 단기적으로 효과적으로 견제하기 위해 첨단기술 분야의 미국 기업들에게 투자해야 한다는 부류와, 현재 바이든 행정부가 추진하는 미국 중산층의 이익을 강화하고 미국 전체의 경쟁력을 강화해서 중국과 경쟁해야 한다는 부류이다. 현재 바이든 행정부는 내년 중간선거를 의식하여 후자의 입장을 취하고 있다. 최근 미국 상원을 통과한 인프라 법안 역시 이런 국내 정치를 고려한 결과이며, 대중국 견제를 강하게 주장하는 전문가들에게는 비판 대상이다.

이렇듯 현재 바이든 행정부의 대중국 정책은 트럼프와 오바마의 중간 정도에 위치하고 있다. 이를 비판하는 미국 워싱턴 D.C. 분위기는 매우 강경하다. 즉, 대중국 정책을 레짐 전환regime transformation을 목적으로 추진해야 한다는 시각이 존재하고 있다. 예를 들어, 바이든 행정부의 대중국 정책이 전략경쟁 즉, 대중국 우위를 점해 나가는 것이라고 하더라도, 중국의 대미 정책은 이를 인정하지 않을 것이며, 오히려 미국을 대체하여 패권국의 지위를 점하려 할 것이라는 견해이다. 따라서 현 미중 경쟁의 종료는 시진핑 정권이 붕괴되어야 끝난다는 주장이 목소리를 내고 있다.[8]

---

7   Zack Cooper and Adam Liff(2021.8.11.). "America Still Needs to Rebalance to Asia" Foreign Affairs

8   "America will only win when China's regime falls" Foreign Policy

또한, 미중 간 우발적 군사 충돌이 생길 경우 이에 승리해야 한다는 목소리도 있다. 10년 후 중국의 군사력이 미국을 앞서기 이전에 중국을 군사적으로 패배시키고 이를 바탕으로 시진핑 정권의 붕괴까지도 달성해야 한다는 의견이다.[9]

(2) 바이든 행정부의 인도태평양 전략

바이든 행정부의 인도태평양 전략이 트럼프 행정부와 차별화되는 점은 첫 번째로, 다자주의적 접근법이라는 것이다. 물론, 트럼프 행정부 역시 쿼드QUAD를 강조했다. 폼페이오 장관은 2020년도에 니케이 신문과의 인터뷰에서 쿼드가 중국 공산당에 대응할 수 있는 다자안보협의체임을 강조하였다. 또한, 2020년 9월 스티브 비건 부장관은 쿼드QUAD로 불리는 미국, 인도, 일본, 호주의 4자간의 인도태평양 방위 관계를 북대서양조약기구NATO와 유사한 것으로 확대, 공식화하는 것을 목표로 하고 있다고 밝혔다.

트럼프 행정부와 달리 바이든 행정부는 매우 느슨한informal 형태의 쿼드 개념으로부터 시작했다. 실제로 올해 3월 21일 가진 첫 번째 쿼드 화상 정상회담은 자유롭고 개방되고 규칙에 기반한 질서를 강조하였으며, 기후변화, 기술, 코로나 협력을 강조했다. 쿼드 국가들 간의 군사 의제는 빠졌으며, 중국이라는 단어도 언급되지 않았다. 바이든 행정부는 느슨하고 유연한 형태의 쿼드 협의체를 통해 다양한 국가들의 협력을 유도하기 시작했다.

두 번째 특징은 글로벌 공급망 구축이다. 이것는 바이든 행정부의 대

---

[9]   "Longer Telegram" Atlantic Council

중국 견제의 핵심이다. 바이든은 2021년 2월 24일 반도체, 배터리, 희토류, 의약품에 대한 100일간의 공급망 검토 행정명령을 내렸으며, 또한, 향후 1년간 국방, 공중보건, IT, 운송, 에너지, 식품생산 분야의 공급망을 검토하라고 지시했다. 쿼드 정상회담에서 주요 협력 의제는 보건 협력, 신기술, 기후변화였는데, 미일 정상회담, 한미 정상회담, G7 정상회의에서도 협력 의제는 동일하게 합의되었다. 즉, 미국은 다양한 국가들과 코로나19 보건 협력, 기후변화 관련 협력, 5G, 6G 등 신기술 협력을 이루어내고 있으며, 이를 통해 중국을 배제한 공급망 구축을 추진하고 있다.

또한, G7 정상회의에서는 중국의 일대일로一帶一路에 대응하는 글로벌 기반 시설 투자구상Build Back Better World, B3W에 대한 합의가 이루어졌다. 관련국들은 2035년까지 약 40조 달러 규모의 인프라 시설 투자 및 건설을 위한 지원에 합의했다.

세 번째 특징은 쿼드 국가들 및 관련 국가들 간의 군사훈련 및 협력이 점차 가시화되고 있다는 점이다. 2020년 11월 인도 주최의 2차례 말라바르 해상훈련에 미국, 일본, 호주가 참여하였다. 말라바르 훈련은 1992년 인도 해군과 미 해군의 합동 훈련으로 시작되었으며 일본은 2015년 훈련에 참여했다. 2021년에는 호주가 13년 만에 참여해 쿼드 4개국이 모두 훈련에 참가하게 되었다. 또한, 인도와 일본은 2020년 9월 상호군수지원협정Acquisition and Cross-Serving Agreement, ACSA, 인도와 호주는 2020년 5월 상호군수지원협정Mutual Logistics Support Agreement, MLSA을 체결하였다. 미국과 인도는 2020년 10월 군사지리정보 공유를 위한 기본교류협력협정BECA을 체결했다. 양국은 2002년 군사정보보호협정GSOMIA를 시작으로 군수지원협정LEMOA과 통신 상호 운용성 및 보안협정COMCASA을 각각 2016년과 2018년에 체결한 바 있다. 이로써 미국과 인도의 군사협력은 본격적인 단계로 진입했다.

바이든의 인도태평양 전략의 네 번째 특징은 EU 국가들의 참여 확대에 있다. 현재 영국, 프랑스, 독일, 네덜란드 등 많은 EU국가들이 쿼드 국가들과의 협력을 추진하고 있다. 영국은 포괄적·점진적 환태평양경제동반자협정CPTPP 가입까지도 선언했으며, 2027년까지 5G 통신망에서 화웨이 퇴출을 약속했다. 영국은 2017년 미국과 필리핀의 남중국해 발리카탄 훈련Balikatan Drills과 2019년 미국과 호주의 탈리즈만 세이버Talisman Saber 연합 훈련에 동참하였다. 더 나아가 영국은 2021년 5월 인도태평양 지역에 신형 항공모함인 퀸엘리자베스 항모 전단을 파견하고 영·미·일이 공동훈련을 진행하기로 합의하였다.

프랑스는 2019년 5월 남중국해에서 미국 구축함 윌리엄 로렌스함과 일본, 인도, 필리핀 해군과 함께 '항행의 자유 작전Freedom of Navigation Operations, FONOPs'에 참여하였다. 또한, 프랑스는 2020년 인도, 호주, 프랑스 3자간 국장급 대화에 참여했으며, 2021년 4월 쿼드 4개국과 함께 인도 벵골만에서 합동 해상훈련을 실시하였다.

(3) 군사 전략

트럼프 정부에서 2017년 말 발간한 국가안보전략서NSS는 기존의 대중국 정책이 실패했다고 주장한다. 기존 미국 정부는 중국의 부상을 막기 위해 미국이 2차 대전 이후 구축해왔던 미국 중심의 국제질서 즉, 자유주의 국제질서를 중시하며 중국을 이러한 국제질서 내에 옭아매야 한다는 대중국 정책을 추진해왔다. 부상하는 중국을 완전히 차단하는 것보다 중국의 부상을 늦추고 미국 중심의 국제질서 내에 길들이는 것이 국제적 영향을 최소화 할 수 있다는 것이다. 그러나 이러한 정책은 중국의 부상을 막지 못했으며, 트럼프 행정부는 새로운 대중국 정책이 필요하다고 주장하였다. 트럼프 행정부의 대중국 정책은 군사적, 경제적, 외교적 측면에서 중국을 강하게 압박하는 방식으로 추진되었다. 미국의 핵심 이익을 중국으로부터 얻어내기 위해서 남중국해 등에서 힘에 기반한 강력한 정책을 펼쳤다. 이전보다 더 자주 인공섬 영해 내에 '항행의 자유 작전FONOPs'을 추진하였고, 아예 군함을 상주시키는 초강력 정책도 시도하였다.

국가안보전략서NSS는 세 유형의 도전을 명시하였고, 중국과 러시아를 수정주의revisionist 강대국으로 규정하고 있다. 전략서는 대중국 정책과 관련, 수십 년간 미국의 대중국 정책은 전후 미국 중심의 자유주의 국제질서에 중국을 통합시켜 중국을 자유화시키려는 것이었으나, 중국은 타 국가의 주권을 희생양으로 자국의 힘을 팽창시켜 왔다고 강조했다. 제재, 반자금세탁 조치, 반부패 조치, 강제 행위 등과 같은 경제적 수단은 적을 억지하고 강압하고 제한하는 중요한 전략이라고 서술하고 있다.

미국 국방부가 발표한 2019년 인도태평양 전략 보고서는 대만을 국가로 언급하며 '하나의 중국' 원칙을 부정하는 듯한 뉘앙스를 풍기고 있다. 테드 요호Ted Yoho 하원의원공화·플로리다 역시 대만을 국가로 언급한 국방부 문서를 칭송하면서 "대만은 독립된 국가로서, 중국은 이를 인정해야 한다"며 "그들중국은 이 싸움에서 이길 수 없을 것"이라고 주장하기도 하였다. 대만 문제에 대한 중국의 입장은, 중국은 대만이 독립을 시도할 경우 대만과 선제 타격preemptive strike을 통한 전쟁을 할 수 있고, 미국과 함께 대만이 도발을 할 경우 반응적 타격reactive strike이 가능하다는 것이다. 실제로 2019년 6월 샹그릴라 국제회의Shangri-la Dialogue에서 중국 웨이펑허 국방장관은 대만 이슈와 관련하여 무력도 불사하겠다는 입장을 밝힌 바 있다. 그럼에도 불구하고 미국이 '하나의 중국' 원칙을 부정하면서 중국과의 불필요한 마찰을 야기하지는 않을 것이라는 게 당시 미국 내 중론이었다.

미국은 해양 국가로서 항행 및 상공 비행의 자유는 포기할 수 없는 핵심 사안으로 간주하고 있으며, 기존 '항행의 자유 작전' 틀은 계속 유지되었다. 트럼프 정부 당시 부상하는 중국에 대한 견제 필요성은 미국 내에서 초당적으로 공감을 이루었다. 트럼프 행정부는 군사력, 특히 해군력의 복원 등 '힘을 통한 평화' 전략에 기반하여 대중국 압박을 강화하고 남중국해에서의 평화를 유지할 것이라는 점을 분명히 하였다. 중국에게 남중국해 인공섬 건설 및 군사기지화는 서태평양으로의 군사적 진출을 가능하게 만들어 대미 억지력을 가능하게 해준다. 이 같은 중국의 군사적 확대 전략으로 인해 트럼프 행정부는 아시아에서 군사적 축소전략을 취하기 어려운 상황이었다.

미국 국방부의 2019 미사일 방어 검토보고서Missile Defense Review, MDR는 중국, 러시아 등 수정주의 세력으로부터의 미사일 위협이 확대되고 있다고 기술하고 있으며, 특히 탄도 미사일뿐만 아니라 극초음속 활공체Hypersonic Glide Vehicle, HGV와 초고속 순항미사일 등 새로운 위협에 대응하기 위한 무기체계 구축이 필요하다고 강조하고 있다. 포괄적 미사일 방어 능력을 강조하고 있는데, 발사flight의 모든 단계에 걸쳐서 적의 미사일을 타격하는 적극적 방어 능력을 강조하고 있다to intercept adversary missiles in all phases of flight. 억지가 실패할 경우 발사 이전에 적의 미사일을 격퇴하는 개념을 강조하고 있다attack operations to defeat offensive missiles prior to launch. 또한, 반접근/지역거부anti-access/area-denial, A2/AD 전략에 대한 대응강화를 위해 역량 간 통합 및 상호운용성interoperability 강화를 언급하고 있다.

2019년 초 미국은 중거리핵전력조약INF에서 탈퇴하였으며, 이후 대중국 군사 전략을 더욱더 공세적으로 가져가기 시작했다. 기존 INF의 한계 속에서 미국은 중국의 중장거리 지대함 탄도미사일 개발에 기반한 A2/AD 전략에 대해 미사일방어시스템으로 대응할 수 밖에 없었다. INF

탈퇴 이후 트럼프 정부의 대중국 전략은 매우 공세적으로 전개되었는데, 잠수함, 5세대 전투기 등 다양한 무기체계를 아시아 지역으로 배치하기 시작했으며, 아시아 지역에 미국의 지상 기반 중거리 마사일 배치 가능성까지 거론되기 시작했다.

트럼프 행정부 이후 미국의 군사 전략은 육군의 역할이 강화된 합동 전투개념Joint Warfighting Concept으로 전환되고 있다. 육군력을 추가한 통합군 체제를 통해 전투의 효율성을 재고하기 위함Joint Warfighting Effectiveness in a Contested Environment이다. 미 의회에서는 중국을 겨냥한 억지력 강화 차원의 입법이 추진되고 있으며, 바이든 행정부는 중국을 겨냥한 미군 재편성global force realignment을 추진하고 있다.

즉, 미국은 합동 전 영역 작전Joint All-Domain Operations, JADO개념을 개발하고 있다. JADO는 지상, 공중, 해양, 우주, 사이버 등 작전영역들 간의 경계를 제거하고 합동작전 시너지의 극대화를 위해 만들어진 작전개념이다. 2019년 이후 미국은 중국의 A2/AD 전략에 대응하기 위한 군사 전략 전환을 꾀하기 시작하였다. 즉, 동적 전력 운영Dynamic Force Employment, DFE에 기반하여 지상군 다영역 작전Multi-Domain Operation, 공군 다영역 지휘통제Multi-Domain Command and Control, 해군 분산 해양 작전Distributed Maritime Operation, 해병대 원정 전진기지 작전Expeditionary Advanced Base Operation 등을 발전시키고 있다. 특히 공해군력의 동적배치를 강조하고 있다. 즉, 이러한 통합 능력을 통한 다영역 전투multi-domain battle 개념을 추진하겠다는 것이며, 우주, 사이버 등을 포함한 모든 영역에 있어서 글로벌 통합작전globally integrated operation을 수행하겠다는 개념을 제시하고 있다. 국방자원을 늘리지는 않겠지만, 아시아 지역에서 국방력을 축소시키지는 않을 것으로 보인다. 그러나 아시아 지역 주둔 미군의 일부는 동적 전력 운영에 기반하여 동북아에서 동남아로 유연하게 이동할 가능성이 존재한다.

이렇듯, 미군의 군사전략 발전은 여러가지 전투 네트워크의 다양한 통합에 의해 전개될 것이다. 미래의 전장은 실제 지리적으로 존재하는 것이 아니라 우주, 해양, 육지, 사이버 등 다양한 영역의 운영체제, 즉 전투 네트워크가 바로 전장이 된다. 이에 대해 중국 측은 체제파괴전system destruction warfare을 미국과의 전쟁을 승리로 이끌 수 있는 핵심 요인이라고 보고 있다. 더욱이 운영체제, 지휘체제, 무기체제, 지원체제 간 차단을 할 수 있다면 중국은 정보 우위를 통해 전장에서의 승리를 거둘 수 있다는 것이다.[10] 이와 같은 체제파괴전의 우선순위화는 중국으로 하여금 전자기전, 사이버전, 컴퓨터 네트워크 공격, 정보전 등의 역량을 강화하는 데 집중하게 만들었으며, 이는 최근 대우주counter-space 무기체계 개발로 이어지고 있다.

미국의 2020년도 국방수권법National Defense Authorization Act, NDAA은 인도태평양 지역에서 크게 3가지 전략을 제시하였는데, 동 지역에서 단일 전역계획a theater campaign plan을 마련하고, 우방국 군대들과의 훈련을 확대하며, 총괄평가국Office of Net Assessment, ONA과 협력하여 중국과의 경쟁에 승리할 수 있는 전략 마련을 요구하고 있다. 2021년 NDAA는 화웨이 등 중국 5G 장비를 사용하는 국가에 미군 및 주요 군사 장비 배치를 재고하는 내용이 들어가 있다. 또한, 태평양억지구상Pacific Deterrence Initiative를 위해 전부 13개 항목에서 국방비를 늘릴 계획을 담고 있다.

---

10   Jeffrey Engstrom(2018). "Systems Confrontation and Systems Destruction warfare" Santa Monica, CA: Rand Corporation

4 ___ 바이든 행정부와 한미일 협력 강화

(1) 한미일 간 위협인식 차이

2008년 한미동맹을 포괄적 전략동맹화하기 시작했지만, 한미 양국의 위협인식은 쉽게 공통화되지 못하고 있었다. 한미는 동맹을 지역, 글로벌 차원으로 확대하기로 합의했지만, 한국은 중국을 의식하여 지역 차원의 한미동맹 운영에 대해 소극적이었다. 이로 인한 결과는 글로벌 동맹의 확장이었다. 물론, 이 역시 한반도의 북한위협에 대한 억지력 마련이라는 한미동맹의 전통적 미션과 비교해서 그다지 활성화되지는 못했다.

중국의 부상이 가시화되기 시작하면서 미국 내부에서는 한미동맹이 중국위협에 대응해야 한다는 목소리가 나오기 시작했다. 물론, 이 같은 반중국 정서가 정책화되기 시작한 것은 트럼프 행정부 때였지만, 트럼프의 '중국 때리기'는 일방주의적으로 진행되었으며 동맹국들에게 미국과 함께 중국을 견제하자는 요구는 크게 존재하지 않았다. 바이든 행정부 들어 미국의 대중국 정책은 동맹국들과 함께 진행되기 시작했다. 인도태평양 전략은 아시아뿐만 아니라 유럽국가들의 동참으로 이어졌으며, 한국과 미국 간의 위협인식 차이는 이에 장애로 작용하기 시작했다. 문재인 정부 들어 한국이 북한에 대해 대화 중심 기조를 강화하였고 중국에 대해서도 우호적인 관계를 강조하면서, '중국 때리기'를 강화하기 시작하는 바이든 행정부와 위협인식의 차이가 존재하였다. 또한, 일본이 한미일

3국 협력을 중국과 북한위협에 대응하기 위한 중요한 협의체로 바라보는 것에 비해, 북한과 중국에 대해 관여 정책engagement을 선호하는 한국 문재인 정부에게 3국 협력은 부담으로 작용하기 시작했다.

바이든 행정부에게 한미일 3국 협력은 상당한 의미가 있다. 인도태평양 전략을 추진하는 데 있어 바이든 행정부는 다양한 소다자주의를 활용하고 있다. 쿼드, 오커스AUKUS, 미일호 등등이 존재한다. 바이든은 중국을 견제하고 북한을 억지할 수 있는 안보 아키텍처를 원하고 있고, 일본은 이러한 바이든 행정부의 정책을 옹호하고 있다. 한국은 중국에 대한 견제에 대해 우려를 가지고 있고, 그 배경에는 크게 세 가지 이유가 존재한다. 첫 번째는 사드THAAD 배치 이후 중국의 한국에 대한 경제보복 경험은 한국의 태도를 결정짓는 중요한 요인 중 하나이다. 게다가, 사드 배치 이후 한국 정부는 중국에 대해 3가지를 약속하였는데, 사드 추가배치를 안 하고, 한미일 군사동맹에 들어가지 않으며, 지역 미사일방어체계에 가입하지 않는다는 것이다. 이러한 약속이 한미일 협력에 대한 장애물로 작용하고 있다. 두 번째로, 한국은 중국에 대한 경제적 의존도가 매우 높은 상태이며, 이러한 경제 관계로 인해 대중국 적대 정책이 부담으로 작용하고 있다. 마지막으로, 대북 관여정책을 추진함에 있어서 중국의 도움이 필요하다는 인식을 가지고 있다.

(2) 한미, 미일 2+2 회의에서 나타난 각국의 입장

바이든 행정부는 임기시작 후 한미일 3국 협력을 강화하기 시작했다. 가장 먼저 국방, 국무장관들이 일본과 한국을 방문하여 2+2 회의를 개최하였다. 2010년 7월 이후 11년 만의 미 국무·국방장관의 동반 방한을 통해 2+2 회의가 이루어졌으며, 한미동맹의 굳건함을 재확인할 수 있는 중요한 계기가 되었다. 2021년 한미 2+2 회의 공동성명에는 '한미동맹이 한반도와 인도태평양 지역의 평화, 안보, 그리고 번영의 핵심축'이라고 언급됐다. 또한, 미국의 대한 방위공약 및 확장억제 공약을 재확인했으며, 연합훈련·연습을 통해 동맹에 대한 공동위협에 맞서 합동 준비 태세를 유지할 것을 재강조하였다. 주한미군이 한반도 및 역내 평화와 안정 유지에 중요한 역할을 수행한다고 기술하였다.[11]

구체적인 성과도 존재하였다. 즉, 방위비 분담 협상의 조기 타결에 대해 평가하였으며, 양측 대표에 의한 한미 방위비분담특별협정SMA 가서명식을 개최하였다. 가서명 이후 국내 절차를 완료하고 양측이 공한을 교환하게 되면 협정의 효력이 발생하게 된다. 또한, 전작권 등 동맹 현안의 호혜적 해결을 지속적으로 노력하기로 합의하였으며, 보건, 우주, 사이버, 원자력 등 다양한 분야에서 상호보완적이고 미래지향적인 협력을 확대하기로 공감하였다. 한미 외교 당국 간 국장급 정례협의체인 양자정책대화 Bilateral Policy Dialogue도 새로이 출범시켰다.

한반도 차원에서 한미 양국은 미국의 대북정책 검토가 마무리되어 가는 시점에 긴밀한 조율 및 협의를 가졌다. 대북정책 이행과정에서 한미 간 완전히 조율된 전략을 바탕으로 긴밀히 공조해 나가기로 공감하였다. 지역 차원에서 한미 양국은 역내 평화·안보·번영을 위해 한미일 간 호혜적·미래지향적인 협력을 지속하기로 하였으며, 신남방정책과의 연계협력을 통한 인도태평양 지역의 공동안정과 번영을 위한 협력을 심화하기로 하였다. 글로벌 차원에서 기후변화, 코로나19 등 범세계적 위협에 대한 대응 공조를 강화하기로 하였다. 바이든 행정부의 4대 우선순위는 코

---

[11]   대한민국 외교부(2021.3.18.). "2021 한·미 외교·국방 장관(2+2)회의 공동성명", https://www.mofa.go.kr/www/brd/m_4076/view.do?seq=368832

로나19, 경제회복, 인종 평등, 기후변화이며, 이에 대한 한미 간 협력 범위를 확대했다는 의미가 있다.

그럼에도 불구하고, 실제 블링컨 국무장관과 오스틴 국방장관의 모든 발언 및 기자회견 답변은 한국과 다른 미국의 입장을 보여주고 있었다. 첫 번째로, 위협인식에 있어서 미국의 강경한 입장이 표현되었다. 오스틴 장관은 "북한과 중국의 전례 없는 위협"이라는 언급을 하였으며, 블링컨 장관은 "북한의 권위주의 정권이 자국민에 대해 계속해서 체계적이며 광범위한 학대를 자행하고 있다"고 언급하였다. 블링컨 장관은 중국에 대해서도 홍콩 자치권을 침식하고 티베트의 인권을 침해하고 있다고 언급하면서 중국의 인권 문제를 지목했다. 이 같은 북한과 중국의 인권 문제에 대한 지목은 향후 대중국 정책을 잘 예견해주는 부분이었다.

두 번째로, 대북정책과 관련되어 미국은 쿼드 정상회담과 미일 2+2 회의 공동성명에서 '북한의 완전한 비핵화'라는 표현을 사용했다. 한미 간 2+2 회의 공동성명에서 이 같은 표현은 빠졌다. 양측은 대신에 '북한 핵·탄도미사일 문제가 동맹의 우선 관심사'임을 강조하였다. 미국이 한반도가 아닌 '북한의 완전한 비핵화'라는 표현을 쓰는 이유는 북한만이 비핵화의 대상이라는 의미이며, 미국은 이에 상응하는 군축 협상을 하지 않겠다는 의미이다. 트럼프 대통령은 중국이 제시한 쌍중단 개념을 받아들이고 북한이 핵과 미사일 시험을 중단한 대가로 한미 연합훈련 중단을 일방적으로 선언했지만, 바이든 행정부는 이러한 대북정책을 지속할 계획이 없다. 이에 비해 한국 정부는 북한이 요구하는 '한반도의 완전한 비핵화'를 고수하고 있다. 즉, 북한이 요구하는 대북 적대시 정책 폐기가 북한 비핵화와 함께 추진되어야 한다는 것이며, 이를 통해 한반도 평화 체제로 나아가겠다는 것이다. 미국과 함께 일본 역시 북한의 완전한 비핵화를 선호하는 입장이었다.

세 번째로, 한미 2+2 회의 공동성명에는 중국과 관련된 내용이 부재하였는데 반해, 미일 2+2 회의 공동성명에는 중국 문제에 관한 강한 내용들이 담겼다. 즉, '국제질서를 훼손하는 지역의 타자들에 대한 위압이나 안전을 해치는 행동에 반대'하고, '중국 해경법 등 최근 지역에서 혼란을 부르는 행동에 관해 심각한 우려를 표명'한다는 내용이 담겼다. 또한 '대만해협의 평화와 안전의 중요성'을 강조했다.[12]

마지막으로, 공동성명에는 담기지 않았지만 미국은 기자회견에서 쿼드에 대해 한국과 지속적으로 협력 중이라는 입장을 보였다. 이에 반해 한국 정부는 한미 간 이 문제에 대해 공식적인 협의가 없었다는 입장이었다. 미국은 다양한 이슈별 소다자주의를 통해 인도태평양 전략을 추진하고 있으며, 블링컨 장관 역시 쿼드가 비공식적인informal 협의체라고 언급하였다. 설리번 안보 보좌관 역시 쿼드는 나토가 아니며 군사 동맹체가 아니라고 언급한 바 있다. 그럼에도 불구하고 중국은 쿼드를 다자군사 동맹체로 인식하고 있으며, 한국이 이에 가입하는 것에 매우 민감한 입장이다.

(3) 한미, 미일 정상회담을 통한 협력강화

이 같은 3국 간의 간극은 정상회담에서 좁히려는 노력이 있었다. 그러나, 대북정책 관련해서 한미, 한일 정상회담의 합의 간에는 여전히 간극이 존재했다. 바이든 정부는 조율된 실용적인 접근법calibrated practical approach을 대북정책으로 정하고, 관여engagement와 억지stern deterrence를 통해 북한 비핵화에 임하겠다고 언급하였다. 정상회담에서 한미 양국 정상

---

12   Department of State(2021.3.16.). "U.S.-Japan Joint Press Statement", https://www.state.gov/u-s-japan-joint-press-statement/

은 주로 관여engagement에 중점을 둔 반면, 미일 양국은 억지deterrence에 중점을 두었다. 한미 양국은 정상회담에서 한반도의 완전한 비핵화를 언급했다. 또한, '2018년 판문점 선언과 싱가포르 공동성명 등 기존의 남북 간, 북미 간 약속에 기초한 외교와 대화가 한반도의 완전한 비핵화와 항구적 평화 정착을 이루는 데 필수적'이라고 언급하였다. 바이든 대통령은 또한 '남북 대화와 관여, 협력에 대한 지지'를 표명하였다.[13] 이에 비해 미일 정상회담의 공동성명은 한반도가 아닌 '북한의 완전한 비핵화'에 대한 의지를 재확인했으며, 북한의 핵 및 미사일 계획 관련 '위협'에 대처한다고 언급했다. 한미 정상회담에서는 위협이라는 단어가 빠져있었다.

한반도의 완전한 비핵화는 미국이 수용하지 못하는 개념이다. 북한은 1991년 한반도 비핵화 공동선언에서 비핵화 범위를 한국으로 확대했으며, 핵무기의 시험·제조·생산·접수·보유·저장·배비配備·사용의 금지를 담았다. 즉, 주한미군의 핵무기 배비를 금지시키는 것인데, 여기에 핵무기를 운반할 수 있는 전략무기의 한반도 출현까지도 포함시키고 있다. 이렇게 되면 주한미군의 한반도 작전 운용이 방해받게 되고 한미동맹의 약화로 이어질 수 있기 때문에, 미국은 한반도의 완전한 비핵화가 아닌 북한의 완전한 비핵화라는 용어를 선호하고 있다.

대북정책에서 3국은 한반도 또는 북한 비핵화에는 공감하였지만 여전히 상이한 우선순위를 보였다. 즉, 미국은 북한문제 관리를, 일본은 대북 억지력 강화를, 한국은 남북관계 회복에 주안점을 두었다. 한미 양국은 대화에 무게를 두었고, 미일 양국은 억지에 중점을 두었다.

그럼에도 불구하고 한미일 3국은 한미 정상회담과 미일 정상회담에

---

13 「연합뉴스」(2021.5.22.). "[전문] 한미 정상회담 공동성명", https://www.yna.co.kr/view/AKR20210522035500001

서 미국 중심의 글로벌 공급망 구축에 대한 경제적 협력을 강화하였다. 바이든 행정부는 중국과의 경쟁적 공존competitive coexistence을 추진하고 있으며, 이러한 대중국 견제의 핵심 정책은 중국을 배제한 글로벌 공급망 구축에 있다.

한미 정상회담에서 두 정상이 협력에 합의한 분야는 기후변화, 신기술, 백신 협력인데, 이 분야들은 바이든 행정부가 올해 초 쿼드 정상회의 및 미일 정상회담에서 협력하기로 합의한 분야와 동일하다. 첫 번째로, 한미 글로벌 백신 파트너십을 구축했다. 미국의 기술 및 원부자재 공급능력과 한국의 생산능력이 결합되어 가능한 협력이다. 한국은 의약품 생산능력 세계 2위 국가이며, 이 합의를 통해 한국은 백신 허브 국가로서의 지위를 획득하였고 백신 대량생산의 역할을 수행하게 되었다. 두 번째는 신기술 분야와 관련한 한미 간 협력 강화가 이루어졌다. 반도체, 자동차 배터리, 전기차 생산 등 분야는 한국 기업체가 세계 최고의 기술력을 가지고 있다. 이번 합의를 통해 미국은 우리 기업의 대미 투자로 인한 산업경쟁력과 공급망 구축의 효과를 얻게 되었으며, 한국은 미국 시장 진출 확대 및 기술 고도화를 얻게 되었다. 여기서 중요한 부분은 한국 기업체들이 이미 중국에 많은 반도체 투자를 해놓은 상태라는 것인데, 메모리반도체 관련 대중국 투자, 시스템반도체 관련 미국투자는 각국의 수요에 맞게 투자를 함으로써 제로섬 게임이 아닌 순수하게 기업의 이윤에 입각한 전략적 투자라는 평가이며, 이러한 기업의 투자 움직임은 미중 양국 중 한쪽에 기운다는 비판을 받지 않는 현명한 투자 방식으로 평가받고 있다. 세 번째로, 한미 양국은 2050년 이내 글로벌 온실가스 순배출 제로 달성 및 2020년대 내 온실가스 배출량 대폭 감축 달성을 위해 협력하기로 합의했다.

한미 간에는 중국과 관련해서도 합의가 이루어졌다. 한미 정상은 '남중국해 및 여타지역에서 평화와 안정, 합법적이고 방해받지 않는 상업 및 항행·상공 비행의 자유를 포함한 국제법 존중을 유지하기로 약속'하였다. 또한, '대만해협에서의 평화와 안정 유지의 중요성을 강조'하였다. 물론, 미일 정상회담의 공동성명에 비하면 상당히 누그러진 표현이었다. 즉, 중국이라는 단어가 빠져있으며, 동중국해도 빠져있었다. 또한, 미일 정상회담에서는 '양안 문제의 평화적 해결을 촉구'한다고 되어있으나, 이 부분은 빠져있었다.

그럼에도 불구하고 이번 한미, 미일 정상회담은 그 동안 차이를 보여왔던 3국 간의 위협인식과 전략적 목적에서 공통화를 이루어냈다. 한미일 3국은 정상회담을 통해 미국의 글로벌 공급망에 대한 합의를 확대했다는 성과를 거두었다. 바이든 행정부는 쿼드 정상회담, 한미 정상회담, 미일 정상회담, G7 정상회담을 통해 신기술, 기후변화, 보건 분야에 있어서 협력을 확대했으며, 이는 한미일 3국 간 글로벌경제 분야에 있어서 협력을 강화했다는 데 큰 의미를 가진다. 이는 중국견제에 있어 비록 로우키low-key 접근일지라도 한국이 미국과 공조를 시작했다는 데 큰 의미를 가진다. 과거 한미동맹을 포괄적 전략동맹으로 변환했음에도 불구하고 여전히 한반도 차원에 머물렀던 것에 비해, 이번 한미 정상회담은 여기에서 벗어나 실질적인 지역 차원, 글로벌 차원의 협력과 함께 협력의 어젠다가 한미일 3국 간으로 확대되는 성과를 거두었다.

한미일 3국은 군사협력에도 박차를 가하고 있다. 비록 다자 차원의 협력이지만 3국이 군사협력에 참여하는 것은 의미 있는 일이다. 미국 주도로 매년 알래스카에서 실시되는 다국적 훈련인 '레드플래그 21-2'에 한국 공군 F-15K가 6월에 참여했는데, 한국 공군 전투기가 알래스카 '레드 플래그'에 모습을 드러낸 것은 3년 만의 일이다. F-15K는 일본 항공 자위대의 F-15J, 주한 미 공군의 F-16과 함께 공중급유 훈련을 했다. 또한, 7월 호주에서 열린 Pacific Vanguard에 미국, 일본, 호주, 한국이 참여하여 연합 해상훈련을 실시했으며, 6-8월 호주 퀸스랜드에서 열린 Talisman Sabre 2021 연합훈련에 한국, 호주, 일본, 영국, 캐나다, 뉴질랜드 등이 참여했다.

5 ____ 결어:
정책적 고려사항

기술한 바와 같이 최근 한미일 3국은 미국의 인도태평양 전략에 참여를 확대하고 있으며, 이러한 추세는 향후 지속될 것으로 전망된다. 그럼에도 불구하고 한국의 인도태평양 전략에 대한 참여는 여전히 수동적이다. 한반도가 가지고 있는 지리적 위치가 중국과의 관계를 무시할 수 없게 만들고 있기 때문이다. 향후 한국이 고민해야 할 정책적 고려사항을 제시한다.

첫째로, 한국은 한미일 3국협력을 통해 중국견제를 위한 인도태평양 전략에 적극적으로 참여할 필요가 있다. 한국은 지리적으로 중국대륙의 끝자락에 위치하고 있다. 역사적으로 한국은 중국의 간섭에서 자유롭지 못했다. 한중관계는 경제적으로 상호의존적이지만, 그럼에도 불구하고 중국은 한국에게 잠재적 위협이다.

운 좋게도 그 동안 미중 간 경쟁이 거세지 않았던 탓에 한국은 미중 사이에서 나름대로 외교적 공간을 가질 수 있었다. 굳이 한쪽을 택하지 않아도 국익에 손상이 오는 일이 없었다. 오바마 시절 미중은 G2로 협력하던 관계였으며, 미중관계는 경제적 상호의존성이 강하게 형성되어 있었던 탓에 미국은 과감하게 중국을 때리지 못했다. 트럼프 시절에 미국의 '중국 때리기'가 추진되었지만 일방주의적인 중국견제였으며, 동맹국들에게 미국 쪽에 줄 서라는 압박은 별로 심하지 않았다. 그러나, 바이든 행정부는 미중관계를 제로섬 게임으로 만들고 있으며, 동맹국들에게 미국 측에서 함께 중국을 견제하자는 압박을 넣고 있다. 이제 과거에 미중 사이에서 한국이 누리던 외교적 공간은 사라지고 있다.

한국은 거세지는 미중 갈등에서 벗어나거나 초월하는 외교를 펼치기도 어렵다. 싱가포르같이 작고 지리적으로도 리스크가 적은 지역에 있는 국가와 한국은 다른 입장에 처해있다. 한국은 미중 양국이 무시할 수 있는 규모의 국가도 아니고, 그럴만한 지리적 위치에 있지도 않다. 결국 중국의 한반도에 대한 영향력 확대를 막고 미중 간의 실질적 균형을 만들어내기 위해서 한국은 인도태평양 전략에 적극적으로 참여할 필요가 있다.

두 번째로, 적극적인 외교가 필요하다. 올해 5월 한미 정상회담의 결과는 한국이 그동안 가졌던 외교 패러다임을 새롭게 바꾸는 계기가 되었다. 그 동안 한국은 중국을 의식하여 지역 차원의 한미동맹 협력에 매우 수동적이었다. 그러나, 이제 미중 경쟁은 제로섬 게임이 되어가고 있다. 한미정상회담에서 한미 양국은 중국견제를 위한 협력을 강화하고 미국 중심의 글로벌 공급망 구축에 참여하였다. 미중 사이에서 미국을 선택하기 시작했다. 결과는 미국을 통해 다양한 국가로 한국의 기술 산업이 투자 및 수출을 할 수 있는 기회가 열렸으며, 중국은 한미관계 강화를 우려하기 시작했다. 즉, 한국의 전략적 가치가 높아지기 시작했다. 사드 배치 이후 중국의 경제보복은 한중관계를 악화시켰고 한국인들의 중국에 대한 인식을 부정적으로 바꿔 놓았다. 중국의 경제보복이 되풀이되면 한중관계는 회복 불가 수준으로 악화될 것이다. 향후 한국의 국력에 맞는 적극적이고 당당한 외교를 추진해야 하며, 미국 주도의 글로벌 공급망을 이용하여 한국의 경제적, 외교적 이익을 글로벌 수준으로 확장하는 기회로 만들어야 한다.

셋째로, 한미일 3국은 중국의 경제보복에 대한 대응 방안을 모색할 필요가 있다. 한국은 이미 사드 배치 이후 중국의 경제보복을 경험했으며, 이는 미국의 인도태평양 전략에 적극적으로 참여하지 못하게 하는 장애요인 중 하나로 작용하고 있다. 최근 호주는 중국의 경제보복에 적극적으로 대응하였으며, 그 결과 중국은 석탄 부족 사태를 겪으며 호주의 석탄 수입을 재개할 것으로 예상되고 있다. 대응 방안의 요지는 중국의 경제보복 대상이 되는 국가에게 중국 시장의 대안을 마련해 주는 것이다. 한미일 3국을 비롯한 관련 국가들이 중국의 경제보복의 대상국에게 공동으로 자국의 시장에 대한 접근을 보장해 주는 등 중국의 경제보복에 대한 대응책 마련이 필요하다. 다행히도 올해 10월 15일 미 하원은 'Countering China Economic Coercion Act' 법안을 상정했다. 동 법안의 신속한 미 의회 통과를 통해 중국의 경제보복에 대한 미국의 대응안이 마련되기를 기대해본다.

네 번째로, 한국은 사드 배치 이후 중국에게 약속해 준 3불3不에 대한 재고를 고민해야 한다. 이는 지역적 미사일방어체제에 들어가지 말 것, 사드추가배치를 하지 말 것, 한미일 군사동맹에 가입하지 말 것 등이다. 현재 한미일 3국 협력은 점차 다자 연합군사훈련으로 발전하고 있으며, 이는 중국에게 약속해 준 3불과 배치된다. 추후 한국은 3불 약속을 철회해야 하며, 동시에 한중관계가 훼손되지 않도록 중국과의 외교적 노력을 기울일 필요가 있다.

마지막으로, 이러한 외교적 방향성 내에서 한일관계를 보다 미래지향적으로 추진할 필요가 있다. 일본은 자국의 안보 불안을 해소하기 위해 대미 관계, 쿼드 구성, EU 국가들과의 협력을 적극적으로 추진하고 있다. 한일 양국은 동북아시아 지역에서 안보적으로 같은 위치에 처해 있다. 미국의 패권이 과거와 비교해 불확실해지고 있으며, 미중경쟁이 거세지면서 한일 양국의 안보협력 필요성은 점점 늘어나고 있다. 한일 양국은 이러한 국제질서의 변화와 동북아 안보상황의 가변성에 대비하여 관계회복을 위한 노력을 기울일 필요가 있다.

한중일 협력과
지역구도 안정화

박 영 준

국방대학교 안보대학원 교수

1 ___ 동아시아 공동체 및
한중일 협력 논의의 실종

　언제부터인가 우리 사회에서 동아시아 공동체, 혹은 한중일 협력의 필요성에 관한 논의가 자취를 감춘 듯이 보인다. 한반도 평화 체제 구축, 혹은 남북 협력의 논의는 그 실체와 관계없이 활발하게 들려오지만, 한때 보수와 진보를 망라하고 제창되던 동북아 협력, 동아시아 공동체 관련 담론은 정치권은 물론 지식인 사회에서도 활발하게 제기되질 않고 있다.

　불과 10여 년 전만 해도 한국 지식인 사회에선 동아시아 공동체, 혹은 동북아 협력의 필요성에 관한 논의가 주류적인 담론이었다. 당시 박세일 서울대 교수는 한국이 중진국을 벗어나 선진국 위상의 면모를 갖추고 있다고 강조하면서, 그런 국제적 위상의 변화에 따라 한국은 세계전략 및 적극적인 대외전략이 필요하다고 주장하였다. 그 세계전략의 일환으로 동아시아 지역에서 패권주의의 등장을 방지하는 동아시아 공동체 구축의 구상을 가져야 하며, 이를 위해 정치, 경제, 군사, 문화 분야 등에 걸친 다자주의 강화의 대외정책을 전개해야 한다고 제언하였다.[1] 같은 시기 고려대학교 이신화 교수도 다자주의가 활발한 유럽 지역의 사례를 동아시아와 비교하면서, 동아시아 지역에도 비전통 안보 분야를 중심으로 동북아 협력의 레짐을 구축해야 하며, 한국 외교가 그러한 과제를 자임해야 한다

---

[1]　박세일(2008). 『대한민국 국가전략』 21세기북스

고 강조하기도 하였다.[2]

이러한 지식인들의 동아시아 공동체, 혹은 동북아 지역협력의 담론에 따라 한국 정부는 일본 및 중국 정부와 긴밀한 협의를 가진 끝에 2011년 9월, 한중일 협력기구Trilateral Cooperation Secretariat, TCS 사무국이 서울에 설치된 바 있다. 동북아 협력을 제도적으로 담보하는 이 기구의 설립에 대해 당시 국내 주요 정치권 인사들도 깊은 관심을 가졌고, 그 설립 1주년을 기념하여 2012년 10월 15일에 개최된 3국 협력 국제포럼에는 당시 대통령 선거전에 나섰던 박근혜 후보나 안철수 후보 등이 같이 참석하여 동북아 협력의 중요성을 공통적으로 강조한 바 있다.[3]

사실 후술하듯이 한반도를 둘러싼 동북아 국가들 간의 협력을 강조하는 대외 정책론은 이승만 정부 이래 한국 외교의 중요한 정책과제 가운데 하나이기도 했다. 2011년 한중일 협력기구의 창설은 한국 외교의 전통적인 과제가 제도적으로 구현된 중요한 성취이기도 했다. 그럼에도 불구하고 최근 한중일 협력을 기축으로 한 동북아 협력, 혹은 동아시아 공동체 담론이 이전 시기에 비해 정책적으로 실종된 듯이 보이는 것은 한국 외교의 지평 확대를 위해 안타까운 일이 아닐 수 없다.

특히 2021년 시점에서 한국, 중국, 일본을 포함한 동북아 지역의 정세가 여러모로 각국 간 신뢰 구축과 협력이 요청되는 상황이어서 더욱 그렇다. 주지하다시피 미국과 중국 간의 전략적 경쟁은 올해 초 바이든 행정부의 출범 이후에도 더욱 격화되고 있다. 지난 3월, 앵커리지에서 개최된 미국 블링컨 국무장관과 설리반 국가안보보좌관, 중국 양제츠 국무위원과 왕이 외상 간의 회담에서 나타났듯, 이제 중국은 미국에 대해 할 말은

---

2 이신화(2008). "비전통안보와 동북아 지역협력", 『한국정치학회보』 제42집 2호(한국정치학회, 2008 여름)

3 「동아일보」(2012.10.16.)

다 하겠다는 자세를 숨기지 않고 있다. 미중 간의 경쟁 관계 격화가 한국의 외교 및 안보를 위축시키는 결과를 가져올 것은 명약관화하다. 이 경쟁을 완화시키기 위해서라도 한중일 협력기구와 같은 소다자주의적 협력이 오히려 적극적으로 추진되어야 한다.

북한의 핵 및 미사일 증강 시도는 2018년 이래 실시된 판문점 남북 정상회담 및 9.19 평양에서의 군사합의, 그리고 북미 간의 두어 차례 정상회담과 합의에도 불구하고 지속되고 있다. 더욱 2019년 2월, 북미 간 하노이 회담 결렬 이후 북한은 개성에 설치된 남북공동연락사무소를 일방적으로 파괴하고, 한미 간 연합훈련의 재개에 대해서도 날선 비판을 서슴치 않는 공세적 태도를 보이고 있다. 북한의 이러한 불량국가적 행태를 제어하기 위해서라도 동북아 협력이 필요한 상황이다. 그에 더해 2020년 이래 동북아 지역은 물론 전 세계를 강타하고 있는 코로나19 팬데믹 위기에 효과적으로 대응하기 위해서도 동북아 국가들 간의 정보공유나 협력이 요청된다.

2017년 5월, 문재인 정부 출범 이후 소위 신남방정책이나 신북방정책, 그리고 동북아 플러스 책임공동체의 정책구상이 표방되긴 했으나, 현재 그 성과라고 할 만한 것이 그다지 없는 실정이다. 오히려 한일관계 등 양자관계가 악화되면서, 그를 기반으로 해야 할 한중일 협력은 더욱 탄력 있게 추진되기가 어려운 상황에 놓여져 있는 것으로 보인다. 동북아 주요 국가들의 협력이 어느 때보다 절실해진 상황에서 기존에 설치되었던 한중일 협력기구 소관 하의 협력 사업들이 적극 추진되지 않고, 그에 대한 정치권의 관심도 약화된 것은 한국 외교를 위해 안타까운 일이 아닐 수 없다.

이러한 문제의식에서 본 소고에서는 한중일 협력을 기축으로 한 동북아 협력이 한국 외교에서 상당히 중요한 의의를 갖고 있다는 점을 재확인하고, 현재까지 전개된 한중일 협력사업의 내용과 의미를 짚어보고, 향후 한국 외교의 과제로서 한중일 협력이 추동되어야 할 방향을 제시하도록 하겠다.

2 ____ 한국 외교의 과제와 한중일 지역협력의 의의

(1) 한국 외교의 과제와 영역

외교는 국가이익을 여타 국가들과의 대외관계 구축을 통해 달성하려는 중요한 국가정책의 한 분야이다. 정부 수립 이래 우리나라가 추구해 온 국가이익은 주권과 국민생명의 보호, 즉 안전보장, 경제적 번영, 문화의 발전과 공유, 세계 평화에 대한 기여 등이었다고 할 수 있다. 이러한 국가이익을 달성하기 위해 역대 정부도 대외관계 측면에서 안보외교, 경제외교, 문화외교 등에 역점을 두어왔다. 초창기의 외무부에서 외교통상부, 그리고 외교부로 이어지는 부서 명칭의 변화 속에서도 안보, 경제, 문화최근에는 공공외교를 담당하는 관련 부서들이 지속적으로 기능을 수행해 왔다.[4]

이러한 영역별 외교는 구체적으로 개별 국가들을 대상으로 한 양자외교를 통해 수행되기도 한다. 예컨대 미국, 일본, 중국 등 중요 국가들에 대한 외교를 통해 안보나 경제, 그리고 문화협력의 현안들이 테이블에 올려지고, 최대의 국가이익을 확보하기 위한 양자 간 협상이 수시로 전개되

---

[4] 냉전기인 이승만 시대 외무부의 중점 외교에 대해서는 외무부, 『외무행정의 10년』(서울: 외무부, 1959), 탈냉전기인 90년대 외교에 대해서는 외교통상부, 『한국외교 50년,1948-1998』(외교통상부, 1999), 최근 외교정책 중점 등에 대해서는 외교부, 『외교백서 2016』(외교부, 2016) 등을 참조.

는 것이다. 한미 간에는 안보 측면에서 한미동맹 운용과 관련하여 양국 정상 간 회담 이외에 외교 및 국방 담당 장관 간의 회담이 수시로 진행되고 있다.[5] 한일 간에도 1965년 양국 국교정상화 이래 각료급 회담이 정례적으로 개최되면서, 경제협력 문제가 논의된 바 있다. 중국과도 1992년 국교 수립 이후 정상 및 관련 장관 간 회담이 활발하게 개최되면서, 양국 간 협력을 증진해 왔다.

양자 간 외교 이외에도 다자간, 혹은 국제기구를 경유한 외교를 통해서도 국가이익을 추구하기도 한다. 특히 한국의 국제적 위상이 냉전기의 약소국 위상에서 벗어나 점차 중견국, 그리고 선진국 위상으로 올라가면서, 전통적인 양자 외교 외에 다수 국가들을 상대로 한 다자 외교 및 국제기구에서의 외교 중요성이 커지고 있다. 특히 냉전이 종료된 1990년대 이후 동아시아 역내는 물론 국제적으로도 안보나 경제문제를 포괄적으로 논의하는 국가 간 다자협의체들이 활발하게 조직되었다. 아시아태평양경제협력체APEC나 아세안지역안보포럼ARF, 동아시아정상회의EAS, 북핵 문제를 논의하기 위해 조직되었던 6자회담, 그리고 한중일 간의 협력기구 TCS 등이 그것들이다.

이같은 양자 혹은 다자간 외교채널을 통해 개별 국가들은 안보나 경제 현안에 관한 각국의 이익을 확보하려는 외교를 활발하게 전개하기도 하고, 이를 통해 자국의 대외적 위상을 높이려고 한다. 특히 주변국가들이 군사적으로나, 경제적으로 세계 10위 이내의 강대국들인 한국 입장에서는 양자관계 못지않게, 복수의 국가들이나 국제기구를 대상으로 한 다

---

[5]   1960년대 후반부터 정례화된 한미 국방장관 간의 정례회담, 즉 SCM은 한미동맹 운용과 관련하여 지난 50여년간 중요한 역할을 수행해 오고 있다. SCM의 기원에 관해서는 박영준(2021.2.). "한미일 3각 안보협력체제 형성의 기원 : 냉전기 북한의 무력도발과 한국 안보 외교를 중심으로, 1967-68"『한국정치외교사논총』 제42집 2호(한국정치외교사학회)를 참조할 것.

자외교가 국가이익 수호를 위해 유용한 플랫폼이 될 수 있다.

(2) 역내 다자협력 외교의 의미와 역사

역대 한국 정부는 한반도의 지정학적 특수성을 바탕으로 이승만 정부 이래 양자 외교 못지않게 역내 국가들을 대상으로 한 다자협력 외교를 중시해 왔다. 냉전기의 한국 정부들은 주로 아시아 역내 반공 국가들을 중심으로 한 다자안보협력 구상을 공통적으로 추구하였다. 이승만 대통령은 정부 수립 직후인 1949년 5월, 한국의 국가안보를 위해 미국과의 상호방위조약 체결에 더해 태평양동맹의 결성을 중요 정책목표로 제시하였다. 태평양동맹이란 당시 유럽에서 구축되고 있던 대서양동맹, 즉 나토 NATO와 같은 집단안보 기구를 아시아 지역에서 한국, 필리핀, 타이완 등 반공 국가들이 중심이 되어 결성하자는 제안이었다.[6] 6.25 전쟁을 겪으면서 태평양동맹 구상은 더욱 한국 외교정책 목표로 계승되면서 1951년 임병직 외무장관도 포린 어페어스지에 그 결성의 필요성을 아시아 국가들에 촉구하였고,[7] 1950년대 말의 외무부 발간물에서도 중요 외교정책 목표로 제시된 바 있다.[8]

박정희 정부도 1960년대에 걸쳐 아시아 태평양 지역에서의 반공 우방 국가들 간 다자적 협의체의 결성을 추진하였다. 이같은 외교는 우여곡절 끝에 이루어진 1965년 한일 국교 정상화 이후에 가속화되어, 1966년

---

[6] 박영준(2017). 『한국 국가안보전략의 전개와 과제』 한울, 제1장 참조

[7] Limb, Ben C.(1951.7.). "The Pacific Pact: Looking Forward or Backward?" *Foreign Affairs*, Vol.29, No.4

[8] 외무부가 1959년에 발간한 자료에는 당시 조정환 장관이 자유 아시아 국가들의 연합 결성을 촉구했다고 소개되고 있다. 외무부(1957). 『외무행정의 10년』(서울: 외무부), p. 197

6월, 박정희 정부는 서울에서 아시아태평양 각료 이사회ASPAC를 개최할 수 있었고, 그 사무국을 한국에 유치하였다. 박정희 대통령은 이 기구가 아시아 태평양 지역의 안전보장 및 경제발전에 기여하리라는 기대를 여러 차례 밝히기도 하였다.[9]

탈냉전기 접어들어서 아태지역 우방 국가들을 포함하는 다자협력 외교는 더욱 적극적으로 추진되었다. 노태우 대통령은 1988년 10월, 유엔 총회 연설을 통해 미국, 중국, 러시아, 일본, 그리고 남북한으로 구성된 6개국 간의 동북아 협력체 결성을 제안하기도 하였다.[10] 김대중 대통령은 1999년 10월, 아세안의 제안으로 정례화된 아세안+3, 즉 아세안 국가들의 회합에 한국, 중국, 일본의 정상이 참가하여 구성된 협의체에 정기적으로 참석하기 시작했고, 스스로 동아시아 현자들의 회의체를 만들어 역내 협력과 발전을 위한 제안을 하도록 이니셔티브를 취하기도 하였다.[11] 노무현 정부 시기에는 북핵 문제를 해결하기 위한 역내 국가들의 다자간 협력체로 6자회담 결성을 관련 국가들과 추진하였다. 또한 국내적으로는 동북아 국가들의 협력을 국가 전략적인 차원에서 추진하기 위해 동북아 시대위원회를 정부 기구로 조직하였고, 역내 국가들 간의 역사문제로 인한 갈등 해소를 위해 동북아역사재단을 설치하기도 하였다.[12] 보수성향의 이명박 정부도 동아시아 지역 내 핵심적인 한국, 중국, 일본 간의 협력을 증진하는 외교정책 방향을 적극 추진하였다. 이 결과 한중일 정상회의 및 3국 간 각료회의의 협의 사항을 뒷받침하기 위한 목적으로 2011년 9월,

---

9   박영준(2017). 『한국 국가안보전략의 전개와 과제』 한울, 제2장 참조. 아스팍 창설을 실무적으로 추진한 이동원 외무장관의 회고록도 참조. 이동원(1992). 『대통령을 그리며』 고려원

10 노태우(2011). 『노태우 회고록(하권)』 조선뉴스프레스, p. 191

11 김대중(2010). 『김대중 자서전 2』 삼인, p. 219

12 동북아시대위원회(2008). 『동북아시대위원회 백서』 동북아시대위원회

한중일 협력회의 사무국을 서울에 개설하고, 초대 사무총장에 신봉길 대사를 임명하였다.[13] 한중일 협력사무국 설치는 한국 주도로 일본과 중국 등 동북아 주요 국가들에 대한 안보, 경제, 사회문화 협력의 추진을 제도화한 외교적 결실이라 할 수 있다. 이하에서는 역내 다자 외교의 대표적 사례로서 한중일 협력외교가 어떠한 경위로 전개되었고, 현황은 어떠한가를 살펴보기로 하겠다.

---

[13] 신봉길(2015). 『한중일 협력의 진화: 3국 협력사무국(TCS)의 설립과 협력의 제도화』 고려대학교 아연출판부

3 ___ 한중일 협력의 경위와 주요 의제

(1) 한중일 협력의 경위

동아시아에 속한 한중일 3국이 평화적으로 협력해야 한다는 비전은 안중근 의사가 뤼순 감옥에서 집필한 미완성의 『동양평화론』에까지 소급될 수 있다. 현실적으로 한중일 3국의 국가지도자들이 회합을 갖고 실질적인 국가 간 협력방안을 논의하기 시작한 것은 1999년 한국의 김대중 대통령, 일본의 오부치 수상, 그리고 중국의 주룽지 수상이 아세안 정상회의에 초대받아 3자 간 회담을 갖기 시작한 것이 계기가 되었다. 한중일 3국 정상은 2000년 11월에 개최된 아세안+3 정상회담에서 다시 3국 간 정상회담을 별도로 갖고 이 회담의 정례화에 합의하였다. 이후 한중일 3국은 국내 정치지도자들의 교체와 상호 갈등 요인들의 발생에도 불구하고, 3국 간 협력의 필요성에 공감하면서 다양한 분야에서의 협력을 지속해 왔다. 한국의 경우 진보 진영에 속하던 노무현 대통령이 취임 직후부터 동북아 국가들의 협력 필요성을 일관되게 강조하면서 3국 정상회담에 임하였다. 이후 출범한 보수 진영의 이명박 대통령과 박근혜 대통령도 각각 동북아 협력체제 구축, 혹은 동북아 평화협력 구상을 중요한 외교정책의 어젠다로 제기하면서 그 일환으로 한중일 정상회의 및 3국 간 협력을 중시해 왔다.

일본과 중국의 정치지도자들도 상호 갈등 요인의 존재에도 불구하고, 동아시아 국가들 간의 협력, 나아가 동아시아 공동체의 비전에 대해서는 어느 정도 공감대를 형성하였다. 예컨대 2009년에 집권한 일본 민주당의 하토야마 수상은 아예 동아시아 공동체를 자신의 정치적 어젠다로 내세우면서, 한국 및 중국과의 관계 심화를 추구하였다.[14] 2012년부터 집권한 중국 시진핑 국가주석도 '아시아 운명공동체'의 비전 하에 한중일 3국 협력의 필요성을 제기하였다. 그는 2015년 3월 28일, 보아오포럼 연차총회에서의 연설을 통해 중국과 아세안 간에 운명공동체를 건설하고, 한중일 3국도 아세안 국가들과 협력하여 2020년까지 동아시아 경제공동체를 건설하자는 의욕적인 제안을 발표하기도 하였다.[15]

이같은 정치지도자들 간의 공감대에 힘입어 한중일 3국 정상회의에서는 3국 간 협력원칙이나 방향에 대한 중요한 공동성명이 마련되기도 하였다. 2003년 10월에 개최된 한중일 정상회의에서 노무현 대통령은 일본의 고이즈미 총리, 중국의 원자바오 수상 등과 함께 안보, 무역, 투자 및 금융, 에너지, 과학기술, 환경, 재난, 문화관광 등 14개 분야의 3국 간 협력방안을 담은 공동선언문을 최초로 채택하였다.[16] 2009년 10월에 개최된 3국 정상회담에서 당시 이명박 대통령은 중국 및 일본 수상과 함께 한중일 협력 10주년을 기념하는 공동성명을 채택하면서, 상호존중, 평등, 공익, 개방성, 투명성, 다양한 문화에 대한 존중 등이 3국 간 협력의 기초가 된다는 점을 공동으로 확인하기도 하였다.

---

14 하토야마 수상은 2009년 11월, 싱가폴에서 행한 연설을 통해 동아시아 공동체의 구상을 구현하기 위해 경제협력, 지구 온난화 대책에서의 협력, 재해시 의료지원, 해상안정, 핵군축 분야에서의 협력을 제안하기도 하였다.(「朝日新聞」 2009.11.16.)

15 「동아일보」(2015.3.30.)

16 「朝日新聞」 2003년 10월 8일 및 「동아일보」 같은 날 기사 참조.

물론 한중일 정상회의는 각국 간 내셔널리즘 갈등이나 국내 정치적 이슈로 인해 정상적으로 개최되지 못한 경우도 있었다. 2004년부터 2006년까지는 당시 일본 고이즈미 수상의 야스쿠니 신사 참배 문제로 인해 3국 정상회담이 개최되지 못하였다. 2012년부터 2014년까지도 한일 관계 악화로 인해, 2016년과 2017년에는 한국의 대통령 탄핵 사태로 인해 3국 간 정상회의가 불발되었다. 또한 2020년에는 코로나19 감염 확대로 인해 3국 간 정상회의가 개최되질 못하였다.

그럼에도 불구하고 한중일 정상회담 및 각 분야 각료급 회담을 통해 우리나라는 그간 다양한 분야에 대한 3국 간 협력의 어젠다를 정립해 왔다. 그리고 이러한 협력 어젠다의 도출 및 실질적 협력사업들의 추진은 한국의 국가이익에 기여할 뿐 아니라 국제적 위상을 높이는 데도 도움을 주어 왔다. 이하에서는 한중일 협력사무국의 자료를 통해, 한중일 정상회의 및 각료회의체에서 논의되어 온 주요 협력 어젠다들을 정리해 보기로 한다.

(2) 한중일 협력의 주요 의제[17]

정상회담 및 3국 간 각료회담 등을 통해 한중일 3국은 경제, 사회문화, 과학기술, 기후 및 환경, 그리고 안보 분야 등에 관해 폭넓은 협력 방안을 모색해 왔다. 우선 경제 분야에서 3국은 2001년에 개최된 3국 간 정상회의를 필두로 경제 및 재무장관 회의, 그리고 중앙은행 총재 회담을 정례적으로 개최하면서, 3국 간 경제협력, 교역 및 투자 자유화 이슈들을

---

17 이하 내용은 특별한 인용이 없는 한 한중일협력사무국 김희진 연구원이 제공해 준 자료 및 사무국 홈페이지에 게시된 내용들을 종합적으로 참고하였다.

공동으로 논의해 왔다. 2003년 10월에 개최된 정상회의에서도 한중일 간의 경제협력 및 자유무역지대 구성에 관한 협의가 있었고, 2015년 11월에 개최된 정상회의에서는 한국의 창조경제, 중국의 창조경제, 일본의 혁신정책 간 협력 방안이 논의되었다.[18]

또한 2018년 5월 및 2019년 12월에 개최된 3국 정상회의에서도 3국 간 자유무역협정 관련 교섭 문제가 논의되었다. 정상회의 이외에도 3국 간의 재무장관 및 중앙은행 총재 회의가 2019년 5월, 2020년 9월, 2021년 5월 등에 걸쳐 연례적으로 개최되면서 협력 방안을 논의해 왔다.

한중일 3국은 기후변화 및 환경문제에 대해서도 일찍부터 협력 방안을 모색해 왔다. 3국 간 정상들이 처음 회합을 가졌던 1999년부터 3국 간 환경장관 회담이 개최되기 시작하여, 황사 및 이상고온 문제에 대한 공동 대응과 협력 방안들이 논의되었다. 2007년 12월, 일본 도야마에서 개최된 3국 간 환경장관 회담에서는 황사와 광학 스모그에 대한 공동 연구, 그리고 지구온난화 문제에 대한 공동 대처 방안 등이 논의되었다.[19] 최근에도 2019년 9월에 환경 담당 장관회의 및 황사 공동연구단 회의가 개최된 바 있다.

과학기술 분야에서의 3국 간 협력도 논의되었다. 2003년 10월 개최된 3국 간 정상회담에서 국제핵융합실험로ITER 사업에 대한 협력방안이 논의된 바 있다. 이를 계기로 2007년 1월, 제1회 3국 간 과학기술협력 담당 장관회의가 서울에서 개최되어, 원자력 및 핵융합 방재 협력 방안들이 논의되었다. 2011년 5월 개최된 3국 간 정상회담에서도 원자력 안전 및 재생가능 에너지의 이용 추진에 관한 협력 방안들이 논의되었다. 2011년

18　「중앙일보」(2015.11.2.)

19　「朝日新聞」(2007.12.6.)

3월에 발생한 동일본 대지진 및 해일로 인해 일본 후쿠시마 원자력 발전소의 안전 문제가 대두되자, 역시 전력의 상당 부분을 원자력 발전에 의존하고 있는 한국이나 중국에서 일본과 공동으로 원자력의 안전 문제에 관한 협력방안을 모색했던 것이다. 최근에는 2019년 11월, 원자력 안전에 관한 3국 간 고위급 회의가 개최된 바 있다.

동일본 대진재 발생은 한중일 3국에 재해재난 혹은 전염병 확산 등에 대한 공동협력의 필요성도 제기하였다. 2011년 5월 정상회담에서는 재해 발생 시 상호 공동지원 및 긴급구호물자 제공에 대한 협력방안이 논의되었다.[20] 2013년 11월에는 3국 간 보건 담당 장관회의가 서울에서 개최되어, 새로운 유형의 감염병이 발생할 경우 질병 관련 정보 및 백신 개발 정보를 공유하는 방안에 대해서도 논의가 이루어졌다. 코로나19 위기가 발생하던 2019년 11월에도 3국 간에는 보건 담당 장관회의 및 감염병 예방관리 포럼, 그리고 재난관리 기관장 회의가 연쇄적으로 개최된 바 있다.

한중일 3국은 문화 및 관광 관련 협력도 적극적으로 추진하고 있다. 2005년 3월, 당시의 반기문 외교장관과 중국의 리자오싱 외교부장, 일본의 마치무라 노부타카 외상 간에 3국 문화교류의 해 지정에 관한 논의가 있었고, 이후 매년 각국은 문화도시를 지정하여 상호 문화교류를 촉진하는 계기를 마련하고 있다.[21] 또한 3국의 관광 담당 장관회의가 연례적으로 개최되고 있는데 2015년 4월에 개최된 동 회의에서는 2020년 시점까지 3국을 왕래하는 관광객의 수를 3천만 명까지 높이는 목표를 설정한 바 있으며, 2018년의 평창 동계 올림픽, 2020년의 도쿄 하계 올림픽, 2022년의 베이징 동계 올림픽을 계기로 3국 간에 스포츠 및 관광을 촉진하는 방

---

[20]　「朝日新聞」(2011.5.23.)

[21]　예컨대 2019년의 경우 한국은 인천, 일본은 도야마, 중국은 시안을, 2020년의 경우 한국은 순천, 일본은 키타큐슈, 중국은 양조우를 각각 문화도시로 선정한 바 있다.

안도 협의한 바 있다.[22]

교육 분야에서도 2010년대 이후로 3국은 캠퍼스 아시아 사업을 실시하여, 유럽의 에라스무스 프로그램처럼 3국의 대학원생들이 희망하는 상대 국가의 대학에 가서 공부할 수 있는 제도를 운영해 오고 있다. 2014년 11월에는 한중일 문화 담당 장관회의에서 각각 자체가 다른 각국의 한자 가운데 800여 자를 공용 한자로 우선 제정하는 방안을 협의하기도 하였다.[23]

한중일 3국의 협력은 전통적 안보 이슈에까지 확대되고 있다. 특히 한국은 북핵 문제의 평화적 해결, 그리고 한반도 비핵화 원칙 등에 대한 공감대를 일본 및 중국 등과 형성하고자 하였다. 한국은 2003년 10월의 한중일 정상회담을 필두로, 2018년 5월, 2019년 12월의 정상회담에서 공통적으로 한반도 비핵화 관련 협력을 의제로 제기하고, 일본 및 중국으로부터의 협력을 확인하였다. 이같은 안보 문제에 대한 협력 필요성에 근거하여 2014년 10월, 한국의 경우 국제안보 대사, 일본은 외무성 사이버정책담당 대사, 중국은 외교부 사이버 정책조정관이 참가한 가운데 사이버 협력을 위한 한중일 3국 간 회의를 베이징에서 최초로 개최하기도 하였다.[24]

이상에서 설명한 바와 같이 지난 20여 년간 한중일 3국이 정상회의 및 관계 각료급 회담을 통해 협의해 온 협력 의제들은 한국의 국가이익에도 긴요한 것들이 적지 않다. 3국 간 경제교류 활성화 및 무역자유화, 황사 및 지구온난화에 대응하기 위한 공동협력 구상, 관광 교류 활성화와

---

22 「朝日新聞」(2015.4.13.)

23 「중앙일보」(2014.12.2.). 시모무라 하쿠분 일본 문부과학상이 한국 김종덕 문화부장관 등에게 제안하였다.

24 「朝日新聞」(2014.10.17.)

대학생들의 학술적 교류 촉진, 그리고 북한 비핵화 및 한반도 평화 정착에 대한 공감대 형성 등은 그 하나하나가 한국의 국가이익에 직결되는 사안이기도 하다. 또한 원자력의 안전관리에 관한 정보 공유, 나아가 감염병 및 백신기술 공유 등은 한국에서도 현안이 되고 있는 원전 안전관리나 코로나19 대응과 관련하여 일반 국민들의 건강 및 안전에도 직결되는 사안이라고 해도 과언이 아닐 것이다.

이같이 긴요한 분야의 협력을 증진하는 것은 한국의 국제적 위상 증진 및 외교적 역량 강화에도 도움이 된다. 비전통 및 전통 안보 영역에 있어서 한중일 협력을 증진시키는 것은 중견국가로서 한국의 국제적 위상을 올리는 중요한 외교적 수단이 될 수 있다. 협력의 어젠다를 적극적으로 개발하는 것은 한국 외교 역량을 강화시키는 길이기도 하다. 따라서 한국의 외교 영역에 있어 전통적인 한미동맹 관리 등의 양자 외교뿐만 아니라, 한중일 협력과 같은 다자 외교가 중요한 자산이 될 수 있다는 서두에서의 지적은 바로 이같은 점을 고려한 것이기도 하다.

4 ___ 문재인 정부 시대
한중일 협력의 부재와 그 영향

(1) 문재인 정부의 한중일 협력 구상과 정책 현황

2017년 5월 갑작스럽게 출범한 문재인 정부는 표면적으로는 역대 정부와 마찬가지로 미국, 일본, 중국, 러시아 등 주요 국가들에 대한 양자 외교에 더해 한중일 협력과 같은 동아시아 다자간 협력 외교를 계승하는 듯이 보인다. 대통령 선거 과정에서 표방한 외교안보 분야 정책 공약 가운데 소위 '동북아 플러스 책임공동체' 구상이 제시되어, 중국 및 일본 등과는 역사 문제나 영토 문제로 인한 갈등과는 별개로 안보 및 경제 분야에서는 지속적으로 협력을 추구하겠다는 방침이 공표된 바 있다. 또한 정부 출범 이후에는 그 일환으로 '신남방정책'과 '신북방정책' 등 한국을 둘러싼 주요 국가들과의 경제적, 외교적 협력 방침이 표명되기도 하였다.

이같은 구상에 따라 한중일 정상회담이 2018년 5월에는 일본 도쿄에서, 2019년 12월에는 중국 청두에서 각각 개최되어, 대통령이 참석하였다. 그리고 앞서 소개한 것처럼, 경제와 금융, 환경과 기후변화, 과학 기술, 문화와 관광, 재해재난 및 전염병 대응 등의 이슈와 관련하여 3개국 담당 장관 간에 정례적인 회담이 지속적으로 개최되고 있는 것도 사실이다. 이같이 제도적으로는 지난 20여 년 동안 구축된 한중일 정상회의와 분야별 각료회담이 여전히 가동되고 있지만, 이전 시기에 비해 한중일 협력에 대한 정부 차원의 관심과 실행전략이 현저하게 소홀해졌다는 감을 갖지 않을 수 없다. 이같은 점을 보여주는 척도는 다음과 같다.

첫째, 한중일 협력이 잘 진행되기 위해서는 최소한 한일 간, 혹은 한중 간 양자관계가 잘 관리되어야 할 것이다. 그러나 문재인 정부는 한중 간 관계 개선에는 어느 정도 노력을 기울이고 있는 것처럼 보이지만, 한일관계는 악화를 방치하고 있다는 느낌이 든다. 한중관계 개선을 위해서 문재인 정부는 2017년 10월 30일, 당시 강경화 외교장관의 국회 답변을 통해 미국의 미사일 방어체계에 참여하지 않고, 사드THAAD 추가 배치를 검토하지 않으며, 한미일 안보협력을 군사동맹으로 발전시키지 않을 것이라는 소위 3불三不 원칙을 발표하기까지 하였다. 그러나 한일관계에 관련해서는 2015년 11월에 합의되었던 한일 간 위안부 합의를 재검증하는 조치를 취했다. 나아가 위안부 합의에 따라 일본 정부가 거출한 100억 원 정도의 기금으로 조성된 화해치유재단에 대해서는 2018년 11월, 일본 정부와의 협의 없이 일방적으로 해산 결정을 내렸다.

2018년 10월, 한국 대법원은 일본 식민지 시대에 일본 기업에 의해 강제 징용되어 노무에 종사한 강제 징용공들에 대해 해당 일본 기업들이 배상해야 한다는 판결을 내렸다. 이같은 판결에 대해 일본 정부는 1965년 체결된 한일 국교 정상화 당시의 기본 조약에 위배되는 것이라고 항의하였지만, 문재인 정부는 삼권분립의 원칙에 따라 행정부로서는 대법원 판결을 존중하지 않을 수 없다는 입장으로 일관하였다. 이같은 경위를 거쳐 한일관계가 걷잡을 수 없이 악화되면서, 그 연장선상에서 한중일 정상회의 및 각료회의도 내실 있는 성과를 내지 못하고 있는 것으로 보인다. 2020년에 한국 주최로 개최되어야 하는 한중일 정상회의는 비록 코로나19 위기의 여파도 있긴 했지만 연기되었다. 그렇다면 2021년에 개최되어야 하지만, 필자가 이글을 쓰는 8월 말 시점까지도 외교상의 스케줄에 거론되고 있지 않다. 한중일 협력이 우리의 국가이익이나 국제적 위상 강화에 도움이 된다는 인식이 있다고 한다면, 그 토대가 되는 양자관계, 특히 한일관계의 악화를 방치해선 안될 것이다.

둘째, 문재인 정부는 한중일 정상회의 및 각료급 회담에서 한중일 지역협력을 위해 추진해야 할 정책 어젠다 개발에도 소극적인 모습을 보이고 있다. 이전 시기에는 청와대 비서실에 동북아 비서관의 직제도 설치하고, 동북아시대위원회나 외교부 등을 통해 관련 전문가들의 조언을 구하면서, 경제, 안보, 사회문화 등의 각 분야에서 지역협력을 위한 정책 어젠다를 개발하려는 모습들이 있었지만, 문재인 정부 하에서는 그같은 역할을 하는 부서도 존재감이 없어졌고, 관련 활동도 나타나고 있질 않다. 그로 인해 정상회의나 각료급 회의에서 우리의 국가이익도 증진하면서, 동시에 역내 국가들 간 협력도 견인하게 하는 한국발 정책 어젠다들이 보이질 않는다.

셋째, 문재인 정부는 한중일 협력 같은 다자간 관계 개선에 비해 남북관계의 진전에 과도한 관심과 정책적 노력을 기울이고 있는 것으로 보인다. 남북 정상회담의 개최와 그를 통한 남북 종전선언, 북미관계 개선 등이 경제적으로나 안보적으로 더 큰 국가이익을 가져다줄 것이라는 인식을 과도하게 갖는 것 같다. 이같은 인식에 따라 2018년 4월 판문점 남북 정상회담이 개최되었고, 이어 9월에는 평양에서 남북 정상회담이 개최되어 9.19 군사합의 등이 발표되었다. 이와 병행하여 6월에는 싱가폴에서 북미 정상회담이 개최되었고, 2019년 2월 하노이 회담까지 북미 간, 남북 간 대화 기조가 이어졌다.

그러나 남북관계 및 북미관계의 개선을 낙관하던 기조는 하노이 북미 회담이 결렬된 이후 현실적으로 사라져 버렸다. 북한은 남북 및 북미 정상회담에서 공언한 한반도 비핵화의 약속을 전연 준수하지 않고 있다. 더욱이 2020년 6월에는 개성 소재 남북공동연락사무소 건물을 일방적으로 파괴하면서, 남북 간 9.19 군사합의마저 위배하는 행동을 보였다. 남북관계 개선이 경제와 안보 등에 걸쳐 절대적인 국가이익을 가져다줄 것이라고 기대했던 정부의 판단이 잘못된 근거에 바탕하고 있다는 점이 드러나고 있지만, 정책 전환은 나타나질 않고 있다.

(2) 한중일 협력의 빈곤과 한국의 외교적 위축

한중일 협력에 대해 정부 차원의 관심이 약화되고, 한국발 지역협력의 정책구상이 위축되면서, 한국을 둘러싼 외교 환경은 더욱 악화되고 있다. 첫째, 한국은 경제적, 군사적 능력의 척도 기준에서 세계 10위권의 중견국middle power임이 분명하고, 과학 기술의 발전이나 민주주의 성취 측면에서는 선진국의 위상에 도달하였다고 해도 과언은 아닐 것이다. 그러나 한중일 협력과 같은 지역협력에 소극적인 모습을 보이고, 오히려 국제사회의 공인된 불량국가인 북한과의 관계 개선에만 노력을 기울이는 모습은, 오히려 한국에 대한 잘못된 이미지를 국제사회에 줄 수 있고, 한국의 국제적 위상을 떨어뜨리고 나아가 외교적 고립을 초래하는 결과로 이어질 수도 있다. 더욱이 일본이 동맹국 미국과 더불어 인도태평양 전략하에서 쿼드를 구축하고, 국제사회에서 선진국 그룹인 영국, 프랑스, 독일과 더불어 안보적 역할도 확대하는 상황에서, 한국이 한일관계 악화를 방치하고, 한중일 협력과 같은 다자간 협의체에 소극적으로 임하는 것은 극명한 대비를 보이는 결과를 낳을 수 있다.

둘째, 국제질서의 구조 측면에서 보면 지난 10년간 미중 간의 전략적 경쟁 격화라는 거대한 구조변화가 진행되고 있다. 이같은 추세 속에서 한국은 동맹국 미국과의 안보적 협력관계를 강화하면서도, 중국을 적대시하지 않는 외교적 자세가 요망된다. 그러한 외교를 구현할 수 있는 도구가 바로 한중일 협력과 같은 소다자적 국제협력 외교이다. 그런데 한중일 협력에 소극적인 자세를 보이는 것은, 미중 간 전략적 경쟁의 격화 속에서 아직은 중견국 위상에 머물러 있는 한국의 외교 역량을 제한하는 결과를 가져올 것이다.

셋째, 그간 한중일 정상회의 및 각료급 회담을 통해 우리의 국가이익에도 직결되는 분야에서 실질적인 논의들이 이루어져 왔다. 북핵 문제에 대한 입장 표명이나 경제협력, 그리고 원자력 안전관리와 감염병과 같은 공동의 위협에 대한 정보 공유 및 정책 협조 등이 그것이다. 한일 양자 관계 악화를 방치하고, 한중일 협력에 소극적인 모습을 보이게 되면, 기존에 이루어진 이같은 협력사업들이 제대로 진전될 수 없고, 우리의 국가이익에도 반하는 결과를 가져오게 될 것이다.

요컨대 한국의 국가이익을 확보하고, 국제사회에서의 위상도 공고히 하고, 나아가 미중 간 전략적 경쟁이라는 질서변화에도 효과적으로 대응하기 위해서라도 한일관계 개선 및 한중일 협력의 활성화라는 소다자 외교의 가치를 재인식해야 한다.

5 ___ 한국 국가전략과 한중일 협력 복원의 필요

한국은 헌법에서 명시된 것처럼 국제평화주의를 국가전략으로 추진하는 나라이다. 이같은 국가 전략적 목표를 구현하기 위해서라도 외교 측면에서는 한일관계 정상화, 그리고 한중일 협력의 활성화를 추구해 가야 한다. 그리고 이를 토대로 북한의 핵 및 미사일 문제에 대한 대응 방안을 찾고, 미중 간 전략적 경쟁의 심화를 완화하는 외교적 역할을 모색해야 한다. 이같은 외교 수순이 한국의 국제적 위상도 높이고, 실질적인 국가이익에도 기여하는 길이 될 것이다.

이를 위해 우선 악화된 한일관계를 정상화하는 길을 모색해야 한다. 일본과의 위안부 합의가 설령 문제가 있는 것이라고 해도, 이 합의에 의해 설치한 화해치유재단을 일방적으로 해산하고, 일본 정부가 거출한 100억 원 규모의 기금의 적절한 운용도 중지시킨 것은 외교적 실책이라고 생각한다. 화해치유재단의 기능을 되살리는 방안을 강구하고, 이를 일본 정부에게 설명하는 노력을 기울이는 것이 한일관계를 되살릴 수 있는 길이 될 것이다. 이와 병행하여 대법원 판결에 의한 강제 징용공 피해배상 문제에 관해서는, 노무현 정부 시기에 추진되었던 것처럼, 정부가 책임을 지고 해결의 길을 찾는 과감한 정책적 노력이 필요하다. 이같은 조치들에 의해 한일관계를 개선하고, 이를 바탕으로 한중일 협력의 궤도를 복원시켜야 할 것이다.

한중일 3국 문화 및 스포츠 담당 장관들이 이미 논의한 것처럼, 2018년 평창 동계 올림픽, 2020년 도쿄 하계 올림픽, 2022년 베이징 동계 올림픽 등과 같은 스포츠 제전을 통해 한중일 협력의 계기를 심화시키는 것이 바람직하다. 그러한 점에서 2021년 7월, 도쿄 하계 올림픽 개막식과 폐막식에 우리 대통령이 참가하지 않은 것이 아쉽게 느껴진다. 비록 이같은 기회가 무산되긴 했지만, 앞으로도 유엔 총회나 G20 정상회의 등을 통해 한중일 정상 간의 대화 모멘텀을 이어가려는 외교가 필요하다. 미국 바이든 대통령이 제안한 국제 민주주의 국가들의 정상회의에 중국은 초대받지 못하겠지만, 여러 다자회의에서 한일 간, 혹은 한중일 간 협력의 불씨를 살리려는 외교 전략이 모색되어야 할 것이다.

2021년은 한중일 협력사무국이 창설된 지 10주년을 맞이하는 시기이기도 하다. 안중근 의사가 투옥 중 저술한 『동양평화론』에서 제시한 동양 평화의 비전은 그로부터 100여 년이 지나 비로소 구축된 한중일 협력의 제도화 및 내실화를 통해 달성될 수 있다는 역사인식이 필요하다. 북한 핵 문제 장기화 및 미중 간 전략적 경쟁의 심화라는 도전에 직면한 지금 지난 10여 년간 축적된 한중일 협력의 자산을 활용하여 한국 외교의 활로를 새롭게 찾아야 할 시점이다.

초국가적 비전통 안보에서의 한일협력

이 신 화

고려대학교 교수

1 ___ 서론

1998년 10월 김대중 대통령과 오부치 게이조 총리가 '21세기 새로운 한·일 파트너십 공동선언'을 통해 양국 간 역사적 화해와 전면적 교류협력을 토대로 미래지향적 관계구축을 약속한 지도 20여 년이 흘렀다. 이 선언에는 1965년 미국의 중재압력로 맺은 국교정상화의 '65년 체제'에서 한국이 관철하지 못했던 일본의 과거사 반성과 사죄가 담겼다. 또한 김 대통령은 당시 일본 의회에서 양국은 35년의 일제강점기와 7년의 임진왜란과 정유재란의 비참한 역사가 있었지만, 그 외의 한·일 교류 1,500년사의 의의를 강조함으로써 일본 정치인들의 큰 공감을 얻었다.[1]

하지만 그 이후에도 한·일관계는 야스쿠니, 위안부, 교과서, 독도 문제 등 여전히 떨쳐 버리지 못한 과거사와 영토문제로 인해 부침을 거듭하였다. 특히 문재인 정부 출범 후 '사실상 파기'된 2015년 한·일 위안부 합의, 2018년 한국 대법원의 강제징용 배상판결과 일본의 보복성 수출관리조치 발동, 지소미아GSOMIA, 한·일 군사정보보호협정 파기 선언에 따른 불협화음, 그리고 한국 사회를 휩쓴 '노 재팬'No Japan, 일본 제품 불매운동 등으로 양국 관계는 수교 이후 최악의 상태로 전락하였다.

기존 과거사 갈등뿐 아니라 외교, 안보, 경제영역 등에서까지 양국은 노골적인 반일反日·혐한嫌韓 정서를 부추기는 정치행태를 보이며 감정·체

---

[1] 유영렬(2003.12.). "韓日兩國의 歷史認識問題" 『사학연구』 제72호

면 싸움에 빠졌다. 한국에서는 때아닌 친일파 논쟁이 격렬해졌고, 반일감
정을 적극적으로 조장하고 이를 정치적 특수로 이용하는 일이 비일비재
해졌다. 같은 시기 아베 신조 일본 내각은 보수 우파성향 정치인들을 주
요 각료로 기용하면서 한국 대법원 판결이 국제법 위반이라며 국가 간 약
속을 지키라는 비난 수위를 높였다. 결국, 양국 관계 회복에 필수적인 정
상회담마저 2019년 12월 이후 중단되었다.

　　2020년 후반부터 한·일관계에 있어 문재인 정부는 확연히 다른 태도
를 보이기 시작하여 국정원장, 한·일의원연맹까지 방일하여 양국 화해
방안 및 정상회담 추진을 모색하였다. 2021년 1월 문 정부는 '2015년 위
안부 합의가 양국 정부의 공식 합의'라는 입장을 내놓았고, 3.1절 기념사
에서 문 대통령은 취임 후 줄곧 비판적었던 대일 메시지와는 달리 "언제
든 일본 정부와 마주 앉겠다"라며 관계개선의 의지를 강하게 표명했다.
이러한 입장변화는 2021년 7월 도쿄 올림픽에 김정은 북한 국무위원장
을 초청하여 남·북·미·일 정상회담을 통해 '평창 어게인'을 구현하기 위
한 것이란 해석이 지배적이었다.

　　2021년 10월 취임한 기시다 후미오 일본 신임 총리는 양국 대화의 필
요성을 인정하면서도 "국제법과 합의를 지키지 않은 공은 한국에 있다"라며 아베
정권 이래 지속되고 있는 강경노선을 견지하고 있다. 강제징용문제[2]부터
해결하라며 문 대통령의 화해 제스처를 사실상 거절하였다. 더욱이 스가
요시히데 전 총리는 퇴임 13일 만인 10월 17일 태평양전쟁 A급 전범이
합사된 도쿄 야스쿠니 신사를 직접 참배하고, 기시다 신임 총리는 공물을
봉납하는 우경화 행보를 보임으로써 당분간 공식적인 한·일관계에 큰 변

2　　2021년 6월 서울중앙지방법원은 대법원이 2018년 내린 판결과 반대로 강제징용 손해
　　배상 소송을 각하하였다.

화를 기대하기는 힘든 실정이다.

양국의 갈등은 역사 인식 차이에서 비롯되었다.[3] 일본은 한반도 식민지 지배를 그 당시 국제관계에 있어 합법적인 것이었고, 국교정상화 당시 맺은 협정으로 일본 정부의 책임은 마무리되었다는 입장을 고수해 왔다. 반면 한국 사회에서는 부정 척결과 공정한 정의 구현의 관점에서 일본군 위안부, 강제징용 문제 등 일제강점기 역사문제가 근본적으로 해결되지 않았다는 여론이 탈냉전기 민주화 이후 더욱 강경해진 것이다.[4]

허나 고무적인 것은 최근 양국 국민 간 상호부정적 인식이 최고조로 달했던 2020년 대비 다소 호전되고 있다는 점이다. 특히 한국의 대일 호감도가 가시적으로 상승하였고, 일본의 한류 팬들의 80% 이상이 양국 갈등에도 불구하고 한국에 대해 호감을 잃지 않고 있다.[5] 이러한 추이는 양국관계가 장기적으로 악화되는 것에 대한 우려와 비정치적 및 초국가적 영역에서의 상호협력 필요성에 대한 인식 제고, 그리고 상대국 대중문화 소비층이 상대국 호감도를 끌어올린 결과로 보인다. 문제는 이러한 호감도가 정치외교, 역사, 기술, 경제적 이슈에 있어서의 상호협력 확대로 이어질 수 있는가이다.

이러한 맥락에서 한·일 양 지도층과 정치권이 묵과 혹은 조장하고 있는 갈등상황은 양국이 상호 공유한 이익을 실현하지 못하게 할 뿐 아니라 개별 국익에도 위배되어 매우 비非전략적이다. 따라서 한·일 양국을 둘러

---

3 오코노기 마사오 게이오대 명예교수는 2021년 10월 12일 오사카에서 열린 세미나에서 한·일 갈등을 역사적 사실(fact)보다 역사에 대한 양국의 집단적 기억(collective memory)이 대립하는 '정체성(identity)의 충돌'로 정의함. "한·일관계, 일단 코로나19 이전으로 교류 되돌리자", 「중앙일보」(2021.10.12.)

4 박철희(2008). "한·일갈등의 반응적 촉발과 원론적 대응의 구조" 『한국정치외교사논총』, 제29권 제 2호

5 동아시아연구원(EAI·言論NPO)(2021.9.27.). "제9회 한·일 국민 상호인식조사" 발표

싼 국제적, 지역적 판세는 어떠하며 양국관계 회복이 왜 필요하고 시급한지, 그리고 현재와 미래의 공동이익을 실현하기 위해 어떠한 제약요인이 있고, 지속적인 협력 틀을 제도화하려면 정치지도자와 시민사회가 어떤 노력을 경주해야 하는지 짚어 보아야 할 시점이다.

2 ___ 한·일관계 회복의 필요성과 시급성

한·일 관계는 여전히 낙관하기 힘들지만, 외교 정상화의 필요성과 시급성이 점점 커지고 있다. 무엇보다 미·중 전략경쟁, 제4차 산업혁명 시대 및 코로나19 팬데믹 쇼크라는 '3대 빅뱅'으로 국제사회는 전대미문의 사회적, 경제적 충격에 휩싸였을 뿐 아니라 전후 75년 이상을 이어온 국제질서 패러다임의 변화 가능성도 높아졌다.

무역적자를 줄이기 위한 갈등으로 시작된 미·중경쟁은 정치, 군사, 교육, 문화, 기술 등 전방위로 확대되면서 이념과 체제경쟁으로 이어지고 있다. 특히 4차 산업혁명의 도래로 과학과 기술이 안보와 연계되는 것이 미·중 갈등의 가장 핵심현안이 되면서 기술 분야가 패권 다툼의 판도를 좌지우지할 '게임체인저'game changer로 부상하였다. 지구촌을 뒤흔든 팬데믹 상황은 비대면 디지털 사회를 일상화하면서도 정보격차digital divide를 심화시키고, 세계화와 미국주도의 자유주의 국제질서Liberal International Order, LIO를 재평가하고 글로벌가치사슬Global Value Chain, GVC를 재편하는 등 큰 파장을 일으키고 있다.

팬데믹이라는 전 지구적 위기상황에 직면하여 미·중 양 강대국은 협력의 모멘텀을 찾기는커녕 오히려 책임 공방과 상호불신만 가중시켜 전방위적인 전략경쟁만 더욱 치열해지고 있다. 이 과정 속에 미국의 상대적 쇠락 현상과 중국에 대한 국제적 불신이 커지면서 글로벌 리더십 부재라는 소위 'G-제로' 시대 도래의 우려 속 기존 강대국 중심의 글로벌 거버넌스가 한계에 봉착하였다. 전임자 도널드 트럼프 대통령의 일방주의적 미국 우선주의를 비판하며 집권한 조 바이든 대통령은 동맹과 다자주의 협력을 최우선 외교정책으로 내세웠지만, 결국 민주주의 다자동맹을 강조하는 전략 목적은 자기편 확대를 통한 중국견제라는 것이 명약관화하다. 이에 대응한 중국은 러시아와의 연합군사훈련을 포함하여 북한, 이란 등 반미 전선을 확대하고 있다. 미국 주도 다자주의와 중국식 다자주의의 '짝짓기'대립 속 특히 강대국 갈등이 첨예해진 인도·태평양인태 지역 내 국가들의 양자택일 딜레마가 점점 커지고 있다.

이러한 국제적 변화와 도전에 대응하기 위해 한국과 일본은 국익과 전략의 측면에서 갈등을 막고 협력의 고리를 찾아야 할 명분과 필요성이 높아졌다.[6] 따라서 국교정상화 이래 지난 55년 넘게 다양한 부분에 있어 교류협력 및 상호의존관계를 이어왔던 양국관계를 거시적, 대국적, 객관적 관점에서 재평가해야 한다. 특히 중단기적, 장기적 협력의 명분과 공간을 넓혀 미래지향적이고 지속가능한 원-윈 관계를 구축해야 한다. 이를 위해 가치공유, 공통이익, 공생공영이라는 양국이 공유한 '이익의 원점'으로 돌아갈 필요가 있다.[7]

둘째, 한·일 양국은 많은 영역에서 상호 밀접하게 얽혀있는 '지역운명공동체'이다. 양국은 지정학과 지경학geoeconomics적 연계성이 밀접하여 미국, 중국, 러시아, 북한 등 주변국과의 관계에 있어 다양한 이슈에서 상호 중첩성이 높다. 한·일은 한·미·일의 전통적 3각 공조연대와 한·중·일 협력체의 교차점이자 중첩점이다. 또한 양국은 자유, 법치, 민주주의와

---

[6] 신각수(2019.9.6.). "한·일 과거사 문제는 원칙 지키되 국익 챙기면서 풀어야" 「중앙일보」 한반도 평화워치

[7] 김태효, 박철희, 이신화(2019.11.13-16.). "한·일 갈등의 질곡을 넘어서기 위해 무엇을 어떻게 해야하나?" 서울국제포럼 한·일관계 Task Force 동경발표자료

시장경제라는 가치를 공유하고 무역을 통해 국가발전을 이룬 나라들이다. 안으로는 저출산, 고령화, 과도한 도시화문제, 밖으로는 중국의 부상과 미·중 패권 경쟁, 북한의 핵 위협과 도발 가능성 등 공통의 도전에 직면해 있다.

무엇보다도 한·일관계는 경제를 넘어 안보 면에서도 중요하다. 팍스 아메리카 시대 미국과 각각 동맹을 맺은 한국과 일본은 외교·안보 면에서 공생관계이고 경제적으로도 수평적 협업을 할 수 있는 관계이다. 한·미·일 협력 속에서뿐 아니라 대중 전략을 위해서 한·일 협력 자체가 중요하다. 미국의 '비대칭적 우위'의 한미·미일 동맹 속에서 '을의 연합'을 토대로 한·미·일 협력을 규정하는 역발상도 상호전략적 이익 제고에 중요하다. 그러나 협력 모멘텀을 놓치고 오히려 미국의 중재나 압력으로 한·미·일 관계를 유지시켜옴으로써 미국의 주도권만 더욱 강화시켜주고 있다.

한편, 한국 강제징용 배상 판결 이후 일본의 수출규제 단행으로 한·일 무역공급망이 타격을 입은 상황에서 코로나19 위기가 닥쳤다. 팬데믹으로 개인과 기업의 일상 및 경제활동이 제약되면서 글로벌 공급망이 훼손되고 GVC는 중대한 타격을 받았는데, 비상사태에도 얼마나 안정적으로 기능하느냐에 따라 GVC 재편이 이루어지고 있는 작금의 상황에서 한·일 무역공급망만 제대로 작동되었다면 양국은 코로나19 위기 속 공생공영의 기회를 잡을 수 있었을 것이다.

셋째, 공동의 위협과 기회를 규명하고 공동대응을 하는 것이 서로 공유한 공통이익을 실현하는 원-윈win-win 전략임에도 불구하고 양국 간 응집력이 약하고 상호협력의 모멘텀을 잡지 못하고 있다. 이는 과거사 갈등뿐 아니라 양국 간 힘의 균등화가 나타나면서 양 정부와 국민이 서로를 경쟁자로 인식하기 때문인 것으로 보인다. 그러나 보다 근본적인 문제는 서로 양국의 가치를 과소평가하고 상대국의 전략적 역할을 경시하고 있다는 점이다.[8] 특히 지난 4년여 동안 한·일 양 정부는 위안부와 강제징용 문제라는 역사 블랙홀에 빠져있었을 뿐 아니라 대북정책과 한반도 비핵화 이슈, 그리고 동아시아 및 인도태평양지역 외교전략에 있어 정책적 목표와 방향이 너무 달라 전략적 이익을 공유하지 못하고 있는 것이다.

한국의 경우, 한반도 비핵화를 포함한 남북관계에 있어 일본의 역할은 한정되고, 대중 투자와 무역 대비 일본의 경제적 가치가 상대적으로 저하되면서 일본에 대한 경시 현상이 커지게 되었다. 중국의 공격적 부상에 대응하여 미국 주도의 쿼드QUAD와 인도태평양 전략에 적극적으로 참여하고 있는 일본에게 한국은 중국과의 관계를 고려하여 주저하는 '믿을 만하지 못한' 국가이다. 2020년 6월 아베 정부는 문 정부의 친중, 친북 성향의 외교를 문제 삼아 주요 7개국G7에 포함하는 것은 곤란하다는 입장을 미국 정부에 표명하기도 했다.[9] 일본은 한국의 QUAD 가입도 크게 경계하고 있다. 현재 한국은 미국의 희망에도 불구하고 중국의 강한 반발을 의식하여 고민하고 있지만, 설사 중국요소를 극복한다 해도 일본까지 설득해야 하는 어려움에 직면하였다.[10]

중국의 '공격적인' 부상과 북한의 핵 위협과 군사적 도발을 비롯한 전통안보 문제뿐 아니라 비전통안보 맥락에서도 다양한 핵심협력과제들이 한·일 양국에 산적해 있다. 보건, 환경, 에너지, 기후변화 등의 글로벌 위협, 복지, 저출산·고령화와 같은 사회적 문제, 개인 프라이버시와 비즈니

---

8   Gilbert Rozman, Shin-wha Lee(2006). "Unraveling the Japan-South Korea "Virtual Alliance': Populism and Historical Revisionism in the Face of Conflicting Regional Strategies" *Asian Survey*, 46(5); Taku Tamaki(2020). "It Takes Two to Tango: the Difficult Japan-South Korea Relations as Clash of Realities" *Japanese Journal of Political Science*, Vol 21, Issue 1

9   「펜앤드마이크」(2020.6.28.). "일본 '文정부의 對中, 對北 외교... G7과 달라, 한국 포함 시키면 안돼' 美정부에 입장 전달"

10   신범철(2021). "대일외교를 정상화하자" 자유기업원, 『2022 정책제안』

스뿐 아니라 국가안보에도 직간접적인 위협인 사이버 해킹과 도발, 북한 급변사태나 대량 난민사태 등으로 인한 정치·외교적, 인도적 문제 등은 양국 모두에게 심각한 도전요소라는 것을 인식·인정해야한다.

2019년 12월 말 중국 우한에서 시작되어 2020년 1월 20일 한국과 일본에서 코로나19 바이러스가 동시에 발견된 이래 유럽과 미주지역을 포함한 전 세계로 확산되었는데, 그 과정에서 코로나19를 '아시아 바이러스'라고 칭하는 등 서구에서 아시아계에 대한 인종차별 및 증오범죄가 늘어났다. 이에 대응하기 위해 한국과 일본이 각각 자국민 보호 측면에서만 대책을 세우기 보다 사태수습과 향후 대응을 공동 숙의하면서 협력 파트너로서 상호인식을 제고한다면, 보다 효과적인 위협대응안을 모색할 뿐 아니라 그 과정에서 상호의존성의 중요성을 재평가하는 계기를 마련할 수 있을 것이다.

넷째, 복잡하고 불확실한 세계정세는 미·중 다자주의 경쟁에 '낀' 중소국가들에게 위기와 도전이 될 수도 있지만, '중견국의 순간' moment of middlepowermanship이 될 수 있다.[11] 중견국 역할론은 미·중 경쟁 과정에서 중소국가들이 전략적 불확실성뿐 아니라 '진실선택의 순간'에 처하면서 대두되었다. 20세기 후반부터 일본, 아세안 국가들은 동아시아 국가들의 현행 글로벌 거버넌스 아키텍쳐에 주도적proactive 참여를 주창할 뿐 아니라 중견국이 주도할 수 있는 새로운 국제협력 거버넌스에 대한 논의를 시작하였다.[12]

---

11 이신화(2021.9.27.). "미·중 다자주의 경쟁과 '낀 국가' 한국의 외교전략" 『K-Policy 브리프』 No. 31

12 Djisman Simandjuntak and Toshiya Hoshino(2015). "ASEAN-Japan Contributions to Global Governance: An Overview" Rizal Sukma and Yoshihide Soeya eds. *Navigating Change: ASEAN-Japan Strategic Partnership in East Asia and in Global Governance* (Tokyo: Japan Center for International Exchange)

중견국 연대는 전후 미국 주도의 LIO 속에서 시장경제, 자유무역 및 민주주의를 지향하며 성장과 번영을 구가한 국가군으로 여러 가지 한계와 불만에도 불구하고 LIO의 유지, 발전이 자국 이익에 부합한다고 판단하고 있다. 강대국에 대항한 자율적 공간확보가 불가능하고, 강대국의 압력이나 회유로 인한 '이탈국' 문제가 있지만, 코로나19 위기는 백신 연구 자금지원, 기후변화 퇴치, 개방 무역 유지 분야 등에서 중견국의 역할과 잠재력에 대해 주목하는 기회가 되었다. 더욱이 미·중 양국도 경쟁과 갈등이 치열해질수록 지지 국가들을 확보하고 진영화하는 것이 중요해졌기 때문에 중견국 연대는 수적 우세와 단결된 목소리로 강대국에 대해 일정한 영향력을 행사할 수 있게 되었다.[13]

그러나 강대국을 상대로 한국이나 일본이 서로 중견국 연대를 주도하겠다는 경쟁적 접근을 한다면 오히려 강대국을 홀로 상대하는 도박이 될 수 있다. 이러한 국제정세는 한국과 일본이 협력을 강화할 전략적 기회를 제공할 수 있다. 이렇듯 강대국 관계와 지역정세의 기본판이 변화하는 와중에 백해무익한 한·일 갈등의 전략적 의미를 객관적으로 진단해볼 필요가 있다. 한국과 일본은 민주주의와 시장경제를 지향하는 '가치·제도 공동체'이자 선진경제 국가이고, 한-미-일 삼각 공조하의 전략적 협력국가이다. 서로 유사한 도전과 기회를 공유한 양국은 국제판세를 제대로 읽고 연대 세력의 이해와 동의를 얻을 수 있는 선도 중견국으로서의 역할 찾기에 주력해야 한다는 점에서 '상생적 유대관계'를 모색해야 할 시점이다.

다섯째, 코로나19로 비전통 안보 이슈가 일상생활의 안전문제를 넘어 생존을 위협하는 안보 문제라는 인식이 크게 확산되면서 '인간 중심'의 안보담론과 관련 정책의 필요성과 시급성이 커지고 있다. 1990년대 중

13　이신화(2021). "미·중 패권경쟁시대 한국의 전략적 선택" 자유기업원, 『2022 정책제안』

반부터 유엔을 비롯한 국제사회에서 대두되었던 인간안보human security의 중요성이 개개인의 삶이 위협받게 된 코로나19로 재조명받게 된 것이다.

1990년대와 2000년대 동안 일본은 공포로부터의 자유freedom from fear와 궁핍으로부터의 자유freedom from want가 두 축을 이루는 인간안보 담론에서 후자를 강조하고 ODA 정책을 적극 추진하면서, 전자에 초점을 둔 캐나다를 비롯한 서구 진영의 인간안보 접근과 차별성을 두는 정책을 추진하였다. 그러나 일본의 인간안보를 중심에 둔 외교정책과 담론은 오부치 게이조 수상 시기를 제외하고는 유엔을 비롯한 국제사회에서 크게 주목받지 못하였고, 일본 내에서도 유엔안전보장이사회안보리 진출이라는 전략적 목적이 좌절되면서 그 외교정책적 비전과 관심이 급감하는 등 '내부지향적'inward looking으로 '탈선'derailing하는 경향을 띠게 되었다.[14]

이러한 일본의 인간안보 외교정책에서 배울 교훈은 글로벌문제에 대한 해법을 찾기 위한 선도적 외교목표를 달성하기 위해서는 국제적 담론을 주도할 수 있어야 하고, 자국의 정치 어젠다보다는 국제사회가 공감할 수 있는 정책을 우선시하는 것이 바람직하면서도 효과적인 외교적 접근이라는 것이다. 이러한 맥락에서 포스트 코로나 시대 국제질서를 인간안보 협력을 통해 이끌겠다는 문대통령의 외교전략[15] 즉, 대북관계를 우선시 하는 접근은 지양해야한다. 인간안보에 기초한 남북협력의 의지를 강조하는 것은 한국정부의 인간안보 중심의 국제협력 선도 목표와 전략 중 하나의 의제로 다루어질 때만 한국의 인간안보 외교정책은 보다 보편적인 국제적 인정과 지지를 받을 수 있기 때문이다.[16]

---

[14] Bert Edström(2011). *"Japan and Human Security: The Derailing of a Foreign Policy Vision"* Stockholm-Nacka: Institute for Security & Development Policy

[15] 「한겨레」(2020.5.10.). "문 대통령, '인간 안보'로 남북 협력 의지 거듭 강조"

[16] 이신화(2020.7.). "코로나19와 인간안보 위협" 『외교』, 제134호

더욱이 인간안보 협력과 같이 글로벌 공공재를 창출할 수 있는 의제의 경우 가치와 입장을 같이하는 중견국들과의 다자주의적 연대를 통해 협력방안을 마련해 나갈 때 정당성과 효율성이란 두 마리 토끼를 다 잡을 확률이 높아진다. 따라서 LIO를 지향하는 한·일 양국은 과거사에 얽매여 현재의 이익을 놓치고 미래의 가능성을 가로막는 '오래된 덫'conventional trap에서 벗어나 상호 공유한 이익들을 점검하고 실현하는 것이 국제사회의 리더로서의 자리매김을 위한 외교적 정도正道임을 인식해야 한다.

여섯째, 한·일 정부 간 갈등 양상이 회복 기미를 보이지 않고 있는 가운데, 2021년 9월 말 발표된 한국 동아시아연구원EAI과 일본 겐론NPO의 한·일 국민 상호인식조사는 양국 간 미래지향적 노력이 민간에서 먼저 조성될 수 있을 것이란 기대를 갖게 한다. 이 조사에 따르면, 한국의 대일 호감도가 2015년 15.7%에서 2019년 31.7%까지 올랐으나 2020년 무역 갈등과 지소미아 논란으로 12.3%로 급락했었는데, 2021년 20.5%로 반등하였다. 한편, 일본의 경우는 한국에 대한 호감도가 2016년 29.1%에서 2019년 20%로 떨어지다 한류에 대한 젊은 층의 인식으로 25.9%로 올랐고 2021년에도 비슷한 수준25.4%으로 나타났다. 한국의 반일 감정은 2019년 49.9%에서 2020년 71.6%로 급등했다가 2021년 63.2%로 하락했고, 일본의 혐한 감정은 2019년 49.9%에서 46.3%로 내려갔다가 2021년 48.8%로 소폭 커졌다.[17]

이러한 수치는 관계악화가 장기화하는 것에 대한 대중적 피로감과 우려 및 경제, 외교·안보, 보건 분야 등에서 상호협력 필요성뿐 아니라 상대국 대중문화 소비층이 상대국 호감도를 끌어올린 결과로 보인다. 같은 조사에서 '자국의 미래를 위해 한일관계가 중요하다고 생각하는 이유'에

---

17 동아시아연구원, 2021년, 상동

그림 1 — 미래지향적 한일관계 중요성 관련 한국인과 일본인의 생각

"자국의 미래를 위해 한일관계가 중요하다고 생각하는 이유"에 관한 응답(한국, 복수응답)

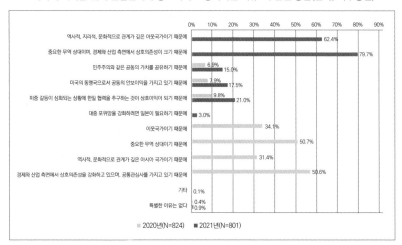

"자국의 미래를 위해 한일관계가 중요하다고 생각하는 이유"에 관한 응답(일본, 복수응답)

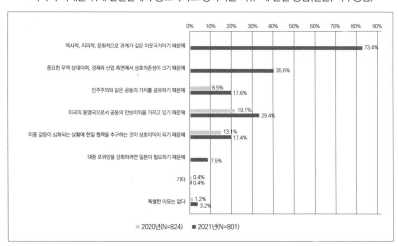

출처: 동아시아연구원(EAI·言論NPO) 제9회 한·일 국민 상호인식조사 발표, 2021년 9월27일.

대해 한국인들은 경제와 산업 측면의 상호의존성79.7%과 역사적, 지리적, 문화적으로 가까운 이웃국가62.4%이기 때문이란 응답이 많았고, 일본인들은 이웃국가73.4%, 경제와 산업측면35.6% 때문이라 응답하였다그림 1 참조.

또한 주목할 것은 한류를 소비하는 일본인 81.2%가 한국에 대해 긍정적 인상을 갖고 있고, 한국에서도 일본 대중문화 소비층 67%가 일본에 대해 호감을 보였다.[18]

이러한 추이는 국가 관계에 있어 소프트파워의 중요성을 방증하는데, 특히 대중문화 소비 핵심층이 젊은 층인 MZ세대라는 사실은 한·일관계의 미래에 대한 다소 희망적인 근거가 된다. 그러나 이러한 호감도가 오래된 과거사 문제, 정치외교적 이슈, 기술경쟁, 경제와 산업적 측면 등과 관련하여 상호협력 필요성에 대한 양 국민의 인식을 제고하고 양 정부의 실질적 관계개선을 위한 정책적 노력으로 이어질지는 미지수다.

---

[18] 상동

3 ___ 한·일 간 초국가적
비전통안보협력의 한계

한·일 과거사 문제 해법과 정부 간 공식적 차원의 협력 실마리가 좀처럼 찾아지지 않는 가운데, 초국가적 비전통안보협력은 상대적으로 수월할 것이라는 관측이나 기대가 커지고 있다. 통상적으로 초국경적 위협에 대응하는 협력의 당위성과 필요성에 대한 국가 간 인식과 공감은 크지만, 국제관계에서 실제적으로 제대로 이루어지지 않고 있어 그 현실적 괴리는 꽤 클 수밖에 없다. 이는 국가 이기주의뿐 아니라 국가별 비전통안보위협 이슈의 우선순위에 대한 이견 등으로 '공동위협에 대한 공동대응' 원칙이 작동하지 않는 경우가 많기 때문이다. 예를 들어 후쿠시마 오염수 방류 문제와 관련하여 외교적 긴장이 고조되고 있는 가운데 일본 정부는 환경피해에 대한 과학적 근거가 없다고 주장하고 있다. 이는 보다 면밀한 국제적 과학검증이 이루어져야 할 사안으로 한국을 비롯한 국제사회의 민관 전문가들로 구성된 투명하고 객관적인 조사협력체가 만들어져야 하는데 일본의 수용 가능성은 희박하다.[19]

둘째, 비전통안보 관련 공통의 위협에 대한 접점 모색에 한계가 있는데, 예를 들어 재난의 국제협력 경우 사태가 발발하고 나서 사후 이행post-

---

19 박지영, 임정희(2021.1.). "후쿠시마 원전 오염수 방출과 대응" 아산정책연구원 이슈브리프

crisis recovery/implementation의 성격이 강해 국가별로 대응이 다를 수밖에 없다. 2015년 한국, 일본, 중국, 몽골 동북아 4개국 정부 대표는 '센다이 강령'Sendai Framework, 세계재난경감 기본전략을 만들었고, 2017년 한·중·일은 그 지속적 이행을 약속하며 '재난관리 협력에 관한 공동성명'을 발표하고 재난위험 경감 및 구호 협력을 통해 2030년까지 재난으로 인한 실질적 사망자 수 감축을 목표로 삼았다.[20] 사실 동북아 '재난의 공통분모'를 찾는 것은 매우 힘든 일이다. 일본지진, 쓰나미, 한국태풍, 홍수 등 국가별로 위협을 느끼는 자연재해의 우선순위가 다른 상황에서 한정된 국가 자원과 역량을 우선 투자하여 협력을 이끌어내는 것이 쉽지 않기 때문이다. 더욱이 정부 간 갈등이 심화되면서 점검을 위한 후속 회의도 제대로 열리고 있지 않는 실정이다.

셋째, 비군사적, 비정치적 영역의 협력이 그보다 까다롭고 상위 단계인 정치 군사적 협력을 이루는 디딤돌이 되고, 더 나아가 하나의 지역주의 공동체를 형성할 수 있다고 주장하는 기능주의가 동북아 국제관계에서는 작동하지 않고 있다. 박근혜 행정부의 동북아평화협력구상동평구의 경우, '아시아 패러독스'Asia Paradox, 동북아 역내 국가들의 경제적 상호의존도는 높은 반면 정치안보 영역에서는 갈등을 보이는 현상를 극복하기 위해 비전통안보 분야 협력을 추진함으로써 역내 오랜 갈등과 군사적 긴장관계를 넘어 안보협력을 위한 대화와 협력의 장을 만들고자 시도하고, 궁극적으로 전통안보 협력을 견인하겠다는 구상이었다.

이러한 '기능주의적 협력'은 1975년 헬싱키 정상회의에서 창설된 유럽안보협력회의CSCE가 1995년 북대서양조약기구NATO와 구소련 국가들을 비롯하여 모든 유럽국가를 포함하는 범유럽적 상설기구인 유럽안보

20　「Queen」(2017.9.7.). "한중일 재난관리 정책, 기술 공유 강화한다"

협력기구OSCE로 발전한 과정에서 아이디어를 얻은 것이었다. 유럽의 경우, 인권, 민주주의, 법치, 시장경제 중심으로 가치연대를 형성하여 하나의 공동체를 제도화하는 데 성공하였다. 동평구의 경우, 7가지 협력 분야 원자력안전, 에너지안보, 재해재난, 환경, 보건, 마약, 사이버 공간 중 재난 분야 협력이 상대적으로 용이할 것으로 판단하였으나, 한·중·일 각각의 중앙정부, 지방정부, 민간 간 유기적 협력이 결여되었고, 각국이 위협으로 느끼는 재난의 우선순위가 달라 상호협력을 도출하는 것이 어려웠다.[21]

문재인 행정부는 '동북아플러스 책임공동체'로 동평구를 계승하겠다고 하였으나, 그 기조와 정체성이 변화하고, 주제, 방향, 목표 등이 불명확해지면서 유명무실해졌다. 평화의 축으로 동북아평화협력 플랫폼을 구축하고, 번영의 축으로 동북아를 넘어 신남방정책과 신북방정책을 추진하고자 하였으나,[22] 대북관계가 막히면서 신북방정책은 유명무실해졌다. 아세안과의 협력을 포함한 신남방정책을 추진하며 미국의 인태전략과의 조화로운 접점을 추진하기로 했으나, 이 과정에서 핵심협력 국가이어야 하는 일본과의 협력은 부재한 실정이다. 더욱이 중국의 한국에 대한 사드보복 조치로 천문학적 피해액이 발생하고 한·일관계가 악화되면서 동평구가 주창한 비전통안보 영역에서의 기능주의적 확산 효과를 기대할 수 없었다.

넷째, 비非안보적 영역에서 협력의 습관을 키우고 신뢰를 구축하여 정치·안보 영역으로 협력을 확대해 나간다는 기능주의적 접근이 작동되지 않았을 뿐 아니라, 오히려 과거사 문제나 정치·외교적 이슈로 인해 그동안 큰 진전을 보여왔던 경제, 문화, 인적 교류까지 후퇴해 버렸다. 역사와

---

21 최은미(2021.6.18.). "동북아 비전통안보협력의 이상과 현실 – 한중일 재난협력을 중심으로" PDI 워킹페이퍼 No.9, 고려대학교 평화와 민주주의 연구소

22 이대우(2019). 『동북아플러스 책임공동체 구상』서울: 세종연구소

영토문제에 대한 갈등과 반목으로 서로 양립불가incompatible한 상태에 빠져 버려 양국 모두 국가의 이해관계를 조율하여 협상을 이끌어낼 통상외교나 비전통안보의 초국가적 협력이 아니라 국가 정체성, 국가 자존심 차원의 대립을 하고 있는 것이다. 이로 인해 비전통안보 이슈가 정치협력과 전통안보 영역의 협력을 이끄는 기능주의적 접근이 아니라 정치, 역사 문제가 잘 진행되는 경제나 사회 영역의 협력을 훼손시키는 한·일관계의 역逆기능주의/역逆아시아패러독스 현상이 두드러지게 되었다.

4 ___ 한·일 간 초국가적
비전통안보협력을 위한 제언

　한·일관계에 있어 과거사는 반드시 극복해야 할 과제이지만, 김대중-오부치 선언에서 확인하였듯이 과거를 직시하되 미래로 나아가기 위해 ① 지역적, 국제적 이슈 및 복합적이고 불확실한 글로벌 질서변동 속에서의 전략적 관계, 그리고 ② 초국가적 차원의 다자적 틀에서의 파트너 관계라는 측면에서 재조명할 필요가 있다.

　첫째, 한·일관계의 국제정치적 함의에 초점을 맞추어야 한다. 양국 관계를 한반도의 지정학에만 가둬두는 사고를 넘어 '기존 틀을 깨는' out of the box 접근으로 글로벌 및 지역 차원에서의 공생공영을 추구하는 협력파트너로서의 상호인식과 상호의존성을 제고할 필요가 있다. 이를 위해 ① 한·미·일 관계 속에서의 한·일, ② 한반도의 지정학적 위치북한문제 포함 관점에서의 한·일, ③ 글로벌 초국가적 공동위협 맥락에서의 한·일, ④ 다자적 지역 틀이나 다자기구 속에서의 동지同志 국가로서의 한·일관계의 맥락에서 고려해야 할 것이고, 이를 뒷받침할 제도적 협력 강화방안을 추구해야 한다.

　둘째, 글로벌 차원에서 진행되는 평화유지활동이나 인도적 지원 등 인간안보 증진을 위한 협력은 상대적으로 양국이 정치·외교적 충돌 없이 추진할 수 있는 영역이다. 그동안 양국은 2013년 필리핀 태풍 하이옌 피해복구를 위한 한·일 공동의 HA/DR 활동[23] 이외 대부분의 경우, 국제평화유지활동PKO, 인도적 지원 및 재난구호HA/DR 등에 있어 개별 국가 차원의 기여를 통한 자국의 소프트파워 및 국제영향력 확대를 도모해 왔다.

2013년 12월 남수단 유엔 PKO에 파병된 한국의 한빛부대가 예기치 않은 주둔지 부근 쿠데타 발발로 일본 육상자위대 파병부대의 탄약 1만 발을 지원받은 것을 두고 한·일 양국뿐 아니라 국내적으로 커다란 정치적 공방이 일기도 하였다.[24]

이는 유럽연합과 NATO가 국제 PKO나 해적 행위 근절 등을 위한 세계평화안보 및 인도주의적 활동에 연합작전을 수행하거나 아프리카연합AU이 지역분쟁에 역내 국가로부터 연합군을 파병하는 것과 대조된다. 글로벌 기여활동에 있어 정보를 공유하고 연대협력을 강화하는 것은 국제사회에서의 국가 이미지 제고는 물론 한·일 안보협력의 가능성과 중요성을 가늠해 볼 수 있는 좋은 기회라는 점에서도 바람직하다는 것에 대한 양 정부 당국 및 양국 국민들의 인식 제고가 필요하다.

셋째, 비전통안보 영역에서 강대국 주도 글로벌 거버넌스로는 이루기 힘든 새로운 '중견국 국제협력 모델'의 모색이 필요하다. 이를 위해 방역체계, 보건의료체계, 디지털경제온라인 플랫폼 및 이를 기반으로 디지털화된 데이터를 활용한 모든 활동는 한·일이 상대적 우위를 지닌 영역이다. 코로나 대책과 경제회복을 위한 상호협력, 순차적 인적교류 개방확대, 관광, 소상공인 문제, 경제 불평등 문제 등은 양국이 각각의 국내문제 해결을 위해서도 노하우를 공유할 필요가 있는 이슈들이다.

예를 들어 '재난 대응 공동위원회' 상설화를 검토해 볼 수 있다. 신안

---

23 *The Diplomat*(2013.11.25.). "Typhoon Haiyan and the Philippine Military"

24 「중앙일보」(2013.12.26.). "일본 '한빛부대장 직접 전화' 한국 '그런 일 없다'"

보적 위협인 생물적, 생태적, 환경적 위협이 인권, 불평등, 경제난, 정보 격차, 국가 간 갈등 등으로 비화되는 복합안보의 문제로 초국가적 공조의 필요성과 긴급성이 높다. 그러나 미·중 갈등으로 동북아 지역의 감염병에 대한 공조가 어려운 상황으로 '중견국의 순간' 실행의 적절한 분야이자 시기timing이다. 따라서 방역, 보건의료체계의 글로벌 표준을 지향하는 동북아 지역의 감염병 공동대응 국제플랫폼을 주도하기 위한 양국의 민·관 전문가들의 협업이 권고된다.

넷째, 양국 정상이 중심이 되어 기존 국제기구를 활용하여 국제협력을 주도하고 양자 회동을 정례화하는 방안도 고려할 수 있다. 유엔 안보리 및 주요 유엔 세부위원회 진출, 세계보건기구WHO와 같은 기존의 국제기구 내 특별위원회 구성, 여타 국제기구들에서의 국가 차원이나 개별 국민 차원의 고위직 진출 등을 한·일 간 외교전이나 경쟁으로 삼지 말고 상생으로 발전시키는 방안을 민·관 태스크포스를 통해 마련하는 것이다. 이에 더해 시민사회를 활용한 공공외교의 방안도 검토해 볼 수 있다.

특히 현재의 한·일 교착상태를 고려할 때, 유엔 총회, 주요 20개국G20 정상회의, 한·중·일 정상회의 등 다자 혹은 소다자회의에서 양국 정상회담의 계기를 어떻게 만들까 고심하기보다는 '역발상'을 할 필요가 있다. 즉 유엔을 비롯한 국제기구 내 한·일 양국뿐 아니라 세계 여러 국가도 참여하는 특별위원회나 세부위원회 등을 통한 한·일 양국의 글로벌 기여메커니즘을 구축하고 매년 특정 일자나 시기를 못박아 두어 양자 관계의 부침에 관계없이 정상의 회동을 정례화시키는 것이다.

다섯째, 국제협력 틀 속에서 한·일 협력을 추구할 시 인도주의적, 제도주의적 관점뿐 아니라 현실주의적 관점경제, 안보적 실익고려에서도 이해하고 적절한 대외정책을 수립할 필요가 있다. 이를 위해, 대중전략, 한·미·일 협력, 동북아 평화와 안정 등 목표는 공유하지만 한·일 간 의견 차이가 있는 접근법에서는 상호 간의 제약과 한계를 명확히 밝히는 게 중요하다.

또한, 비전통안보 분야에서의 협력이 용이할 것이라는 낙관적 기대도 금물이다. 전통적 군사안보위협이나 정치·외교적 문제가 발생하면, 비전통안보영역에 대한 논의는 후순위로 밀리는 경우가 많기 때문이다. 또한, 비전통안보위협에 대한 합의 결여나 위협 우선순위에 대한 인식 차이로 비전통안보협력은 시작 자체가 힘든 경우도 많고, 협력 과정에서 국가 간 가시적 혹은 보이지 않는 이권 다툼과 주도권 확보 경쟁이 심한 경우도 종종 있다. 따라서 중장기적 신뢰를 쌓고 합의를 도출하기 위해 전통적, 비전통적 외교·안보 이슈를 아우르는 포괄적 안보 관점에서 한·일관계의 단기적 이슈에 대한 조율이 필수적이다.

여섯째, 한·일은 유사 입장 국가like-minded countries임을 상호인식하고, '규칙기반 질서, 가치공유, 책임분담'해야 하는 지역 운명공동체라는 정체성을 근거로 한 외교원칙을 양국의 정권과 리더십의 변화나 특성에 상관없이 견지해야 한다. 미·중 강대국이 '가치의 진영화'와 진영 내 네트워크를 강화해 가는 현 정세 속에서 한·일 양국이 역내 평화와 번영을 위한 미래지향적 파트너십을 제고하는 것은 강대국 정치의 충격을 완충한다는 점에서 반드시 필요하다. 한·일 양국은 미국 주도의 민주주의 가치동맹이나 무역 및 기술 생태계 재편과정에 적극 동참하여 가시적 지분을 확대하는 동시에 중국과의 관계를 관리해야 하는 유사한 상황이다. 중국 시장 규모를 고려할 때 양국 모두 대중對中 기술우위 격차를 유지하며 '판매국'seller states으로서 대중 관계를 이어가야 할 필요가 있기 때문이다. 이와 동시에 중국의 회색지대 지역에 대한 행동강령이나 강압적 경제체제 지양 등 공동 이해목표를 분명히 하고 규칙 기반의 접근을 견지하기 위해 양국이 연대한다면 명분뿐 아니라 효과성 면에서 득이 될 것이다.

일곱째, 국내적 차원에서 양국이 처한 유사 문제들예로 들어, 저출산, 이민문제, 성장동력완화, 수출의 절대적 필요성, 경제불평등문제에 대한 인식공유 및 공동 연구·정책 프로젝트를 추진할 필요가 있다. 이는 양국이 처한 국내문제 해법 모색에 도움이 될 뿐 아니라, 그 과정에서 지구촌 다른 국가들에게 바람직한 사회적, 경제적 개발모델을 제시한다는 점에서도 의의가 있다.

여덟째, 한·일관계 복원을 위해 양국 모두 '외교 포퓰리즘'을 극복하는 것이 무엇보다 중요하다. 이를 위해 언론은 양국 관계에 대한 오보誤報나 감정을 자극하는 기삿거리 등을 자제해야 하고, 정치권은 반일, 혐한 프레임으로 국민 간 악감정을 부추겨 외교를 수단으로 삼는 일을 멈춰야 한다. 문 정부가 강제징용 판결 등으로 일본 내 한국에 대한 부정적 여론이 거세진 것을 방치함으로써 일본의 역사적 책임을 강조하는 친한파 전문가들이나 미래지향적 글로벌 협력을 지향하는 국제주의자internationalist들이 등을 돌리게 된 것은 명백한 외교실패였다.

아베, 스가, 기시다로 이어지는 일본 정권의 우경화 질주도 역사 수정주의 행태로 국내정치적 인기에만 영합하여 양국 갈등을 부추겨 온 면이 적잖다. 양국이 오래된 역사적, 정치적 앙금을 풀고 관계를 회복하기 위해서는 지도자들이 자신의 정치적 어젠다와 대중적 지지를 위해 양국 외교를 정치화politicization 및 안보화securitization하지 못하도록 국내적으로 협력체제를 정비할 필요가 있다. 내부적 협의와 합의를 통한 국민적 공감대 없이 이루어지는 국가 간 공식적 협의는 실질적 협력을 이루기 힘들고, 어렵사리 이루었다 해도 지속적이지 못할 확률이 높다.

끝으로 다양한 행위자와 다양한 형태의 한·일 소통 채널을 확대·강화하는 것이 중요하다. 한·일, 한·미·일, 한·중·일 정상회담의 정례화, 고위급 정부 관료 대화 및 협의 채널 강화, 비공식적 네마와시根回し, 사전 협의나 교섭나 현자그룹wiseman group의 협의 채널 복원 및 강화, 한·일 국제주의자 및 전문가들의 소통 증진, '실용적'이고 평등한 국가 관계를 지향하는 한·

일 MZ세대 간 소통 프로그램 확대 등을 통해 양국 관계 회복을 위한 공식적, 비공식적 모든 노력을 경주해야 할 때이다.

앞서 언급한 것처럼 일본의 젊은 세대를 중심으로 한류가 다방면에서 인기를 끌고 있는 것은 한국에 대한 이해와 호감도를 높이는 데 큰 기여를 하고 있다. 한국인 역시 일본 음식과 여행을 좋아하고, 일본과의 비즈니스나 일본 상품에 대한 신뢰가 큰데, 이를 밖으로 드러낼 경우 친일 프레임으로 매도될 것을 우려하는 경향이 있다. 이러한 맥락에서 공공외교 public diplomacy가 중요한데, 양국 관계가 교착·악화 상태일수록 더 적극적으로 학술교류, 지역 간 교류, 대중문화 교류 등을 활성화하는 게 중요하다. 이러한 소프트파워를 통한 양 국민의 교류증진과 호감도 상승이 역사, 정치, 기술, 정치 등 전반적인 양국 갈등문제 해법의 마중물이 될 수 있도록, 한·일관계 복원과정에 있어 지도자의 결단, 전문가 집단의 통찰력과 정책제언, 그리고 언론과 대중의 '신중성'prudence이 유기적으로 연계되어야 한다.

5 ___ 결론

오늘날 한·일 갈등은 과거사 현안뿐 아니라 국내 정치에 대한 고려와 상이한 지역 전략에서 비롯되었다. 미국과 각각 양자 동맹을 맺은 한국과 일본은 냉전기 한·미·일 공조 하에 양국관계를 '관리'해 왔으나 탈냉전기 들어 서로에 대한 전략적 우선순위가 낮아졌다.

더욱이 지난 한 세기 동안 상대적 우위를 점했던 일본은 강약強弱관계에서 수평관계로 전환 중인 한국과의 관계에 있어 '골든크로스' 현상을 경계하면서 지난 10년 동안 일본 내 혐한 감정이 한층 뚜렷해지고 있다. 지난 40여 년간의 양 국민 인식조사에 있어 한국의 반일 감정은 꽤 높았지만, 일본의 반한 감정은 2012년 이후에 가시적으로 나타나기 시작한 것이 이를 방증한다. 이러한 경향은 일본 지도층이 전후 세대로 완전히 교체되어 식민지 시기에 대한 죄책감을 전혀 갖지 않을 뿐 아니라 전후戰後 전임자들의 '저자세' 대처에 불만을 갖으면서 우경화와 민족주의 현상이 두드러진 것과도 무관하지 않다.

한국의 경우도 해방 후 경제성장과 기술 및 법제 분야에 있어 대일 의존의 유용성을 인정할 경우 친일파나 토착왜구로 매도되는 사회적 분위기가 팽배하다. 이에 더해 '피해자 중심주의'와 친일세력 청산을 명분 삼아 반일정서를 확산하여 정치적 이득을 노리는 정치권의 조작은 결국 대

일對日 경시와 적개심 및 한·일갈등의 방치·악화로 이어졌다.[25]

'역사–정치–경제–국민감정의 악순환'이란 늪에 빠져버린 양국 관계는 각각의 국익을 위해서뿐 아니라 지역과 국제사회 전체를 위해서도 백해무익이다. 따라서 합의할 수 없는 사안에 대해서는 '동의하지 않는다는 점에서 의견을 같이한다' agree to disagree라는 영어표현처럼 타협이 힘든 이슈는 미뤄두고 설득과 협상이 가능한 것부터 추진함으로써 소통 및 관계 복원의 첫 단추를 잘 껴야 한다.[26] 그러한 과정에서 무엇보다 지도층의 역할이 중요하다.

일본은 문 정부가 대북관계를 우선시하고 친중 성향을 보인다는 이유로 한국의 G7 참가를 반대하고 QUAD 참여에 유보적인 태도를 보여 왔다. 이 역시 한·일관계뿐 아니라 미·일 동맹을 중시하는 일본의 국익에도 도움이 되지 않는다. 최근 미중 경쟁 및 동맹국 연합이 반도체와 배터리 기술과 같은 '기정학'技政學적 이해관계에 따라 형성되면서, 미국에게 한국과의 '기술동맹'은 매우 중요한 전략이 되고 있기 때문이다.

임기 내내 대북관계 개선에 총력을 기울여 온 문 정부도 일본의 집단자위권과 평화헌법 수정 움직임을 군국주의의 부활이라 반대만 하는 한 북한의 도발을 포함한 한반도 유사 사태 시 유사 입장에 처한 일본의 안보역량을 활용할 수 있다는 실리적 사고를 하거나 대중을 설득하는 게 불가능할 것이다. 또한 정권의 특성과 지도자의 선호도에 따라 한국이 친중 성향을 띠고 미국과의 협력에 모호한 입장을 견지한다는 인상을 주는 한 일본과의 전략적 불신은 해소되기 힘들 것이다. 미국이 지향하는 자유민주주의 동맹네트워크에 확고한 자리매김을 하고 동북아 및 인태지역에서

---

25   김태효, 박철희, 이신화, 상동

26   한승주(2021). 『한국에 외교가 있는가』 서울: 올림

의 세력균형 유지에 필요한 역할을 담당할 것이라는 신뢰를 일본 정부에 줄 필요가 있다.

결론적으로 국제관계에서 명분이 실제보다 더 중요하거나 효과적일 때가 있지만, 지도자의 비전과 리더십 및 정권안보가 아닌 국가안보와 국익을 위한 헌신commitment을 토대로 실리적 사고를 할 시점이다. 외교관계를 '정치화'나 '이념화'하지 않기 위해 국제판세를 제대로 읽고 해당 분야의 전문가들의 진단과 제언에 귀를 기울이는 것이 중요하다. '다중복합 골절 상태'인 한·일관계 개선을 위해 양국 지도층은 이를 극복할수 있는 '안전판'으로써 냉전기부터 지속되어 온 한·미·일 안보 공조를 회복할 필요가 있다.[27] 또한 과거사 이슈는 역사문제로 접근하며 해결책을 모색하되, 상대국의 전략적 가치를 재인식하고 안보, 경제, 사회협력을 동시에 추진해 가는 투-트랙two-track 외교를 위한 정치적 돌파구political breakthrough와 국민적 인식 전환을 선도할 리더십이 필요하다. 한·일관계의 리셋을 위해서라도 2022년 3월 9일 대한민국 20대 대통령 선거가 매우 중요한 이유이다.

---

[27]   신각수(2021.9.1.). "새 정부가 리셋할 수 있게 한·일 관계 악화는 막아야" 「중앙일보」, 한반도평화워치

한일 기술협력과
미래사회 공동 개척

윤 태 성

카이스트 교수

1 ___ 한일은 기술협력으로
성장해 왔다

지금까지 한국과 일본은 기술협력과 경쟁을 반복하면서 서로에게 유리한 방향으로 상대방을 활용해 왔다. 한국과 일본은 제조업을 기반으로 경제성장을 이루어 왔으며 제조 강국이 되어 세계사에 유례를 찾기 어려운 발전을 이루었다. 전 세계에서 제조 강국으로 불리는 5개 국가는 한국과 일본을 포함해서 미국, 독일, 중국이다. 국내총생산GDP에서 차지하는 제조업 비중은 2019년 기준으로 한국은 27.5퍼센트이며 일본은 21.18퍼센트다. 독일은 20.8퍼센트이며 중국은 28.8퍼센트다. 이들 4개 국가의 제조업 비중이 20퍼센트를 넘는 데 비해 미국은 11.3퍼센트로 상대적으로 낮다. 그럼에도 불구하고 미국을 제조 강국이라 칭하는 이유는 제조 기술이 가장 뛰어나기 때문이다.

한국과 일본의 기술협력은 다양한 형태로 나타나고 있으며 그중에는 논문 공저라는 형태가 있다.[1] 2013년에서 2015년까지 일본에서 발행한 공저논문 상대국을 보면 전체 1위는 미국이며 2위는 중국이다. 뒤를 이어 독일, 영국, 프랑스가 있으며 6위에 한국이 위치한다. 일본의 공저논문을 분야별로 보면, 재료과학은 1위 중국, 2위 미국, 3위 한국이다. 화학은

---

1 村上昭義 & 伊神正貫(2017). 〈科学研究のベンチマーキング 2017 -論文分析でみる世界の研究活動の変化と日本の状況〉, 文部科学省 科学技術·学術政策研究所. http://www.nistep.go.jp/wp/wp-content/uploads/NISTEP-RM262-FullJ.pdf

1위 중국, 2위 미국, 3위 한국이다. 전산수학은 1위 중국, 2위 미국, 3위 한국이다. 기초생명과학은 1위 미국, 2위 중국, 5위 한국이다. 임상의학은 1위 미국, 2위 중국, 5위 한국이다. 물리학은 1위 미국, 3위 중국, 8위 한국이다. 환경지구과학은 1위 미국, 2위 중국, 8위 한국이다.

제조 강국답게 한국과 일본은 여전히 기술혁신을 강화하고 있다. 한국은 4차 산업혁명이라는 슬로건 아래 인공지능과 빅데이터를 포함한 디지털 기술을 활용한 초연결 기반의 지능화 혁명을 추진하고 있다. 일본은 소사이어티5.0이라는 슬로건을 내걸었다. 수렵사회에서 농경사회를 거쳐 공업사회와 정보사회에 이은 다섯 번째 사회다. 가상의 사이버 공간과 현실의 물리 공간을 고도로 융합해서 경제 발전을 이루고 사회의 과제를 해결하겠다는 취지다. 인간 중심의 사회를 지향하고 있다.

2 ___ 한일의 기술 수준은 미국에 많이 뒤떨어진다

　한국과 일본이 현재 시점에 보유한 기술은 어느 정도 수준일까. 특정한 기술을 대상으로 절대적인 평가를 할 수도 있으나 국가 단위로 평가할 수도 있다. 최고기술 보유국가와 상대평가를 하는 방식을 많이 사용한다. 한국과 일본의 기술은 여전히 미국에 비해 많이 뒤떨어진다.[2] 과학기술정보통신부가 발표한 2020년도 기술 수준 평가 결과를 보면 분명하다. 평가 대상은 2018년~2022년 제4차 과학기술 기본계획에 포함된 11대 분야 120개 중점 과학기술이다. 11대 분야는 건설/교통, 재난/안전, 우주/항공/해양, 국방, 기계/제조, 소재/나노, 농림/수산/식품, 생명/보건/의료, 에너지/자원, 환경/기상, ICT/SW를 포함한다.

　미국은 여전히 최고기술 보유국가다. 한국과 일본은 추격 그룹에 속하며 EU는 선도 그룹이다. 중국은 추격 그룹에 속하지만 기술 발전 속도가 매우 빠르다. 최고 그룹으로 평가된 기술은 미국 97개, EU 28개, 일본 8개, 중국 1개이며 한국은 하나도 없다. 한국은 103개 기술이 추격 그룹에 속한다. 기초단계는 미국과 EU가 탁월하며 일본은 우수하다는 평가다. 한국과 중국은 보통 수준이다. 응용개발 단계는 미국만 탁월하며 나

2　한국과학기술기획평가원(2021). "2020년 기술 수준 평가" 기관2020-058, https://www.kistep.re.kr/reportDetail.es?mid=a10305020000&rpt_no=RES0220210120

머지 국가는 우수하다. 평가 결과를 국가별로 자세히 보자.

- 한국은 최고기술 보유국가인 미국과의 기술격차가 감소했다. 미국의 기술 수준을 100이라고 하면 120개 중점 과학기술 전체의 한국 수준은 2018년 76.9퍼센트에서 2020년 80.1퍼센트로 올라갔다. 기술격차는 3.8년에서 3.3년으로 줄어들었다. 한국의 기술 발전은 꾸준히 속도를 올리고 있다는 점이 드러난다. 한국의 기초단계 연구역량은 보통 수준이며 응용과 개발단계는 우수하다. 연구개발 활동 경향은 상승 중으로 평가되었다.

- 일본은 기술 발전 속도가 늦어지고 있다. 일본의 기술 수준은 2018년 미국의 87.9퍼센트에서 2020년 87.3퍼센트로 오히려 후퇴했다. 기술격차는 1.9에서 2.0년으로 더 벌어졌다. 최근에 일본의 연구환경이 나빠지고 기술개발의 속도가 늦춰지고 있다는 의심이 든다. 일본의 기술 수준은 여전히 한국보다 앞서 있으나 기술격차는 조금씩 줄어들고 있다.

- 중국은 기술 발전 속도가 빨라지고 있다. 2018년 미국의 76.0퍼센트 수준에서 2020년 80.0퍼센트 수준으로 올라갔으며 기술격차는 3.8년에서 3.3년으로 단축되었다. 중국은 여전히 미국보다 기술 수준이 낮고 기술격차도 많이 벌어져 있다. 하지만 이 수치는 어디까지나 120개 기술의 평균치라는 점에 유의해야 한다. 분야에 따라서는 중국이 미국과 대등하거나 오히려 중국이 미국보다 앞서 있다고 평가받는 경우도 있다. 예를 들어 인공지능 기술은 전체적으로 중국과 미국이 대등하며 안면인식 기술은 중국이 세계 최고 수준이라고

평가받는다.

• EU는 기술 수준이 2018년 94.8퍼센트에서 2020년 95.6퍼센트로 올라갔으며 기술격차는 0.7년을 유지하고 있다. 27개국의 편차가 크기 때문에 가장 앞서가는 국가의 수준으로 보아야 한다.

3 ____ 한일 기술협력의 새로운 형태가 필요하다

한국과 일본의 기술협력을 논의할 때 지금까지는 서로를 상대국으로 하는 1대1의 관계를 전제로 하였으나 전 세계를 시야에 넣고 새로운 형태를 모색해야 하는 상황으로 변하고 있다. 주요 국가에서 기술개발을 국가 주도로 바꾸고 있기 때문이다. 여기에는 크게 두 가지 이유가 있다.

첫째, 기술의 상당수는 군사 목적으로 사용될 수 있다. 증기기관은 전함에 사용되고 엔진은 전차와 전투기에 사용된다. 인터넷은 레이더와 미사일에 사용되고 인공지능은 폭탄 드론과 살인 로봇에 사용된다. 막대한 비용을 들여 개발한 기술은 처음부터 군대와 민간에서 함께 사용할 수 있는 용도를 예상한다.

둘째, 과학기술은 국가 안보의 초석이라는 명분이다. 기술 경쟁에서 이기기 위해 국가는 과학기술을 통제하며 연구비 배분과 규제라는 권한을 행사한다. 기업은 국가의 명령에 복종할 수밖에 없다. 기술 경쟁은 무한경쟁이다. 유한경쟁인 스포츠 경기와 달리 기술 경쟁에서 이긴 국가는 게임의 규칙 자체를 바꿀 수 있다. 후발주자는 영원히 선발주자를 따라갈 수 없다.

역사를 돌이켜보면 국가 주도의 기술개발은 낯설지 않다. 1차 세계대전에서는 국가가 기술개발을 주도하여 잠수함, 탱크, 비행기, 독가스 등 다양한 기술을 개발했다. 기술은 병기에 사용되었고 전쟁의 승패를 가를 정도로 진화했다.

2차 세계대전에서는 미국이 원자폭탄 기술을 개발했다. 이를 계기로 국가가 주도하는 대형 기술개발 형태인 거대과학이라는 개념이 탄생했다. 국가는 거대한 시설에 비싼 장비를 설치하고 많은 연구자를 동원한다. 연구자는 각 팀에 소속되어 복잡한 연구의 한 측면을 담당한다. 냉전 시대에는 미국과 소련을 양대 축으로 국가가 주도하는 거대과학이 기술개발의 가장 중요한 개념이었다. 이에 어울리는 성과도 있었다. 레이더, 페니실린, 제트엔진, 컴퓨터 등을 개발했기 때문이다. 이들 기술은 처음에는 군대에서 사용했으나 점차 민간으로 보급되어 새로운 시장을 만들었다. 군사 목적으로 개발된 지구 측위 시스템GPS은 지금은 군대에서나 민간에서나 절대로 필요한 기술이다. 1960년대부터 개발된 기상위성, 방송통신위성, 지구관측위성도 군사 목적으로 개발한 기술을 민간에서 사용하는 사례다.

냉전이 끝나고 기술개발은 국가 주도에서 기업 주도로 변했다. 기업은 기술을 개발하고 새로운 상품을 선보이면서 성장하였다. 하지만 곧 기업의 한계점이 드러났다. 국가가 주도하던 기술개발 방식을 기업이 실행하기에는 역부족이다. 연구개발비도 부족하고 인재도 부족하다. 한계점을 보완하기 위해서 기업은 세계 규모로 연구개발에 협력하는 체제를 만들었다. 서로의 강점을 활용한 글로벌 공급망도 만들어져서 세계 경제의 성장에 받침이 되었다. 자동차 산업이나 PC 산업을 보면 쉽게 이해할 수 있다. 자동차나 PC를 최종 조립하는 기업은 재료와 부품을 공급하는 기업을 전 세계에 확보하고 있다. 자사에 가장 유리한 공급망을 만들고 유지하는 능력은 기업 성장을 위한 매우 중요한 요인 중의 하나다.

하지만 역사는 반복된다. 국가가 다시 전면에 나서서 기술을 개발하는 시대로 변하고 있다. 군대와 민간에서 동시에 사용하는 군민겸용 기술이 핵심이다. 2019년에 드론 열 대가 1,000킬로미터를 날아가서 사우디아라비아 정유 시설을 폭격했다. 앞으로는 인공지능을 장착한 로봇이 차세대 통신 기술을 사용하여 전장에 등장한다. 이런 기술은 모두 군민겸용 기술이다. 2019년 미국에 우주군이 탄생했다. 우주의 위협에서 국가를 보호하며 자유로운 우주 이용을 보장한다는 명분에서다. 우주군이 사용하는 기술은 대부분 군민겸용 기술이다.

4 ___ 미국과 중국의 기술 전쟁은 모든 국가의 딜레마다

　한국과 일본의 기술협력에 새로운 형태가 필요하다는 주장에 가장 강력한 배경은 미국과 중국의 기술 전쟁이다. 현대의 과학기술은 국가 안보와 국제정치까지 다양한 관점을 포함한다. 트랜스 사이언스라는 용어가 있다. 1972년 미국의 핵물리학자 앨빈 와인버그가 주장했는데 과학을 초월한 과학이라는 의미다. 과학에게 물어볼 수는 있지만 과학만으로는 답할 수 없는 문제를 말할 때 이 용어를 사용한다. 과학기술에 더해서 정치, 경제, 사회, 문화 등 다양한 관점이 필요한 현실을 반영한다. 과학기술은 더 이상 과학기술만의 문제가 아니다. 비용이 적게 들거나 조달이 수월하다는 이유만으로는 기술의 국제협력이 계속될 수 없는 상황으로 변하고 있다. 트랜스 사이언스는 미국과 중국의 기술 전쟁에서 극명하게 나타나며 전 세계를 당사자로 만들고 있다.

　미국과 중국의 대립은 2018년에 무역에서 시작한 이래 전선을 확대해서 지금은 기술로 번지고 있다. 가히 기술 전쟁이라 부를 만한 수준에 달하고 있다.[3] 두 국가의 패권 경쟁이 격렬해지면서 기술은 국가의 경제 성장을 이끄는 동력에서 국가 안보의 초석으로 의미가 변하고 있다. 기술

---

[3]　CNN(2020.7.11.). "A new world war over technology", https://edition.cnn.com/2020/07/10/tech/us-china-global-tech-war-intl-hnk/index.html

이 없거나 기술 능력이 약한 국가는 미국 혹은 중국의 사실상의 속국으로 전락할 위기에 처해있다. 기술 전쟁은 중국 건국 100주년인 2049년까지 지속될 가능성도 있어 보인다.

미국과 중국은 서로 자기편에 참가하라고 촉구하고 있으니 세계 모든 국가는 미국과 중국 사이에서 선택을 강요받는 처지에 놓였다. 본의 아니게 기술 전쟁의 당사자가 된 국가들은 딜레마에 빠졌다. 미국과는 국가 안보를 보장하고 중국과는 경제 발전을 도모하는 국가가 대부분이기 때문이다. 미국과 동맹이나 파트너 관계를 수립한 국가는 60개 이상에 달한다. 무역 상대국 1위가 중국인 국가는 110개 이상에 달한다. 이런 현실에서 선뜻 미국이나 중국 편에 서기는 어렵다. 선택을 강요받는 국가 입장에서 기술은 국가 생존과 직결된 문제로 의미가 변했다.

선택을 강요하기 위해서 미국은 중국 기술을 사용하지 못하도록 압력을 가하고 있다. 중국에 기술 패권을 뺏길 수 없다는 미국의 의지는 법과 제도로 나타난다. 2019년 미국 상무성 산업안전보장국BIS은 거래제한 명단인 엔티티 리스트에 중국기업인 화웨이를 기재하고 사실상 미국 기업에서 부품을 구입할 수 없게 했다. 엔티티 리스트에 있는 기업에 미국 기술을 판매하거나 양도하려면 BIS의 허가를 받아야 한다. 2020년 미국 예산관리국은 중국 부품을 미국의 공적 기관 조달에서 배제하면서 전선을 확대했다. 여기에 포함된 중국기업으로는 세계 최대 통신기기 회사 화웨이, 세계 4위 통신기기 회사 ZTE, 세계 최대 무선 통신기 회사 하이테라, 세계 최대 방범 카메라 회사 하이크비전, 세계 2위 방범 카메라 회사 다파가 있다. 기술 전쟁은 기술, 경제, 통상, 안보 문제가 혼합된 양상으로 확대되고 있다. 무역전쟁이 기술 전쟁으로 확대되고 혼합된 양상을 보이면서 글로벌 공급망은 미국 그룹과 중국 그룹으로 분단될 가능성이 있다.

미국의 공격에 중국도 맞대응하고 있다. 2017년 중국은 국가정보법을 개정했다. 중국 국민과 기업은 세계 어느 곳에 있어도 중국 정부의 정보 수집에 협력할 의무가 있다는 내용이다. 중국에 거주하는 외국인 역시 감시와 조사 대상이다. 중국은 법을 적용하는 대상이 제한적이라고 설명한다. 해당 법은 중국 국외에서는 적용되지 않으며 중국 내에서도 통신사업자와 인터넷 서비스 제공사에만 적용된다는 설명이다. 법은 중국 기술을 세계 최고 수준으로 올리기 위한 목적에 맞춰져 있다는 주장이다. 이에 대한 미국의 주장은 다르다. 화웨이가 중국 정부의 요청에 따라 해외에 구축된 통신장비에 백도어를 설치하고 민감한 해외 정보를 수집할 수 있다고 주장한다. 중국 기술을 사용하는 리스크를 우려할 수밖에 없다는 주장이다.

2020년에 중국은 수출규제법을 시행했다. 중국은 특정 물품의 수출을 금지하거나 제한할 수 있다는 내용이다. 법에 따르면 중국은 해당 물품의 사용 주체나 용도를 제한할 수 있다. 중국 측 의도는 분명하다. 미국이 중국기업의 수출을 규제하면 중국도 이에 상응하는 보복 조치를 취하겠다는 의도다. 이 법은 중국기업은 물론이고 중간재나 완제품을 해외로 수출하는 제3국 기업까지 포함한다. 관련 국가의 우려도 깊다. 제3국이 중국산 부품이나 재료를 사용해서 제품을 만들어 미국 기업에 수출하면 중국의 제재를 받을 수 있기 때문이다. 전 세계 기업은 미국과 중국의 법과 제도로 인한 리스크를 우려하고 있다.

세계는 기술과 경제가 매우 강하게 연결된 커플링 구조를 유지하고 있다. 세계 각국에서 가장 유리한 조건으로 부품과 재료를 구입할 수 있는 글로벌 공급망은 경제성장에 필요한 최적의 조건이다. 기술 전쟁은 디커플링 구조로의 분리를 지향하고 있다. 미국이나 중국에 1대1로 직접 대결할 수 있는 국가는 없다. 기술 전쟁을 바라보는 모든 국가의 딜레마가 심각하다.

5 ___ 기술 전쟁의 하이라이트는 인재 확보 경쟁이다

소재나 설비의 수출을 규제하면 상대방 기업과 국가에 피해를 준다. 현재 미국과 중국은 서로를 향한 수출을 규제하며 그 수위는 점점 상승하고 있다. 하지만 장기적인 관점에서 바라보면 기술 전쟁의 승패는 사람이 좌우한다. 기술은 사람이 발명하니 기술 전쟁에는 당연히 인재 확보 경쟁이 포함된다. 모든 국가는 최고 수준의 인재를 원한다. 가장 핵심적인 자원이기 때문이다.

2020년 미국은 하버드대학 화학과 찰스 리버 교수를 스파이 혐의로 구속했다.[4] 톰슨 로이터가 2000년~2010년 위대한 화학자 1위에 선정한 연구자다. 리버 교수는 미국 국방부와 국립보건원 등 정부 기관과 공동연구를 하며 군사 관련 연구도 다수 수행한다. 그는 중국과 비밀 계약을 하고 우한이공대학에 나노기술 공동연구소를 설립했다는 의혹을 받고 있다. 중국에서 6년 동안 매달 5만 달러의 급여와 매년 15만 달러의 생활비를 수령했다는 의혹도 있다. 높은 보수를 제공할 수 있는 이유는 중국의 천인계획에 있다.

---

[4] Department of Justice, USA(2020.1.28.). "Harvard University Professor and Two Chinese Nationals Charged in Three Separate China Related Cases", https://www.justice.gov/opa/pr/harvard-university-professor-and-two-chinese-nationals-charged-three-separate-china-related

중국은 세계 각국에서 구한 민간기술을 인민해방군에 적용해서 첨단을 지향한다. 과학기술의 군민융합을 국가전략으로 추진하고 있다. 이를 뒷받침하는 제도가 천인계획이다. 세계 각국의 연구자를 고액의 보수를 주고 초청해서 기술 이전과 기술 육성을 도모한다. 해외 연구자는 중국 내 대학이나 연구기관에 배치되는데 이들 조직은 중국 정부와 긴밀하게 협조한다는 의심을 받고 있다.

중국이 세계에서 인재를 확보하려는 노력을 바라보는 미국의 시선은 매우 차갑고 경계심이 가득하다. 중국이 기술을 절도한다고 우려하는 시선이다. 이런 미국을 의식해서인지 2018년 GE에 근무하는 중국계 미국인 기술자가 체포된 이후로 중국은 천인계획으로 초청된 연구자 명단을 공개하지 않는다. 트럼프 행정부에 이어 바이든 행정부가 탄생한 이래로 미국은 중국의 인재 확보를 우려하고 저지하려는 움직임을 노골적으로 비치고 있다.[5] 미국에 입국하려는 중국인 연구자는 물론이고 유학생에 이르기까지 비자 발급을 규제하거나 강화한다. 미국의 대학과 기업에 종사하는 중국인 연구자를 조사한다. 미국 기술의 중국 수출을 통제한다.

중국이 인재 확보에 열을 올리는 정도에 비해서 외국인 연구자가 중국에 느끼는 매력은 덜한 모양이다. 과학잡지 네이처는 외국 연구자들이 중국에서 장기 거주하는 경우는 아직 소수라고 밝혔다.[6] 2016년 중국에서 영주권을 획득한 외국 연구자는 1,576명인데 비해 같은 해 미국에서는 백만 명에게 영주권을 발급했다.

---

5 Lawrence A. Tabak(2018). "Foreign Influences on Research Integrity" 117th Meeting of the Advisory Committee to the Director, NIH, https://acd.od.nih.gov/documents/presentations/12132018ForeignInfluences.pdf

6 Hepeng Jia(2018.1.17.). "China's plan to recruit talented researchers" *Nature* https://www.nature.com/articles/d41586-018-00538-z

중국으로 유입되는 인재를 걱정하는 미국이지만 사실은 미국에도 인재 확보의 문제가 있다. 인재를 적극적으로 활용하지 못한다는 문제다. 유학생이 미국에서 이공계 박사학위를 취득해도 미국 내에서 대학교원이 되는 비율은 점차 줄어들고 있다.[7] 1970년대부터 최근까지 대학 전임교원이 되는 비율은 계속 낮아지고 있는데 2000년대에 들어서면서 75퍼센트 이하로 낮아졌다. 반면 대학교원이 아닌 정규직 일자리로 취업하는 비율은 계속 늘어나고 있다. 미국에서 이공계 박사학위를 받으면 대학교원이 되지 않더라도 미국 내에 머무른다는 의미다. 기업에서 인재를 활용하려면 비자 발급이라는 또 다른 문제로 이어진다.

유학생이 미국에서 대학교원이 되는 비율은 점점 낮아지고 있으나 미국대학에 취업한 교원 중에서 아시아 출신 연구자의 비율은 점점 늘어나고 있다. 이유는 유학생 숫자에 있다. 2019년도 미국 유학생 숫자를 보면 가장 많은 중국은 369,548명에 달한다. 뒤를 이어 인도 202,014명이며 한국 52,250명이다. 이외에 미국 유학생이 많은 국가로는 사우디아라비아 37,080명과 캐나다 26,122명이 있다.

---

7 National Science Board(2018). "Science & Engineering Indicators 2018", https://www.nsf.gov/statistics/2018/nsb20181/report/sections/academic-research-and-development/doctoral-scientists-and-engineers-in-academia

6 ____ 한일 기술협력의 새로운 형태를
모색해야 할 시점이다

과거에는 한일 기술협력이라고 하면 일본의 앞선 기술을 한국에 이전하는 작업을 예상하는 경우가 많았다. 한국의 값싼 노동력을 일본이 활용하는 시대도 있었다. 지금은 상황이 변했다. 한국의 기술 능력이 향상되면서 서로 치열하게 경쟁하는 기술도 있고 한국이 일본보다 앞서가는 기술도 있다. 여기에는 산업구조의 변화도 한몫을 한다. 두 나라의 산업구조가 제조업 중심에서 서비스업 중심으로 변하고 있는 사정도 있다. 굴뚝산업이 무너지고 정보산업이 중심이 된 세계의 움직임과도 무관하지 않다. 제철소나 조선소보다 인공지능 기업이 더 각광받는 시대다. 이런 상황에서 한일 기술협력은 새로운 형태를 모색해야 할 필요가 있다. 시대의 변화에 맞추어 새로운 형태를 모색해야 하는 한일 기술협력은 기술 전쟁으로 인해 이제는 변화하지 않으면 안 되는 시점에 도달했다. 한일 기술협력은 단순히 경제성장의 견인차라는 역할을 초월해서 국가 안보와 직결되는 요소로 작용하고 있기 때문이다.

한국과 일본은 제조업이 강한 국가이면서 기술 능력도 갖추고 있지만 미국과 중국에 비교하면 매우 약한 상대다. 연구개발비는 물론이고 논문과 특허를 포함한 연구 성과 역시 비교할 수 없을 정도로 약하다. 이런 상황에서 한국과 일본은 어떤 협력 형태를 취해야 할까. 생각할 수 있는 전략은 적어도 두 가지 있다.

첫째, 란체스터 전략이다. 부족한 자원이라도 한 곳에 집중해서 투입하면 큰 힘이 된다. 선택과 집중 전략이다. 반도체도 그중 하나다. 반도체는 세계 규모의 공급망을 전제로 움직이는 산업이다. 어느 한 국가나 기업이 모든 기술을 다 가질 수는 없다. 한국은 반도체 제조에 힘을 집중함으로써 글로벌 공급망의 중요한 플레이어가 되었다. 일본은 반도체 제조 설비의 강국이다. 미국은 자국을 중심으로 반도체 공급망을 유지하려고 한다. 중국도 마찬가지다. 중국의 반도체 기술은 회로설계 등 세계 최고 수준에 가까운 부분도 있다. 제조 장치와 소재 등 발전이 늦은 부분도 있다. 전체를 보면 중국이 해외 반도체 기술에 의존하는 정도는 여전히 높다. 한국과 일본이 반도체 공급망의 중요한 플레이어로 존재하려면 특정 분야에서 최고 수준의 기술을 가져야 한다. 기술혁신을 계속하고 최고 수준을 유지할 수 없으면 오늘의 영향력은 내일이면 사라진다.

둘째, 다자주의 전략이다. 미국과 중국이 싸우면 나머지 국가는 뭉쳐야 산다는 전략이다. 미국과 중국은 아날로그 세계와 디지털 세계 모두 장벽을 쌓으려고 한다. 나머지 국가들이 뭉쳐서 과학기술의 발전을 위한 규범을 마련하지 못하면 앞으로 수십 년 동안 과학기술이 발전하기 어렵다. 혁신의 겨울이 온다는 경고가 나오는 이유다.[8] 기술 전쟁이 격렬하게 전개되면 미국과 중국은 스스로 원하든 원하지 않든 다른 국가에게 비합리적인 요구를 할 수밖에 없다. 국가 안전을 보장하는 첫 번째 요소로 기술을 거론하는 시대다. 기술은 경제성장으로 이어지고 경제성장은 국가 안보에 필요한 거의 모든 요소를 견인한다. 이런 상황을 앞에 두고 다른 국가의 사정을 봐 줄 만큼 미국이나 중국이 여유 있어 보이지는 않는다.

---

[8] Ian Bremmer and Cliff Kupchan(2019). "Risk 6: Innovation winter" eurasia group, https://www.eurasiagroup.net/live-post/risk-6-innovation-winter

기술 패권국가는 기술 신흥국가를 철저하게 억누른다. 기술이 무한게임이기 때문에 일어나는 자연스러운 흐름이다.

7 ___ 한일을 중심으로 하는
'기술의 제3축'을 구상한다

한일 기술협력은 지금까지의 1대1 관계를 벗어나 각자의 기술 능력을 최대한 활용하는 다자주의 전략을 취할 필요가 있다. 5대 제조 강국 중에서 미국과 중국이 충돌한다면 남은 국가는 한국, 일본, 독일이다. 먼저 한국과 일본이 중심이 되어 기술의 제3의 축을 형성할 수 있다. 기술의 제3축이 가동한다면 현실적으로 어느 정도의 기술 능력을 보유하게 되는지 유네스코에서 발표한 사이언스 리포트를 이용해서 살펴보자.[9]

(1) 연구개발비

2018년 세계의 연구개발비는 1조 7,670억 달러에 달했다. 2014년의 1조 4,820억 달러에서 19퍼센트 증가한 수치다. 이를 국가별로 살펴보면 특징이 보인다.

- 2018년 연구개발비는 미국이 4,610억 달러로 단일 국가 중에서 가장 많다. 다음은 중국으로 4,390억 달러다. 2014년에서 2018년에 이르는 연구개발비 증가율은 미국은 15퍼센트인데 비해 중국은 40

---

[9]   UNESCO(2021). "Science Report 2021", https://www.unesco.org/reports/science/2021/en/download-the-report

퍼센트에 달한다. 연구개발비 증가율은 중국이 압도적으로 높기 때문에 2025년에는 중국이 미국을 추월할 가능성이 높다.[10]

- 기술의 제3축을 형성하는 한국, 일본, 독일을 합쳐서 보면 2018년 연구개발비는 3,310억 달러다. 국가별로 보면 한국 870억 달러, 일본 1,440억 달러, 독일 1,000억 달러다. 세 나라의 연구개발비를 합쳐도 미국이나 중국보다 적다. 같은 기간 연구개발비 증가율은 한국 26퍼센트, 독일 16퍼센트인데 비해 일본은 사실상 0퍼센트다.

- 연구개발에는 막대한 비용이 필요하다. 연구비가 없으면 노벨 과학상을 받지 못한다는 자조 섞인 푸념이 있을 정도다. 미국과 중국이 막대한 연구비를 계속 투입하면 기술의 제3축이 연구비로 두 나라를 압도할 수준이 되기는 어렵다.

(2) 연구자 숫자와 연구자 1인당 연구비

2018년 기준으로 세계에는 885만 명의 연구자가 있다. 연구자 1인당 연구비는 16만 7천 달러다. 2014년에 비해 연구자는 14퍼센트가 증가했으나 연구자 1인당 연구비는 2퍼센트 증가에 그쳤다. 연구자와 연구비를 국가별로 구분해서 살펴보자.

- 미국은 2014년 134만 명에서 2018년 143만 4천 명으로 7퍼센트 증가했다. 2018년 연구자 1인당 연구비는 31만 달러로 3퍼센트 증

---

10 *South China Morning Post*(2021.7.16.). "China set to pass US on research and development spending by 2025", https://www.scmp.com/news/china/science/article/3141263/china-set-pass-us-research-and-development-spending-2025

가했다.

- 중국은 2014년 152만 4천 명에서 2018년 18만 6천 명으로 22퍼센트 증가했다. 2018년 연구자 1인당 연구비는 23만 5천 달러로 14퍼센트 증가했다.

- 기술의 제3축을 형성하는 한국, 일본, 독일을 합쳐서 보면 연구자는 2014년 138만 명에서 2018년 151만 9천 명으로 10퍼센트 증가했다. 2018년 연구자 1인당 연구비는 21만 8천 달러로 1퍼센트 증가했다. 세 나라를 국가별로 보면 상황은 크게 차이가 난다. 한국은 연구자가 2014년 34만 5천 명에서 2018년 40만 8천 명으로 18퍼센트 증가했다. 연구자 1인당 연구비는 2014년 20만 달러에서 2018년 21만 2천 달러로 6퍼센트 증가했다. 일본은 연구자가 2014년 68만 3천 명에서 2018년 67만 8천 명으로 1퍼센트 감소했다. 연구자 1인당 연구비는 2014년 21만 달러에서 2018년 21만 3천 달러로 1퍼센트 증가했다. 독일은 연구자가 2014년 35만 2천 명에서 2018년 43만 3천 명으로 23퍼센트 증가했다. 연구자 1인당 연구비는 2014년 24만 4천 달러에서 2018년 23만 1천 달러로 6퍼센트 감소했다.

- 기술의 제3축을 구성하는 국가가 늘어나면 연구자 숫자는 미국과 중국에 견줄 수 있는 수준이 된다. 하지만 연구자 1인당 연구비는 미국과 중국을 따라잡기 어려워 보인다. 연구비는 각 나라의 경제성장과 국내총생산에 비례하기 때문에 급격한 증가는 기대하기 어렵다. 일본의 1퍼센트 증가와 독일의 6퍼센트 감소를 보면 연구비를 늘리기가 어렵다는 현실을 알 수 있다.

(3) 과학기술 논문

세계에서 발행된 과학기술 논문은 2014년 217만 9천 편에서 2018년 262만 9천 편으로 21퍼센트 증가했다. 이를 국가별로 보면 다음과 같다.

- 미국은 2014년 50만 2천 편에서 2018년 53만 8천 편으로 7퍼센트 증가했다.
- 중국은 2014년 43만 2천 편에서 2018년 64만 5천 편으로 49퍼센트 증가했다. 과학기술 논문에서 2018년에 중국이 차지한 비중은 25퍼센트이며 미국의 20퍼센트를 앞서고 있다. 전 세계에서 발행되는 과학기술 논문의 45퍼센트는 미국과 중국이 차지한다.
- 기술의 제3축을 형성하는 한국, 일본, 독일을 합쳐서 보면 2014년 33만 3천 편에서 2018년 35만 2천 편으로 6퍼센트 증가했다.
- 과학기술 논문은 국제협력의 성과물이다. 과학기술의 국제 공저논문을 보면 특징이 있다. 2019년 기준으로 미국은 국제 공저논문이 전체 논문의 41퍼센트를 차지한다. 중국은 23퍼센트에 그친다. 한국 29퍼센트, 일본 31퍼센트, 독일 55퍼센트와 비교해도 중국은 상대적으로 국제 공저논문의 비율이 낮다.
- 기술개발에 국제협력은 필수다. 국제 공저논문의 추이에는 또 하나의 특징이 있다. 미국과 중국의 상호 공저논문이 크게 증가하고 있다는 점이다. 2013년에서 2015년까지 미국이 발표한 공저논문의 상대국을 보면 중국과의 공저논문이 1위다.[11] 같은 기간 동안 미국이

---

[11] 村上昭義 & 伊神正貫(2017). 〈科学研究のベンチマーキング 2017 -論文分析でみる世界の研究活動の変化と日本の状況〉, 文部科学省 科学技術·学術政策研究所, http://www.nistep.go.jp/wp/wp-content/uploads/NISTEP-RM262-FullJ.pdf

공저논문을 발표한 순서는 중국에 이어 영국, 독일, 캐나다, 프랑스, 이탈리아, 호주, 일본, 한국이다. 미국은 일본과 한국과도 공저논문을 많이 발표하고 있다.

- 미국이 한국과 공저논문을 많이 발표한 분야는 다음과 같다. 재료과학은 1위 중국, 2위 한국이다. 뒤를 이어 독일, 영국, 일본의 순서다. 화학은 1위 중국에 이어 독일과 영국이 있으며 4위에 한국이 위치한다. 전산수학에서는 1위 중국이며 영국과 캐나다 등에 이어 6위 한국이다.

(4) 첨단분야의 과학기술 논문

과학기술 논문은 중국이 미국보다 5퍼센트P 많이 생산하고 있으나 첨단기술에서는 중국이 미국보다 19퍼센트P 많은 논문을 발행하고 있다.

- 미국은 첨단기술 논문을 2015년 58,082편 발행했으며 2019년 61,890편 발행하여 7퍼센트 증가했다.
- 중국은 2015년 98,669편에서 2019년 149,832편으로 52퍼센트 증가했다. 2018년 전 세계에서 발행된 첨단기술 논문의 32퍼센트를 차지하며 미국의 13퍼센트를 크게 압도했다.
- 기술의 제3축을 형성하는 한국, 일본, 독일을 합쳐서 보면 2015년 50,530편에서 2019년 54,736편으로 8퍼센트 증가했다. 증가율을 국가별로 보면 한국 22퍼센트, 일본 3퍼센트, 독일 4퍼센트이다.
- 첨단분야의 과학기술 논문에서 중국이 차지하는 비율이 크게 증가한 배경에는 중국이 국가전략으로 추진하고 있는 '중국제조 2025'가 있다. 과학기술 논문을 주요 기술별로 살펴보자. 대부분 '중국제

조 2025'에 포함된 기술이다.

1) 바이오 기술

2019년에 발행된 바이오 기술 논문은 18,714편이다. 2015년의 16,707편에서 12퍼센트 증가한 숫자다. 증가를 견인한 국가는 44퍼센트 증가한 중국이다. 미국 12퍼센트 감소, 한국 15퍼센트 감소, 일본 2퍼센트 감소, 독일 6퍼센트 감소했다. 2019년에 중국은 5,608편을 발행해서 전 세계의 30퍼센트를 차지했다. 미국은 2,231편을 발행해서 11퍼센트를 차지했다. 기술의 제3축은 2,837편을 발행해서 15퍼센트를 차지했다.

2) 에너지 기술

2019년에 발행된 에너지 기술 논문은 108,129편이다. 2015년의 86,771편에서 25퍼센트 증가한 숫자다. 증가를 견인한 국가는 58퍼센트 증가한 중국이다. 미국 3퍼센트 증가, 한국 31퍼센트 증가, 일본 13퍼센트 감소, 독일 9퍼센트 증가했다. 2019년에 중국은 38,521편을 발행해서 전 세계의 36퍼센트를 차지했다. 미국은 14,862편을 발행해서 14퍼센트를 차지했다. 기술의 제3축은 11,384편을 발행해서 11퍼센트를 차지했다.

3) 재료 기술

2019년에 발행된 에너지 기술 논문은 93,033편이다. 2015년의 63,705편에서 46퍼센트 증가한 숫자다. 증가를 견인한 국가는 45퍼센트 증가한 중국이다. 미국 6퍼센트 증가, 한국 20퍼센트 증가, 일본 5퍼센트 감소, 독일 5퍼센트 증가했다. 2019년에 중국은 35,942편을 발행해서 전 세계의 39퍼센트를 차지했다. 미국은 7,001편을 발행해서 8퍼센트를 차지했다. 기술의 제3축은 9,745편을 발행해서 10퍼센트를 차지했다.

4) 나노기술

2019년에 발행된 에너지 기술 논문은 46,121편이다. 2015년의 31,226편에서 48퍼센트 증가한 숫자다. 증가를 견인한 국가는 93퍼센트 증가한 중국이다. 미국 30퍼센트 증가, 한국 31퍼센트 증가, 일본 21퍼센트 증가, 독일 38퍼센트 증가했다. 2019년에 중국은 22,270편을 발행해서 전 세계의 48퍼센트를 차지했다. 전 세계 논문의 거의 절반에 해당한다. 미국은 9,614편을 발행해서 21퍼센트를 차지했다. 기술의 제3축은 8,361편을 발행해서 18퍼센트를 차지했다.

5) 광전자

2019년에 발행된 광전자 기술 논문은 26,651편이다. 2015년의 29,512편에서 10퍼센트 감소한 숫자다. 거의 모든 국가에서 논문 숫자가 감소했으나 중국은 5퍼센트 증가했다. 미국 23퍼센트 감소, 한국 8퍼센트 감소, 일본 13퍼센트 감소, 독일 24퍼센트 감소했다. 2019년에 중국은 10,010편을 발행해서 전 세계의 38퍼센트를 차지했다. 미국은 4,841편을 발행해서 18퍼센트를 차지했다. 기술의 제3축은 3,702편을 발행해서 14퍼센트를 차지했다.

6) 인공지능과 로봇 기술

2019년에 발행된 인공지능과 로봇 기술 논문은 147,806편이다. 2015년의 102,347편에서 44퍼센트 증가한 숫자다. 증가를 견인한 국가는 46퍼센트 증가한 중국이다. 미국 12퍼센트 증가, 한국 25퍼센트 증가, 일본 21퍼센트 증가, 독일 0퍼센트 증가했다. 2019년에 중국은 29,766편을 발행해서 전 세계의 20퍼센트를 차지했다. 미국은 15,893편을 발행해서 11퍼센트를 차지했다. 기술의 제3축은 15,672편을 발행해서 11퍼센트를 차지했다.

(5) 기술의 제3축이 효과를 기대할 수 있는 인공지능 기술

앞서 첨단분야의 과학기술 논문 숫자를 살펴보았다. 대부분 분야에서 중국의 독주가 눈에 띄게 두드러진다. 유일하게 중국이 독주하지 못하는 분야는 인공지능이다. 중국의 논문 비중이 전 세계의 20퍼센트를 유지하고 있으며 11퍼센트를 차지한 미국의 거의 두 배에 해당하는 숫자이지만 다른 분야에 비하면 상대적으로 비율이 낮다. 이는 중국이 노력하지 않아서가 아니다. 거의 모든 나라에서 인공지능에 투자를 강화하고 기술개발에 노력하고 있기 때문이다. 미래 먹거리를 위한 가장 강력한 기술이라는 기대감에서다. 또한 국가 안보에 직결되는 군민겸용 기술이기 때문에 연구개발비를 집중투자하고 있어서다.

기술의 제3축이 가장 효과를 기대할 수 있는 기술은 인공지능이다. 인공지능 기술이 발전하려면 가장 먼저 데이터가 필요하다. 데이터와 인공지능은 동전의 앞면과 뒷면과 같은 관계다. 데이터 종류가 다양하고 축적된 양이 많을수록 더 수준 높은 인공지능을 기대할 수 있다. 기술의 제3축에 많은 국가가 참여하고 데이터를 공유하면 자연스럽게 데이터 종류가 다양해지고 축적되는 양도 크게 늘어난다. 데이터는 아날로그 세계에서 디지털 세계로 들어가는 출발점이지만 그냥 얻을 수는 없다. 디지털 변환 과정을 거쳐야 한다. 아날로그 세계에는 수많은 데이터가 발생하지만 모든 데이터를 하나도 빠짐없이 디지털 세계로 가져갈 수는 없다. 왜 그런지는 다음 상황을 보면 이해할 수 있다.

당신이 한 시간 동안 커피를 마시면서 친구와 대화했다면 이 과정을 표현할 수 있는 데이터 종류는 아주 많다. 당신에 관한 데이터, 친구에 관한 데이터, 커피에 관한 데이터, 장소에 관한 데이터, 시간에 관한 데이터, 날씨에 관한 데이터. 너무 많아서 도저히 열거할 수 없을 정도다. 이렇게 다양한 데이터 중에서 어떤 데이터를 디지털 변환할지 정해야 한다. 디지털 변환을 하려면 목적과 관점을 먼저 정의해야 한다. 그 후에 이를 실현할 수 있는 기술이 필요하다.

다행히 기술이 있어서 디지털 변환을 했다면 비로소 하나의 데이터가 탄생한다. 데이터를 많이 만들면 일종의 데이터 풀이 생긴다. 수영장에 물을 모으듯이 저장공간에 데이터를 모은 상태이지만 데이터는 분류되지도 않았고 서로의 관계도 불분명하다. 이런 상태라면 데이터를 효율적으로 사용할 수 없다. 데이터를 인공지능 기술에 사용하려면 데이터 인프라를 구축해야 한다. 데이터 인프라는 비유하자면 도서관과 같다. 내가 알고 싶은 내용이 있으면 도서관에 가서 자료를 찾는다. 내가 찾는 자료를 발견하면 기억하거나 메모한다. 자료를 활용해서 내가 원하는 목적을 달성한다. 만약 원하는 자료가 없으면 도서관에 자료구입을 요청한다. 위의 각 단계를 '지식의 구조화, 재구축, 유통, 활성화'라고 하며 지식 사이클이라 부른다.[12] 활성화한 결과는 다시 구조화에 반영되며 지식 사이클은 무한 반복된다.

데이터 인프라가 있으면 지식 사이클이 돌아가면서 선순환 구조를 만들 수 있다. 데이터 구조화, 재구축, 유통, 활성화에 해당하는 각 단계는 데이터 인프라 구축, 추론, 이용, 혁신 활동에 해당한다. 데이터 인프라 구축에는 디지털 변환 기술이 필요하고 추론에는 인공지능 기술이 필요하다. 데이터를 유통하려면 블록체인 기술이 필요하다. 데이터 이용에는 메타버스 기술이 필요하다. 데이터 인프라가 있으면 지식 사이클의 각 단계

---

12   윤태성(2013). "지식 비즈니스가 뜬다" 「매일경제」

에 필요한 기술은 진화에 유리하다.

(6) 특허는 현재 시점에 가장 강력한 무기다

2019년에 출원된 국제특허PCT는 265,235건이다. 미국은 57,740건으로 22퍼센트를 차지했다. 중국은 59,004건으로 처음으로 미국을 추월하고 세계 1위 출원국이 되었다. 한국 19,085건, 일본 52,666건, 독일 19,328건으로 합치면 91,079건으로 34퍼센트에 달한다. 미국과 중국에 더해 한국, 일본, 독일이 출원한 특허는 전 세계의 78퍼센트에 달하니 이들 5개 국가를 제조 강국이라 부르는 이유가 선명하게 드러난다.[13]

현재 시점에서 기술의 제3축이 가진 가장 강력한 무기는 특허다. 특허가 무기가 되는 이유는 시간에 있다. 기술개발은 오랜 시간에 걸쳐 진행된다. 첨단 기술이 발명되었다 하더라도 이 기술은 즉시 상품에 사용되기 어렵다. 아직 수준이 낮은 이유도 있고 상품에 필요한 다른 기술이 부족한 탓도 있다.

기술이 발명되면 이 기술을 사용한 상품을 개발한다. 상품은 시장으로 나가고 시장은 확장된다. 하나하나의 과정에는 시간이 필요하다. 미국 가정에 기술 제품이 보급되기까지 걸린 시간은 최대 100년 이상이다.[14] 전화기는 발명된 지 100년이 지났으나 아직 보급률이 100퍼센트에 도달하지 않았다. 비교적 최근에 발명된 태블릿 PC처럼 짧은 시간에 보급률이 많이 올라가는 상품도 있으나 일반적으로는 하나의 상품이 상식처럼

---

13 특허청(2020). "2019 지식재산 통계 연보" ISSN 2092-5417

14 Rita Gunther McGrath(2013.11.25.). "The Pace of Technology Adoption is Speeding Up" HBR, https://hbr.org/2013/11/the-pace-of-technology-adoption-is-speeding-up

사용되려면 수십 년이 걸린다. 기술이 시장에 보급되는 동안 기술은 계속 진화하고 이에 맞추어 특허는 끊임없이 출원된다. 스마트폰을 만드는 데 25만 건 이상의 특허가 필요한 시대다.[15] 디스플레이 특허 1만 4천 건에 카메라 특허 4,800건이라는 식이다. 그러므로 모든 특허를 한 나라에서 독점하는 건 불가능하다.

여기에는 또 하나의 경험칙이 있다. 기술을 발명하고 상품을 개발하여 시장을 확장하려면 각 단계를 넘어설 때마다 필요한 자원은 열 배씩 증가한다는 경험칙이다.[16] 대학에서는 새로운 기술을 연구한다. 대학에서 나온 성과는 논문이나 특허로 공개된다. 이렇게 발명된 기술은 특정한 상품에 사용하기 위해 대학과 기업의 산학협력을 통한 기초연구 단계로 들어간다. 상품을 만들 수 있는 수준에 도달하면 기업에서는 제조를 위한 준비에 착수한다. 어떤 상품이라도 대량으로 생산하기 위해서는 제조 기술이 반드시 필요하다. 제조 기술도 개발되고 소재나 설비를 조달하는 글로벌 공급망도 갖추어지면 기업에서는 생산을 시작한다. 상품을 판매하기 위한 영업활동도 본격적으로 시작된다.

연구한 기술이 상품의 형태로 세상이 등장하고 이 상품이 시장을 형성할 때까지는 몇 단계를 거쳐야 한다. 각 단계를 거칠 때마다 필요한 자원은 열 배씩 증가한다. 한 명의 연구자가 좋은 발명을 할 수는 있다. 그렇다고 한 명의 연구자가 생산도 하고 판매까지도 할 수는 없다. 상품을 대량으로 생산하기 위해서는 천 배의 노력이 필요하다는 의미다. 한 기업이나 한 국가가 이런 노력을 모두 감당하기는 불가능하다.

획기적인 상품을 개발하기 위해서는 핵심이 되는 특허가 필요하다.

---

15 David Drummond(2011.8.3.). "When patents attack Android" Google Official Blog, https://googleblog.blogspot.com/2011/08/when-patents-attack-android.html

16 윤태성(2021). 『과학기술은 어떻게 세상을 바꾸는가』 반니

하지만 핵심이 아닌 특허 역시 필요하다. 핵심이 되는 특허만으로는 상품을 제조하지 못한다. 특허는 질이 중요하다고 하지만 사실은 양도 중요하다. 첨단기술의 특허가 있다고 해서 오래된 기술의 특허가 필요 없다고 생각하면 오해다. 상품을 생산하고 판매하려면 첨단기술이나 오래된 기술이나 모두 특허가 필요하다. 많은 양의 특허를 보유하고 있는 국가는 어떤 상대와도 협상이 가능하다.

8 ___ 기술의 제3축은
       어떤 역할을 할까?

    기술의 제3축이 해야 할 역할은 〈그림 1〉에 나타나 있다. 미국과 중국이 각각 기술의 제1축과 제2축이 되어 기술 전쟁을 벌이고 있으며 나머지 국가들은 기술의 제3축에 모여 있는 상황을 나타낸다. 한국과 일본이 중심이 되어 기술의 제3축을 구성한다면 적어도 다음 세 가지는 처음부터 분명하게 정해야 한다.

그림 1 — 한일이 중심이 되는 기술의 제3축 구상

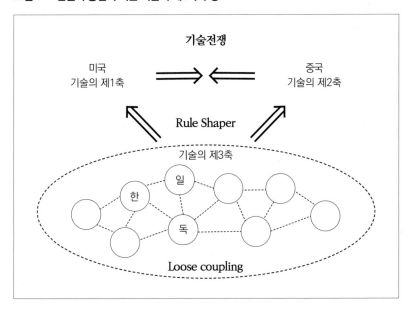

기술의 제3축은 세력이다. 〈그림 1〉에서 미국과 중국은 실선으로 표현했으나 기술의 제3축은 점선으로 표현했다. 조직이 아니므로 경계선이 불분명하다는 의미다. 제3축에 참가를 원하는 국가는 기술에 따라 세력을 형성하기도 하고 빠지기도 한다. 기술 분야별로 참여를 선택할 수 있으므로 기술의 제3축은 국가의 범위가 고정되지 않는다. 조직이 아니므로 의장국도 없고 이사국도 없다. 처음에는 한국과 일본이 중심이 되어 진행하지만 독일을 포함한 기술 강소국들이 차례로 참여한다.

기술의 제3축은 룰 쉐이퍼다. 미국과 중국은 서로 룰 메이커가 되려고 한다. 나머지 국가에게는 룰 테이커가 되라고 강요한다. 총수입액에서 차지하는 상대국의 비중이 20퍼센트를 넘으면 상대국에 대한 위협론이 국내에서 생긴다고 한다. 미국이나 중국에서 수입하는 비중이 20퍼센트를 넘는 국가가 많으니 이들 국가가 미국과 중국에 심각한 위협을 느끼는 건 당연하다. 대부분 국가는 미국과 중국에 중립을 지키면서 명분도 살리고 실리도 챙기고 싶다. 하나하나의 국가는 기술 능력에 제한이 있지만 많은 국가가 모여 한목소리를 내고 인류를 위해 가장 현명한 규범을 제시한다면 미국이나 중국이나 무조건 거부하기는 어렵다. 기술을 활용해서 경제 성장을 도모하고 인류의 미래를 밝히려면 미국이나 중국을 포함해서 모두 공감하는 규범을 만들어야 한다.

기술의 제3축은 느슨한 연결을 지향한다. 참여국들의 관계는 고정되지 않으므로 실선이 아니라 점선으로 연결된다. 운영은 느슨한 연결인 루스 커플링을 지향한다. 참여국들은 기술 분야에 따라 관계가 연결되기도 하고 끊어지기도 한다. 느슨한 연결을 통해서 참여국들은 비경쟁 지식을 공유한다. 지식에는 경쟁의 대상이 되는 경쟁지식도 있고 경쟁의 기반이 되는 비경쟁 지식도 있다. 비경쟁 지식은 서로 공유할수록 가치가 커진다. 기술의 제3축이 공유할 수 있는 비경쟁 지식은 구체적으로는 데이터 인프라, 특허, 인재 교류 제도, 국제 표준화, 기술 로드맵이 있다. 이를 바탕으로 기술의 글로벌 공급망 확보를 위한 공동의 노력을 할 수 있다. 여기에 미국과 중국도 참여하도록 독려해서 세계 경제가 상호 의존하도록 만들어야 한다. 국가 안보라는 관점에서 보면 경제 상호의존은 전쟁을 방지하는 대책이기 때문이다.

9 ___ 결론

　한국과 일본은 지금까지 서로를 상대국으로 하는 1대1 관계에서 기술 협력과 경쟁을 반복해 왔다. 세계의 산업구조가 변하며 특히 미국과 중국의 기술 전쟁이 시작되면서 한일 기술협력은 새로운 형태를 모색할 시점에 도달했다. 한일은 다자주의에 입각한 느슨한 협력을 통해 기술의 새로운 세력을 구성할 수 있다. 미국과 중국을 각각 기술의 제1축과 제2축이라 하고 한일을 중심으로 한 기술 세력을 제3축이라 한다. 기술의 제3축이 어느 정도의 기술 능력을 보유하고 있는지 연구개발비, 연구자, 과학기술 논문, 특허 데이터를 통해 검토했다. 그 결과, 특허를 중심으로 하면 제3축의 첫걸음을 뗄 수 있다는 가설을 세웠다. 한일을 중심으로 독일을 비롯한 기술 강소국이 모여서 기술 세력을 형성하면 새로운 세계 질서를 형성하는 룰 형성자의 역할이 가능하리라 생각된다.

〈결론〉

미래·이성·세계·청년의 관점에서 한일 동반자관계를 찾자

신 각 수

한일비전포럼 위원장

1 ____ 어떤 방향으로 어떻게 가야 할까?

한일관계는 '잃어버린 10년'을 겪으면서 쉽게 회복되기 어려운 국면이다. 2012년부터 어긋나기 시작한 내리막길은 해가 거듭되면서 더욱 가파르게 꼬였고, 관계악화가 디폴트 상태인 악순환의 구조가 똬리를 틀게 되었다. 악화 상태가 오래 지속되면서 상호 오해와 불신이 겹겹이 쌓여 양국의 신뢰 자산이 바닥이 난만큼 회복의 길은 쉽지 않다. 그리고 한일관계를 수교 후 가장 좋았던 2012년 시점 이전으로 빠르게 원상회복시킬 마법의 만병통치약도 없다. 착실히 협력의 실적을 쌓음으로써 양국 사회의 상호신뢰를 회복하면서 관계를 개선해 나가는 수밖에 없다.

(1) 기본 방향

오랜 기간 비틀어져 수교 이래 최악의 상태에 있는 한일관계를 회복하는 데 가장 중요한 일은 올바른 방향을 설정하는 일이다. 세계 어느 지역이든 인접국 관계는 표면상 좋아 보여도 실제로는 많은 문제를 안고 있다. 미국과 캐나다, 호주와 뉴질랜드, 독일과 프랑스 모두 모범적 선린관계이지만 실제 속사정을 들여다보면 여러 문제를 안고 있음을 알 수 있다. 중요한 것은 이웃이기 때문에 불가피하게 발생하는 다양한 문제나 분쟁을 원만하게 평화적으로 해결함으로써 선린관계를 유지해 나갈 상호신뢰가 쌓여있고 분쟁관리 메커니즘이 제대로 작동하는가이다. 따라서 한일관계의 회복을 위한 길도 이러한 관계의 안정화를 위한 틀을 어떻게 만들까에 중점을 두어야 할 것이다.

첫째, 화이부동和而不同의 자세가 필요하다. 한일 양국은 세계에서 서로에게 가장 비슷한 존재라 할 수 있다. 국제사회라는 무대에서 볼 때 양국은 여러 면에서 가장 유사도가 높은 관계에 있다. 오랜 기간 인접국으로서 역사와 문화 면에서 상호 교류를 통해 영향을 미치면서 관계가 발전하였기 때문이다. 그러나 사실 한일 간에 발생하는 문제의 상당 부분이 이러한 외관상의 유사성 때문에 상호 미묘한 차이를 감안하지 않은 데서 발생하고 있다는 점에 유의하여야 한다. 따라서 양국은 서로의 차이를 인정하고 서로를 조심스럽게 대해야 올바른 관계를 설정할 수 있다. 비슷하기 때문에 상대방을 잘 알고 있다고 생각하거나 당연시하는 데서 여러 가지 문제와 갈등을 야기한다. 특히 양국 간에는 불행했던 역사로 인해 상대방에 대한 무지·오해·편견이 쌓여 있고 쉽게 감정적으로 흐른다는 점에서, 비슷하다는 선입견에 얽매이지 말고 서로 차이가 적지 않다는 점을 인정하고 진지하게 상대방을 배우고 이해면서 접근하는 것이 바람직하다.

둘째, 구동화이求同化異의 접근이 필요하다. 한일 양국 간에는 인접국이기 때문에 복잡다기한 사안들이 생겨난다. 이러한 사안들을 해결해 나가는 데 있어서 가장 중요한 점은 주어진 여건에서 상호이익win-win의 관계를 추구하는 것이다. 물론 양국 간에는 영토문제와 같이 어느 쪽도 쉽게 양보하기 어려운 영합관계zero-sum에 놓인 사안들도 있다. 이런 문제들은 어느 한 쪽이 양보하거나 상황이 바뀌어 외교적 타협이 가능해질 때 해결될 것이다. 그렇지만 상당수의 문제들은 상호 이익을 찾는 절충을 통해 서로에게 도움이 되는 방향으로 해법을 모색할 수 있다. 양국이 상호 갈등을 통해 상호손실을 가져오는 '뺄셈의 외교'가 아니라 상생과 공존을 찾는 '덧셈의 외교'를 할 때 한일관계는 안정과 지속적 발전을 꾀할 수 있다. 전체적으로 한일관계를 건전하고 안정된 선린관계로 변환시키는 데는 '협력의 분모'를 강화하고 '갈등의 분자'를 작게 하여야 한다. 양국 관계가 나쁘고 어려울수록, 협력 가능한 사안은 조기 실현을 통해 실질적 성과를 거두어 신뢰를 회복하는 한편, 갈등 사안은 악화되지 않도록 관리하면서 시간을 두고 해법을 모색하는 지혜가 필요하다.

셋째, 역지사지易地思之의 지혜를 견지해야 한다. 반세기 전 수교 당시 한일 양국의 현저한 국력 차이는 크게 줄어들었고 서로 상대방으로부터 좋은 점과 반면교사를 얻을 수 있는 관계로 바뀌었다. 그리고 한국과 일본이 각기 지역·세계에서 독자적 역할이 가능한 상황으로 서로 성숙한 관계로 전환할 여건이 구비된 상태다. 따라서 보다 대등한 입장에서 상대를 배려·이해·존중하면서 문제를 해결하는 여유를 가질 수 있다. 이런 자세야말로 과거 불행한 역사로 인해 상대방을 대할 때 감정적 요소가 지배하기 쉬운 상황을 넘어서는 길이다. 어떤 의미에서는 현재의 한일관계가 성년으로 접어들기 직전의 사춘기에 해당된다고 할 수 있다. 이런 상황에서는 서로 상대방을 있는 그대로 인정하고 상대방의 입장에서 문제를 살펴봄으로써 해결의 실마리를 찾을 수 있다.

넷째, 원망무실遠望務實의 행동을 추구해야 한다. 해방 후 76년이 지난 지금에도 여전히 과거에 속박되어 있는 상태를 넘어 초불확실성으로 가득한 미래를 멀리 내다보고 한일관계를 탈바꿈시켜야 한다. 또한 양자 차원을 넘어서 지역·세계 차원으로 시야를 넓혀야 한다. 이와 함께 양국은 이념적이거나 이상적이 아닌 실용적인 접근으로 한반도 평화와 안정, 동아시아에서 자유주의 지역질서 구축 그리고 세계의 평화와 번영에 선도적 역할을 모색해야 한다.

다섯째, 송무백열松茂栢悅의 관계를 모색해야 한다. 한국과 일본은 아시아에서 2개국밖에 없는 OECD 회원국으로 가치를 공유하는 선진국이며, 동맹국 미국과 함께 유동적이고 불확실한 지역질서를 뒷받침해야 할 기축 국가다. 복합 대전환기에 양국 간의 소모적 불화로 인해 이러한 역사적 책무를 저버리는 것은 한일 양국뿐만 아니라 지역적으로도 큰 손실이다. 공존공영의 21세기형 선린우호관계 구축을 통해 자유롭고 열린 동아시아와 인도태평양의 평화와 번영을 이끄는 성채로 탈바꿈해야 한다.

(2) 바람직한 접근 방식

1) 단계적 접근

복잡한 요인으로 인해 극도로 악화된 현재의 한일관계를 일거에 회복시키기는 어렵다. 따라서 차분하게 가능한 일부터 실천에 옮겨 원하는 상태로 가져가야 하며, 크게 관리-회복-안정화의 3단계 접근이 현실적이다. 관리 단계는 장기 악화상태의 추가 악화를 막기 위한 첫 단계이며, 회복 단계는 현재의 비정상 상태를 정상화하기 위한 두 번째 단계를 말한다. 안정화 단계는 일단 회복된 양국관계를 보다 장기적 관점에서 지속적 안정 상태로 유지하기 위한 단계다.

우선 관리 단계에서는 실현될 경우 한일관계를 파국으로 몰고 갈 위험이 큰 강제동원 문제와 관련한 일본회사 압류재산의 현금화를 방지하는 일이 급선무이다. 현재 지방법원에서 이루어지고 있는 현금화 절차는 상당 부분 완료되어 매각 명령까지 나온 만큼 항고절차가 끝나면 실제 매각만이 남은 최종단계에 이르렀다. 2019년 초 일본 정부는 정부부처 합동으로 현금화가 이루어질 경우 100여 개의 대응조치를 마련하였음을 밝혔다. 2019년 7월 일본 정부의 통상규제조치에 대한 한국 정부의 대응조치와 같이, 현금화는 일본 정부의 대응조치를 초래하고 이는 다시 한국의 대응을 불러일으켜 악순환의 급경사를 맞게 될 위험이 매우 높다. 따라서 한국 정부는 제3자 대위변제 방식을 통해 현금화를 막을 조치를 서둘러야 한다. 현금화의 대상 금액이 그리 크지 않은 만큼, 정부가 일제강제동원피해자지원재단 등의 기금을 활용할 수 있도록 원고·지원단체를 포함한 이해 당사자들을 적극 설득해야 한다. 현금화 방지조치가 마련되면, 일본도 강제동원 문제로 파생된 통상규제조치를 철회하고 한국은 한일 군사비밀보호협정을 정상화하는 일괄타결을 꾀해야 한다.

본격적인 회복 단계에 들어서기 위해서는 강제동원 문제와 일본군 위안부 문제의 해결이 선결요건이다. 우리가 과거사 문제와 한일협력을 분리하여 접근하는 투 트랙 접근을 원하여도 일본이 과거사 문제 해결의 선행을 요구하는 원 트랙 접근에 집착하는 한 과거사 문제의 해결 없이 한일관계 진전을 기대하기 어려운 것이 현실이다. 강제동원 문제의 해결에는 우선 정부가 피해자·피해자지원단체와의 의견을 조정하여 해법을 마련하면 대통령은 정치적 결단을 하고 이를 토대로 한일 외교교섭을 통해 합의를 도출한 뒤 국회에서 특별법 제정을 통해 실행에 옮겨야 하는 복잡한 절차를 거쳐야 한다. 다양한 이해 당사자들의 복잡한 의견수렴 과정에 비추어 한국 정부의 적극적 역할은 필수다. 이미 다양한 해결 방안이 제시되어 공론화되어 있는 만큼, 가장 합리적이고 타협 가능한 방안을 선택하여 정치적 의지로 강하게 추진해야 한다. 일본군 위안부 문제는 2015년 합의를 보충하는 방식으로 화해치유재단 기금의 미사용 잔액 56억 원을 어떻게 사용할 것인지에 관한 추가 합의를 도출하는 것이 현실적이다. 피해자가 가장 원하는 조치가 마음의 응어리를 푸는 것이므로 피해자에 대한 진정한 반성과 사죄를 담은 일본 정부 서한을 주한 일본대사가 피해자에 직접 전달하는 방안을 실현할 필요가 있다. 또한 위안부 문제에 관한 역사연구와 교육, 추모시설·역사관 설립 등을 사업으로 실행하는 것도 고려되어야 한다.

과거사 현안에 관한 어느 정도의 해결 토대가 마련되는 대로 셔틀 정상외교를 조속히 재개하는 것이 중요하다. 양자 차원에서 정상 방문외교가 단절된 지 거의 10년이 되어 간다. 그리고 일본 정부도 과거사 현안 해결은 어느 정도 시간이 걸리는 만큼 한일관계의 조기 회복을 위해 투 트랙 접근에 관한 반대를 접고 협력 가능한 사안부터 빨리 실행에 옮겨야 한다. 한일 고위급 전략대화를 재개하고 이를 토대로 2+2외교·국방장관 회담까지도 시야에 둘 필요가 있다. 동시에 한미일 협력 체제를 가동하여 시급한 전략문제에 관한 조율을 서둘러야 할 것이다.

안정화 단계는 회복 단계와 함께 시동을 걸어도 될 것이다. 2012년 한일관계가 악화되기 이전까지 한일관계는 일부 긴장도 있었지만 전체적으로 상승국면을 유지하였다. 이에 가장 크게 기여한 것이 1998년 김대중-오부치게이조 한일파트너십 공동선언과 행동계획이라고 해도 과언이 아니다. 동일한 맥락에서 10년이라는 장기간의 침체에 빠졌던 한일관계를 회복해야 하는 만큼 보다 장기적 관점에서 한일관계를 발전시키고 안정화할 비전을 2030년, 2050년을 목표로 책정하여 만들어야 한다. 비전은 실현에 의미가 있으므로 구체적 행동계획도 동시에 작성하여 결과 지향적 접근을 해야 한다.

2) 균형적 접근

한일관계를 안정된 방향으로 끌고 가기 위해서는 균형적 사고와 접근이 중요하다. 우선 과거, 현재와 미래의 균형이 필요하다. 양국은 현재 과거사에 시점이 기울어져 있어서 정작 중요한 현재와 미래에 대해서는 고려가 부족하다. 역사에서 배우는 것이 과거와 현재·미래의 대화라는 점에서 양자를 균형적으로 보지 않으면 오히려 역사발전을 가로막게 된다. 따라서 과거를 직시하되 현재와 미래를 시야에 넣고 관계 발전을 꾀해야 한다. 역발상으로 현재와 미래의 발전을 토대로 과거사의 응어리를 해소하는 방안도 생각해 보아야 한다. 이런 측면에서 한국은 전후 일본의 변화와 일본이 한국 경제발전에 기여한 점을 있는 그대로 인정하고, 일본은 식민지배에 관한 진솔한 반성을 통해 되풀이하지 않는다는 신뢰를 쌓아야 한다.

한편 제3국 관계에 대한 균형적 시각도 필요하다. 한국은 일본을 과소평가하고 중국은 과대평가하는 경향이 있는데 시정하여야 한다. 일본은 외교안보정책이 미국 중심으로 기울어져 있는 바, 동북아와 동아시아의 한중일 지역협력 추진과 중국의 공세적 외교안보정책에 대한 대응에서 한국과 긴밀히 협력하면서 일미동맹을 보완하려는 균형적 자세가 요구된다.

3) 협력적 접근

한일관계의 가장 큰 병목인 과거사 문제들을 해결하는 데 있어서는 피해자와 가해자의 협력적 해결이 합의의 지속성을 담보하는 결정적 요소다. 한일 양국은 이미 재일한국인의 법적 지위문제와 재사할린 한인의 귀환 문제를 협력적으로 해결하여 문제를 거의 매듭지은 좋은 선례들이 있다. 다른 과거사 현안에서도 양국 정부가 협력적으로 해결방안을 모색하면 문제 자체의 해결을 쉽게 할 뿐만 아니라 장기적 관점에서 역사화해에도 도움이 될 것이다. 이런 협력을 통한 해결의 문화를 쌓아가는 것은 장차 발생할 다른 양국 간의 문제를 원만히 해결하는 데도 긍정적 효과를 가져와, 가깝기 때문에 다양한 문제 발생이 불가피한 인접국관계를 안정화시키는 토대를 제공할 것이다. 2015년 한일 양국이 오랜 진통 끝에 타결한 일본군 위안부 문제에 관한 한일합의가 한국 여론의 반발에 부딪혀 사실상 무력화되는 사태로 발전한 데는 양국 정부가 합의 타결에만 힘쓰고 그 이행에 협력적으로 임하지 않았기 때문이라는 사실을 교훈으로 삼아야 한다.

4) 객관적·보편적 접근

동아시아에서는 여전히 민족주의가 강세이기 때문에 한일 양국 모두 자국의 관점에서만 접근하면서 문제를 더 꼬이게 하고 해결을 어렵게 하는 경향이 있다. 이러한 결함을 피하기 위해서는 한일 모두 선진국이고 열린 사회라는 점에서 세계적으로 통용되는 국제기준global standard에 입각하여 문제를 살펴 해법을 모색하는 풍토를 조성해야 한다. 특히 법률 분쟁의 경우 중재, 국제사법재판소, 국제해양법재판소 등 제3자적 해결 방안을 활용하는 것도 바람직하다. 아직까지 한일 양국은 통상 분쟁을 제외하고는 법률 분쟁을 국제사법기구에 부탁하여 해결한 전례가 없다. 정치적 사안의 경우 패소 시 야기될 국내정치적 부담 때문에 사법적 해결을 선택하기가 어렵다 하더라도, 정치적 부담이 적은 기능적 사안부터 시작하면 점차 익숙해질 것이다. 한국이 국제사법재판소에 강제관할권을 부여하는 선택조항을 수락할 경우 일본은 이미 수락하였다는 점에서 국제사법재판소에 법률분쟁을 부탁하는 절차가 간편화될 것이다. 양국은 통상분쟁에 대해서는 WTO 분쟁 해결 절차를 빈번히 이용해 왔다는 점에서, 제3자적 해결에 노출되기 시작하면 양국관계를 안정되게 관리하는 데 유용한 수단의 하나가 될 것이다.

5) 민관합동 접근

현대는 민간과 정부가 협력을 통해 문제를 해결하는 민관합동파트너십PPP의 시대다. 유엔이 추진하고 있는 지속성장목표SDG의 5대 원칙에 민관합동파트너십이 포함된 것도 이런 맥락이다. 따라서 한일관계를 개선·강화함에 있어서도 정부뿐만 아니라 민간분야의 활력을 최대한 활용할 필요가 있다. 양국 모두 민주주의 국가로서 민간 분야가 국가발전의 주체라는 점에서 양국 정부와 민간이 다각적으로 협력하는 것이 양국관계 발전에 필수다. 그런데 양국은 정부의 영향력이 강하게 작용하고 사회 분위기에 좌우되는 성향이 강하기 때문에, 정부의 방향 설정이 양국관계의 발전에 크게 영향을 미친다. 따라서 양국 정부의 통제나 제약이 없으면 양국 시민사회는 자연적으로 협력의 기회를 찾아 움직이게 될 것이다. 한일 간 시민사회의 연결은 현재 매우 빈약한 상태다. 양국 정부가 양국의 시민사회가 최대한 활력을 발휘하여 협력 잠재력을 현실화하는 여건을 조성하는 데 주력하게 되면 관계개선뿐만 아니라 한일관계의 저변을 튼튼히 하는 효과도 거둘 수 있을 것이다.

6) 네트워크 강화 접근

21세기는 초연결의 시대로 네트워크가 중요한 시대다. 한일 간에도 다양한 네트워크를 강화함으로써 양국관계를 강화하는 게 중요하다. 양국 시민사회가 다양한 분야에서 네트워크로 연결되어 여러 협력 사업들이 이루어지면 상호 선순환의 구조를 만드는 촉매 역할을 기대할 수 있을 것이다. 한일관계가 회복기에 접어들면 양국 정부는 네트워크를 강화하기 위하여 한일 사회 각 분야의 교류와 협력을 대폭 늘리고 제도화하는 방향으로 기본 틀을 만드는 작업을 추구할 필요가 있다. 이러한 네트워크 강화는 한일 간에 뿌리 깊은 여러 가지 편견이나 오해를 불식함으로써 상호 이해와 신뢰를 높이는 데도 기여할 것이다. 그리고 문제가 발생하였을 때 원만한 해결을 위한 소통 채널이 됨으로써 양국관계를 보다 안정적으로 관리할 수 있게 하여 진정한 의미에서 가깝고도 가까운 한일관계로 진화하는 데 도움이 될 것이다. 이러한 네트워크 강화 접근은 이제까지 한일관계를 견인해 온 정부 주도의 하향식 접근을 넘어 시민사회 주도의 상향식 접근도 활성화한다는 점에서 한일관계의 연결 파이프를 두텁게 하는데 기여할 것이다.

7) 실용적·결과지향적 접근

한일관계는 국교 수립 후 반세기가 넘었지만 문제가 발생하면 대부분의 분야에 나쁜 영향을 확산할 정도로 미성숙 단계에 있다. 과거사 관련 문제가 많다 보니 감정적으로 접근하게 되어 문제해결이 늦어지거나 오히려 더욱 꼬이는 현상이 나타나는 경향이 강하다. 특히 최근 10년간은 한일관계 악화상태가 길어지면서 이런 현상이 더욱 심해지고 있다. 따라서 한일 양국은 관계를 풀어 가는 데 있어 보다 실용적으로 그리고 결과지향적으로 접근할 필요가 있다. 관계를 일거에 회복시키기는 어려운 만큼 협력 가능한 사안부터 성과를 내도록 점진적·실용적으로 풀어 가면, 이를 통해 양국 국민들에게 협력의 과실을 깨닫게 하고 그런 방향으로 생각과 행동이 바뀌는 효과를 기대할 수 있을 것이다.

2 ___ 무엇을 해야 할까?

(1) 역사화해

한일 간 역사화해는 양국관계의 안정적 발전을 위해서는 피할 수 없는 과제다. 그러나 피해자와 가해자 간의 역사화해란 매우 어렵고 시간이 많이 걸리는 장기 과정이다. 따라서 역사화해를 입구로 둘 것이 아니라 출구로 두는 역발상의 접근을 모색하는 것이 현명할 것이다. 한일 관계를 탄탄히 하는 다양한 협력의 집적을 통해 역사화해의 길을 가속시키는 것이 역사화해가 미진함을 이유로 협력을 미루거나 늦추는 것보다 훨씬 목표에 도달할 가능성을 높이기 때문이다. 이런 접근을 위해서는 외교 현안과 과거사 일반을 분리하여 다룰 필요가 있다. 전자는 양국관계에 직접 영향을 미치고 있는 반면 후자는 시간이 걸린다는 점을 감안하여 이원적으로 접근해야 한다.

우선 외교 현안은 양국이 협력과 타협을 통해 조속한 해결을 꾀해야 한다. 사실 양국은 수교 이후 반세기에 걸쳐 다양한 과거사 문제를 해결해 온 경험이 있는 만큼 이를 살려 현안 해결에 외교적 노력을 기울여야 한다. 현재의 한일관계를 장기간 악화시킨 가장 큰 원인이 과거사 현안인 강제동원, 일본군 위안부 문제이며 현실적으로 원만한 해결 없이는 관계회복이 어렵다. 따라서 양국은 현안의 외교적 해결에 중점을 두어야 하며, 해법을 마련하는 데 정치지도자들이 정치적 의지를 발휘하여야 한다.

문제의 원천은 가해자인 일본에 있지만 최근 문제가 불거진 것은 한국이 원인을 제공한 측면이 있는 만큼 보다 적극적으로 수습에 임할 필요가 있다. 중재나 국제사법재판소에 부탁하는 사법적 해결 방안도 생각해 볼 수 있겠지만, 고도의 정치성이 있는 사안이라는 점에서 의도하는 완전한 해결로 연결되기보다는 오히려 문제를 복잡하게 하거나 장기화할 우려가 크다. 외교적 타협이 가장 현실적 방안이며, 이미 다양한 해법이 제시되어 있는 만큼 이를 실행에 옮길 정치적 의지가 관건이다.

과거사 문제에 관해서는 탈정치화로 피해자의 상처를 치유하고 역사의 교훈으로 살려 가는 데 중점을 두어야 한다. 중장기적 과제로 역사연구·교육을 통한 올바른 역사인식을 유지하는 게 중요하며 이를 위해 2000년대에 두 차례 가동하다가 중단된 한일 역사공동위원회를 재개하여야 하며, 한일 공동 역사교과서·부교재 집필 사업도 추진해야 한다. 독일-폴란드 공동교과서 사업이 수십 년에 걸친 끈질긴 노력 끝에 성공한 것처럼, 한일 양국도 정치성을 배제한 채 양국 역사가들이 후세들에게 올바른 역사관을 심어줄 기반을 만드는 작업을 꾸준히 추진해야 한다. 이런 관점에서, 일본이 최근 근린제국조항을 무시하고 교과서에서 일본군 위안부, 강제동원 등 과거사에 관해 우경화된 역사왜곡을 심화시키고 있는 것은 매우 우려스러운 현상이다. 한국이 역사인식 문제보다는 과거사 현안에 관한 분쟁으로 일본 내 혐한 여론을 조장함으로써 우익들의 활동 공간을 열어 준 점도 있다. 이런 맥락에서 역사인식 문제에 더욱 신경을 써야 하며, 현안의 조기해결을 통해 일본 사회에서 역사 왜곡에 대한 건전한 비판 여론이 형성되도록 노력해야 한다.

그리고 이러한 긴 역사화해 과정에서 양국은 3불 원칙을 서로 지켜야 한다. 첫째, 서둘러서는 안 된다No Rush. 역사화해는 시간이 오래 걸리는 과정으로 서두를 경우 오히려 문제를 꼬이게 하는 역효과를 가져오기 때문이다. 양방과 같은 대증적 수술 요법은 현안 해결에 필요하고, 과거사 인식에 관하여는 공동 역사 연구, 영화·소설 등 전달 매체 또는 활발한 인적 교류를 통해 일본인들이 역사적 진실을 알게 함으로써 한일관계의 체질을 강화하는 한방 요법이 필요하다. 둘째, 뒤로 물러서서는 안 된다No Backtracking. 한일관계는 다양한 과거사 현안에 관해 오랜 시간 교섭을 하고 합의를 하면서 발전해 왔다. 따라서 양측은 어렵게 합의에 이르게 되면 이를 성실히 이행함으로써 재발을 막고 완전한 해결을 꾀해야 한다. 어느 쪽이나 국내 사정을 이유로 뒤로 물러서게 되면, 상황은 합의 이전보다 훨씬 더 어려운 방향으로 후퇴하게 된다. 예컨대 한국은 무력화된 일본군 위안부 합의를 되살리는 노력을 해야 하며, 일본은 고노 담화, 무라야마 담화, 칸 담화 등 과거사에 관한 종래 입장을 후퇴시키거나 교과서를 개악하는 일을 시정해야 하고, 군함도의 유네스코 근대문화유산 등재 시 약속을 지켜야 한다. 셋째, 서로 상대방을 비난하지 말아야 한다No Blaming. 화해는 쌍방의 노력에 의해 완성되는 과정이므로, 상호 비난을 하게 되면 감정싸움으로 발전하여 해결 환경을 악화시키므로 피해야 한다. 상호 비난게임에 빠지면 문제 해결의 동력이 약화되면서 문제 해결의 길은 멀어진다는 점을 유념해야 한다.

(2) 한일 미래비전 작성

건전하고 안정적인 한일관계를 구축하기 위해서는 양국이 보다 장기적 시야에서 양국관계를 조망하면서 미래비전을 세우고 실행에 옮겨야 한다. 2000년대 한일관계가 크게 발전할 수 있었던 것은 1998년 양국의 정치지도자들이 리더십을 발휘하여 한일 파트너십 선언과 행동계획에 합의하여 양국관계의 발전 방향을 제시하고 이를 통해 우호적 분위기를 창출하는 데 성공한 결과라 해도 과언이 아니다. 당시 김대중 대통령은 국내의 정치적 반대를 무릅쓰고 일본 대중문화 개방을 결정하였고, 오부치 게이조 총리도 일본국민회의를 결성한 보수우파들의 저항에도 불구하고 무라야마 담화의 과거사 반성과 사죄를 한일 합의문서인 파트너십 공동선언에서 재확인하였다. 이러한 지도자들의 강력한 정치적 의지야말로 지금처럼 꼬일 대로 꼬인 한일관계를 푸는 결정적 단서가 될 것이다. 한일관계가 양호하였더라면 동 선언 20주년인 2018년 계기에 이런 작업이 이루어졌겠지만 지금과 같이 악화된 상황에서는 거의 불가능하다.

한일관계가 회복기에 접어들게 되면, 양국은 복합 대전환기를 맞고 있는 시대적 상황을 고려하여 2030년중기, 2050년장기 한일 미래비전을 작성하고 양국 사회에 중장기 발전 방향을 제시하는 작업에 착수하여야 한다. 구체적 실천이 중요한 만큼 비전에 걸맞은 행동계획도 만들어 착실한 이행을 담보하여야 한다. 이러한 작업을 담당할 주체로서 양국의 지도층들이 정례적으로 회합하는 1.5 트랙 민관 합동위원회가칭 '한일 21세기성신교류위원회'를 설치하여 양국의 지방도시를 순회하면서 개최함으로써 지방 차원에서도 한일교류의 흐름이 확산되도록 하면 좋을 것이다. 그리고 양국 사회의 다양한 분야를 이끄는 인사들 간에 소통과 네트워킹의 장을 제공함으로써, 인접국 간에 늘 발생하기 마련인 문제들을 원만한 소통으로 해결하는 평형수 역할도 맡을 수 있을 것이다.

(3) 전환기 전략대화·협력 강화

복합 대전환기 초불확실성의 시대에 한일 양국은 유사한 전략적 이해를 공유하고 있다. 북한이 사실상 핵무장국가에 근접하고 있고, 중국의 공세적 외교안보정책으로 동아시아의 전략적 환경이 불안정해지고 있으며, 미국의 고립주의와 미국우선주의 성향으로 인해 한일 양국의 평화와 번영을 뒷받침해 온 자유주의 국제질서의 기반이 약해지고 있다. 한일 양국이 협력을 하게 되면 상당한 시너지 효과를 통해 유동적 동아시아 전략 환경에 대처해 나가는 데 상호 이익을 가져올 수 있다. 특히 미국의 동아시아 내 2대 동맹국인 한일 양국이 미국과 함께 한미일 3각 협력 체제를 공고히 하게 되면 전략적 안정을 확보하는 데 기여할 것이다.

물론 한일 간에 반드시 전략적 이해나 입장이 일치하는 것은 아니다. 특히 중국과 관련 한국은 중국시장 의존도가 높고 북한문제 관련 중국과의 협조 필요성이 있다는 점에서 일본과 온도 차이가 있는 것은 사실이다. 그러나 일본 내에 퍼져 있는 한국의 중국경사론은 관계악화에 따른 전략소통의 부재로 인해 발생한 실체가 희박한 오해다. 양국은 원활한 전략적 소통으로 입장이 다른 사안은 상대방이 정확히 이해하여 오해로 인한 마찰을 피하게 할 필요가 있고, 입장이 같은 사안은 상호협력을 통해 시너지 효과를 모색하는 실용적 접근이 필요하다.

이런 차원에서 관계악화로 휴면상태에 있는 한일 고위 전략대화를 부활·강화하여야 한다. 우선 중단 상태에 있는 외교차관급 전략대화를 조기에 부활하고, 관계가 회복되면 일본과도 2+2외교·국방회담의 개최를 검토할 필요가 있다. 한일 고위급 전략대화는 소통을 통해 상호신뢰를 쌓는 효과가 있으므로 다른 분야의 개선에도 긍정적 영향을 미칠 것이다.

(4) 지역·세계 차원에서의 협력 확대·심화

한일관계가 악화되기 이전에는 지역과 세계 차원에서 제3국과 함께 다양한 협력이 시도되었다. 그러나 한일관계가 악화되면서 양국의 시야는 양자관계로 좁혀져 버렸다. 따라서 이런 교착상태를 타개하는 방안으로 한일관계의 공통분모가 많고 이해 충돌이 적은 다양한 지역과 세계 차원의 협력에 관심을 돌려야 한다. 세계화로 초연결화된 국제사회에서는 다양한 사안이 지역화, 세계화되고 있기 때문에, 개발협력, 기후변화, 녹색성장, PKO활동, 보건의료, 재난구조, 테러진압, 인권증진, 에너지협력, 수자원개발 등 많은 영역에서 한일협력을 통한 시너지 효과를 기대할 수 있다. 특히 한일 양국은 아시아에서 2개국밖에 없는 OECD회원국으로 선진국이라는 점에서 아시아의 평화와 번영에 기여할 책임이 있다. 이러한 한일협력의 성과는 흔들리고 있는 자유주의 지역질서를 지탱하는 커다란 힘이 될 것이다.

또한 한일 양국은 가치를 공유하는 국가로서 유엔 등 국제기구에서도 협력을 통한 시너지 효과를 발휘할 수 있다. 한일은 매년 유엔 총회에서 채택되는 결의의 70% 이상에 관해 공동 입장을 취하고 있으며, 이는 유럽, 호주, 캐나다, 뉴질랜드 등과 비슷한 수준이라는 점에서 다양한 협력의 여지가 있다. 한일 양국 모두 다자외교에서는 외로운 존재이고 국력에 비해 외교력이 떨어지는 것이 현실인 만큼 보다 긴밀한 협력으로 이런 어려움을 극복하도록 해야 한다.

동시에 앞으로 전개될 포스트 코로나 시대에 대한 대응에 있어서도 한일 양국은 상호협력을 통한 윈-윈 관계를 창출할 수 있다. 아직도 코로나19가 진압되지 않는 채 대응이 진행 중이기 때문에 포스트 코로나 사회의 변화 양상을 예측하기는 어렵다. 그렇지만 페스트, 스페인 독감과 같은 과거 팬데믹이 국제사회에 끼친 큰 영향과 이후 세계질서의 변화를 감안한다면 이미 다양한 변화의 물결을 일으키고 있는 코로나19도 막대한 패러다임 전환을 야기할 것으로 예상된다. 그리고 2000년대 이후 기후위기, 도시화, 세계화 등이 원인으로 사스, 에볼라, 지카바이러스, 메르스, 유행성 독감 등에서 나타난 바와 같이 감염병 유행의 주기가 짧아지고 있으므로, 코로나19에 이은 다른 팬데믹의 발생 가능성에 대한 대비도 요구된다. 이런 맥락에서 한일 양국은 양국 사회가 유사한 여건과 발전경로를 밟고 있다는 점에서, 서로 교훈과 반면교사를 공유하고 긴밀한 협력을 통해 보다 효율적으로 대응할 수 있다.

(5) 한일 FTA 체결, 한국 CPTPP 가입, 통화스왑협정 등 경제협력 강화

한일 경제는 세계공급망의 핵심 고리로 연결되어 있다. 한국이 2000년대 이후 적극적 FTA정책을 펼쳐 17개 협정, 56개국과 FTA를 체결하였는데, 10대 무역국가 가운데 멕시코, 일본만 FTA가 아직 없는 상태다. 일본은 우리가 가장 먼저 FTA 체결 교섭을 시작하였는데 중도에 포기하고 2011년도에 다시 시도하였지만 마무리하지 못한 상태에서 한일관계가 악화되면서 그 상태가 유지되고 있다. FTA는 본래 목적인 무역의 자유화를 넘어서 경제적 동맹이라 할 만큼 정치적 효과가 상당하다. 그런 맥락에서 한일 FTA 체결은 양국 경제계의 연계를 심화하고 상대방에 대한 인식을 개선하는 효과가 기대된다. 한일 FTA가 체결되더라도 자동차 등 일부 품목을 제외하고는 부정적 효과는 제한적이다. 특히 향후 한국이 추진하려는 포괄적·점진적환태평양동반자협정CPTPP 가입이 실현되면 한일 FTA 체결에 따른 부담은 거의 없어질 것으로 예상되므로, 보다 전략적 관점에서 접근할 필요가 있다. 그리고 같은 인접국인 중국과는 이미 FTA가 있다는 점에서 일본과의 FTA가 일종의 균형자 역할도 할 수 있다는 점도 고려하여야 한다.

세계무역의 핵심은 태평양지역이다. 오바마 정부가 아시아 재균형정책의 핵심과제로 추진하여 체결한 환태평양동반자협정TPP은 트럼프 정부가 탈퇴하였지만, 내년 중간선거가 끝나면 바이든 정부가 가입 또는 재

교섭을 통한 수정협정 가입을 추진할 것으로 전망되고 있다. 이미 영국, 중국, 대만이 CPTPP 가입 신청을 하였으며, 통상국가인 한국이 가장 중요한 역내 다자무역체제의 틀 밖에 있을 수는 없으므로 조만간 가입을 추진하지 않을 수 없다. 미국의 TPP 탈퇴이후 CPTPP 체결을 선도한 국가가 일본이라는 점에서 한국의 가입과 관련 일본이 협조하게 되면 한일관계를 개선하는 효과도 기대된다.

세계경제는 2008년 세계금융위기와 2019년 코로나19로 인한 경제적 타격을 만회하기 위해 대대적 양적 완화를 실시하여 과잉유동성이 크게 불어난 상태다. 미국을 필두로 주요 선진국들이 테이퍼링으로 이자율을 올리기 시작하면 신흥국에서 외환유출이 일어나 세계금융시장을 교란할 위험이 커졌다. 한국의 외환보유고는 금년 10월 말 기준 4692억 달러, 국내총생산GDP 대비 26%로 아시아금융위기 때와는 비교할 수 없을 정도로 불어났다. 적정외환보유고에 대해서는 다양한 설이 있지만, 우리는 높은 무역의존도, 외화유출 방지수단 부재, 주식시장의 높은 외국자본 의존도 등을 고려하면 일본을 포함한 주요국들과 통화스왑협정을 체결함으로써 안전판을 튼튼히 하여야 한다. 한일 통화스왑협정 교섭은 2017년 부산 총영사관 앞 위안부소녀상 설치 문제로 중단된 상태인데 조속히 재개하여야 할 것이다.

한일관계가 회복단계에 들어서게 되면 중단 상태인 한일 고위급 경제대화를 바로 개최하여 2019년 일본의 대한 통상규제문제를 포함한 경제문제들을 일괄 타결함이 바람직하다. 이미 한일 경제계는 반도체관련 SK의 도시바에 대한 자본출자, 플랫폼사업 관련 네이버가 설립한 Line과 Yahoo Japan의 협력과 같이 4차 산업에서도 협력사업을 진행하고 있다. 규모의 경제가 중요한 분야라는 점에서 동남아를 포함한 동아시아 차원의 광범위한 지역협력방안을 적극 모색하고, 양국 정부도 이런 공동 프로젝트에 대한 지원책을 강구하여야 할 것이다.

(6) 제3국 공동 진출과 동아시아경제권 통합 주도

한일 양국 간에는 관계악화 이전에 활발히 제3국 시장에 공동 진출한 실적이 있다. 양국 경제계는 2009~2011년 3년간 인프라, 플랜트, 자원개발을 중심으로 1.7조 엔의 공동 프로젝트를 수행하였다. 한일 양국 경제는 상호 보완적으로 한국의 제조업·마케팅에서의 강점과 일본의 자본·기술·네트워크에서의 강점을 결합하면 시너지 효과가 충분히 발휘될 수 있다.

새로이 부각되고 있는 4차 산업 분야에서도 협력 가능성이 크다. 경쟁이 이미 극심한 기존 산업보다는 4차 산업의 경우 새로이 전개되고 있다는 점에서 초기 협력을 통하여 위험을 분산하고 규모의 경제를 이루는 이익이 기대된다. 특히 4차 산업시대의 쌀이라고 할 수 있는 정보의 경우, 한일 단독으로는 규모의 경제면에서 EU, 미국, 중국 등 주요경쟁국들보다 매우 불리한 여건이라는 점에서, 동남아를 한데로 묶는 아시아 규모의 정보공유망 구축이 필요하다. 한·일·동남아 권역 형성은 지경학뿐만 아니라 지정학적 관점에서도 미중 대결 속에 동아시아의 독자적 전략 공간을 확보하는 동시에 자유롭고 열린 인도태평양 지역질서를 구축하기 위한 중요한 수단이라는 점에서 양국 경제계와 정부는 이런 방향으로 적극 노력해야 할 것이다.

특히 양국이 상대적으로 취약한 분야인 소프트웨어의 연구개발에 힘을 합할 경우 서로 윈윈의 관계를 만들 수 있다는 점에 유의해야 한다. 4차 산업혁명의 시대에는 하드웨어와 소프트웨어의 융합이 필수과제라는 점에서 제조업이 강한 양국이 소프트웨어 확충에 협력할 필요가 어느 때보다 절실하다.

(7) 장기 협력기반 조성: 인적·문화 교류의 확충·제도화

양국은 20세기 불행한 과거사로 인한 부담 위에 최근 잃어버린 10년 간의 관계악화로 상호 이해·신뢰가 바닥 상태다. 한일 양국은 서로 상대 방에 대한 정보를 왜곡·축소하는 데 따른 무지·오해·편견이 많은 상태 다. 이런 상호 이해·인식·감정·기대·신뢰의 큰 갭을 해소하기 위해서는 상대적으로 교류가 제한된 청년·지역·여성에 중점을 둔 인적·문화 교류 를 대폭 확충하고 제도화하는 게 중요하다. 민주국가인 양국의 관계 발전 을 위한 기반은 양국 국민들의 상호인식과 신뢰의 제고에 있다. 한일 여 론조사에 의하면 상대 국가를 방문한 사람들이 훨씬 이해도와 친밀도가 높게 나온다. 따라서 관광산업을 넘어선 제도화된 인적 교류를 통해 양국 국민 간의 진정한 이해를 확보하기 위한 조치가 필요하다. 인접국으로 하 루 생활권인 지리적 근접성을 최대한 활용하여 교류를 대규모로 확대하 고 교류를 가로막는 요소를 제거하는 제반 조치를 시행하게 되면 서로 마 음의 벽을 허무는 수준으로 관계를 발전시킬 수 있을 것이다.

동시에 일본과의 문화교류에도 크게 힘써야 한다. 일본의 젊은 층이 한국의 대중문화에 매료되어 한국을 객관적으로 보고 호감을 가지는 시 각이 늘어나고 있음은 매우 고무적인 현상이다. 일본 사회에 올바른 역사 인식을 심어주는 데 있어서 역사교육도 중요하지만 과거사가 녹아든 영 화, 연극, 소설, 음악 등의 문화를 통하여 자연스럽게 전달하는 방안을 적 극 활용해야 한다. '쉰들러 리스트'라는 영화가 나치의 유태인 학살에 관 한 국제사회의 공감대를 넓힌 것과 마찬가지로 일본의 식민지배에 관한 내용이 녹아든 영화나 소설은 일본 사회에 피해자의 아픔을 이해하고 역 사의 교훈을 얻게 하는 데 좋은 촉매가 될 것이다.

이와 관련 한 세기에 세 번의 큰 전쟁을 치른 독불 양국은 아이젠하워 총리와 드골대통령의 정치적 결단으로 1963년 엘리제 조약을 체결하고 이를 성실히 실행하여 교류를 대폭 확대하고 제도화함으로써 양국의 역사화해와 관계강화에 크게 기여하였다. 이는 유럽의 양대 축인 양국 간의 긴밀한 관계를 가져왔고 결국 유럽통합과 나아가 독일 통일의 초석이 되었던 사례를 통해서 한일 양국도 배울 필요가 있다. 동북아의 맥락에서 보면 한일 양국이 이런 제도화된 대규모 교류를 통한 역사화해의 바탕 위에서 협력을 공고화하면 한반도 평화와 통일, 동아시아 평화와 번영, 자유롭고 열린 인도태평양 질서 구축을 위한 핵심동력으로 작용할 수 있음을 의미한다.

(8) 메가 프로젝트 시도

한일관계 악화가 장기화되면서 한일협력의 필요성에 대한 양국 국민들의 체감 인식이 매우 약화된 상태다. 한국의 일본 경시와 일본의 한국 무시 풍조가 겹치면서 서로를 경원하는 현상 때문이다. 악화된 국민감정이 서로의 중요성에 눈을 감고 협력의 잠재력과 필요에 대해 둔감해지게 하고 있다. 이러한 난기류를 바로 잡기 위해 양국 국민들에게 한일협력의 구체적 성과를 각인할 메가 프로젝트를 실행하는 방안을 검토할 필요가 있다. 사실 2000년대 한일관계의 꾸준한 발전은 2002년 한일 월드컵 공동개최의 긍정적 효과가 많이 작용하였다. 세계적 축제인 월드컵을 양국이 공동개최함으로써 양국 국민 사이에 가로놓인 마음의 벽을 허무는 데 기여하였고 한류가 일본에서 유행하는 기회를 만들기도 하였다. 이렇듯이 메가 프로젝트는 과정과 성과에서 양국협력의 중요성을 양국 국민과 사회가 피부로 느끼게 하는 결정적 역할을 함으로써 관계발전에 기여하게 된다.

한일 양국은 에너지 해외의존도가 높고 온실가스 배출량이 많으며 재생에너지 관련 에너지 섬이라는 점에서, 에너지·기후변화·환경 등에서 메가 프로젝트를 만들어 상호 협력할 여지가 풍부하다. 아시아전력망, LNG공동스폿시장, 수소경제 공유 플랫폼 등과 같은 대형 공동프로젝트를 기획하여 실질적 성과를 올림으로써, 양국 국민들에게 잠재력이 풍부한 상호협력의 구체적 이익을 알려줄 수 있을 것이다. 또한 유럽 탄소배출권거래시장처럼 한일 공동 탄소배출권거래시장을 열어 동남아, 중국으로 확대시켜 동아시아 탄소배출권거래시장으로 연결하는 프로젝트도 동아시아지역협력 차원에서 공동으로 추진해 볼 만하다. 이와 함께 한일 간의 프로 야구·축구·농구 통합리그 결성도 스포츠 교류를 통한 관계증진 차원에서 검토해 볼 만하며, 실적이 쌓이면 장차 중국까지 포함한 동북아 리그로 확대할 수 있을 것이다.

(9) 긍정적 이야기 전파

과거사가 한일관계를 지배하면서 양국 모두 부정적 이야기가 언론이나 SNS를 차지하는 것이 현실이다. 이는 양국 국민들에게 균형 잡힌 사실의 인식 대신에 부정적 인식만을 심어 양국관계의 저변을 흔들고 이를 확대 재생산하는 구조를 낳게 되어 양국관계 발전에 큰 장애 요인으로 작용하고 있다. 물론 역사교육은 중요하고 이에 지속적 관심을 기울여야 하겠지만, 해방 후 이미 76년의 긴 시간이 지난 현재의 관점에서 볼 때 한일관계에는 전후 양국관계의 발전과정에서 긍정적 이야기도 상당수 만들어졌다. 따라서 양국 사회는 양국관계의 전체상을 있는 그대로 보고 이를 토대로 미래를 만들어 갈 수 있도록 긍정적 사실과 부정적 사실을 균형적으로 알려서 양국 관계를 객관적 시각으로 보도록 유도하여야 할 것이다.

한국의 반일정서와 일본의 혐한정서가 이런 긍정적 스토리를 널리 알리는 장벽으로 작용하지만 이를 잘 극복하여야 한다.

한국의 경제발전 초기에 일본 기업이 한국 기업을 지원한 사례도 많고 다양한 분야에서 한일협력이 성공한 사례도 많다. 또한 민간차원에서 밀도 있는 교류를 통해 탄탄한 관계를 구축한 사례도 많다. 이에 관한 이야기들을 발굴·정리하여 양국 교과서에 싣거나 언론을 통해 홍보함으로써 밝은 이미지를 만들어가게 되면 한일관계를 선순환구조로 만드는 데 귀중한 자산이 될 것이다.

(10) 양국 공공외교 협력

한일관계가 장기간 악화 상태에 빠지면서 양국 국민들은 상호 무관심해졌고 왜 상대방이 중요한지에 관한 인식과 이해가 현저히 부족한 게 현실이다. 한일관계를 복원하는 데 있어서 중요한 일은 양국 국민들이 상대방의 중요성을 제대로 이해하게 하여 양국 여론이 관계복원을 지지하도록 만드는 일이다. 양국 정부는 상대 국가에서 적극적인 공공외교를 통해 한일관계의 중요성을 상대 국민이 올바로 이해하게 하는 노력과 함께 자국 국민들에게도 한일관계의 중요성을 이해시키는 노력을 강화하여야 한다.

올바른 상호인식이 양국관계를 진전시키고 안정시키는 동력을 제공하므로, 양국 정부는 공공외교 분야에서 협력을 통해 한일관계의 기반을 강화하여야 한다. 이를 위해 양국 정부는 공공외교 분야에서 상대방에 관해 특별한 예산·인력을 배정하도록 해야 한다. 특히 한일 양국이 제3국에서 벌이는 외교전쟁으로 소모하는 자원을 이런 목적의 공공외교 협력에 투입한다면 양국관계의 조기 회복과 지속적 발전에 훨씬 큰 도움을 줄 것이다.

3 ___ 마치며

한일관계는 현재의 장기 복합다중골절 상태를 빨리 치유하지 않으면 돌이킬 수 없는 소원한 관계가 새로운 상태new normal로 굳어질 우려가 크다. 무엇보다도 파국의 우려가 큰 일본 정부 재산일본군 위안부 및 일본 기업 재산강제동원의 현금화를 막는 문제가 시급하다. 이 문제는 행정부가 관여할 수 없는 사법의 영역에 있다는 점에서 쉽지 않지만 신속히 대응조치를 강구해야 한다. 우리 정부 외에는 이 문제를 풀 주체가 없다는 점에서 종래의 소극적 태도에서 벗어나 적극적으로 임해야 한다. 특히 미국 바이든 정부가 아시아 전략상 한미일 협력체제의 복원에 비중을 두고 가장 약한 고리인 한일관계의 정상화에 큰 관심을 가지고 있다. 동맹국 간의 문제라는 점에서 미국이 전면에 나서지는 않겠지만 과거 2015년 일본군 위안부에 관한 한일 합의 과정에서와 같이 막후 역할을 담당할 가능성이 높다. 최근 과거사 현안이 과거사 자체보다는 합의 위반 여부라는 측면으로 관점이 전환되었다는 점에서, 한일 양측에 외교적 압력이 가중되게 되면 실제 해결 과정에 우리가 불리한 여건에 놓일 우려가 있다. 따라서 정부는 능동적으로 선제 대응함으로써 문제를 풀어가는 것이 중요하다.

2021년은 동경 하계 올림픽이 있어서 관계개선을 모색할 호기였지만 막판에 대통령 방일이 무산됨으로써 소중한 기회를 놓쳤다. 현 정부의 임기가 2022년 5월까지고 이미 3월 대통령 선거운동에 들어감에 따라 한일정상방문의 기회는 거의 사라졌다고 보아야 한다. 정상회담이 가지는 상징성과 파급 효과를 고려할 때 아쉬운 대목이다. 한국 정부가 과거사 현안에 관해 극적인 조치를 취할 가능성은 그리 높지 않다. 임기 하반기라 대통령·내각 지지율이 하락하고 있으며, 과거사 현안관련 조치는 진보진영의 지지를 흔드는 결과를 가져올 가능성이 높다는 점에서 과거사 현안에 관해 적극적 조치를 취하기 어려운 상황이다. 지난 4월 일본 정부가 후쿠시마 원전 오염수의 처리방침을 결정한 것과 관련한 우리 정부의 대응도 대일 정책과 국내정치적 고려 사이에서 정책보다는 여론을 좇는 방향으로 이루어졌음을 보여주는 사례이며, 최근 문대통령 방일 취소 건도 같은 맥락이다.

일본도 스가 정부가 퇴진하고 기시다 정부가 출범하여 10월 말 중의원 선거에서 절대안정 다수의석을 확보하였으나, 2022년 7월 참의원 선거가 있기 때문에 독자성 발휘까지는 시간이 걸릴 것이다. 기시다 총재 선출과정에서 아베 전 총리와 아소 전 총리의 입김이 많이 작용하였기 때문에 자민당 원로들이 정책운용에 많은 영향을 미칠 것이다. 그리고 참의원 선거까지는 안정에 중점을 둘 것이므로 부담이 큰 한일관계에 신경을 쓸 여유가 별로 없을 것으로 예상된다. 일본 내 혐한여론이 강한 상황에서 모험을 하지 않을 것이기 때문에 한국이 관계개선을 위한 과감한 선제행동에 나서지 않는 한 냉담한 자세를 유지할 것으로 예상된다. 한국도 대통령 선거 때문에 행동에 제약이 있다는 점에서, 2021년에 뚜렷한 회복 동력을 찾기는 어려울 것이다.

이에 따라 2021년은 더 이상 악화되지 않는 선에서 관리에 중점을 두고 2022년 한국에서 새 정부가 출범하게 되면 회복 움직임이 구체화되어 리셋의 시점이 될 것으로 보아야 할 것이다. 10년이나 되는 양국관계의 장기악화로 인해 양국 사회에 상대방에 대한 희망이 바닥난 것은 사실이다. 그러나 희망이 없는 상태에 대한 해법은 단순한 희망이 아니라 이를 반전시키기 위한 구체적 계획이다. 바람직한 미래에 대한 비전을 만들고 이를 실현하기 위한 상세한 계획을 짜고 이를 과감한 행동으로 옮기는 것이다. 주어진 상황이 힘들고 어려울수록 감정에 휩쓸리지 않고 냉정한 머리로 차분히 미래를 설계하고 실천 가능한 계획을 짜야 한다. 내년 5월에 한국의 새 정부가 들어서게 되면 일본의 기시다 정부와 함께 한일관계를 정상화할 구체적 로드맵을 만들고 난관을 돌파할 정치적 의지를 발휘하여야 한다. 한일관계에는 다양한 돌발변수가 숨어 있다. 양국 정부는 현재 한일관계가 최악의 상태라는 점에서 작은 사안도 쉽게 큰 문제로 부풀어 양국관계를 위태롭게 할 위험이 있다는 점에 각별히 유의하고 2022년 반전을 위한 환경 조성에 힘써야 한다.

양국 정치지도자들은 반일과 혐한 여론에 좌고우면하지 말고 이를 순화시키면서 21세기 건전하고 안정된 한일관계를 구축해야 한다. 이를 통해 동북아, 동아시아, 인도태평양, 세계의 평화와 발전을 견인하는 기관차가 되도록 만들어야 한다. 한일 양국은 동아시아에서 근대화에 성공하여 세계 10위권 내에 드는 선진경제이자 민주주의와 시장경제의 보편적 가치를 공유하는 인접국이다. 한일은 양자관계를 넘어서 지역과 세계에 기여할 책임을 가진 국가들이다. 복합 대전환의 시대에 감정싸움, 과거싸움, 양자관계싸움에만 매몰되어서는 곤란하다. 하루빨리 악순환의 터널에서 빠져나와 이성·미래·세계·청년을 시야에 둔 상생과 공존의 탄탄한 관계를 구축해 나가야 한다. 그 길만이 한일 양국이 2차 세계대전 이후 누려온 자유민주주의 지역질서를 지키고 지구촌을 강타하고 있는 대격변의 소용돌이 속에서 평화적 변화와 발전을 확보할 수 있다. 양국 정부와 사회는 2022년을 한일관계의 '잃어버린 10년'을 청산하고 21세기의 평화와 번영을 선도하는 모범적 선린관계를 구축하는 시발점으로 삼아야 할 것이다.